JN257530

図説

日本インテリアの歴史

室内でみる日本住宅　古代から近代まで

小泉和子
［編著］

河出書房新社

図説

日本インテリアの歴史

室内でみる日本住宅　古代から近代まで

目次

はじめに 16

第一章 古代（古墳時代から平安時代まで）―唐風から和風へ 20

1 住宅と室内 20

1 古墳時代から奈良時代の支配層住宅 20

2 宮殿　藤原宮から平安宮 29

3 寝殿造　開放的住宅 32

2 インテリアエレメント 38

1 屏障具　帳台／障子帳／障子帳構／障子／衝立障子／帳／軟障／御簾／屏風 38

2 敷物　蓆／畳／毯・氈／毯代 44

3 座臥具　床（とこ・ユカ）／御床／あぐら／倚子／床子／円座／兀子・草墪 46

4 几案　几・机／案／台盤 50

5 照明具　燈台／燈籠 51

コラム 『類聚雑要抄』・『満佐須計装束抄』・『禁秘抄』 52

第二章 中世（鎌倉時代から室町時代まで）―座敷飾りの成立と家具の建築化《ビルトイン》 54

1 住宅と室内 54

1 寝殿造から書院造へ 54

2 草庵と婆娑羅 60

2 インテリアエレメント 66

1 装置　出文机／違棚／納戸構 66

2 建具　襖障子／明障子 68

3 屏障具　屏風／暖簾 69

4 座臥具　曲彔 71

コラム 『君台観左右帳記』と『御飾書』 72

第三章 近世（戦国時代から江戸時代まで）―和風室内意匠の成立 74

1 住宅と室内 74

旧岩元邸
円窓の四君子
（蘭と白梅）

大扉写真＝宮越邸　廊下円窓（十三湖）
カバー表　左上写真
宮内省内匠寮工務課による、東京都庭園美術館本館第一階段
Image: 東京都歴史文化財団イメージアーカイブ

1 書院造と民家 74
2 茶室 80
2 インテリアエレメント 87
1 装置 柱／トコ・棚・欄間・天井・建具／障子・欄間／帳台構 87
2 屛障具 暖簾／簾 92
3 敷物 毛氈・絨毯 94
4 照明具 行灯／雪洞 95
5 暖房具 火鉢／炬燵／囲炉裏 96
6 収納 簞笥 98
コラム 雛形本と室内意匠 100

第四章 近代（明治時代から昭和時代前期まで）――洋風インテリアの導入と近代化 102

1 住宅と室内 102
1 宮殿 102
2 洋館 105
3 近代和風住宅 116
2 インテリアエレメント 124
1 照明具 石油ランプ／ガス灯／電灯 124
2 建具 ガラス障子 126
3 壁装材 壁紙／金唐革紙／壁布 129
4 織物類 窓掛・戸帳／壁掛 135
5 敷物とゆか仕上げ 絨毯／リノリウム／寄木張 140
6 暖房 暖炉／ストーブ 145
7 家具 洋家具／和家具 151
コラム ステンドグラス 159
付録① 『日本家具図案と製作法』 小室信蔵・宮本忠平 162
付録② 『和漢洋家屋諸造作応用図案』 森田洪 172
おわりに 175
執筆分担 176
執筆者略歴 177
参考文献 179

宮越邸 風呂場（川柳に翡翠）

『類聚雑要抄指図巻』東三条殿移徙寝殿の図：『類聚雑要抄指図巻』は『類聚雑要抄』の内容を江戸時代の故実家の考証により立体的に描いたものである。これは永久3年（1115）7月21日に藤原忠実が東三条殿に転居した時の寝殿の室礼で、列柱空間を障子で南北に分け、南側に御帳と御座からなる居所、北側に帖を敷いた寝所と御座からなる居所がある。

『類聚雑要抄指図巻』東三条殿母屋大饗寝殿の図：永久4年1月23日に藤原忠通が東三条殿で開いた正月大饗の時の寝殿の室礼。上の図と同じ建物であるが、室礼のない部分を省略しているため、鈎の手に描かれている。画面上の母屋右に尊者と呼ばれる主賓の座、その前に対座で敷かれているのが公卿の座である。身分により敷物や饗膳が異なっていた。

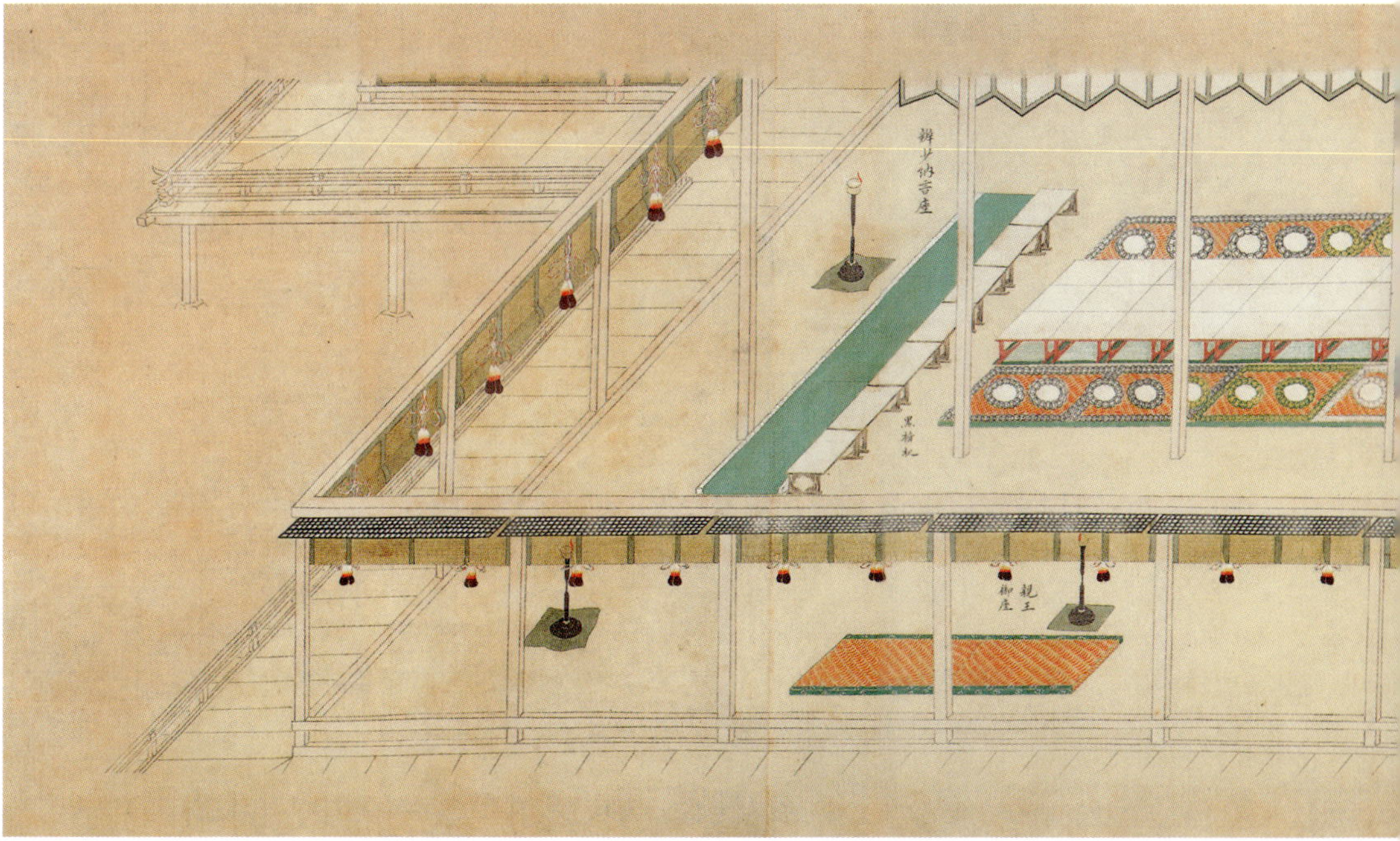

中世――座敷飾り（ざしきかざり）・草庵（そうあん）・婆娑羅（ばさら）

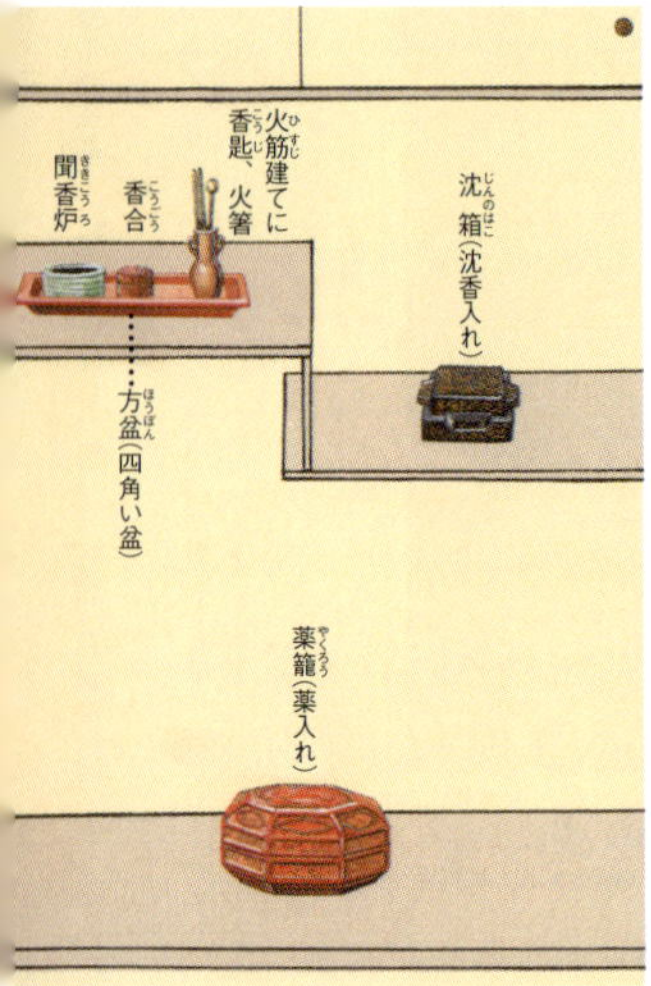

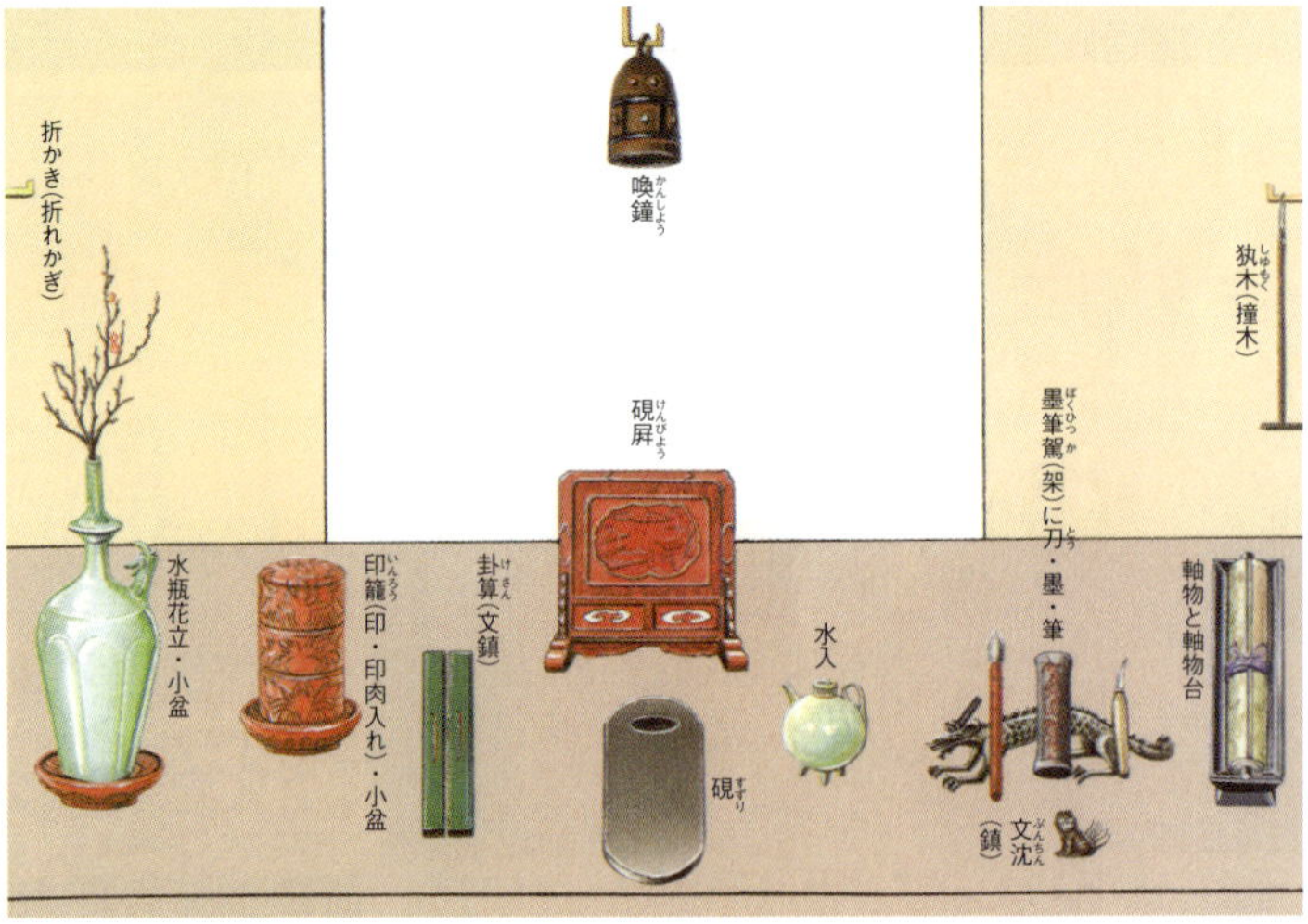

『方丈記』の草庵。分解式住居。約五畳半のワンルームを持仏堂、書斎、寝場所、食事場所に分けている。西壁には阿弥陀の絵像、両脇には普賢と菩薩像の絵像が掛けられている。阿弥陀像は後ろからの夕日を受けると眉間から後光が差しているように見えたとあるので、夕日が入るよう、突き上げ窓に復元した。（復元・小泉和子／画・中西立太）

日本住宅の室内装飾の基本となった規式書『君台観左右帳記』の座敷飾。東北大学図書館所蔵本（相阿弥本模本）にある書院飾りの図と違棚飾りの図をイラスト化した。こうした規式にしたがって天皇行幸時の将軍邸や将軍お成り時の大名邸ではしつらいがなされた。（復元・小泉和子／画・アート工房）

『喫茶往来』の唐物茶席。当時珍しかった二階に設けられた婆娑羅の闘茶会場である。多数の唐絵を掛け、唐物を飾り、椅子、卓子を並べた中国風の室内、これらはすべて中国からの輸入品であった。右は茶席、左は準備室、賭物が置かれ、屏風の後ろで茶を点てる。（復元・小泉和子／画・野上隼夫）

近世——書院造（しょいんづくり）・茶室（ちゃしつ）

室町時代に登場した書院造は、戦国武将たちの権力や威光を誇示する表現として豪華絢爛な発展を遂げ、近世初頭に完成する。現存する二条城二の丸御殿の大広間はトコ、違棚《ちがいだな》、帳台構《ちょうだいがまえ》など書院造の要素を完備し、壁面いっぱいに光り輝く障壁画《しょうへきが》を設ける等、書院造の到達点を示す。

茶室（侘数寄［わびすき］）

京都の茶匠・藪内家の代表的な茶室で、古田織部《ふるたおりべ》の好みを伝える燕庵。古田織部は千利休《せんのりきゅう》の弟子で、利休の草庵茶室を受け継ぎつつ、華やかな武家の作風をおし進めた。燕庵《えんあん》は三畳台目《だいめ》に一畳の相伴《しょうばん》席がつき、貴人を迎えることができる余裕をもった間取りが特徴。窓を多く開けた華やかな室内も織部好みを伝える。

茶室を大成させた千利休の作と目される現存唯一の建物が妙喜庵《みょうきあん》の待庵《たいあん》である。トコの壁を丸く塗り廻し、隅炉《すみろ》の壁さえ塗り廻して柱の存在を消し、客座と亭主座で天井表現を異にする。大ぶりのスサを混ぜた土壁も相まって、室内に広がりをもたせる。わずか二畳の小間に、草庵茶室の極意が集約されている。

茶室（煎茶［せんちゃ］）

彦根藩12代井伊直亮が天保13年（1842）に設けた煎茶席。下屋敷楽々園の楽々間。踏込トコで、トコ柱は奇木、落掛はアーチ状の塗り回し垂壁、トコ脇壁には墨跡窓《ぼくせきまど》と上部に竹を渡した狆《ちん》くぐりがある。南（右）は上段に続く開口部で、上には「楽楽」の板小壁がある。上段は壁ごとに異なる窓で変化に富んでいる。

知多半島半田で代々醸造業や各種問屋を営んできた小栗家の煎茶席。大正4年（1915）に建った竹の間。北は一段高い天井の壁トコ、隣の壁には中国意匠の紫檀《したん》の透《すか》し窓、南よりの壁にも中国意匠の陶板が埋め込まれている。天井は雷紋、卍つなぎ紋、紗綾形《さやがた》紋を配した網代《あじろ》天井。開放的な茶室である。

数寄屋風書院造

三溪園《さんけいえん》臨春閣《りんしゅんかく》「天楽の間」。臨春閣は紀州徳川家の別荘「巌出御殿」を移築したと考えられている近世数寄屋建築の代表作である。楽器を象った欄間彫刻や皮付き丸太のトコ柱などに、格式ばった書院造の意匠を崩した、数寄屋造の表現をみることができる。

民家（農家）

重要文化財旧吉真家住宅（「飛騨の里」へ移築）の室内。民家で独自に発達した室内意匠は、囲炉裏《いろり》が設けられた居間にみることができる。この部屋に、長年の煤《すす》により黒光りする大黒柱や指物、梁組、板戸、神棚など農家風意匠が凝縮されている。

夏のしつらいをした町家。三間つづきの座敷。障子や襖を外し、縁には簀戸《すど》を入れ、軒簾を掛ける。室内には御簾《みす》を掛け、奥の間には網代、つづき間には籐《と》筵《むしろ》を敷く。トコの掛け軸も夏の絵。（島根県大田市　重要文化財熊谷家住宅）（撮影・北田英治）

上の座敷で秋の夜の宴会のしつらい。襖を外して三間つづきの広間とし、赤・黄・緑・紺・紫の五色の毛氈を敷きのべる。明かりは燈台。和風住宅はしつらいによって活き活きとする。ただし、江戸時代は銘々膳《めいめいぜん》で大きな卓はない。（撮影・北田英治）

アール・ヌーヴォーの重要文化財松本家住宅（現・西日本工業倶楽部）の食堂。 大小の円弧と半纏曲線、直線の組み合わせを用いた室内デザインは大胆にして優雅である。正面壁面の造付食器棚、半円形大理石の暖炉縁、出入口上部の金色の花形額、鮮やかな萌葱《もえぎ》の裂地《きれじ》は淋派《りんぱ》を思わせる。松本邸にはアール・ヌーヴォーの家具もよく残っている。

クラシック様式の旧たばこ王村井吉兵衛の長楽館。明治35年（1902）に要人接待所として京都円山公園の一角に建てられた。米人ガーデナー設計のフランスルネサンス様式の石造建築、室内はロココを主としたフランス宮廷様式、主要な家具はフランスやイギリスからの輸入品、まさにミニ赤坂離宮である。

アール・デコの代表旧朝香宮邸（現・東京都庭園美術館）。室内装飾のディレクターはフランス人のアンリ・ラパン、ルネ・ラリックやイヴァン・レオン・ブランショらフランスの工芸家を動員して作り上げた完璧なアール・デコ建築。写真は本館・大食堂、壁面はブランショ作のレリーフ、暖炉上の壁画はラパン、赤いパーゴラのある庭園風景、扉はマックス・アングラン作のエッチングガラス、シャンデリアはラリック作でパイナップルとザクロ。
東京都庭園美術館本館・大食堂
アンリ・ラパン（内装設計、壁画）
Image: 東京都歴史文化財団イメージアーカイブ

邸内に入るとすぐ目に入る屋内噴水、香水塔。アンリ・ラパン作、セーブル製の磁器で、上の渦巻きの間に設置された細いチューブから水が水盤に落ちる仕組みになっており、渦巻形の内部には電球が仕込まれている。宮邸当時、渦巻きの内部に香水を入れ、照明の熱で香りを漂わせたという。設置場所は大客室の隣。控えの間、白漆喰のドーム天井の周囲には間接照明、柱は呂色塗、壁面は朱色の人造石にプラチナ箔がちりばめられている。
東京都庭園美術館本館・次室と香水塔
アンリ・ラパン（内装設計、香水塔デザイン）
Image: 東京都歴史文化財団イメージアーカイブ

近代——金唐紙（きんからかみ）・近代和風住宅

旧呉鎮守府司令長官官舎（現・広島県呉市入船山記念館）客室。この建物には各室に金唐革紙＊が使われている。金唐革紙は輸出用であったが、日本国内でも多く使われた。途絶えていた技術を上田尚が復元した。模様を型押しして金箔や塗料で彩色するもので、強烈な金色が特徴だが、カーテンやイギリス製の家具と調和して金色の壁は意外に渋い。ウィリアム・モリスを思わせる雰囲気である。＊復元は金唐紙とする

客室の金唐紙

和風住宅の金唐革紙。長野県岡谷市の製糸業林家住宅の離れ二階座敷。襖・壁・天井から床の間、違棚の壁も金唐革紙である。和風座敷をここまで金唐革紙で埋め尽くすというのは冒険である。近代化の先兵として新しいものを取り入れたのか。（写真提供・岡谷市教育委員会）

近代和風住宅で流行した表現に「田舎家」がある。外観は茅葺きの民家の様相を呈し、室内意匠も農家風の要素で構成される。そうした田舎家の先駆けである白雲洞《はくうんどう》（箱根強羅公園）は、代表的な近代数寄者である益田鈍翁《ますだどんおう》の別邸に建てられたものである。

白雲洞の室内。農家の囲炉裏をあたかも茶室の炉に見立てる。さらに、竹、土壁、煤けた古材などの農家風意匠を室内意匠に積極的に取り入れて、いままでにない近代和風の表現を作り上げた。

近代和風住宅の展開を支えた人物に「数寄屋師」と呼ばれる職人衆がいた。広範な茶の湯や美術工芸の素養をもち、施主の好みをくみ取って、諸職を束ねながら和風住宅を作り上げていった。不染庵《ふせんあん》を手掛けた仰木魯堂《おおぎろどう》は、そうした数寄屋師の代表的人物である。

近代に活躍した建築家の多くは、洋風住宅の設計を手がけた。そうしたなか、和風住宅の展開を支えた先駆的な建築家として藤《ふじ》井厚二《いこうじ》がいる。京都大山崎に現存する聴竹居《ちようちくきよ》は、藤井厚二の自邸である。日本の風土に調和した住宅を追求した環境工学的な工夫が随所にちりばめられる。同時に、幾何学的な室内意匠には海外のモダンデザインの影響もみられる。

はじめに

小泉和子

本書は日本の伝統的住宅のインテリアに関する歴史を記述したものである。建築史、住宅史の研究については多くの蓄積があるが、インテリアについては断片的にしか研究されていない。通時的に一貫したインテリアの歴史について書かれた本も少ない。インテリア史に関してはミッシングリンクだらけである。このため、現在の時点では、わかることを点綴《てんてつ》するだけになってしまうが、とりあえず古代から近代までのインテリアの歴史をみてみようとしたのが本書である。

できるだけわかりやすいように図を多く用いることにした。しかしインテリアに関しては図もきわめて少なく、発掘資料も、残存資料もない。やむをえず復元図を作ることにした。とはいえ、復元図を作るための資料もないことが多い。したがって、正しい復元には至っていないと思う。それでもイメージだけでもと考えて無理は承知で作成したので、正確なことは今後の研究にまつしかない。その点は了とされたい。

またインテリアは住宅の内部のことであるから、まず建物を説明しなければならない。建物ついては研究の蓄積もあるし、当初の状態が残っているところも多い。ところが内部は改造、改変されることが多く、わからないことが多い。このためどうしても建物が中心になってしまうがこの点も、ご寛恕《かんじょ》願いたい。

本書がきっかけとなって建物を含むインテリアの歴史に関心が高くなって、より充実したインテリア史が出てくることを願っている。

本文に入る前に筆者が考える日本の伝統的なインテリアに見られる特徴を簡単に説明しておく。

伝統的なインテリアに見られる特徴としてあげられるのはつぎのようなものである。ただし時代によって異なるものもあるので、これは通時代的なものではない。ほぼ中世後期から近世が中心である。

- 家具の建築化
- 家具が少なく、かつ家具に対する関心が低い
- 季節ごと、行事ごと、用途に応じ、しつらいを変える
- 四角四面で直線的、建具が室内装飾
- 天井に対しての意識が弱い
- 中からの視線で完結している
- 柱を特別視する
- 狭い空間に価値を見いだす
- 木材の特長を巧みに生かしている
- 光線とテクスチュアによって室内を柔らかい雰囲気にしている

家具の建築化

日本の住宅では家具がつぎつぎとビルトインされていくのが最大の特徴である。襖《ふすま》、障子《しょうじ》、床《とこ》の間《ま》、違棚《ちがいだな》、押入《おしいれ》、畳《たたみ》など、いずれももともとは独立した家具だったものがビルトインされた結果である。

家具が少なく
家具への関心が低い

インテリアは室内意匠《しつないいしょう》と訳されているが、欧米の場合は建築の構造体とは関係なく、その内部に設けられた装置のことであるのに対し、日本は構造体と一体化しているため、二つは分かちがたい。

日本でも奈良《なら》時代までの住宅は構造体と内部の装置はそれぞれ独立していたが、平安《へいあん》時代に成立した寝殿造《しんでんづくり》から一体化の方向に進みだし、その後、中世から近世にかけて寝殿造が書院造《しょいんづくり》へと変貌していく過程でそれまで独立した家具だったものが、順次ビルトインしていき、家具のビルトインは日本住宅の持つ一つの特性となっていった。

これは現在も続いていて、下駄箱《げたばこ》はとっくに玄関に造りつけになってしまったし、洋服箪笥も造りつけになっている。台所の戸棚も大部分が造りつけになっているし、鏡台も壁付き鏡になっている。この結果、日本住宅の室内は家具がきわめて少なくなってしまったのである。この分ではいずれテーブルや椅子もビルトインしてしまうであろう。

家具が少ない理由にはもう一つあって、日本が歴史的にゆか座をとってきたためである。

椅子やベッドを使う椅子座に対し、ゆかの上で直接生活するゆか座の場合、まず椅子・テーブル・ベッドがいらない。それだけでも家の中の家具は少なくなる。また椅子にしろベッドにしろ身体と密着してつかうものであるから、その良し悪しは切実な問題である。座りにくい椅子や寝にくいベッドは健康にも悪い。このため家具に無関心ではすまされなくなって、座り心地や寝心地だけでなく、デザインにも関心が向くようになる。

これに対しゆか座では収納家具が中心であるから、ものが入ればいいということで切実さが違う。いきおい家具への関心も薄くなる。

そのうえ、棚や床の間といった本来は室内装飾用の家具だったものもビルトインされてしまうし、室内装飾も襖絵や張付壁、欄間《らんま》彫刻《ちょうこく》、障子の組子《くみこ》などでビルトインされているのであらためて家具で装飾する必要がない。かくして家具が少ない室内となり、その結果関心も低くなってしまったのである。

しつらいを変える

季節ごと、行事ごと、用途に応じてしつらいを変えるのも日本住宅の特徴である。

現在は住宅の形式も変わってしまったし、エアコンなどが普及したため、行われなくなったが、かつては夏がくれば襖や障子を取り払って、簾《すだれ》に変え、網代《あじろ》や籐筵《とむしろ》を敷き、正月には床の間に目出度《めでた》い軸を掛け、屏風《びょうぶ》を立てるなど、四季の変化に応じてインテリアを変えていた。これはインテリアに限らず、四季の変化がはっきりしている日本では、あらゆる文化に共通する一大特徴であった。インテリアについていえば、季節に応じた機能、デザインの建具や家具が発達して、日本住宅の室内を変化に富む、美しいものとしたのである。

また昔は婚礼や葬式をはじめいろいろな儀式や行事を家で行ったため、その都度、行事にあわせて、家の中をしつらいしていた。そのために日本の住宅は襖を外せば広間となるし、また使う襖や屏風によってどんな目的にも応じられるようになっていた。

四角四面で直線的・建具が室内装飾

日本住宅の室内は、水平な天井とゆか、垂直な壁によって構成されており、建具も畳も障子の桟《さん》も簞笥や戸棚などの家具もすべて直線である。単調になりやすい。その単調さを救っているのが障子、襖、戸などといった建具《たてぐ》が生み出すリズムや色彩である。

障子には縁《えん》の障子、窓の障子、書院の障子、欄間の障子などさまざまな種類の障子があり、しかもそれぞれの組子がヴァラエティに富むデザインである。襖には絵画や書が描かれ、室内に彩りをもたらしている。戸には杉戸のような絵画を描いたものもあり、また農家の欅《けやき》の一枚板で作った板戸のようなもの、網代を使った戸などさまざまな表情のものがあり、これが室内意匠の重要な構成要素となっている。

天井に対しての意識が弱い

大名の御殿や茶室を除いて、一般住宅の場合、ほとんどが棹縁《さおぶち》天井一色で、あまり変化がない。欄間や障子や襖に対してはあれほど意匠を凝らすのに、天井にはあまり注意が向けられていない。

無批判な西洋化に反対し、日本住宅を高く評価した建築家の藤井《ふじい》厚二《こうじ》も、天井だけは評価せず、暗くて単調で、日本住宅の欠点だといっている。そして自身は凸凹のある幾何学構成の天井を設計し、桐板、網代、竹、鳥の子紙、布などを貼ってヴァラエティに富む天井としている。

中からの視線で完結している

これは欧米だけでなく、中国や韓国と比較しても、日本だけに見られる特徴である。

西洋館は屋根や窓の形、壁の色などさまざまにデザインされているため外観が美しい。中国や韓国の住宅も同様である。

これに対し和風住宅の外側は、板壁が囲んでいるだけではなはだ愛想がない。外側が美しいのは天守閣《てんしゅかく》だけである。二《に》条城《じょうじょう》二《に》の丸御《まるご》殿《てん》のように、室内は豪華でも、外観は玄関だけはやや豪華だが、それ以外は舞良戸《まいらど》が並ぶだけのいたって地味な建物である。

外国との比較でこのことをよく示しているのは障子である。日本の障子は桟が内側についているが、中国・韓国は外側であるから、桟も外観の美しさの重要な要素になっている。

内側からの視線で完結しているのが日本住宅の特徴である。

柱の特別視

柱、それも独立する柱に対し強い思い入れをもっているのも特徴であろう。大《だい》黒柱《こくばしら》、トコ柱、茶室の中柱、と日本住宅ではことさら柱に注目し、室の中心に立て、特別な意味を付加すると同時に室内デザインの要《かなめ》ともする。

狭い空間に価値を見いだす

日本はゆか座であるが、ゆか座の場合、行動する範囲が低いため、空間のスケールが小さくなる傾向がある。そこから出てきたのであろうが、狭い空間に価値を見いだすというのも特徴である。

それが結集されたのが茶室《ちゃしつ》であろう。その中で喫茶《きっさ》したり、談笑したりする社交の場しては、茶室のように極端に狭いものは他の国にはないのではないか。しかもその狭い空間を、傾斜や高低のある天井や釣壁《つりかべ》や袖壁《そでかべ》その他の変化のある意匠によって、芸術的で緊張感に充ちた空間としている。このセンスは日本のインテリアに見られる大きな特徴である。

木材の特長を巧みに、かつ繊細に活かしている

木材の特長を生かしていることは、どこの国、どの民族でも、木材を使っていれば、それぞれのやり方でやっていることである。その中で日本、それも数寄屋《すきや》風《ふう》書院造以降のいわゆる和風住宅の場合、塗装や加飾でなく、木材そのものの木目や色、気味などを意匠として、巧みな工作技術できわめて洗練されたインテリアを現出していることが特徴である。木材を自然のまま使うということはどこにでもあるが、その場合はただ素朴、原始的なだけである。自然なもの、プリミティブなものを洗練して高度なものにしているのは日本の特徴である。これは木材だけでなく竹や紙の場合にも共通している。その結果、自然で、しかも清楚そして情趣に富むインテリアとなっている。

光線とテクスチュアによって室内を柔らかい雰囲気にしている

まず光線である。日本住宅は開口部が広く、しかも横長で、障子が嵌《は》めてある。その外には深い庇《ひさし》が付いており、縁側もある。このため室内に入る光線は和らげられる。加えて障子や襖、畳、壁、天井などの材料が紙や木、土、草などで、石や煉瓦《れんが》のような硬い手ざわりでない。音も吸収される。こうしたことによって室内の雰囲気が柔らかで落ち着いたものとなっている。

以上が日本のインテリアに見られる特徴といってよいだろう。こうした特徴は住宅の変化と、その背景の社会の変化がもたらしたものである。したがって本書では住宅の変化を核としながら、インテリアの歴史について述べていくことにする。

本書の構成は、第一章古代、第二章中世、第三章近世、第四章近代に分かれ、それぞれについて最初に住宅と室内の概観をのべ、その後に室内を構成するエレメントを取り上げて説明し、各時代における重要な室内デザイン関係の書籍や事項はコラムとした。

また概観では説明しきれない問題については、囲みの形で入れてある。

凡例　床の字は種々の意味と読みがあるので本書では次のように表記する。
竪穴住居の土壇状のベッド＝とこ
貴人の寝床＝ユカ（斎処）
フロアー＝ゆか・板敷
フロアーの一部を一段高くした場所＝床《とこ》
床の間＝トコ・床の間
ただし挿図の中の文字については原典のままとする。

第一章

古代（古墳時代から平安時代まで）

唐風から和風へ

室内意匠《しつないいしょう》を主導してきたのは、基本的にはそれぞれの社会における支配層、上層階級であった。日本列島で支配層が成立するのは弥生《やよい》時代だが、室内意匠がある程度想定できるのは三世紀に始まる古墳《こふん》時代からである。その後七世紀の飛鳥《あすか》時代、八世紀の奈《な》良《ら》時代、九世紀以降の平安《へいあん》時代までを古代としている。

大和《やまと》盆地に拠点を置いた豪族《ごうぞく》たちの中から、天皇家を中心とする勢力が主導権を握り、大和《やまと》朝廷が成立し、唐《とう》、新羅《しらぎ》と対抗するために中国から律令体制《りつりょうたいせい》を導入して国家体制を固め、日本列島内の支配体制を確立、天皇中心の政権を実現した。しかしやがて律令体制は崩壊《ほうかい》を始め、ついに武士による封建制度が出現し、古代は終焉《しゅうえん》を迎える。これを政権の置かれた場所でいえば、大和地方から近畿地方一帯、その中心の藤原京《ふじわらきょう》、ついで平城京《へいじょうきょう》、さらに長岡京《ながおかきょう》を経て平安京となる。

いずれの京も中国の都城《とじょう》を模したもので、中心となる宮殿も中国式であった。しかし大極殿《だいごくでん》、朝堂《ちょうどう》など公的部分は礎《そ》石《せき》建て、瓦屋根、丹《に》塗《ぬ》りと中国的であったが、天皇の住まいである内裏《だいり》建物は檜皮葺《ひわだぶ》き、掘立柱《ほったてばしら》と日本的な部分が多かった。平安京は末期に中国伝来の宮殿が消滅し、貴族の儀礼の場として寝殿造《しんでんづくり》が成立、ここにおいて和風室内意匠の原型が確立した。（小泉）

1……住宅と室内

1 古墳時代から奈良時代の支配層住宅

住宅の最も根源的な機能は寝場所（寝殿と呼ばれるようになる）であり、日本列島においても原初的には閉鎖的な一室で構成される住宅であったと考えられる。やがて階層社会に進むと、住宅にはさまざまな機能が必要とされるようになり、支配層はその住宅に支配のための儀式・儀礼などを行うための開かれた公的な空間を必要とするようになる。この場合、住宅としては閉鎖的な寝場所を中心とする私的空間と、開かれた公的空間が別々の棟で建てられ、近くに配置される形と、閉鎖的なプライベートな空間と開放的なオフィシャルな空間が一つの建物として連結して一体になる形があった。しかしどちらの場合も私的空間は壁で囲まれた閉鎖的なつくりであった。これが平安時代の寝殿造になると柱で構成された開放的なつくりへと劇的に変化を遂げるのである。

公私別棟形住宅

前者の複数建物で住宅が構成される例が見られる資料に、四世紀の奈良県佐味《さみ》田《た》宝塚古墳から出土した鏡（家屋文鏡《かおくもんきょう》）の鏡背《きょうはい》に鋳出された家屋図と、同じ時期の群馬県の赤堀茶臼山古《あかほりちゃうすやまこ》墳《ふん》出土の家形埴《いえがたはに》輪《わ》があり、また神社建築としてその構成が残されている伊勢神宮本殿建物群などがある。

家屋文鏡には入母屋《いりもや》屋根でテラス付きの高床《たかゆか》建物、入母屋屋根の平地建物、入母屋屋根の竪穴《たてあな》建物、切妻《きりづま》屋根の高床建物の四棟が描かれていて、これは豪族の屋敷の建物を構成するセットであろうと推定されている（①）。

このうちテラス付き建物はきぬがさが差し掛けてあることから儀式などを行う建物で、平地建物が主屋、竪穴建物は副屋、切妻の高床は倉だと考えられている。最も重要な儀式を行う建物で、テラスとその前に広がる庭が儀式空間で、背後の閉鎖的な室から王は出御《しゅつぎょ》したと考えられる。

そうなると平地の主屋は王の住まいということになる。この建物は周囲に壁が廻っているので閉鎖的な一室住居だと考えられる。内部に床が張ってあったかどうかわからないが、王の住まいだとすれば寝殿で、帷《とばり》に囲まれたベッドが設けられていたと想像される。しかし儀式用の建物の閉鎖的な室が、あるいは王の寝所だったかもしれない。その場合も帷付きのベッドが設けられていたであろう。

①家屋文鏡と鋳出された建物

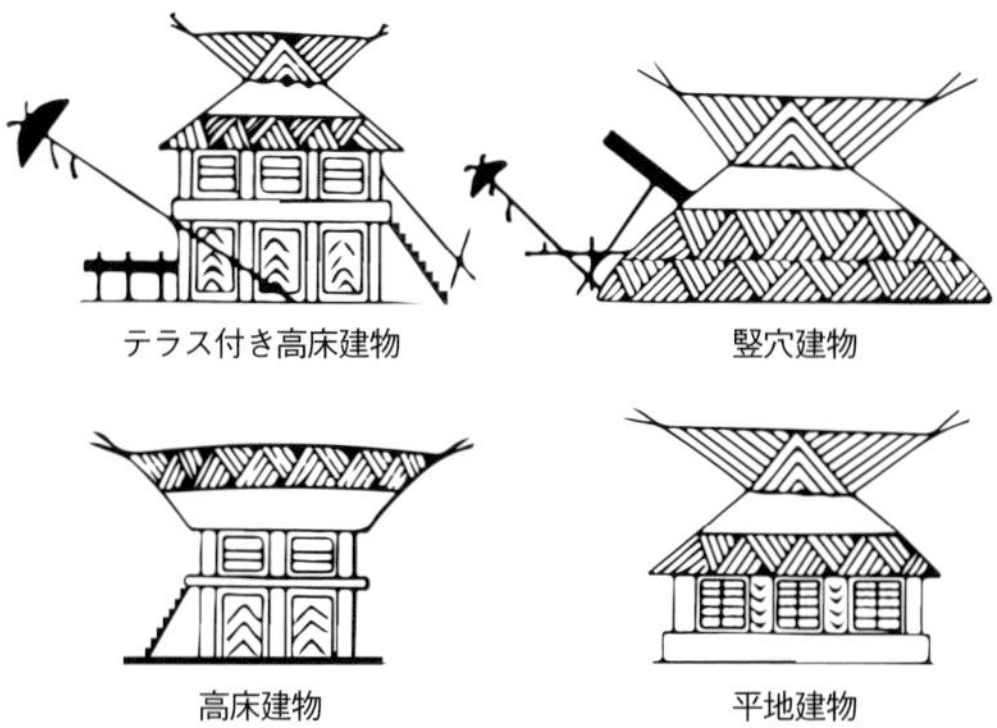

②ベッド付き家形埴輪

（大阪府美園遺跡出土・大阪文化財センター）

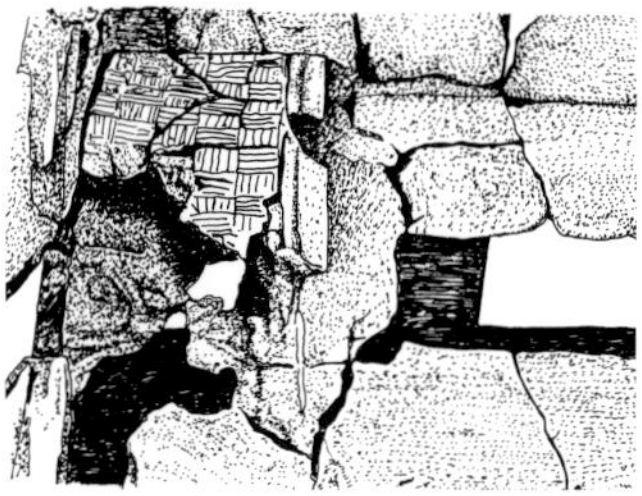

家形埴輪内部のベッド

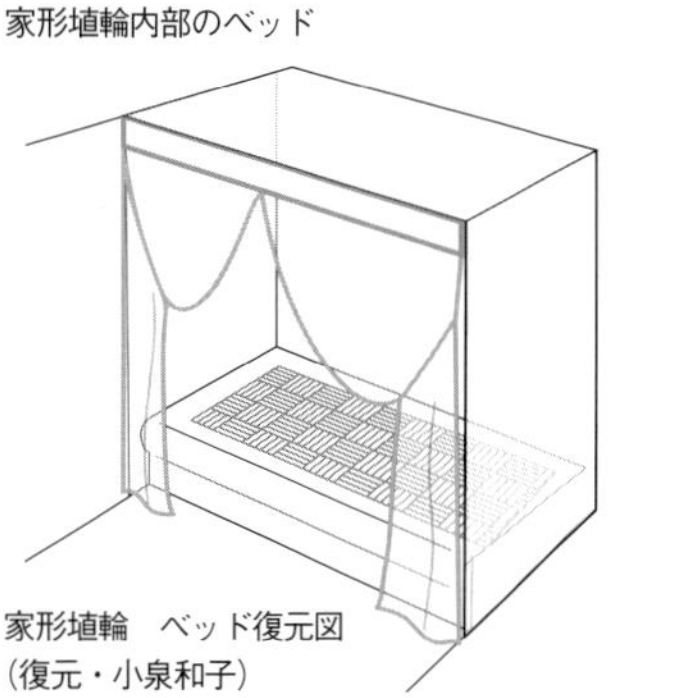

家形埴輪　ベッド復元図
（復元・小泉和子）

ベッドについては同時期の大阪府八尾市の美園《みその》遺跡出土の家形埴輪（②）には部屋の一方にベッド状の施設があり、また堺市大塚山《おおつかやま》古墳からはミニチュアの寝台形土製品が三点出土している（③）。

これは周囲に欄干《らんかん》がつき、枕もある。中国戦国時代の楚王の墓からはよく似た実物のベッドが発見されていることから（④）、この時期、豪族たちは何らかの手段で中国の情報を得て、権威の象徴としてベッドを使っていたものと想像される。

また赤堀茶臼山古墳では五棟の建物と腰掛《こしかけ》けが一緒になって出土している（⑤）。建物はコの字形に配置されていて、真ん中の庭には腰掛けが置かれていたと復元されている。このうち正面の、屋根に鰹木《かつおぎ》を挙げた建物が族長の起居する主屋、同じく平地式の二棟は副屋、高床の二棟は倉とみられる。建物はいずれも周囲を壁で囲んだ閉鎖的なつくりである。この配置から儀式は庭で行い、腰掛けが玉座《ぎょくざ》であったと考えられる。主屋が寝殿で、ここでも斗帳《とちょう》で囲んだベッドが用いられていたと考えられる。

伊勢神宮は内宮《ないくう》（皇大神宮《こうたいじんぐう》）と外宮《げくう》（豊《とよ》受大神宮《うけだいじんぐう》）から構成されており、内宮には天照大神《あまてらすおおみかみ》、外宮には豊受大神《とようけのおおかみ》がまつ

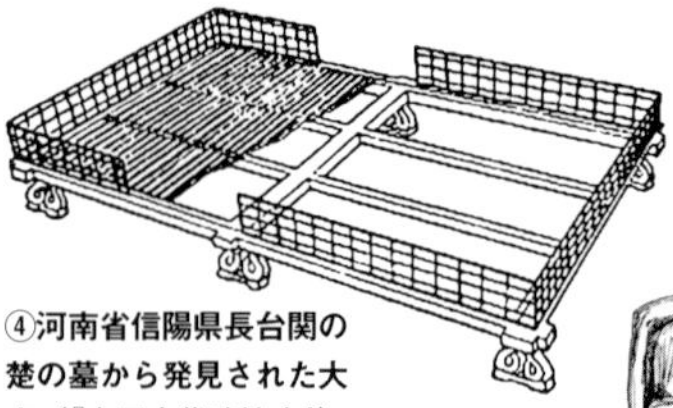
④河南省信陽県長台関の楚の墓から発見された大床（『中国古代建築史』）

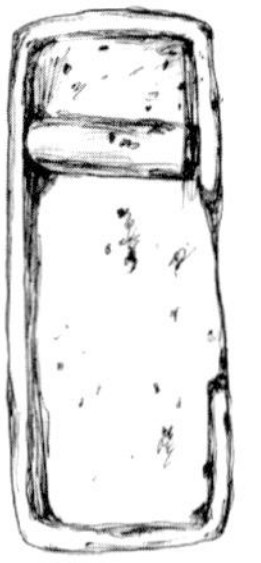
③ミニチュアの寝台形土製品
片側に出入口があり円筒形の枕がついている（堺市大塚山古墳出土）

⑤群馬県赤堀茶臼山古墳から出土した埴輪

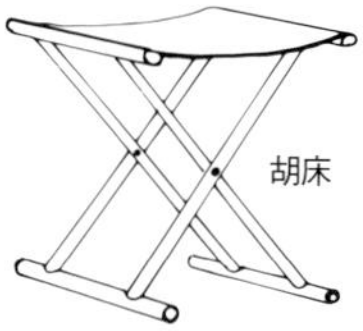

中央の玉座には背もたれ状のものが見えるが、椅子本体とは別のものである。腰掛けの実際の形は中国で胡床と呼ぶ折り畳み腰掛けだったと考えられる。

⑥皇大神宮

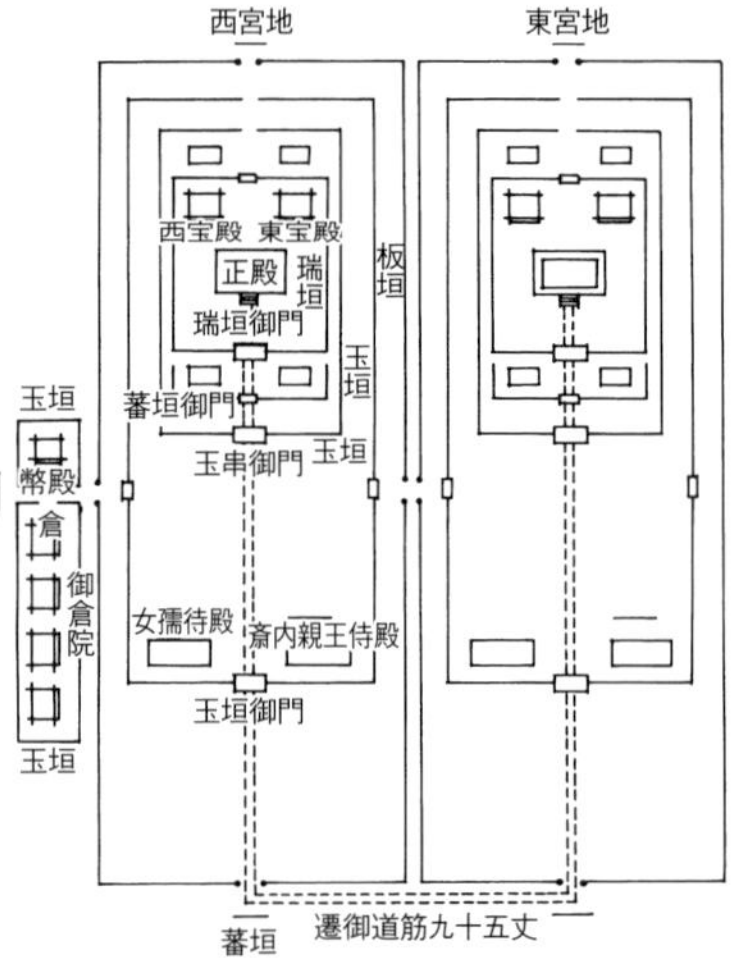

大宮院推定図
（福山敏男「神宮――神宮の建築とその歴史」『神宮』）

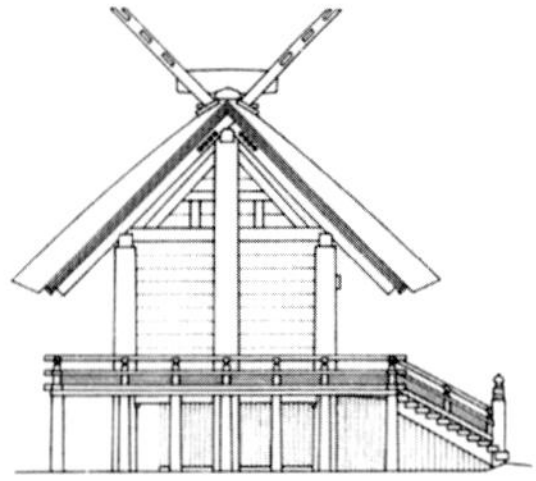

側面

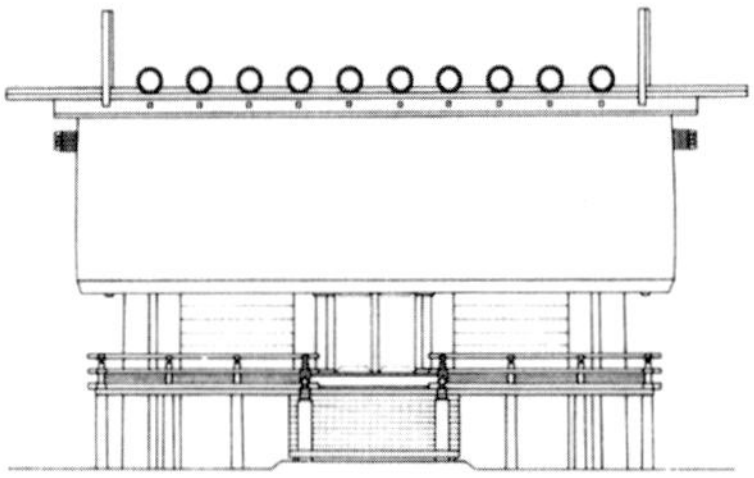

正面

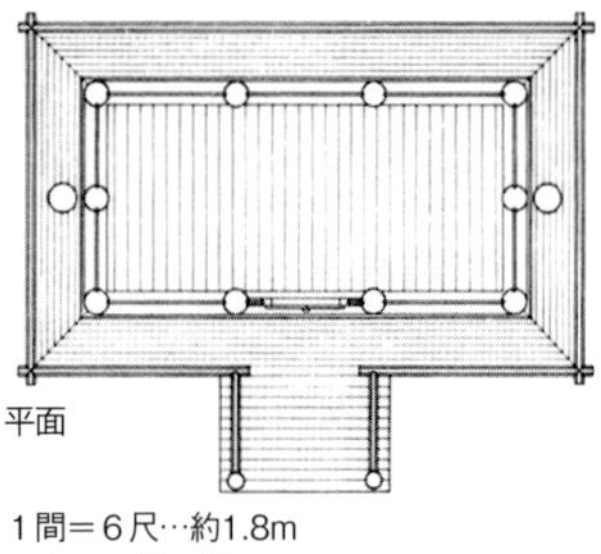

平面

1間＝6尺…約1.8m
1丈＝10尺…約3.03m
1尺＝10寸…約30.3cm

⑦伊勢神宮　斗帳復元図　（復元・小泉和子）

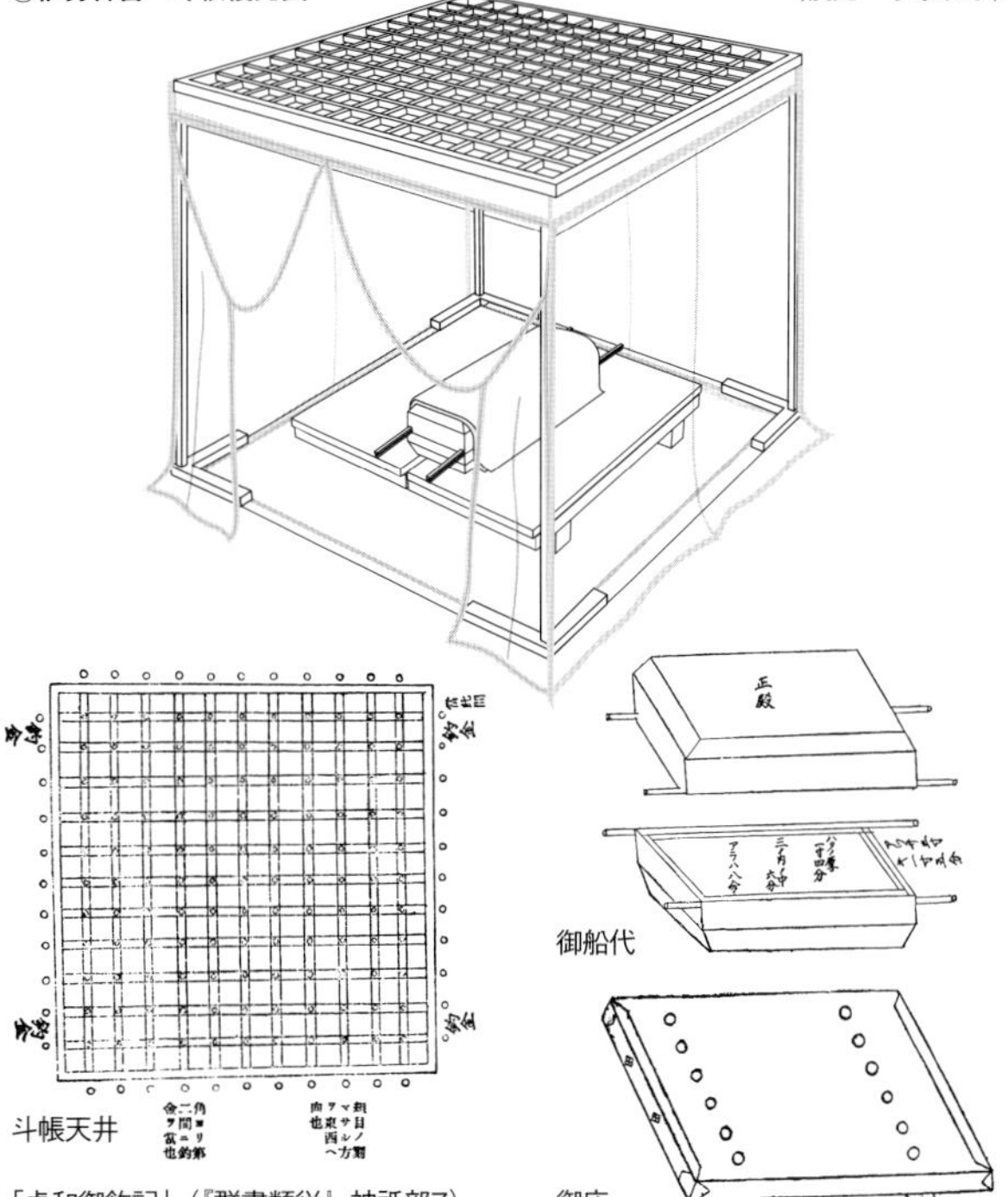

「貞和御飾記」（『群書類従』神祇部7）

⑧御船代と御床断面図

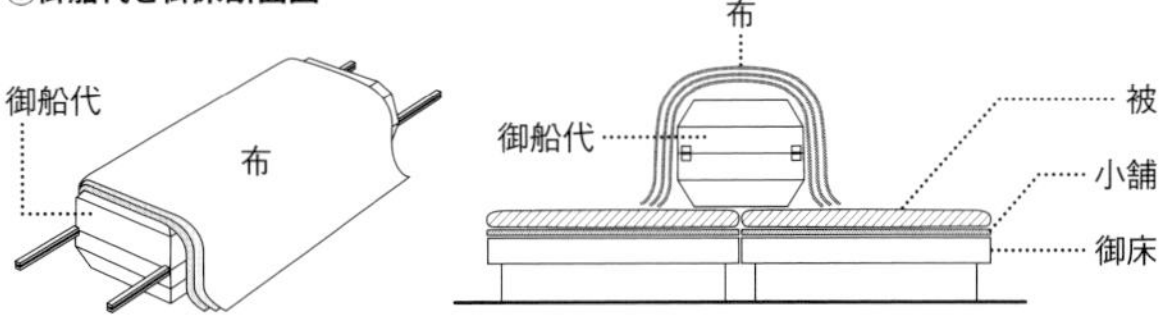

られている（⑥）。主神は内宮であるが、規模や建物についてはどちらもだいたい同じである。内宮の中心が大宮院《おおみやいん》で、ここが神、天照大神の住居であるから、ここでは儀式は行われない。神の住居ではあるが、当時の支配層の住宅構成をふまえて、四重の垣で囲まれた中央に正殿《せいでん》が建ち、後ろには東西の宝殿がある。正殿は正面桁行三間、側面梁行二間の茅葺き切妻屋根、平入り、掘立柱の高床建物で、周囲を板壁で囲み、正面中央に出入口の扉があり、外周りには高欄《こうらん》がめぐり、出入口の前には地上から上がる階段がついている。入口のほか開口部のない閉鎖的な建物で、内部はがらんとした板敷きのワンルームである。

　内部については平安初期や南北朝時代の史料になるが、まず室内全体は蚊帳を張ったように生絁《すずし》（白くて軽く寒冷紗に似ている）の帷《かたびら》で囲まれていた。張り方は壁に沿って張り廻し（壁代《かべしろ》）、出入口は暖簾《のれん》のように帷を垂らす。このため殿内は真っ白である。室の中央には斗帳が設けられる（⑦）。斗帳は天蓋《てんがい》の四周に内蚊屋《うちのかや》と呼ぶ生絁の帷を垂らした方形の帳《ちょう》で、大きさは一丈二尺四方とわかるが、天蓋を上から吊るしたか、四隅に土居と呼び土台《つちい》を置いて柱を立て、角材を格子に組んだ天蓋を乗せたかは平安初期の『儀式帳』では不明である。南北朝の『貞和御飾記』では後者になっている。斗帳の中には御床《ごしょう》と呼ぶベッドが二台並べて置かれる。御床は長さ八尺一寸、幅四尺三寸、高さ一尺であるから約八尺四方の広さになる。上には小舗《こしき》という敷物を敷き、布団にあたる被《ふすま》をのべる。被は長さ九尺、幅四尺で生絁の側に真錦が入っている。その上に御船代《みふなしろ》と呼ぶ長持形石棺に似た形の納器がのる（⑧）。中には霊《たま》代《しろ》という御神体を納めた容器が入っている。これが神様である。

　斗帳の脇には布を敷き、その上に衣服や沓《くつ》、櫛《くし》などの日常生活用品が置かれる。これは昼間の御座である。さらに殿内の東西に、それぞれ相殿の神の場所が設けられるが、これも御床である。つまり壁で囲まれた広い室内を斗帳によって起居の場として構成していたということである。

公私一棟形住宅

一方、閉鎖的（私的）空間と開放的（公的）空間が一つの屋根の下にあるタイプとしては大嘗祭《だいじょうさい》を行う大嘗宮《だいじょうきゅう》がある（⑨）。大嘗宮は、伊勢神宮が成立する以前の宮殿の形を示しているといわれる。九世紀中頃の記録『貞観儀式《じょうがんぎしき》』や一〇世紀の『延喜式《えんぎしき》』によれば、周囲に柴垣《ふしがき》をめぐらした長方形の敷地を南北に通る通路で東の悠紀《ゆき》院と西の主基《すき》院に二分し、さらにそれぞれを南北に二分し、南の敷地の中心に南北方向に向けた正殿が建てられる。北の敷地には膳屋《かしわでや》・臼屋・神服楉棚《しもとだな》（細枝を並べた棚）が建つ。東西の建物配置は同じで、さらに敷地の北に両院共通の浴室、廻立殿《かいりゅうでん》が設けられる。正殿は黒木（皮付きの丸太）造掘立柱、青草葺き、梁行二間、桁行五間、切妻造、妻入で、内部は二室に区切られ、奥の三間分が「室」、前の二間分が「堂」と呼ばれ、古くは土間だったとされる。天井には筵《えん》を張り、束ねた草の上に竹簀《たけす》を敷きユカとする。「室」の壁は草壁で表裏に筵が張られる。「堂」の周囲は外側が葦簾《あしすだれ》、内側が筵障子であるから巻き上げれば開け放ちになる。「室」は閉鎖的であるのに対して、「堂」は固定された壁がない開放的な空間である。「室」と「堂」の間仕切には筵の戸を立て、布の帷《とばり》が掛けてある。

「室」は天皇と神が食事をするプライベートな室である。中央に筵を何枚も重ねて敷いた上に八重畳を置き、坂枕《さかまくら》と掛布団に当たる衾《ふすま》が用意される。上方には承《しょう》塵《じん》と呼ぶ天蓋が設けられる。檜《ひのき》の角材を格子に組んで黒葛で結わえた枠の上に筵を乗せたもので、おそらく吊るしたのであろう。寝座の脇には神と天皇の食事の席として半帖畳が二枚置かれる。奥の両隅には燈籠を吊り、室と堂の境には燈台が置かれる。寝座の役割については天皇が衾にくるまって天皇霊を身につけ完全な天子として再生する秘儀《ひぎ》を行うものであるとか、天照大神が休むためのものだ

⑨大嘗宮

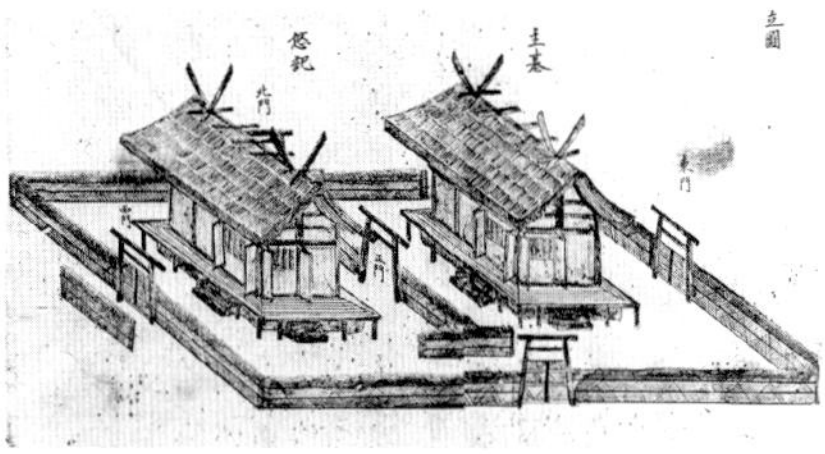
大嘗宮『大嘗会図式』

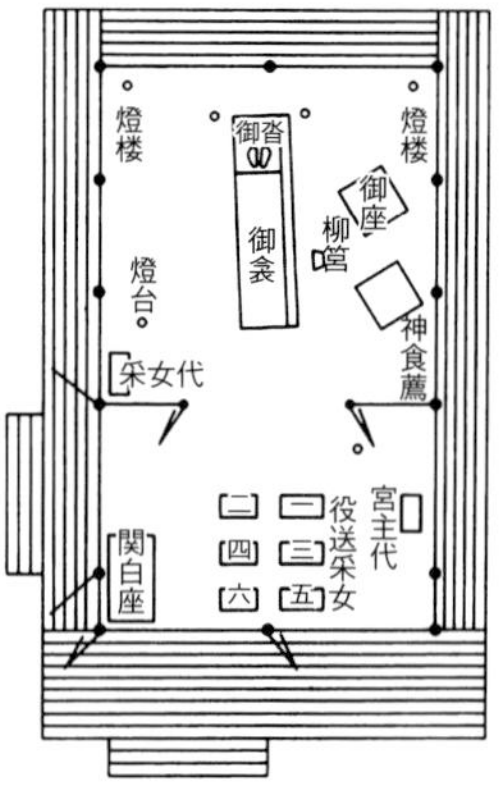

天文３年（1534）大嘗宮正殿平面図（稲垣栄三『神社と霊廟』）

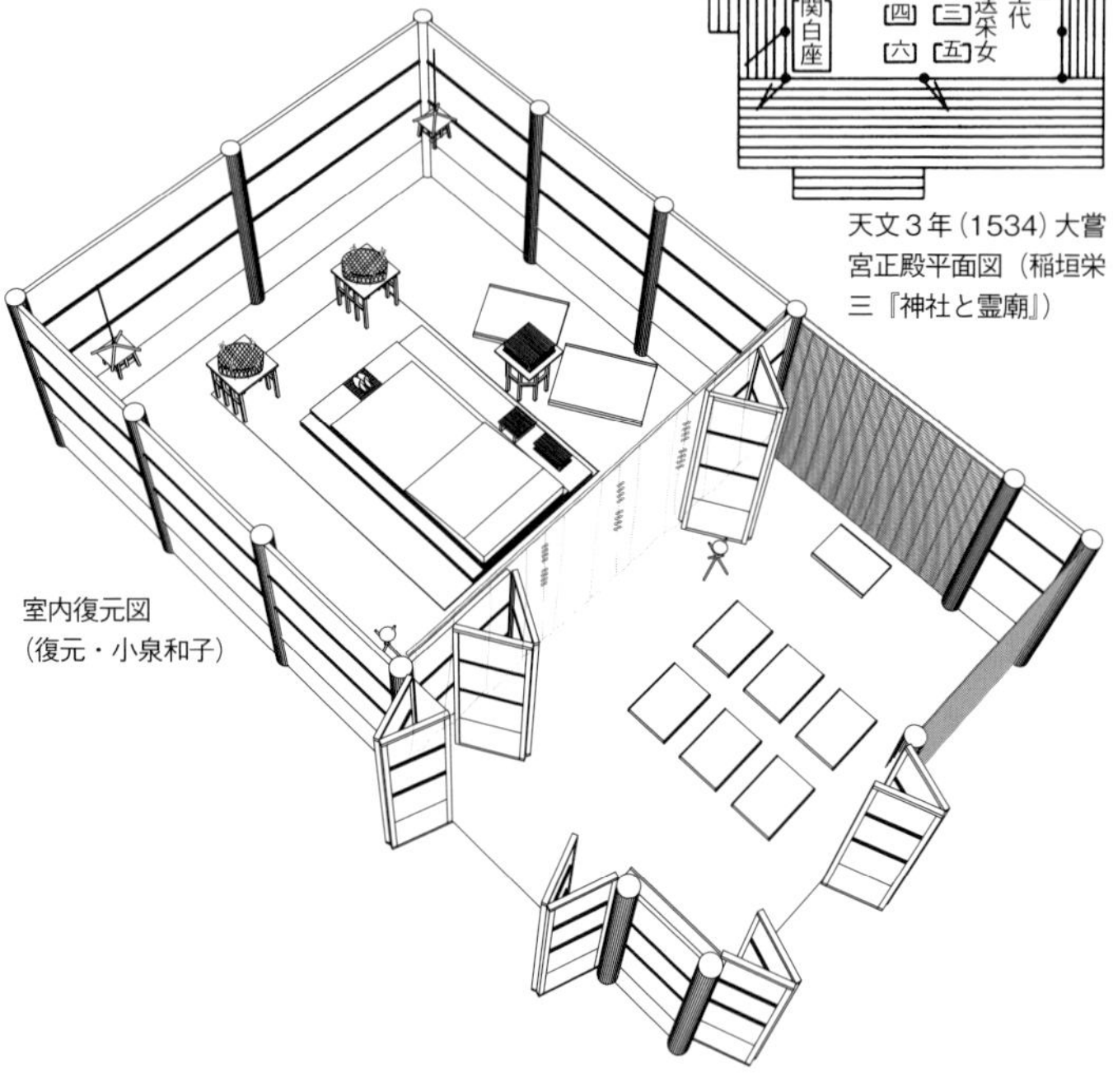
室内復元図（復元・小泉和子）

⑪法隆寺東院伝法堂前身建物復元図

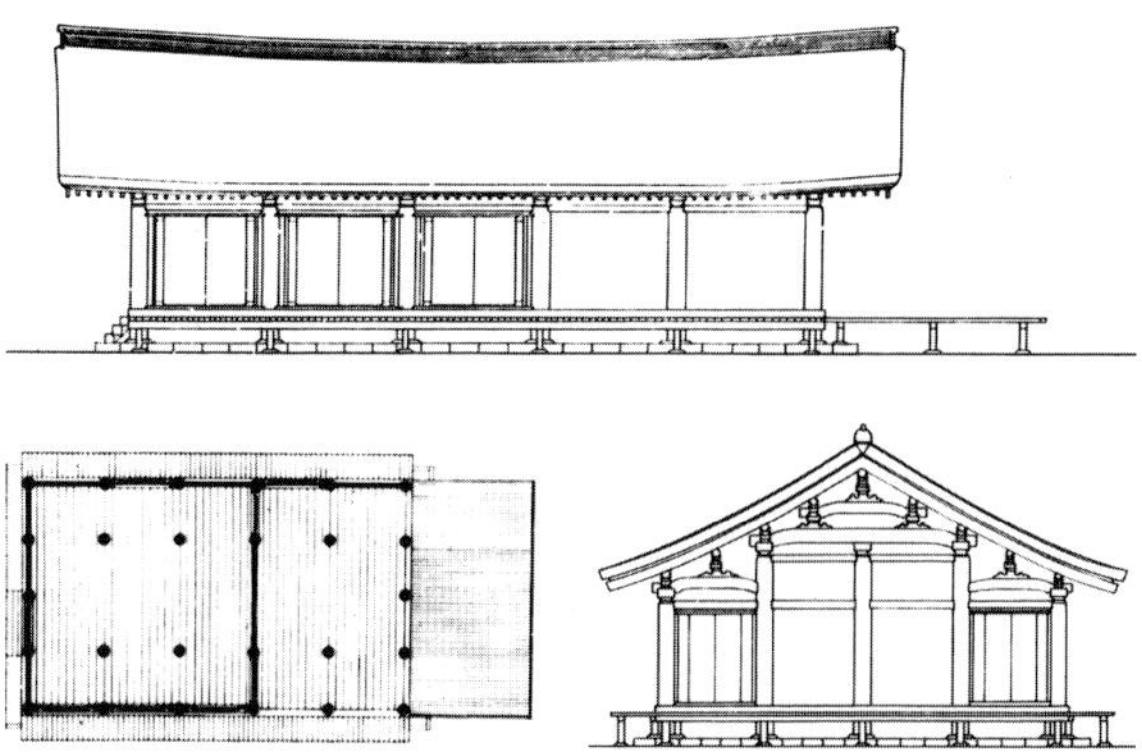

（浅野清「伝法堂ならびに前身建物に関する研究」）

⑩平城京左京三条二坊15坪の貴族住宅の屋敷復元図

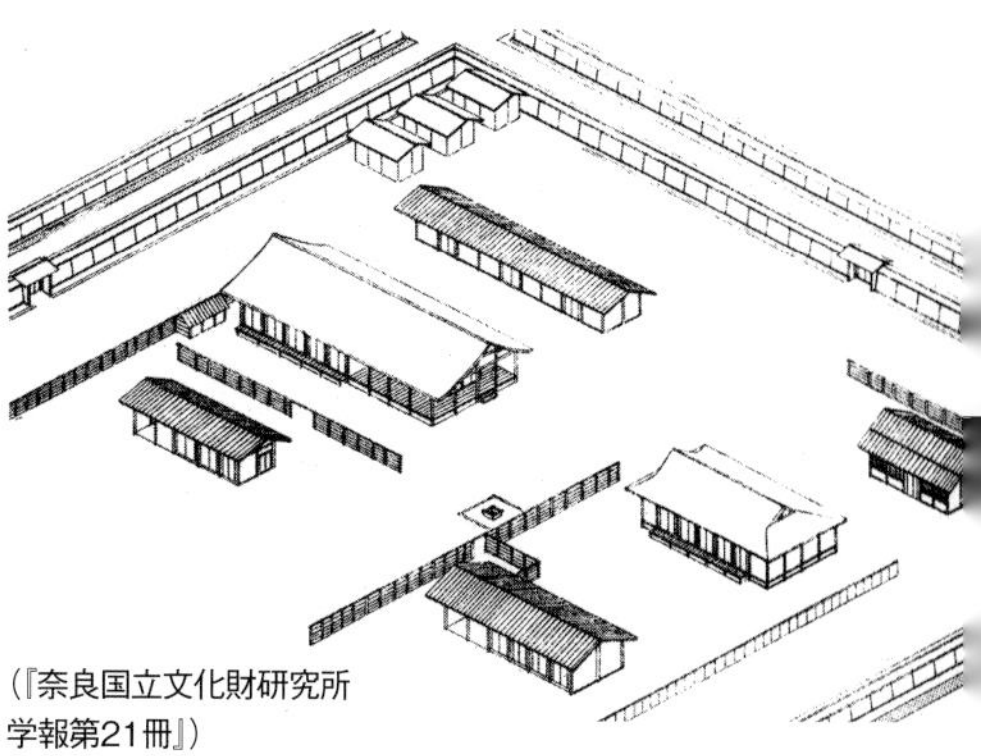

（『奈良国立文化財研究所学報第21冊』）

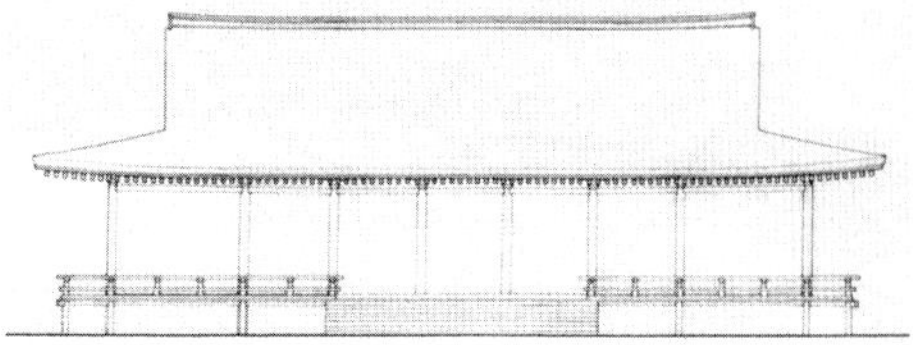

西側の母屋（正面図）

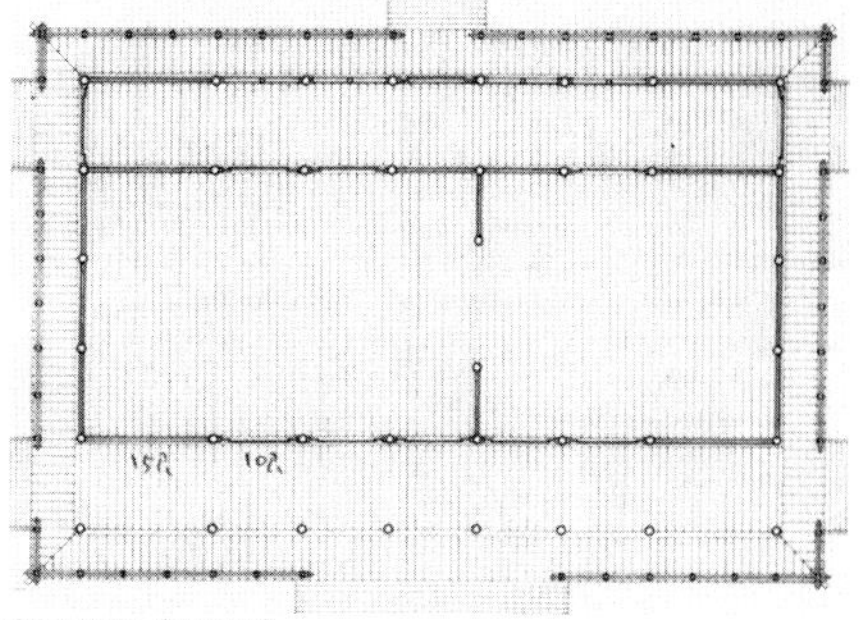

西側の母屋（平面図）

とかの説があるが秘儀のため、はっきりしていない。

「堂」は給仕をする采女《うねめ》の控室で、采女の座と立会う人、宮主代と関白座が設けられる。

大嘗宮は建物も内部もきわめて素朴なつくりで、床《しょう》も使われていない。閉鎖的なプライベートルームの前面に開放的なオフィシャルルームがつく構成で、このタイプの平面構成が住宅のもう一つ基本形として踏襲《とうしゅう》されていく。

この時期の家具については、これまで述べたベッドのほか、敷物では莚《むしろ》・薦《こも》・畳、屏障具《へいしょうぐ》では衝立《ついたて》・簾・帷、収納具では籠・櫃《ひつ》・棚、座臥具《ざがぐ》ではあぐら、照明・暖房具では燈台・燈籠・火炉《かろ》・火桶、供膳具では折敷《おしき》・高坏《たかつき》・案・つくえ（杯据）、文房用では机、書櫃《しょひつ》などが存在している。これらを使って室内を構成し、生活していたと考えられる。

奈良時代の貴族住宅と天皇の常御殿

奈良時代の貴族住宅にも、この二つのタイプが存在する。

公私が別々の建物の例として、遺跡からの復元であるが、平城京左京三条二坊一五坪の貴族住宅がある（⑩）。

ここは敷地が東西に区画され、それぞれに主屋と副屋が建ち並んでいる。主屋はどちらも掘立柱の東西棟で東の方が正殿になる。正殿は桁行七間、梁行四間で主屋の周囲を五間に二間の庇《ひさし》が囲んでいる。西の主屋は桁行九間、梁行四間で南北に庇がつく。それぞれ檜皮葺入母屋造《ひわだぶきいりもやづくり》、板葺切妻造《いたぶききりづまづくり》、母屋は板敷で周囲は板壁で復元されている。やはり壁に囲まれた室内である。

一方、閉鎖的な室と開放的な堂で構成される平面構成としては橘夫人邸（法隆《ほうりゅう》寺《じ》東院伝法堂《とういんでんぽうどう》前身建物）がある（⑪）。檜皮葺切妻屋根で、構造形式は二重虹梁《にじゅうこうりゅう》蟇股《かえるまた》、礎石の上に建つ大陸式の建築で

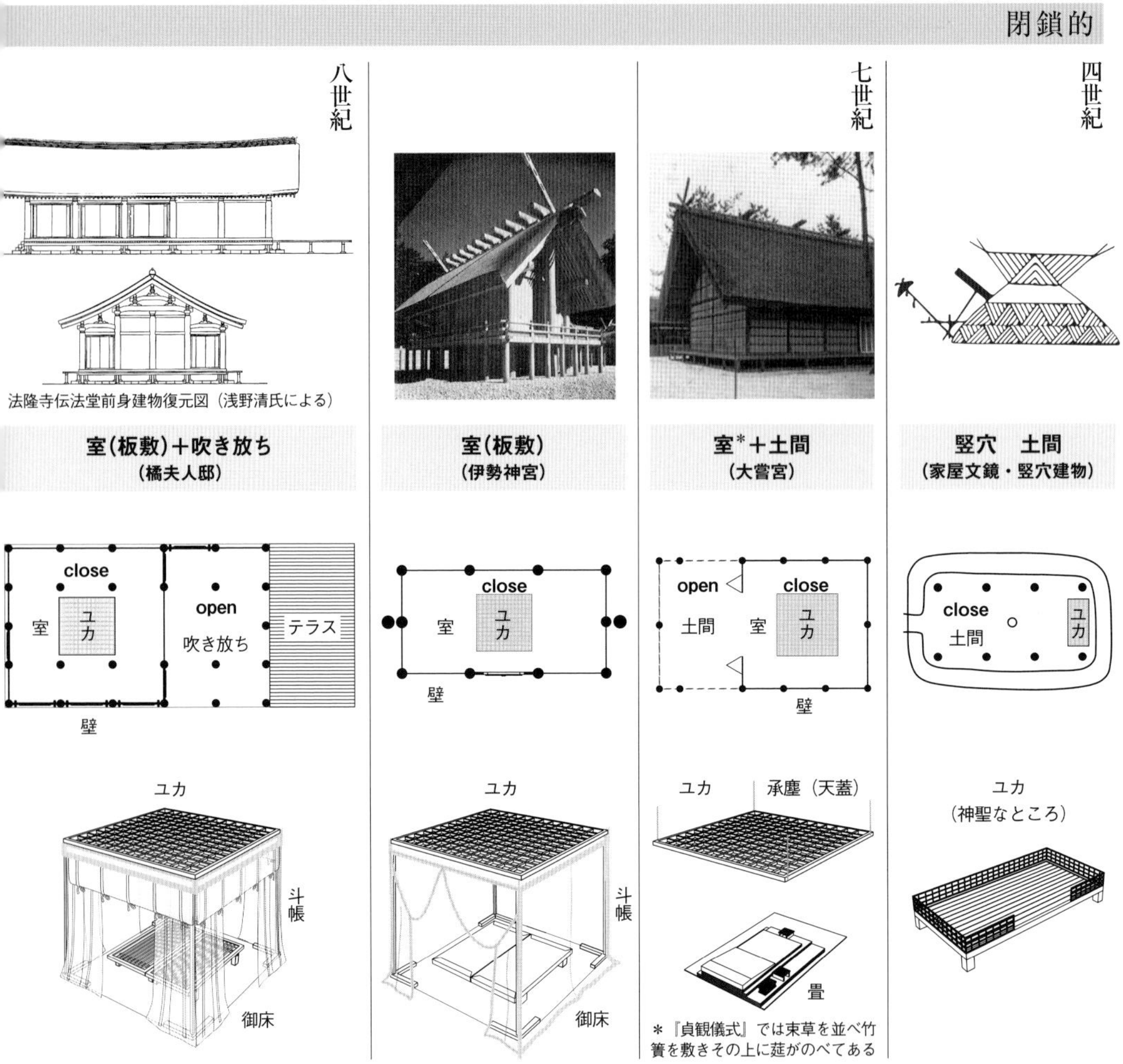

古代支配層住宅と室内の時代別変遷模式図
（作成・小泉和子）

ある。聖武天皇《しょうむてんのう》の夫人、橘《たちばなの》三千代《みちよ》が自邸を法隆寺に寄進されたため仏堂に改造されている。これを建築史家の浅野清氏が、建築部材に残っていた痕跡から、もとの住宅の形に復元されているので、住宅当時の形がわかる。

平面は桁行五間、梁行四間の二面庇付建物で、これを桁行三間と二間に分けて、三間が壁と扉だけの閉鎖的空間で、二間分が妻側と一方の側面は何もない吹き放ちで、さらに妻側に簀子縁《すのこえん》を張った露台を張りだしている。閉鎖的な空間は寝室や居室として使われ、開放的な空間は公的な場所だったのであろう。

内部については貴族住宅も橘夫人邸も史料が残っていないが、プライベートな空間である閉鎖的な室には、当時の貴族住宅の定形、斗帳《とちょう》で囲まれたベッドが置かれていたと考えられる。

ベッドについては正倉院には聖武天皇の御床が存在する。檜製で長さ七尺九寸、幅四尺、高さ一尺三寸で、『東大寺献物《とうだいじけんもつ》帳《ちょう》』によると、二台並べて据えたとある。したがってベッドの幅は約八尺四方になり、伊勢神宮と同じである。これが当時の標準だったようだ。黒地錦端畳と褐色地錦の褥《しとね》(敷布団)を、長さ幅両床にわた

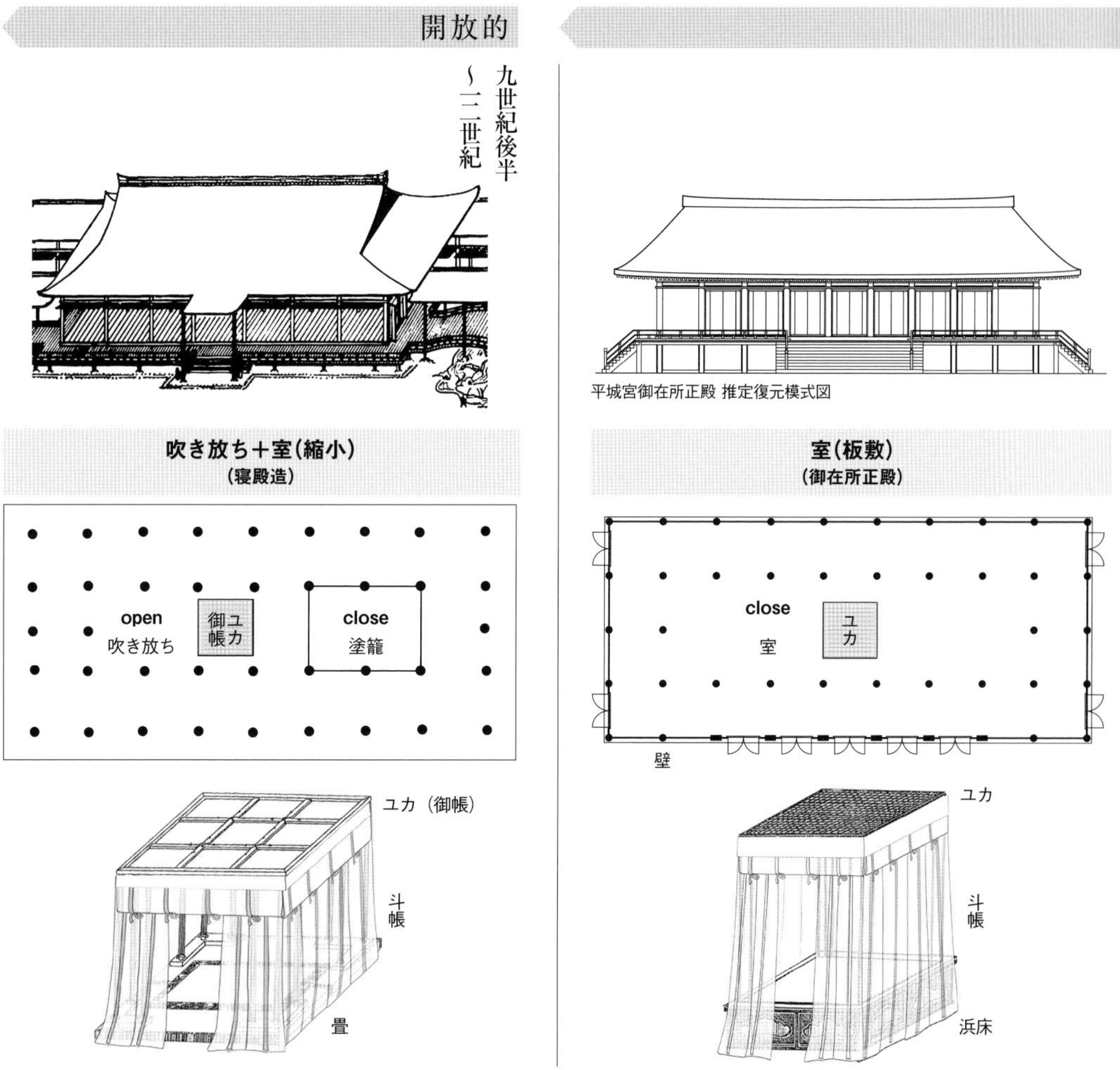

平城宮御在所正殿 推定復元模式図

して敷き、緑絁《みどりあしぎぬ》の袷《あわせ》の覆《おおい》（掛布団）を掛けて使用したとあり、このうち覆は現存している。この寝具のしつらいも伊勢神宮とほとんど同じである。白練綾大枕も残っている。斗帳は残っていないが、聖武天皇の場合も御床は斗帳の中に置かれていたと考えて間違いないであろう⑫。

内裏《だいり》の天皇が日常、起居した建物である常御殿（御在所）についてははっきりしない。ただ内裏には儀式の場である正殿の後ろに天皇が日常生活を送るための

古代の支配層の住宅は奈良時代までは壁で囲まれた閉鎖的な住宅だった。これが平安時代の11世紀に入ると柱で構成された非常に開放的な住宅、寝殿造へと大変化を遂げるのである。ただ母屋の一部に、塗籠《ぬりごめ》（内裏では夜御殿）という壁に囲まれた閉鎖的な空間が残った。

壁に囲まれた住宅では、斗帳の中にベッドが置かれ、ユカと呼ばれた。ベッドは奈良時代後半あたりになると整備された浜床《はまゆか》という台（帳台）の上に畳が敷かれるようになる。

このあと住宅は急変して寝殿造となるが、最初は前代までの伝統で塗籠が寝所とされて、ユカ（この段階では御帳、帳台と呼ばれた）が設けられたが、やがて御帳は塗籠から出て母屋の中央に設けられるようになる。ついでベッドが省略され、斗帳と畳だけになるが、次の段階ではこれもなくなる。実際の生活空間として北庇が使われるようになったためである。北孫庇が付加されて、北庇＋北孫庇に寝所が設けられるようになって、斗帳も廃され、幕や屏風で囲む形となる。

正倉院の宝物

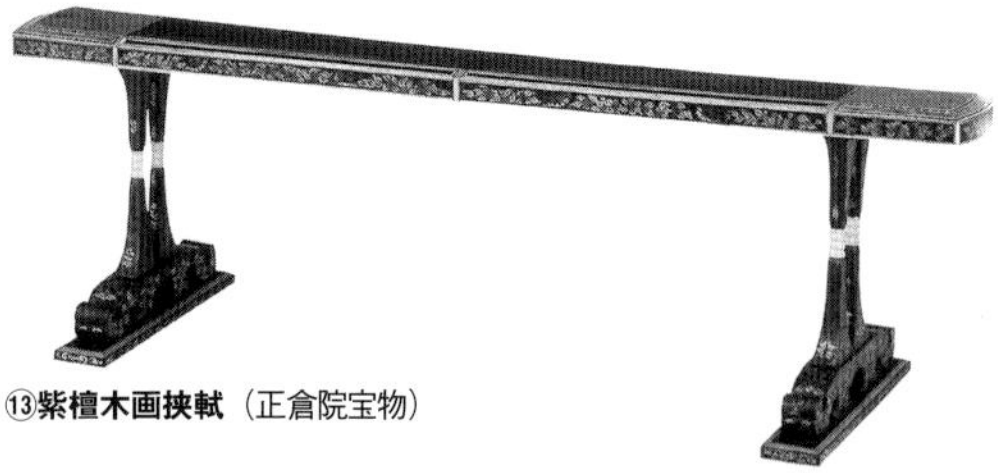

⑬**紫檀木画挟軾**（正倉院宝物）

⑭**赤漆文欟木御厨子**
（正倉院宝物）

⑮**白石火舎**
（正倉院宝物）

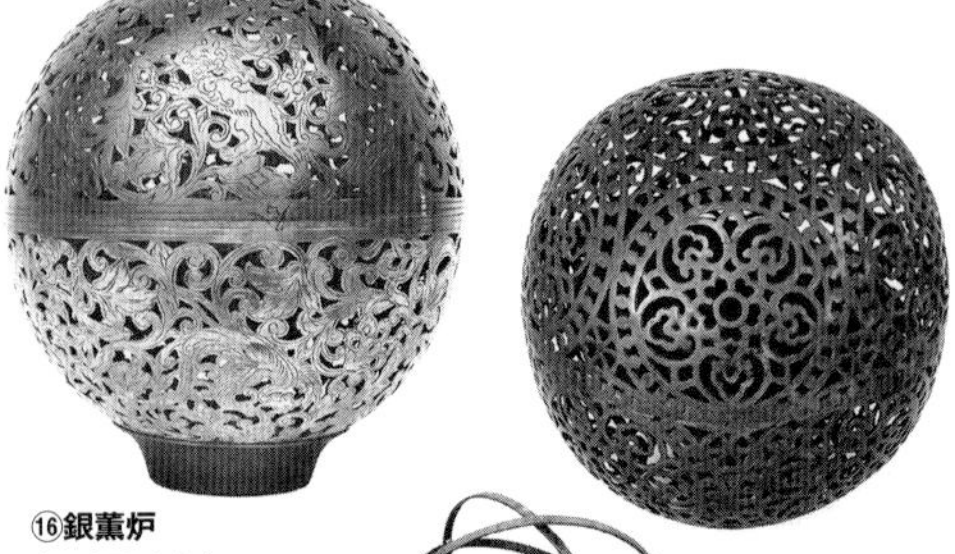

⑯**銀薫炉**
（正倉院宝物）

銅薫炉
（正倉院宝物）

（『正倉院宝物にみる家具・調度』）

⑫**聖武天皇の斗帳復元図**

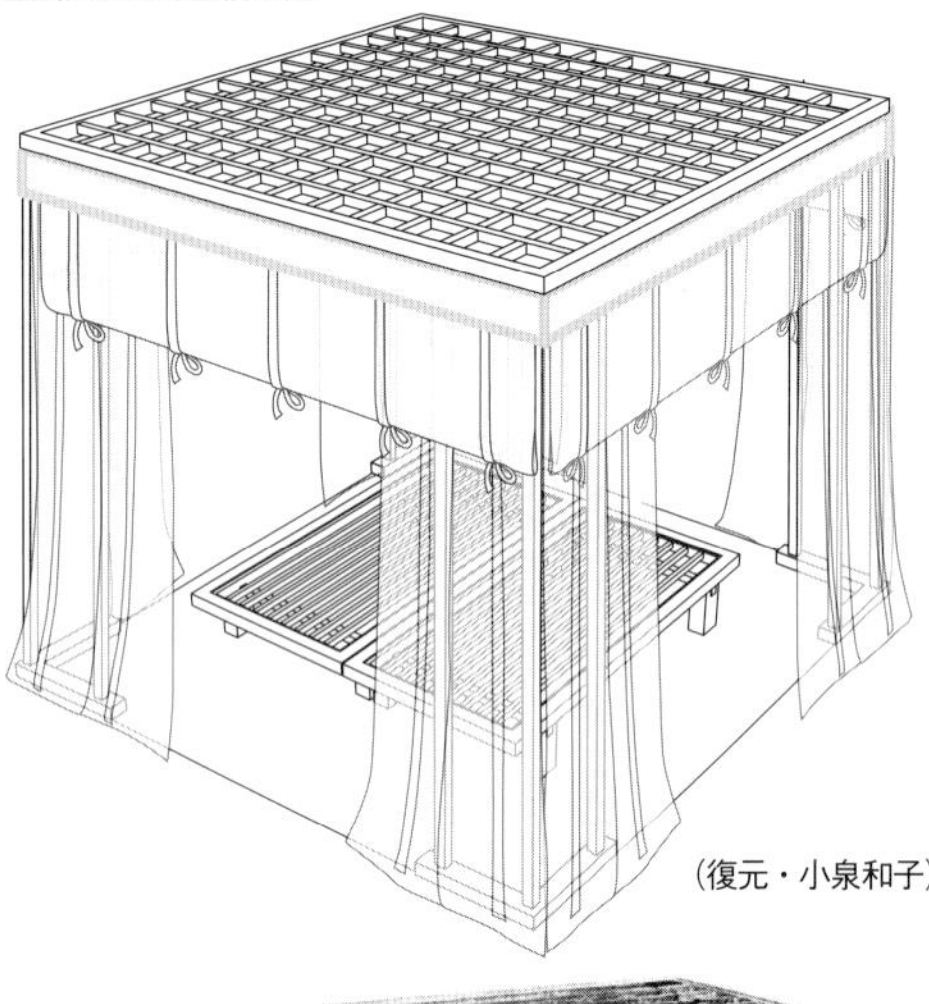

（復元・小泉和子）

御床（正倉院宝物）

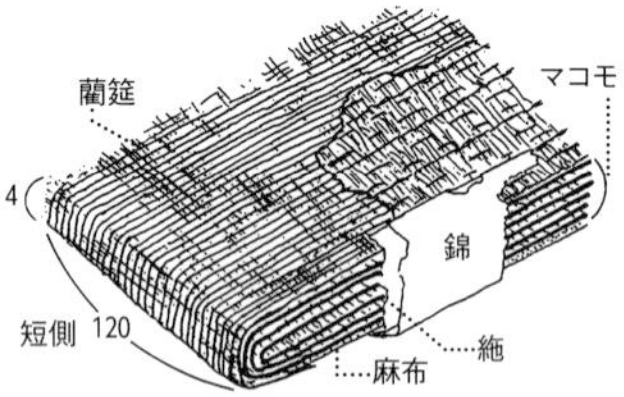

正倉院　御床畳模式図
（松本包夫氏作図）

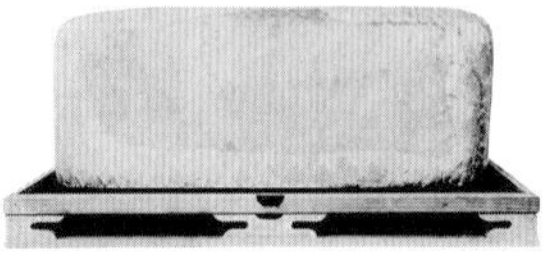

白練綾大枕（正倉院宝物）

一画があり、正殿は檜皮葺《ひわだぶき》、掘立柱《ほったてばしら》の日本風の建物で、周囲は壁と扉で囲まれていたとされ、常御殿も同様であったと考えられている。

内部がどのように間仕切られていたかは不明だが、いずれにしてもプライベートな空間は当然寝所として機能していたはずであるから、斗帳と御床が置かれていたと考えられる。

正倉院には御床のほか聖武天皇遺愛の家具が多数ある。胡床《こしょう》・挟軾《きょうしょく》（⑬）・屛《びょう》風《ぶ》・毛氈《もうせん》・厨子《ずし》（⑭）・多足几《たそくき》・火舎《かしゃ》（⑮）・銀薫炉など（⑯）で、多くが舶載品《はくさいひん》の高度な美術工芸品である。『東大寺献物帳』

⑰**復元された平城京の大極殿**　外観（奈良時代前半710〜740年）（写真提供・奈良文化財研究所）

によると当初は絨毯や屏風などは非常に数多くあったという。これらすべてが天皇の常御殿で使われたものではなかったであろうが、天皇の日常の住まいは、こうした舶来のきらびやかな家具類で囲まれていたと想像される。

内裏では正殿の中央に天皇出御のための御帳台が設けられ、儀式によって倚子《いし》や床子《しょうじ》が設置された。

以上見てきたように古墳時代から奈良時代までの支配層の住宅には、公私別棟形と公私一棟形があったが、私的部分は壁で囲まれた閉鎖的な建物だったということである。

（小泉）

2　宮殿
藤原宮から平安宮

六九四年に遷都《せんと》された藤原京《ふじわらきょう》は日本で最初の碁盤目状《ごばんめじょう》の街区（条坊《じょうぼう》）をもった都城《とじょう》で、その中心に約一km四方の藤原宮が置かれた。その中心殿舎は、天皇が儀式等のため出御《しゅつぎょ》する大極殿《だいごくでん》と、臣下の座として左右対称に配された一二の朝堂《ちょうどう》で、これらをそれぞれ回廊《かいろう》が囲み、南面中央には門が設けられた。天皇の居所である

大極殿の内部（写真提供・奈良文化財研究所）

内裏《だいり》は、これまでの藤原宮における発掘調査ではその位置は判明していない。

七一〇年には都が平城京《へいじょうきょう》へ遷《うつ》る。七四〇年には恭仁京《くにきょう》に遷都《せんと》し、その後、紫《し》香楽《がらき》や難波《なにわ》などを転々とするものの、七四五年に再び平城京へ戻った。平城京は、七八四年の長岡京《ながおかきょう》遷都まで政治・文化の中心として機能し、天平《てんぴょう》文化を開花させた。平城京の北辺中央部に位置する平城宮は、これまでの発掘調査によって、七四〇年までと七四五年以降で、大きくその構造を変えることが判明している。七四〇年までの奈良時代前半には、大極殿（⑰）はその南に南北に長い四つの朝堂を伴って、平城宮の南面中央に開く朱雀門《すざくもん》の北方に位置していた。七四五年からの奈良時代後半には、その東側の区画、すなわち南面東に開く壬生門《みぶもん》の北方に、礎石建《そせきだ》ちの一二の朝堂を伴って立地した。これに対して、内裏は、建物の改変はあるものの、奈良時代後半の大極殿の北方に、奈良時代の全期間を通じて配置されていた。

都は七九四年に平安京へ遷るが、中枢部は奈良時代後半の区画を踏襲《とうしゅう》して建てられた。中心部は、大極殿と一二の朝堂を備えた八省院《はっしょういん》と呼ぶ儀礼・政務の

空間と、その西方に豊楽殿《ぶらくでん》と長大な建物を回廊でつないだ豊楽院と呼ぶ饗宴《きようえん》の空間が並立していた。

　このうち、大極殿とその南の朝堂は、公的な儀礼・政務の場であり、天皇中心の律令《りつりよう》政治を体現した施設群である。大極殿は、藤原宮、奈良時代前半の平城宮、恭仁宮、奈良時代の難波宮、奈良時代後半の平城宮、長岡宮で発掘調査成果がある。いずれも桁行九間×梁行四間の建物だが、藤原宮、奈良時代前半の平城宮、恭仁宮の大極殿は、柱間寸法も等しく、移築された可能性が大きいことが指摘されている。難波宮、平城宮後半の平城宮、長岡宮の大極殿では、柱間寸法が奈良時代前半までの大極殿よりも若干小さくなっている。

⑱高御座図（「文安御即位調度図」神宮文庫蔵）

　天皇の居所である内裏については、発掘調査で詳しくわかるのは奈良時代前半と後半の平城宮と、長岡宮の一部で、平安宮の内裏については、文献史料等から知られる。これらは、区画塀で囲まれた中軸線上のやや南に、正面側に広場と建物を伴った正殿（平安宮紫宸殿《ししんでん》に相当）を建てて塀や建物で囲み、周囲にも建物を置く配置である。

　藤原宮から平安宮に至るまで、大極殿とその南の朝堂は、基壇《きだん》を伴った礎石建ち・瓦葺の建物で、藤原宮の朝堂は板床を張っていた可能性があるものの、基本的には土間の建築であった。これに対して内裏は、藤原宮の様相が不明なものの、平城宮では奈良時代を通じて、地面に穴を掘って柱を立てる掘立柱《ほつたてばしら》によって建てられ、現在の京都御所紫宸殿にみられるような、板敷きの建物だったと推定されている。

　大極殿の内部には、天皇の玉座である高御座《たかみくら》が置かれていた。古代の高御座については、その名称が文献史料に散見するものの、その始原や使用方法のほか、具体的な形態は明確でない。形態についての最古の文献史料は『延喜式《えんぎしき》』内蔵寮《くらりよう》や内匠寮《たくみりよう》にみえるもので、それも元日朝賀にあたって高御座を荘厳する調度類（鳳像、玉幡《ぎよくばん》、鏡ほか）についての記載である。ここから少なくとも九世紀においては、調度類は臨時に舗設《ほせつ》されるものであったことがわかる。これは高御座自体が常設か仮設かといった疑問を抱かせる。また、平安宮では大極殿だけでなく、豊楽殿や武徳殿《ぶとくでん》にも高御座があったことが確認でき、複数存在するものか、といった議論もあった。高御座について、先行研究や文献史料を整理した吉江崇《よしえたかし》によれば、平安時代においては、高御座の基壇部分（後述する「壇《だん》」・下壇）の一部は、常設で複数あり、柱や屋根（「蓋《がい》」とみえる）といった上屋は、臨時にしつらえられるべきものであった、と考えるのが穏当《おんとう》という。

　上屋あるいは基壇の具体的な形態については、上記の調度類についての記述のほか、院政期の古記録などの断片的記載からわずかに知れる。それらによると、基壇は三つの壇からなり、高欄《こうらん》をもち、蓋は八角形であった。基壇は下壇の「壇」、中壇の「土居《どい》」、上壇の（狭義の）「高御座」からなり、「土居桁柱《どいげたばしら》」という記載から、柱は中壇に立つらしい。ここから、少なくとも中壇以上が八角形と解釈できる。蓋にとりつく鏡の数は『延喜式』内匠寮の記載に各面三枚とあり、中段以上は正八角形とみられる。

規模についても、やはり鳳形や鏡といった調度品の大きさは断片的にわかるが、上屋や基壇については知るところが少ない。『兵範記《へいはんき》』仁安《にんあん》三年（一一六八）一一月二三日条に、「繧繝端《うんげんべり》弘畳二枚（中略）各広一丈余、広五尺余、御座雖八角、畳不及其角」とあるのが、規模に関するほぼ唯一の記載で、上壇は一丈四方の畳がはみ出ない大きさだったことがわかる。

⑲高御座（写真提供・奈良文化財研究所）

「文安御即位調度図」（文安元年［一四四四］写）は、平安時代の高御座を描いたと考えられる絵画史料である（⑱）。この図像と記された注釈から、さらに具体的な形態を知ることができる。すなわち下壇は方形で高欄がのっている。隅木下には玉幡《ぎょくばん》が掛かり、その内側一尺ばかりに玉帽額《ぎょくもこう》があるとの記載から、柱から蓋の突出（軒の出）は一尺ほどと解することができる。

現在、京都御所紫宸殿内部に置かれている高御座は、大正天皇の即位式にあたって新調されたものだが、柱が上壇に立ち、中・上壇の八角形平面の一辺は、正背面が長い八角形で、軒先に立つ鏡も正背面の数が多い。このように文献史料から復元できる高御座とは若干異なる点がある。

高御座　内部（写真提供・奈良文化財研究所）

平成二二年（二〇一〇）の平城遷都一三〇〇年に際して、平城宮の大極殿が復元され、内部には高御座の実物大復元模型が置かれている（⑰⑲）。奈良時代の高御座については、平安時代に輪をかけて不明のため、上記のような平安時代の史料からの復元考証とともに、「文安御即位調度図」や大正新調の高御座などを参考として、また調度類は正倉院の御物などから製作されている。上壇には椅子を置いているが、後述するように、朝堂における官人の儀式・政務の作法である朝礼の変遷からみて、具体的な形態はともあれ、いわゆる椅子がふさわしいと考えられる（⑲）。

藤原宮や平城宮の朝堂院内の調度については史料が少ないが、朝堂における朝《ちょう》礼および朝堂で執務する官人のための座《ざ》は、その儀礼のあり方と密接に関連している。七～九世紀の朝礼の変遷について分析した大隅清陽《おおすみきよはる》によれば、『日本書紀』や『古事記』の記載から、七世紀中頃までは椅子状の座具に座すのは基本的にその場の最高位者であり、その他の者は席（むしろ・みまし・しきゐ・いしき）、座（おもと・みまし・しきゐ）などと呼んだ、いわゆる「ござ」に座すのが一般的であったという。七世紀後期に大友皇《おおとものおう》子《じ》・草壁皇子《くさかべのおうじ》・大津皇子《おおつのおうじ》などの有力皇子による聴政（政治）が行われるようになると、皇子の朝座として倚子《いし》が用いられるようになり、大臣による聴政《ちょうせい》が持統《じとう》四年（六九〇）に始まるとすれば、このとき大臣の倚子が朝堂に置かれるようになったと考えられるという。官人の朝座として五位以上に「牀《しょう》」が支給されたのは、『養老雑令』第一四・一五条より慶雲《けいうん》元年（七〇四）であり、六位以下・主典以上には「席」しか支給されず、弘仁九年（八一八）三月になって六位以下の官人にも「床子《しょうじ》」が支給されるようになった（『日本紀略《にほんきりゃく》』）という。

これらの具体的な形態については不明とせざるをえないが、『延喜式』掃部寮《かもんりょう》には、朝堂で執務する官人のための朝座についての記載があり、少なくとも平安時代前期の八省院《はっしょういん》の調度を知ることができる。朝座は座具とそれに敷く茵《しとね》からなり、着座する官人の官位によって、種類や大きさ、色などに違いが設けられていた（右表）。

『延喜式』掃部寮・弾正台条にみえる朝座（橋本義則『平安宮成立史の研究』塙書房　平成七年［一九九五］参考）

官位	座具	茵 長	茵 広	茵 厚	茵 端部の色	茵 端部の材質
親王・中納言以上	倚子	2尺	1尺8寸	2寸	黄	帛
三位以上	漆床子	2尺	1尺5寸	2寸	黄	帛
五位以上	漆床子	4尺	1尺4寸	1寸5分	黄	帛（布）
六位以下主典以上	白木床子	4尺	1尺4寸	1寸5分	紺	布
史生	白木床子	4尺	1尺4寸	1寸5分	（端部なし）	（端部なし）

⑳**豊楽殿模型の内部**（村井康彦編『よみがえる平安京』淡交社　平成7年［1995］より）

豊楽殿《ぶらくでん》は平安時代の饗宴の場である豊楽院の中心建物である（⑳）。饗宴には天皇が出御《しゅつぎょ》するため、その中心に高御座が置かれ、また儀式によっては、高御座の左右にやや間隔をあけて皇后や皇太子の座、親王以下参議以上の座が設けられた。大嘗会《だいじょうえ》に伴う節会《せちえ》の際には、やはり高御座をはさんで悠紀《ゆき》・主基《すき》の御帳《みちょう》が壇上にしつらえられた。『延喜式』掃部寮にみえる元日宴の調度は、豊楽殿の中央に高御座を置き、東に豊楽殿の柱間二間あけて皇太子の座を、西に二間あけて皇后の座を設け、高御座の東三間には軟障《ぜじょう》をかけ、西二間には通障子《つしょうじ》を立て、さらにその西一間と豊楽殿の身舎《もや》の妻側（奥行方向）二間には軟障をかけるという。また、通障子内には、草墪《そうとん》や嚢床子《のうしょうじ》を立て、帖を敷いて内侍以下の座とすることが記されているほか、豊楽殿の南廂・北廂にも敷物が敷かれたり、屛風が立てられたりし、階段下などには官人の座が設けられた。これらはいずれも節会《せちえ》の際にしつらえられる仮設の調度とみられる。

（箱崎）

3　寝殿造　開放的住宅

寝殿造の成立と正月大饗

平安時代の貴族の住まいである寝殿《しんでん》造《づくり》の一番の特徴は、固定された壁や窓で囲われた閉鎖的な部屋をもたない点にある。寝殿造では、開放的な列柱空間を、

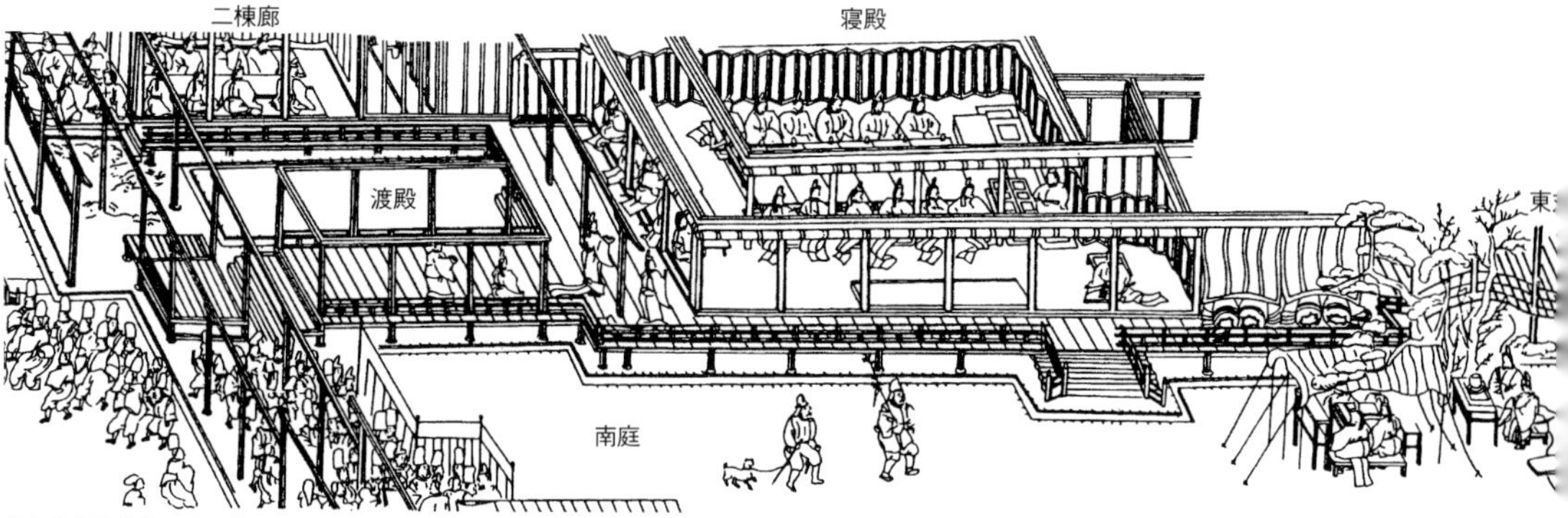

㉑**年中行事絵巻・東三条殿正月大饗・宴**（「年中行事絵巻」）

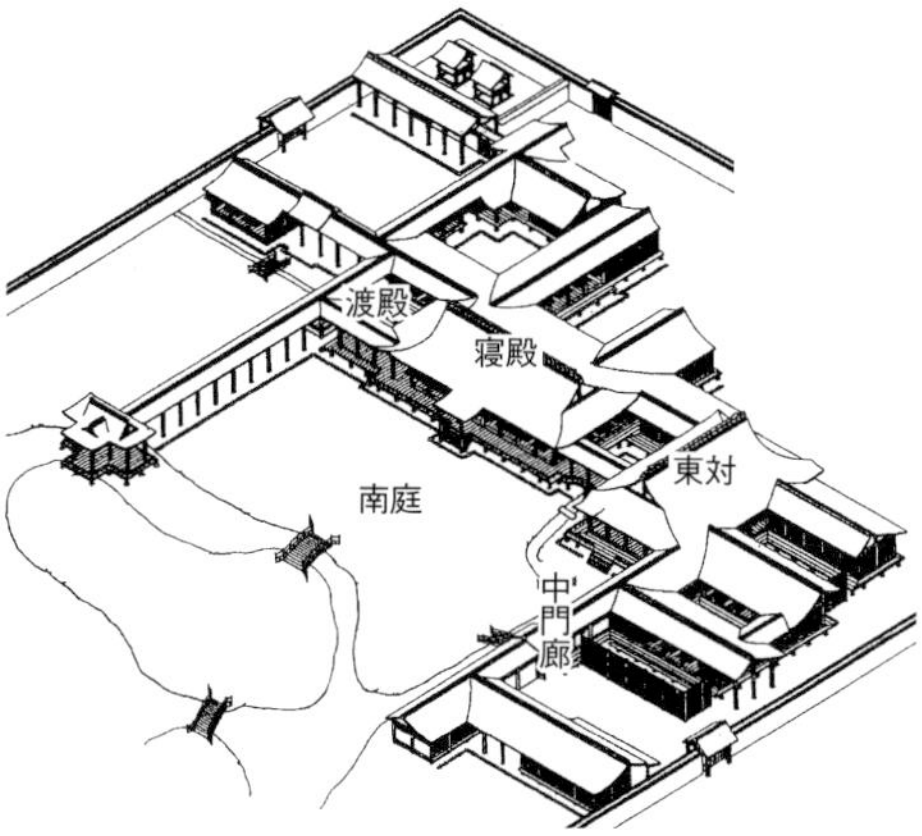

㉒**東三条殿復元図**（作図・古賀由紀子）

襖《ふすま》などの建具や帷《かたびら》などの障屏具によって仕切ることで部屋は作られる。寝殿造がこのような建築になったのは、生命や財産を守る住まいとしてではなく、正《しょう》月大饗《がちたいきょう》と呼ばれる宮中の宴会に準じた饗宴《きょうえん》を開くための儀式場としてこれが作られたからである。

宮中の宴会は、すべての役人が参加できる豊楽殿《ぶらくでん》で行うのが平安時代初めのルールであった。ところが、九世紀の中頃をすぎると、ほとんどの宮中の宴会は皇居である内裏《だいり》で行われ、官位でいうと五位以上の者しか参加できなくなっていった。そこで、それを補うために、大臣邸で正月大饗が開かれることになった。正月大饗では、太政官《だいじょうかん》に所属するすべての役人が宴の対象であった。そして、この正月大饗を行うため、大臣邸の建物は内裏の正殿と同じように南の庭に向かって開放された列柱空間の建築になった。

㉑は、平安時代後半に建てられた東《ひがし》三条殿《さんじょうどの》で正月大饗が行われた様子を描いたものである。宴会の主会場である寝殿は、南庭に向かって開放され、庭で行われる遊芸を見物しながら酒宴は進行する。また、宴の前には、参加者が庭に整列して拝礼の儀が行われた。まさに建物の内と外が一体になって正月大饗は行われたのである。そして、この宴会場の中心となる寝殿とその南庭を取り囲むように対《たい》、渡殿《わたどの》、中門廊《ちゅうもんろう》など、開放的な建物が配置されていた（㉒）。

寝殿造の生活空間

この儀式用大列柱空間に住むための工夫は、東三条殿に移ったときの指図などから知ることができる（㉓㉔）。これによると、東三条殿寝殿の母屋と呼ばれる中心部には、天蓋付き寝台にあたる御帳《みちょう》が置かれ、その東西南三方に座が敷かれている。

御帳は、『類聚雑要抄《るいじゅうぞうようしょう》』巻第四によれ

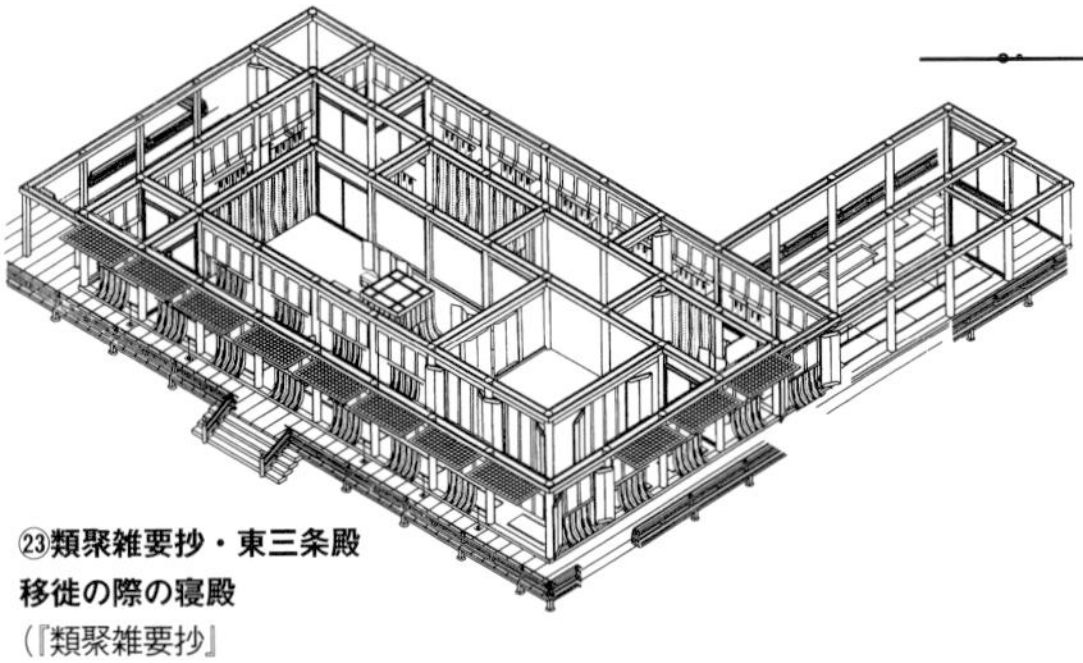

㉓類聚雑要抄・東三条殿移徙の際の寝殿
（『類聚雑要抄』作図・平部裕子）

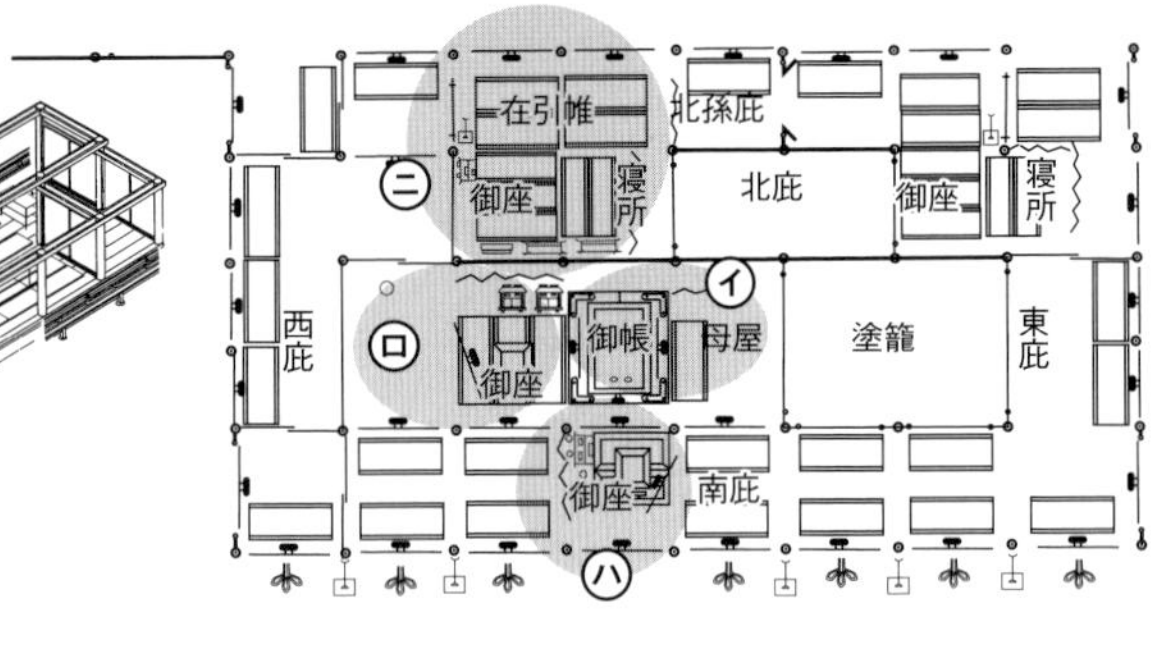

㉔東三条殿移徙時の寝殿平面図と各部の室礼

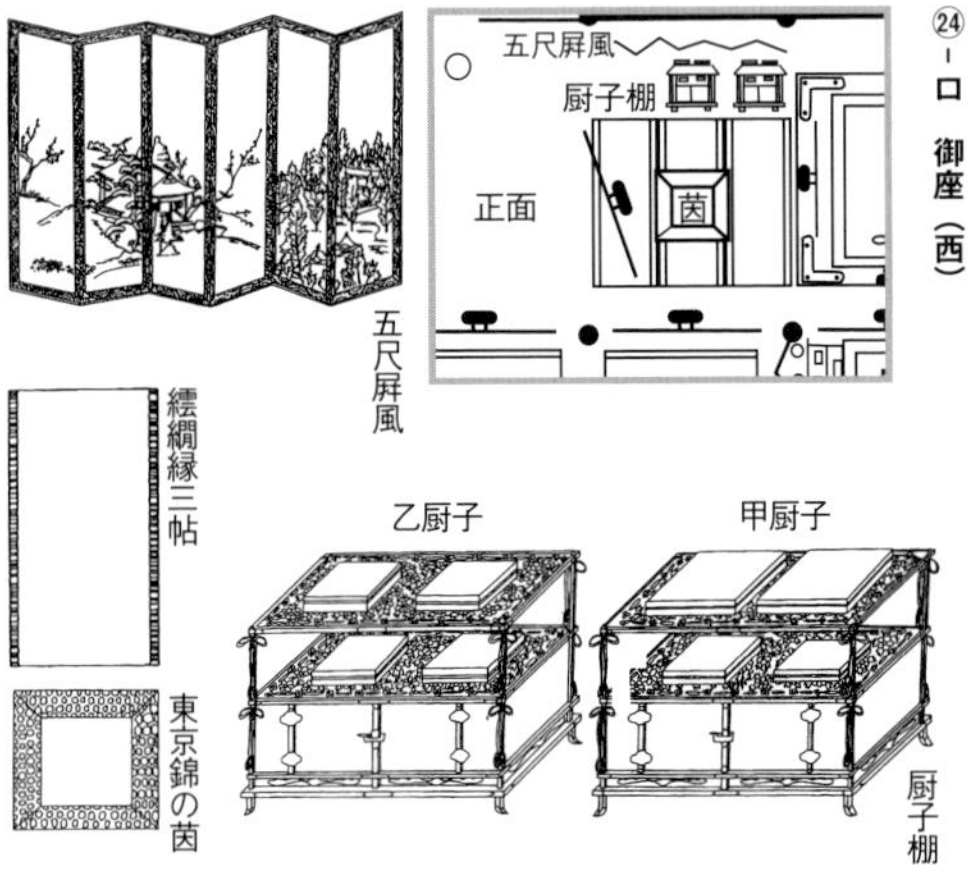

㉔-ロ　御座（西）

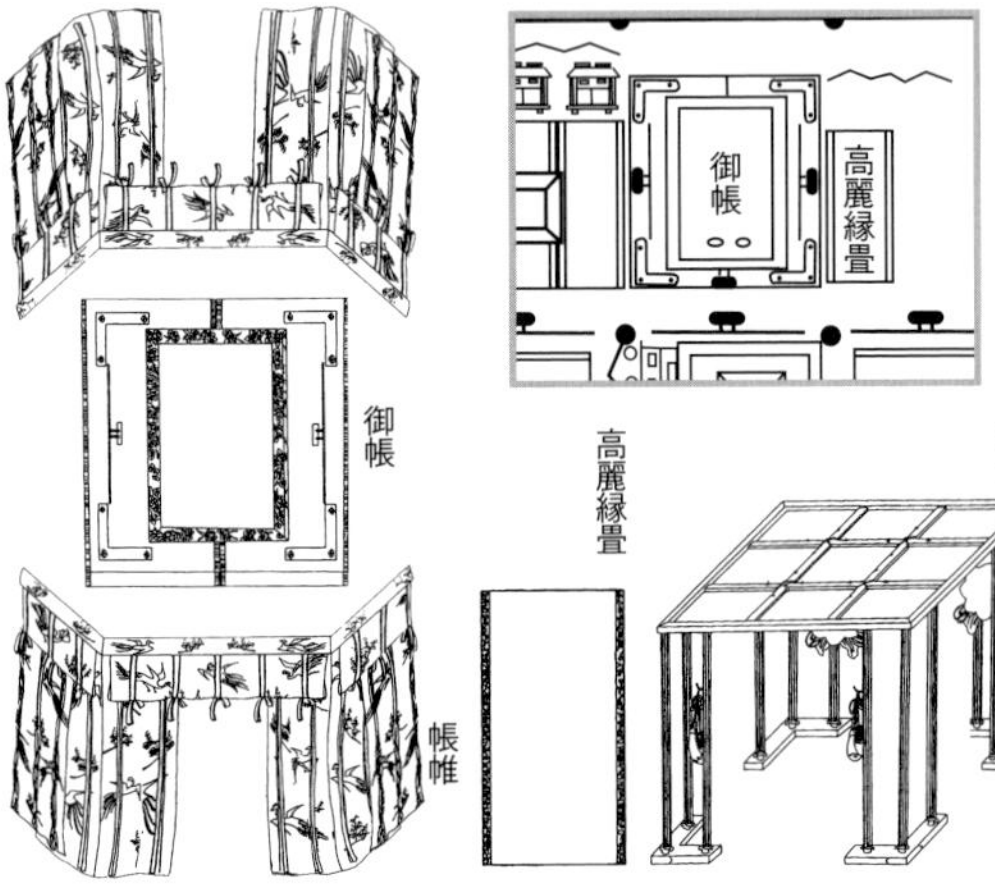

㉔-イ　母屋（東）

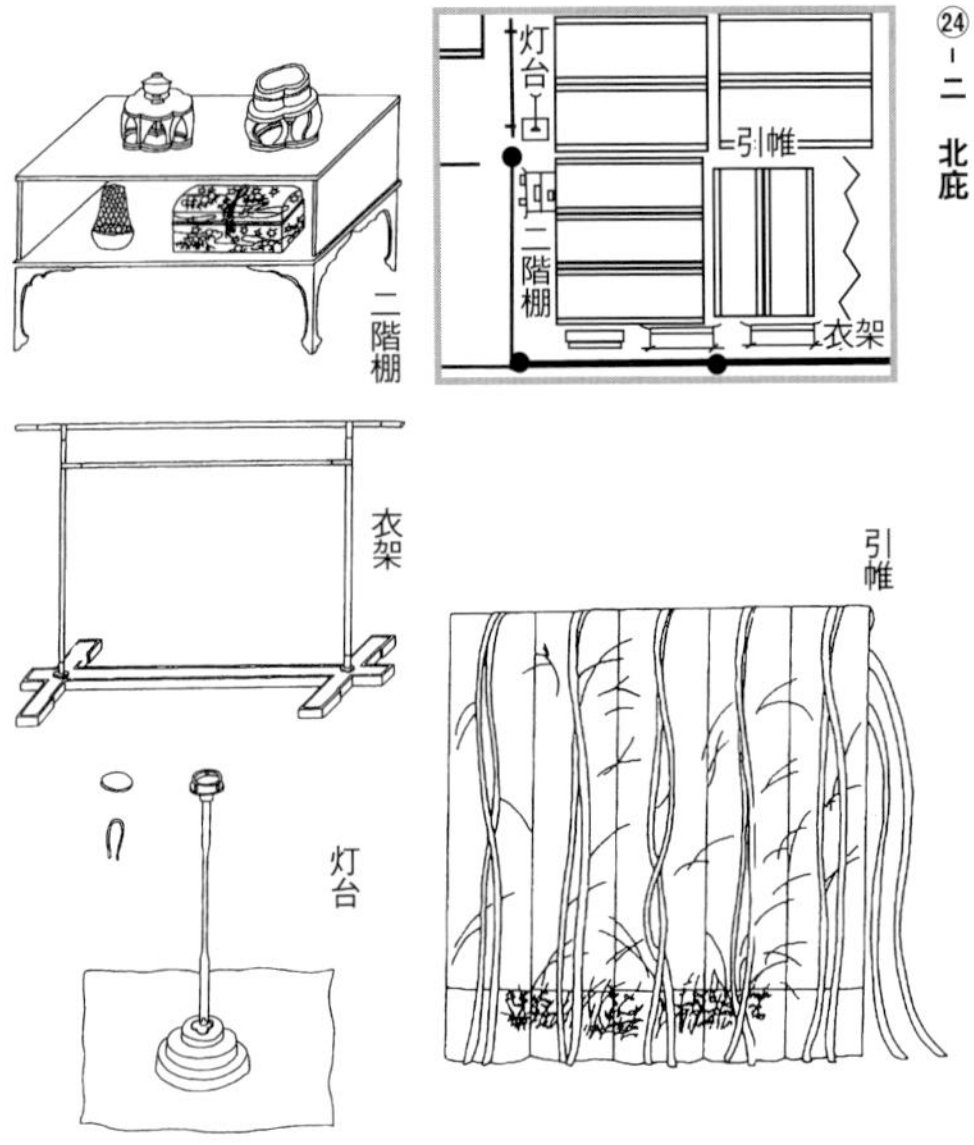

㉔-ニ　北庇

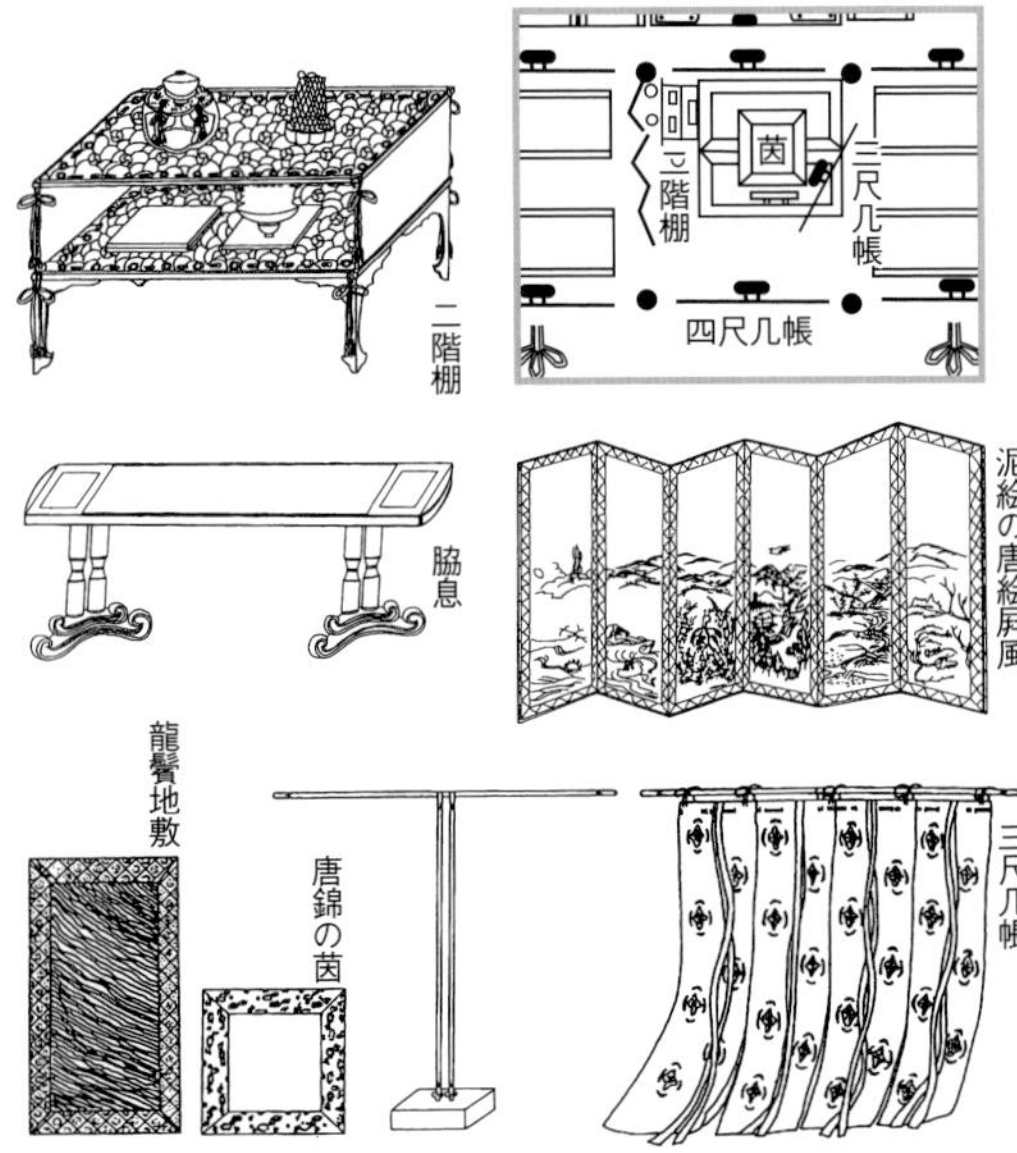

㉔-ハ　南庇

ば、方八尺高さ七尺一寸の大きさで、長さ八尺三寸幅四尺一寸四分の繧繝縁《うんげんべり》の地敷《じしき》二帖を敷き並べた上に立てた。そして、この地敷の上に長さ七尺五寸幅四尺三寸の中敷と表筵を重ねて敷いて寝場所とし、南側に沈《じん》の枕一双を並べた。御帳の四面には帳帷を懸け、東西南三方の入口にあたる帷は巻き上げ、その下に四尺几帳《きちょう》各一本を立てた。

御帳の東側の高麗縁《こうらいべり》畳一帖を敷いた場所は、更衣《こうい》のための空間である。本来はここに衣架《いか》を置くが、この指図では衣架を北庇の居所に移して立てている（㉔-イ）。

御帳の西側には、長さ七尺五寸幅三尺六寸の繧繝縁帖三帖を南北妻に並べて敷き、その中央に方三尺五寸の東京錦《とうぎようき》の茵を敷いて御座とし、北側に蛮絵螺鈿《ばんえらでん》の厨子棚を一双、その背後に五尺屏風を立てている。厨子棚の棚には、櫛筥、香壺《こうご》筥、薬筥、造紙筥各一双が並べられ、棚下の厨子には手巾《しゆきん》、枕筥、熨斗《のし》筥、紙が入れられていた。髪を整えたり、香を調合する道具や香の材料がこの母屋の厨子棚には収納されていた（㉔-ロ）。

この御帳西側の御座は、帖の縁が東西にあることから、御帳を背にした西向きの座と想像できる。「源氏《げんじ》物語《ものがたり》絵巻《えまき》」柏木《かしわぎ》一の場面（㉕）は、この御帳の前の母屋の御座に女三《おんなさん》の宮《みや》が座ったところを描いたもので、女三の宮の後ろに御帳の浜床《はまゆか》が見える。女三の宮の前には父朱雀院《すざくいん》と源氏とが対面している。

御帳の南側、南庇に南面するもう一つの御座が設けられている。座は長さ七尺五寸幅三尺六寸の繧繝縁二帖を東西妻に敷き並べ、その上に同じ大きさの龍鬢《りゆうびん》地敷二枚を重ね、さらにその上に方三尺五寸の唐錦《からにしき》の茵を敷いて設ける。御座の西側には、二階棚一脚が立てられ、その棚の上に火取・泔坏《ゆするつき》・唾壺《だこ》・打乱筥が並べられ、棚の下に重《じゆう》硯《すずり》筥、棚の南に理髪具を収めた唐櫛笥、鏡筥、鏡台、冠筥が置かれた。また、これらの背後には泥《でい》絵《え》の唐絵屏風一帖が立てられ、御座の南側には脇息と三尺几帳が立てられた。化粧道具から硯まで日常で必要となりそうなものはここにすべて揃っている（㉔-ハ）。

なお、この東三条殿寝殿の指図に示されている調度は、藤原《ふじわらの》道長《みちなが》の孫師実《もろざね》と源《みなもとの》麗子《れいし》の婚礼のときに誂《あつら》えられ、摂関家に伝えられたもので、その後も同家の吉事《きちじ》のたびに利用されている。

寝殿の北庇にも、居所が二箇所見られる。二箇所とも母屋の居所に比べると簡略化されており、北庇の柱間二間分を襖、屏風、引帷《ひきもの》などで仕切って居所としている。二間のうち、東側の帖二枚を南北に敷いた一間が寝所《しんじよ》、西側の帖を東西に敷いた方が座所《ざしよ》である。そして、中央の居所の方には、寝所の南に母屋の家具である衣架が置かれ、御座の南に香箱、西に二階棚を置いている。この二階棚には、搔上筥、泔坏、火取、手筥が並べられ、二階棚の下に硯筥、枕箱が置かれている（㉔-ニ）。

「源氏物語絵巻」横笛（㉖）は、この北庇に設けられた夕霧《ゆうぎり》夫妻の居室を、ゆか一段下がった北孫庇《まごびさし》から見て描いたもので、同絵巻では病に臥す柏木の居室（柏木二）も同じ描写になっている。『落窪《おちくぼ》物語《ものがたり》』の落窪の居所も「二間なるになむ住ませ給ひける」と二間分であるので、この北面の居所のあり方が一般的なものであったと考えられる。柱間二間分というと狭く思うかもしれないが、柱間は原則一丈であるから、柱間一間でも四畳半以上の広さがあったことになり、決して狭いわけではない。また、生活空間にするだけなら柱間二間で間に合うので、寝殿、対だけでなく、渡殿や廊《ろう》、どんな場所でも生活空間を作ることができた。

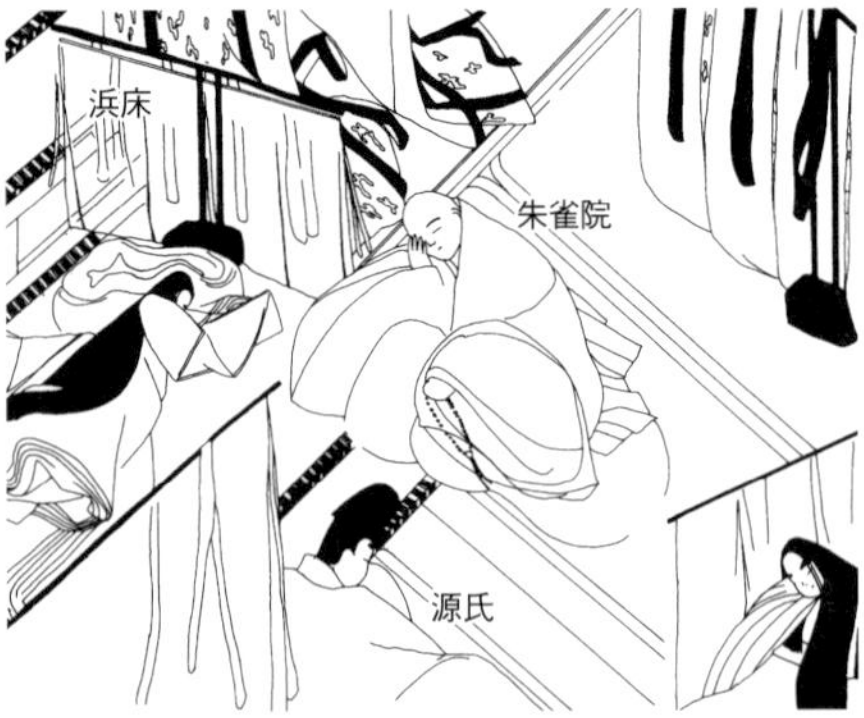

㉕「源氏物語絵巻」柏木1

㉖「源氏物語絵巻」横笛

以上のとおり、寝殿造においては、列柱空間を建具・障屏具によって目的にあった大きさに仕切ったうえで、座具と調度（宴会時は膳）を並べてその空間の性格付けをしたから、機能の異なる大小のさまざまな室内空間をそこに作り出すことができた。

引違い建具の成立と普及

東三条殿の寝殿の指図では襖障子がすでに存在するが、平安時代初期にまでさかのぼると、襖のような取り外しのできる仕切り建具はまだなかった。その当時は、帳帷などの垂れ布が主に用いられていたようである。ただ、仕切りの位置がある程度定まってくると、パネル状の襖を柱間に嵌《は》め込んだり、引違いの襖を柱間に入れるようになる。パネル状の襖を柱間に嵌め込むものは押障子と呼び、九世紀後半に成立する紫宸殿賢聖障子《ししんでんけんじょうのしょうじ》がその原形を遺している。賢聖障子は紫宸殿の母屋と北庇を隔てる位置にあって、通り抜けるために三箇所に回転で開閉する戸が設けられている（㉗）。この賢聖障子は紫宸殿で儀式が行われるときに入れるのが本来であったが、平安時代の後半になると常に嵌め込まれていた。一方、敷居と鴨居に二本のレールを彫ってこの間に戸を嵌め込み、これを滑らせることで開閉する建具を遣戸《やりど》と呼ぶ。現代の日本住宅でも襖や障子、窓として広く使われている建具で、寝殿造以後の日本住宅の展開に決定的な役割を果たすことになる。遣戸がいつ考案されたかを示す史料はないが、文学作品の用例から類推すると、一〇世紀の後半に成立し、その後急速に普及したと考えられる。

そもそも寝殿造は正月大饗を行うために取り入れられた大臣邸の形式であったから、大臣に昇進する見込みのない中下級貴族たちの住まいは、奈良時代の貴族住宅のように壁や窓もある形にとどまっていただろう。ところが、寝殿造において遣戸が成立すると、この遣戸で列柱空間を仕切って部屋を作る寝殿造の新しい手法が確立され、これが中下級貴族の住宅に一気に普及した。

『源氏物語』帚木《ははきぎ》の「かけがねを試みに引きあけ給へれば、あなたよりは鎖さざりけり。几帳を障子口には立てて、火はほのぐらきに、見給へば、唐櫃だつ物どもを置きたれば、乱りがはしき中を、分け入り給へれば、たゞひとり、いとさゝやかにて臥したり」は、中川紀伊守の屋敷に住む空蟬《うつせみ》の寝所を源氏が訪ねたときの様子だが、空蟬の居所が掛金で閉められる引違いの（襖）障子で隔てられていたことがわかる。中下級貴族の住まいでは、襖で仕切って部屋を作る手法が広く採用された。

平安時代の後半以降、梁行、桁行とも一間ごとに柱が建つ総柱の建築が見られるようになる。㉘は、嘉禎《かてい》三年（一二三七）一月一四日、近衛《このえ》兼経《かねつね》と九条道家《くじょうみちいえ》の娘仁子の婚儀が行われた近衛殿三間四面卯酉《ぼうゆう》屋《や》の室礼である。この建物では、総柱建物の中央の柱列を挟んで、南北にそれぞれ一間×三間の居所を設けている。北東の屛風三帖をめぐらした場所が寝所で、その西に御座、さらにその西に褻厨子《けずし》が置かれた。南側は、塗籠の西に座所だけが設けられている。帖二枚の上にもう一枚帖を重ねて御座とし、御座の北と東を屛風で囲った。御座の西の間には藤原《ふじわらの》頼通《よりみち》が娘四条宮《しじょうのみや》のために誂えた唐草蛮絵蒔絵の二階厨子一双が立てられ、檀紙《だんし》手箱、火取り、硯などがここに並べられた。先の東三条殿の場合には御座と棚は同じ柱間に置かれていたが、この事例では御座と棚を別の柱間に設けている。柱間寸法が時代が下ると短くなるので、同じようには柱間に並べることができなくなってきたのだろう。

ところで、一二世紀後半以降正月大饗がまったく行われなくなる。居所を設けることだけを考えれば、近衛殿三間四面卯酉屋の例が示すとおり、幅一間の空間を延長するだけで十分対応できたから、大臣家の寝殿であってもこれ以後総柱建物に変わっていった㉙。

（川本）

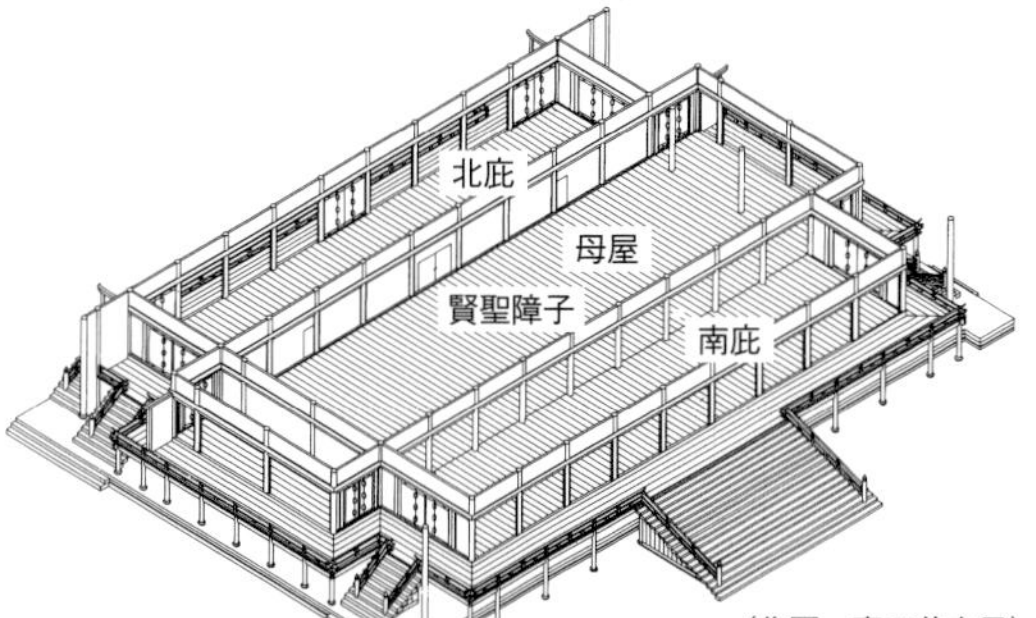

㉗京都御所紫宸殿
（作図・喜田華奈子）

賢聖障子（左端が回転式の扉）

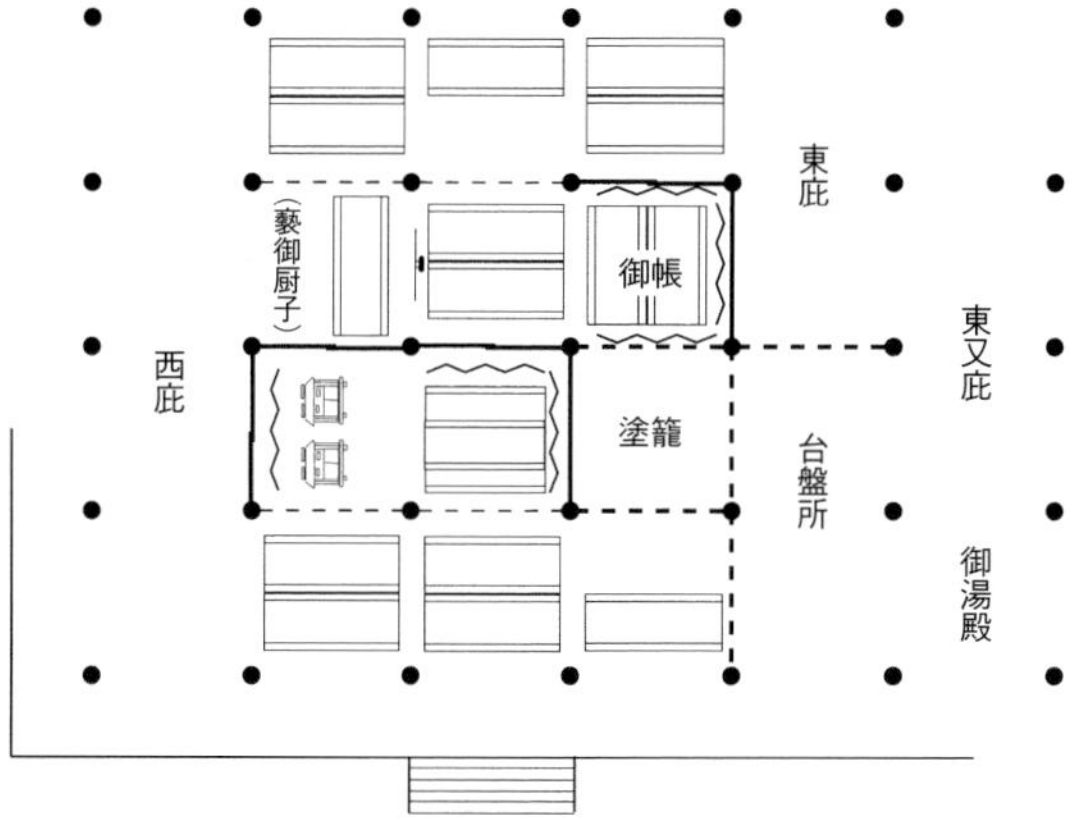

㉘近衛殿三間四面卯酉屋の室礼（作図・川本重雄）

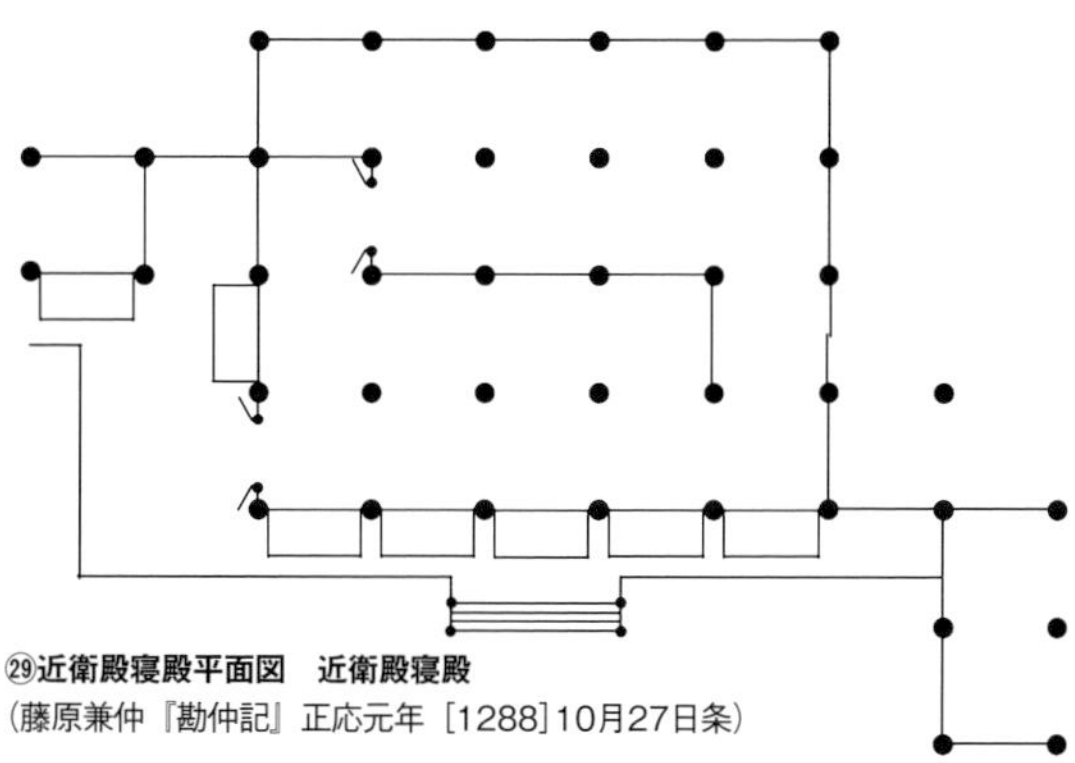
㉙近衛殿寝殿平面図　近衛殿寝殿
（藤原兼仲『勘仲記』正応元年［1288］10月27日条）

2……インテリアエレメント

古代の宮殿における最重要施設は天皇の即位儀や元日朝賀などのための高御座《たかみくら》と、出御《しゅつぎょ》のための御帳《みちょう》（帳台）である。御帳は寝所にも使われた。貴族住宅の場合も寝所には御帳が使われた。

そのほか屏風《びょうぶ》・衝立《ついたて》・軟障《ぜじょう》・御簾《みす》などの屏障具《へいしょうぐ》、畳・胡床《こしょう》・倚子《いし》・床子《しょうじ》・兀子《ごつし》・草墪《そうとん》などの座臥具《ざがぐ》、燈台《とうだい》・燈籠《とうろう》・燭台《しょくだい》などの照明具によって室内構成を行った。（小泉）

1 屏障具

帳台《ちょうだい》

帳台は元来は帳の台、すなわち浜床《はまゆか》のことだが、のちには帳全体をさすようになった。平安時代には御帳と呼んだ。寝所と昼の御座があるが、昼の御座は内裏《だいり》だけで用いられた。いずれにしろ宮中《きゅうちゅう》か摂関家《せっかんけ》などが用いたものである。寝所《しんじょ》としての帳台には帷で囲う帷帳《とばりちょう》（①）と障子帳《しょうじちょう》（②）がある。帷帳には浜床《はまゆか》の帳台（③）と土敷《つちしき》とがある。前者は浜床と呼ぶ高さ約二尺、方九尺の台を据え、上に土敷といって繧繝縁《うんげんべり》畳二帖を南北に敷く。浜床は黒塗で側面には青瑣《せいさ》（猪《い》の目《め》の中に立筋を彫って緑青《ろくしょう》を塗り、間を透かす装飾）をつけた箱形の台で、四つ合わせて並べる（④）。ただし浜床は天皇・皇后だけしか用いなかったようだ。

それ以外はゆかの上に土敷という畳を敷き、その四隅に土居《つちい》と呼ぶL形の柱立てを置き、それぞれに三本の柱を立て、上部に鴨居《かもい》を廻して明障子《あかりしょうじ》の天井で覆い、帷を垂らす。帷は夏は生絁《すずし》の平絹《ひらぎぬ》を二枚重ね、冬は練平絹《ねりひらぎぬ》の袷《あわせ》で、いずれも表裏に野筋《のすじ》という紐を垂らす。帷は五幅もの四条と四幅もの四条あり、四幅ものを四隅に五幅ものを四面の中央部に掛け、さらに上部に帽額《もこう》という横布を引き廻す。この装置が斗帳《とちょう》である。中には四尺几帳を南、東西の三方の口に立て、ここは几帳の高さまで帳を巻き上げる。帳内は南枕で、土敷の上にさらに一帖、表蓆《うわむしろ》を重ね、唐綾《からあや》の綿入れの夜具を掛ける。魔除けとして前方の左右の柱に沈《じん》あるいは檜製の懸角《かけつの》を、後方の柱には八稜鏡《はちりょうきょう》を掛ける（⑤）。天皇・皇后の帳台には昼の御座の帳台は中に御倚子と、帷が風で巻き上げられるのを防ぐため、帳の左右に鎮子《ちんし》という金石で作った獅子と狛犬を置いた（⑥）。（小泉）

障子帳《しょうじちょう》

帷でなく襖で囲んだ帳台。使われたのは一二世紀後期からである。構造は帳台と同様、地敷の上に土居を置いて骨組みを組み立て、障子で囲む。天井には四枚

①帷帳の帳台（寝所）（『類聚雑要抄』より）

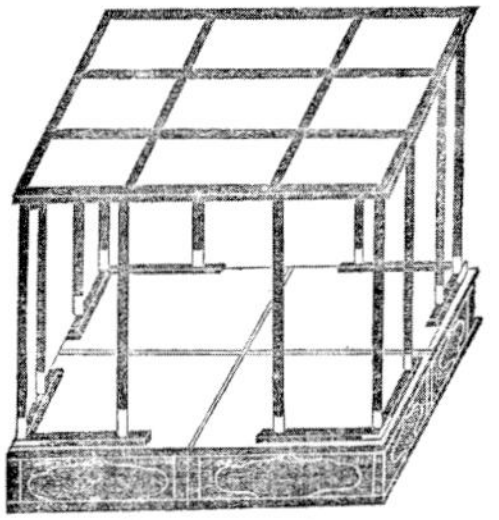

④浜床

青瑣

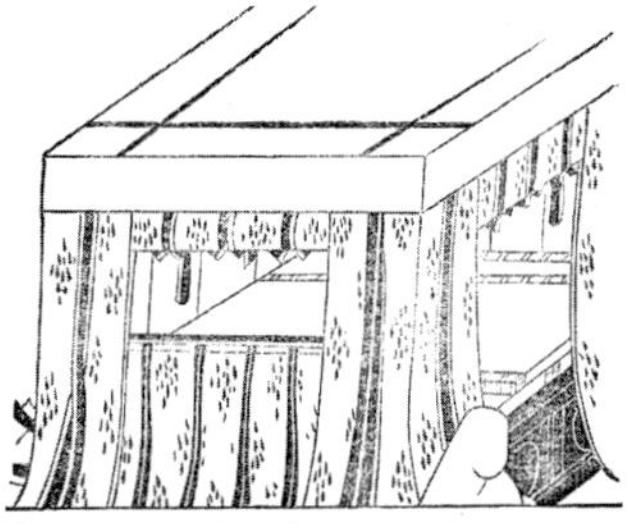

③浜床の帳台（寝所）
（「春日権現験記絵」より）

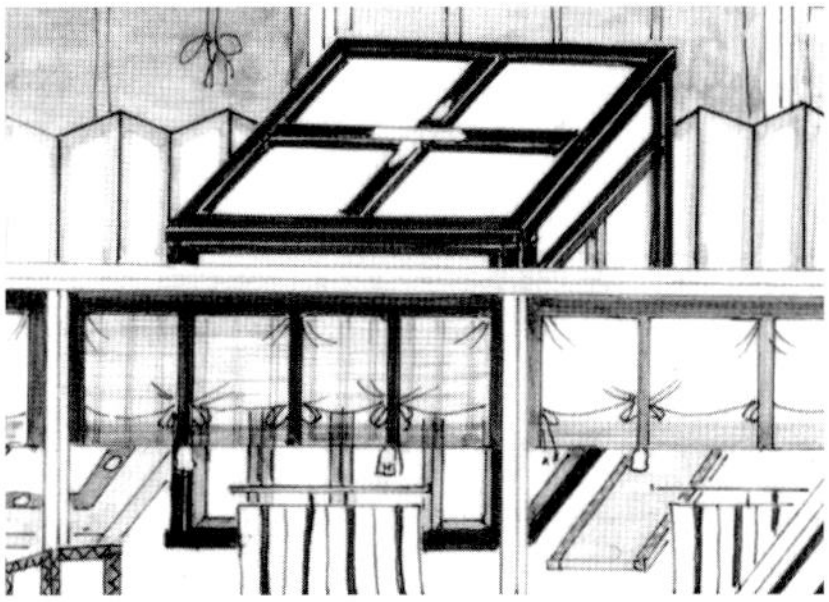

②障子帳の帳台（寝所）（『類聚雑要抄』より）

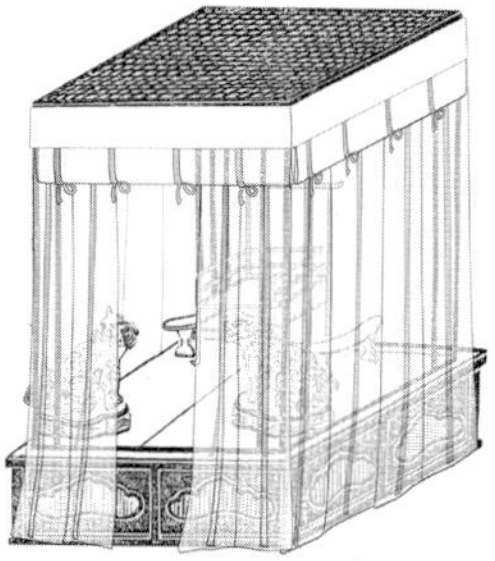

⑥帳台（昼の御座）

獅子と狛犬

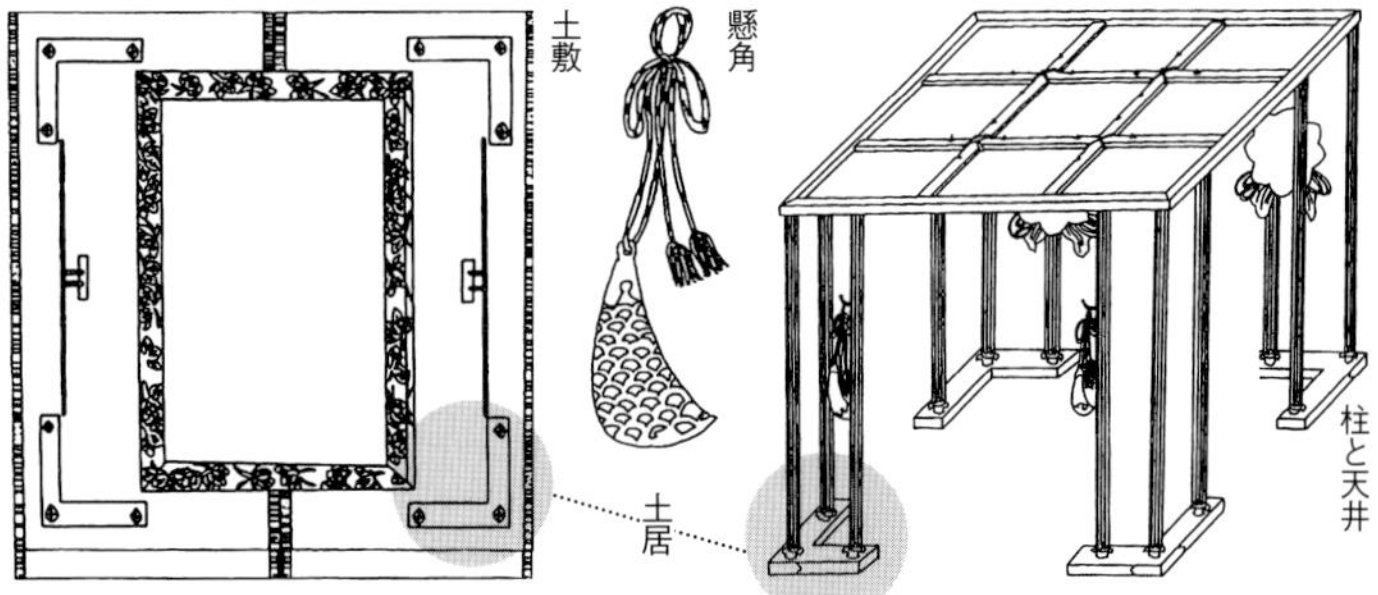

⑤土敷の帳台の分解図

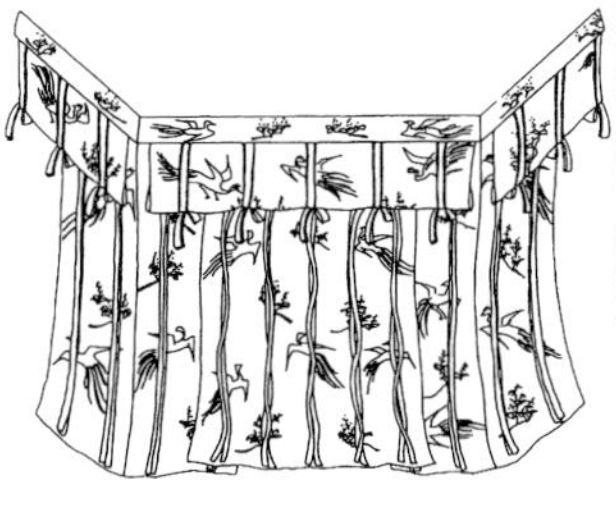

（冬の帷）練平絹で表には纐纈文

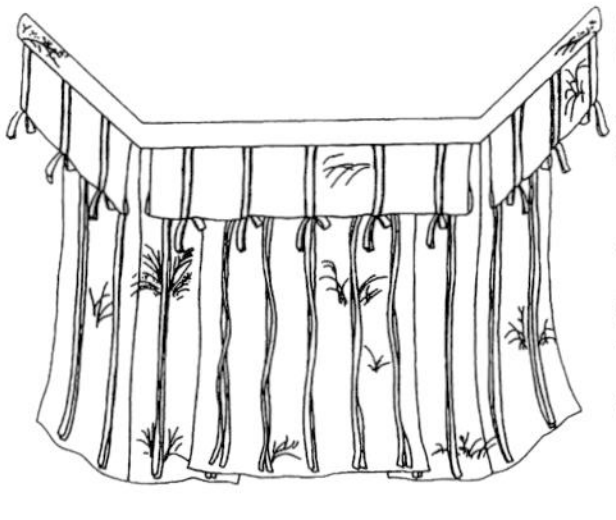

（夏の帷）生絁の平織に白泥で秋草を描く

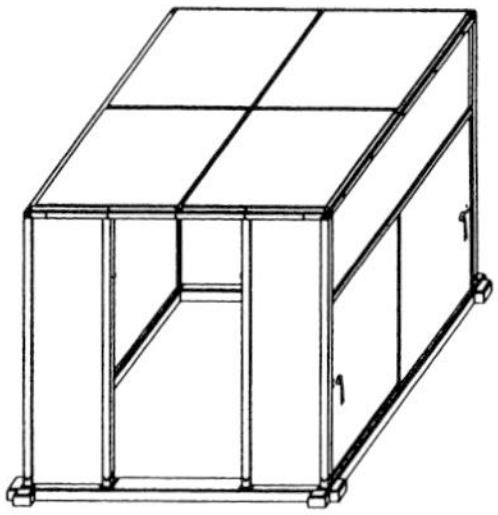

帷が省略された障子帳

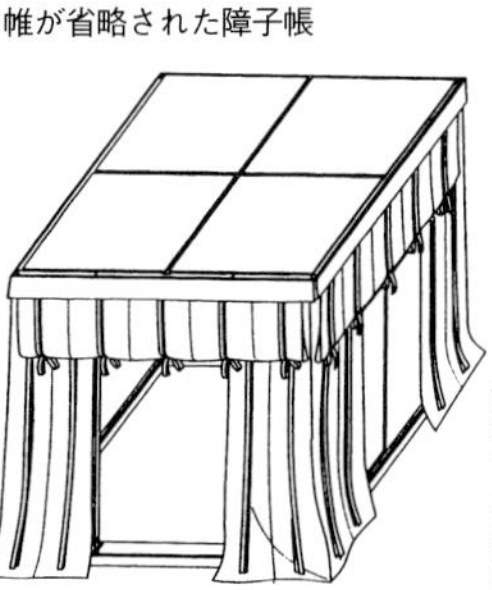

帷を掛けた障子帳

⑦障子帳（復元・小泉和子）

の明障子を嵌《は》め、組入れ天井とする。背面は嵌殺《はめごろ》しの押障子、正面と両側面は出入りできる引戸で、裾濃《すそご》の紫地に胡粉《ごふん》で美しい絵が描かれていた。最初は外側に帷帳を重ねて掛けたがのちには省略されて、正面の出入口の内側にだけ掛けるようになった。内部は帳台と同じである（⑦）。（小泉）

障子帳構《しょうじちょうがまえ》

障子帳がビルトインされたもの。一二世紀末になると、組立式の障子帳が作り付けになっていく。近世になると「帳《ちょう》台構《だいがまえ》」となって大名居館の上段を荘厳《しょうごん》する意匠の一つになるが、その中間の段階で、まだ寝室としての機能をもっていた。中央出入口の両脇に脇障子《わきしょうじ》を立て、中央開口部には帷が掛けられる。中央開口部には両開きの襖《ふすま》障子《しょうじ》が入る。太い黒塗りの縁、極彩色の襖絵、華麗な房飾りのついた引手《ひきて》、美麗な帷などは障子帳をそのまま引き継いでいる⑧。障子帳構も、帳台や障子帳が貴人の寝室の象徴であったことを引き継いでいる。当時は帳台の代わりという意味で「帳代《ちょうだい》」と呼んでおり、室町時代には納戸構《なんどがまえ》と呼ばれた。納戸構には別の系統のものがあるため、まぎらわしいのでここでは一二、三世紀のものは障子帳構と呼ぶことにする。（小泉）

障子《しょうじ》

障子は板または細い木を格子に組んで両面に布帛《ふはく》・紙を張り、四周に黒塗りの縁を廻した間仕切り用のパネルである。最初は必要に応じて柱間に嵌め込んだり、外したりしていたが、のちには建物に組み込まれて建具となる。前者が板障子・押障子・副《そえ》障子、後者が鳥居《とりい》障子《しょうじ》・明《あかり》障子でこれらは引違いの遣戸《やりど》障子である。そのほか独立した家具の衝立《ついたて》障子・通《づ》障子《しょうじ》がある。

板障子は、板の下地に絹布を張り、表には絵を描く。有名な障子に中国の賢聖《けんじょう》三六人を描いた紫宸殿《ししんでん》の賢聖障子がある（1-㉗、三七頁参照）。これは御帳台の後ろの母屋と北庇の境の九間の柱間に、それぞれ一面四人ずつ描かれており、裏面には彩色花鳥が描かれている。必要に応じて嵌め外しされた。

押障子・副障子は障子を壁に貼り付けにしたもので、副障子は壁の下方、腰高《こしだか》部分にだけつける⑨。後に貼付壁《はりつけかべ》となる。

嵌めたままで通り抜けできるように工夫されたのが鳥居障子（通入障子とも）である。内法長押《うちのりなげし》の下一尺ほどのところに鴨居を入れて、下に敷居を入れて、引違い（遣戸）の障子を入れたもので、これには引手と掛金がつく。これは川本重雄氏によると、寝殿造の場合柱が高いため、そのまま戸を入れると十尺にもなって開閉しにくいためだという。清涼殿《せいりょうでん》の母屋と西庇の境にはこれが使われており、極彩色の大和絵が描かれている⑩。鳥居障子はその後寝殿造の内部空間が縮小されていったため、内法長押の下に直

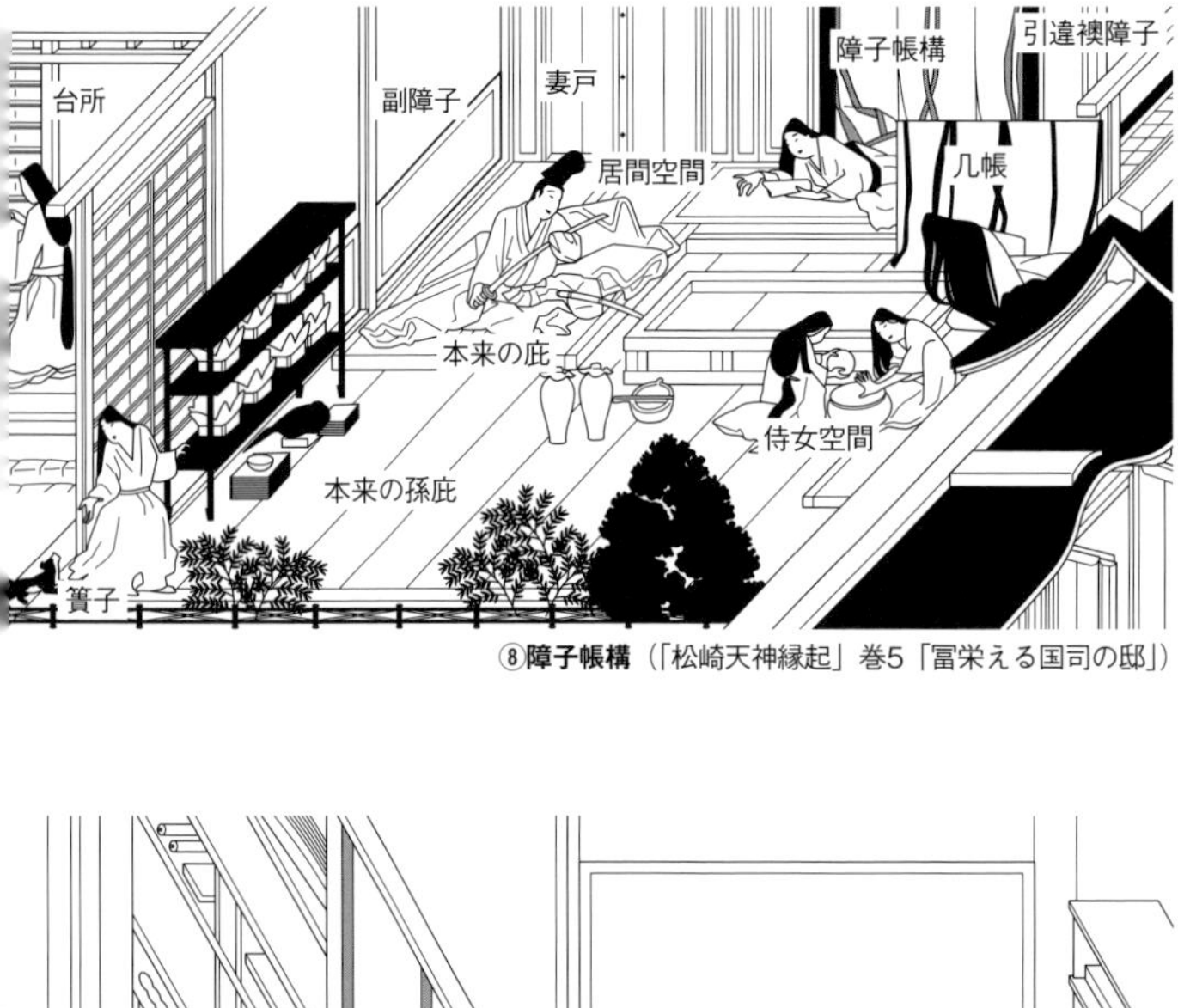

⑧障子帳構（「松崎天神縁起」巻5「富栄える国司の邸」）

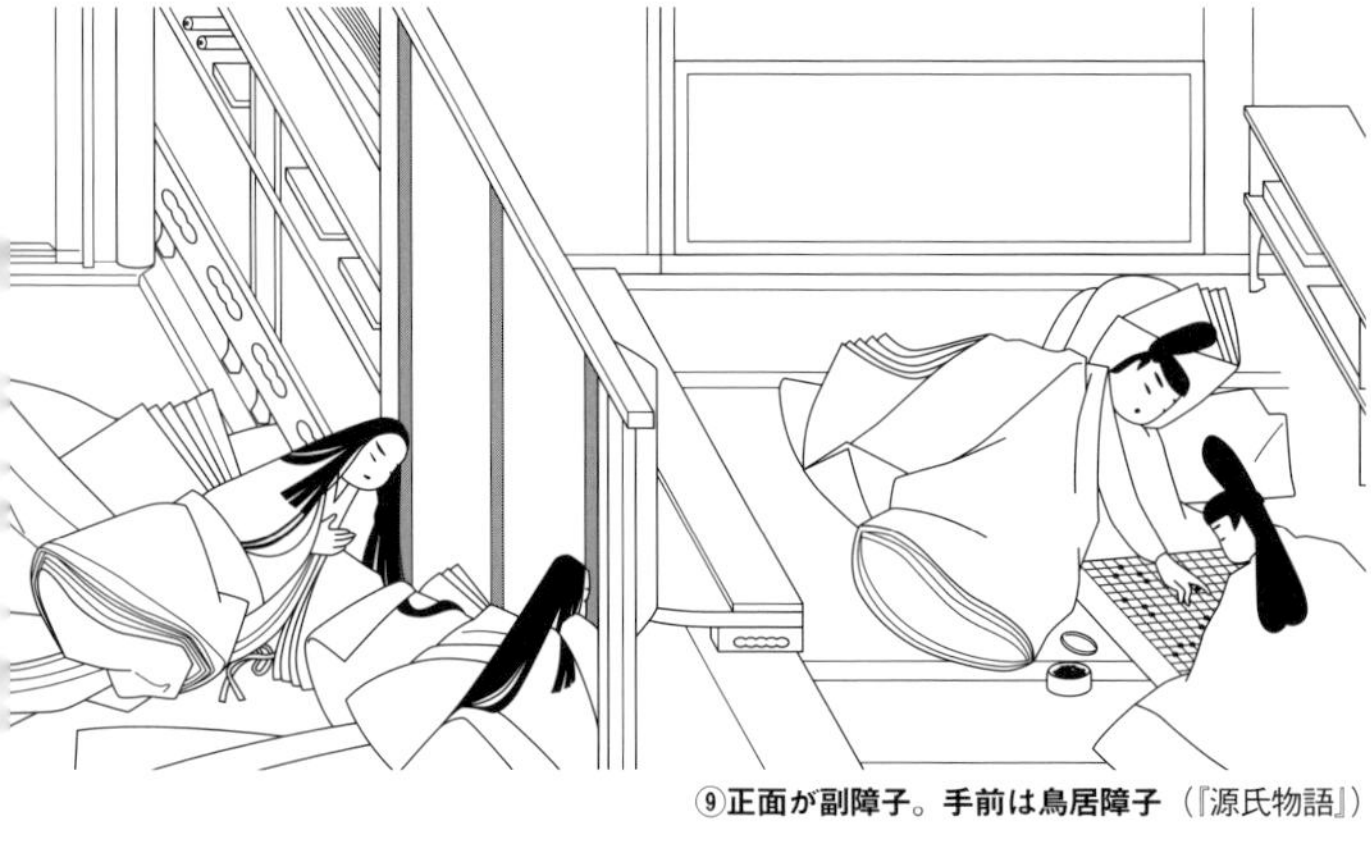
⑨正面が副障子。手前は鳥居障子（『源氏物語』）

接鴨居がつけられるようになる。

明障子は格子の片面に白い紙または生《すず》絁《し》を張った遣戸。建物の外側に面したところに用いられる。明かりとりのため、帳台の天井として作られたものがヒントになったと考えられる。光を通し、風を通さない明障子の出現は画期的であった。文献には一二世紀には明障子という言葉が出ており、すでに建具として成立していたようであるが、寺院関係が多く、衝立式もあるなどまだ過渡的である。本格的に住宅用建具として使われるようになるのは鎌倉時代以降である。（小泉）

⑩鳥居障子　京都御所清涼殿

⑪衝立障子
（京都御所
昆明池障子）

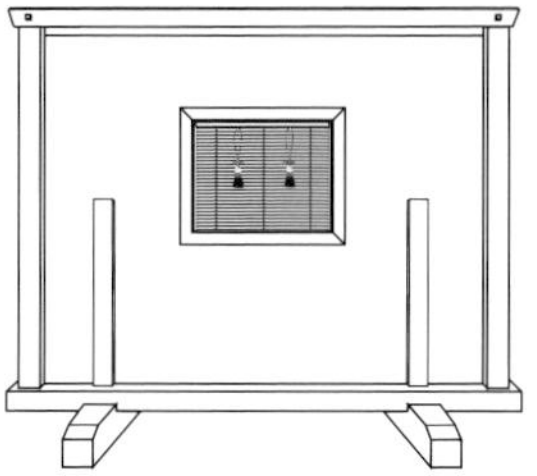

⑫通障子

衝立障子《ついたてしょうじ》

衝立障子は土台の上に襖障子や板障子などを立てて屛障するもの。中国ではこれも屛風である（⑪）。衝立が発達するのは平安時代からで、この時代の衝立は縁と土台は黒塗りで金銅《こんどう》の金具が打ってあり、障子は布・絹・紙張りで四周には唐錦の軟錦《ぜじょう》がまわっている。布には墨絵、彩色画は絹か紙に描かれる。清涼殿の庇の間には昆明池《こんめいち》障子（表に中国昆明池、裏に嵯峨野小鷹狩を極彩色で描く）・年中行事障子（年中恒例の公事を記す）・馬形《うまがた》障子（表に馬、裏に打毬《だぎゅう》の図を描く）・小障子が置かれていたが、これらはその後も禁裏《きんり》の調度として伝承される。通障子《づしょうじ》（透障子とも）も禁裏で用いられた衝立障子で高さ七尺、幅一丈二尺の錦張りの障子の中に四角な窓をあけ、ここに御簾《みす》を掛ける（⑫）。（小泉）

帳《ちょう》

布帛《ふはく》による間仕切りの総称。壁代《かべしろ》・引《ひき》帷《もの》・几帳《きちょう》などがある。

壁代は母屋と庇《ひさし》の間仕切りなどに御簾に重ねて掛ける。冬は平絹《ひらぎぬ》に紫茶で朽木《くちき》形や纐纈文《こうけちもん》を、夏は生絁《すずし》に白泥《はくでい》で花鳥や秋草などを描く。裏はいずれも白平絹を艶出しをして、上下に袋乳《ふくろち》をつけ、上には綱を通す。長さほぼ一丈、幅は必要に応じて縫い合わす。表には一幅ごとに野《の》筋《すじ》という紐を垂らす（⑬）。冬用の綿入れもあった。掛け方は御簾の裏に壁代の表をつけ、上長押《うわなげし》から下長押《したなげし》まで垂らして、裾の余りを御簾の外に出す。これを打出《うちいで》という（⑭）。室内装飾の一種である。御簾の外側上部には帽額《もこう》をかける。巻き上げるときは下の袋乳に木端《こはし》という板を入れて、御簾と一緒に巻いて野筋で結ぶ。夏は外すことが多く、四月と一〇月の更《こう》衣《い》のときに掛け外した。

引帷《ひきもの》も壁代の一種で、曳物・引物とも書く。形は壁代と同様だが、野筋が表裏両面につく。室内を適宜に仕切るのに用いるため、長さ、広さも必要に応じ、夏冬に

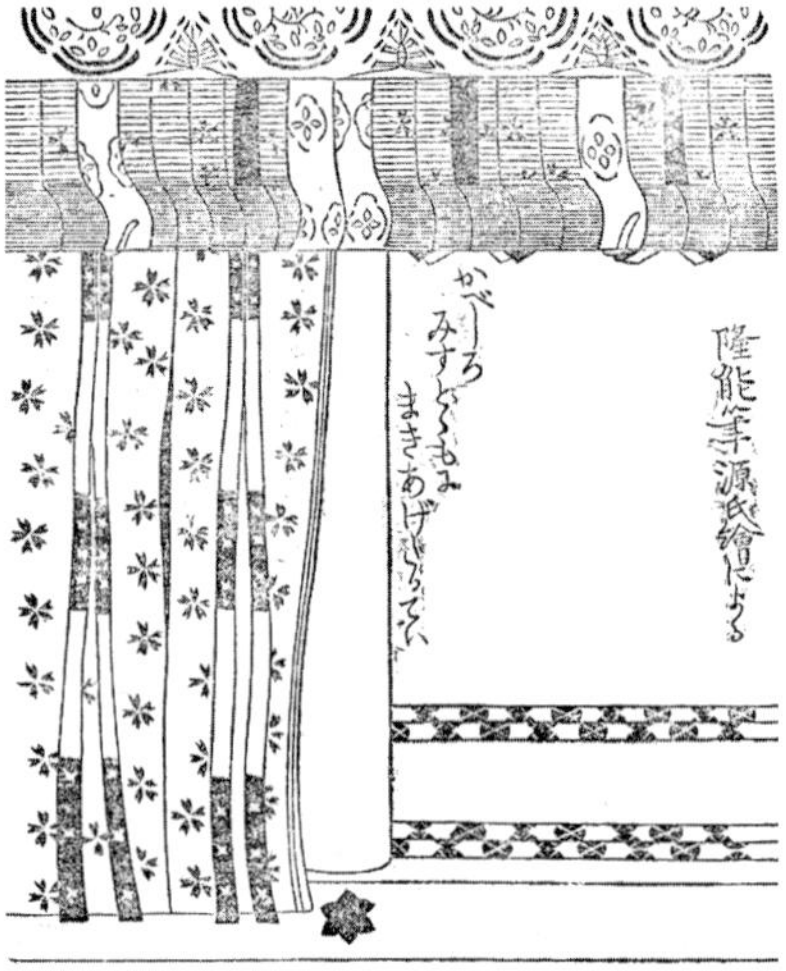

⑬御簾と壁代（関根正直・加藤貞次郎『有職故実辞典』）

朽木形

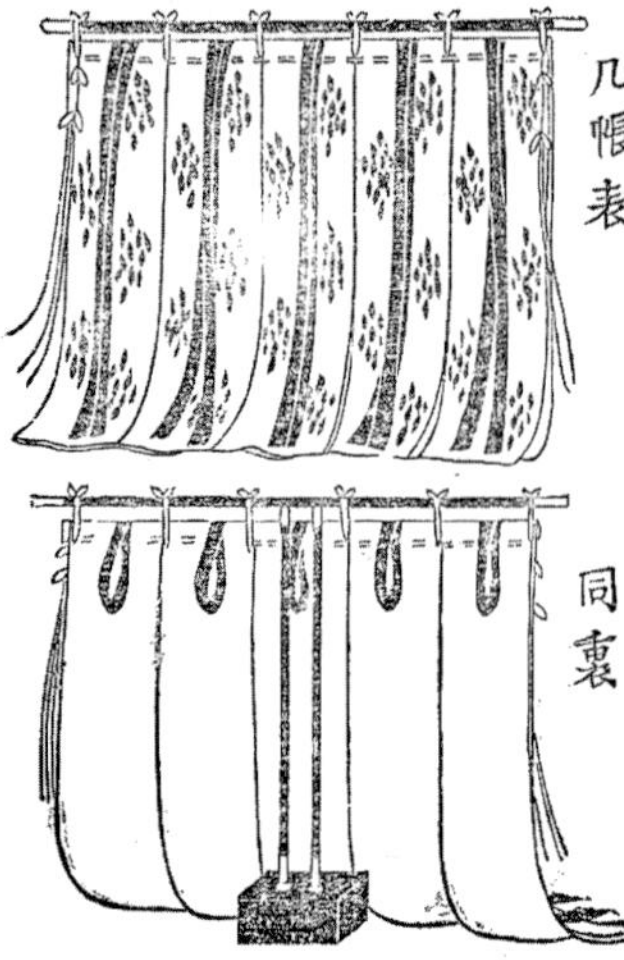

⑯几帳（関根正直・加藤貞次郎『有職故実辞典』）

したがい、好みの色柄が用いられた⑮。

几帳は壁代が衝立式になったものである。箱形の台の上にT字形で二本柱、黒塗の支柱を立て、上の横木から帷を垂らす。高さにより三尺几帳、四尺几帳とあり、三尺には四幅帷、四尺には五幅帷を垂らす。野筋は二つ折りにして輪奈《わな》の方を裏側に垂らす⑯。身近に立てるのは三尺几帳、庇や母屋の御簾の下は四尺几帳である。つくりは壁代と同じだが、裾濃《すそご》・纐纈・綾・刺繡などもあり、凶事に鈍色《にびいろ》（濃鼠色）が用いられた。（小泉）

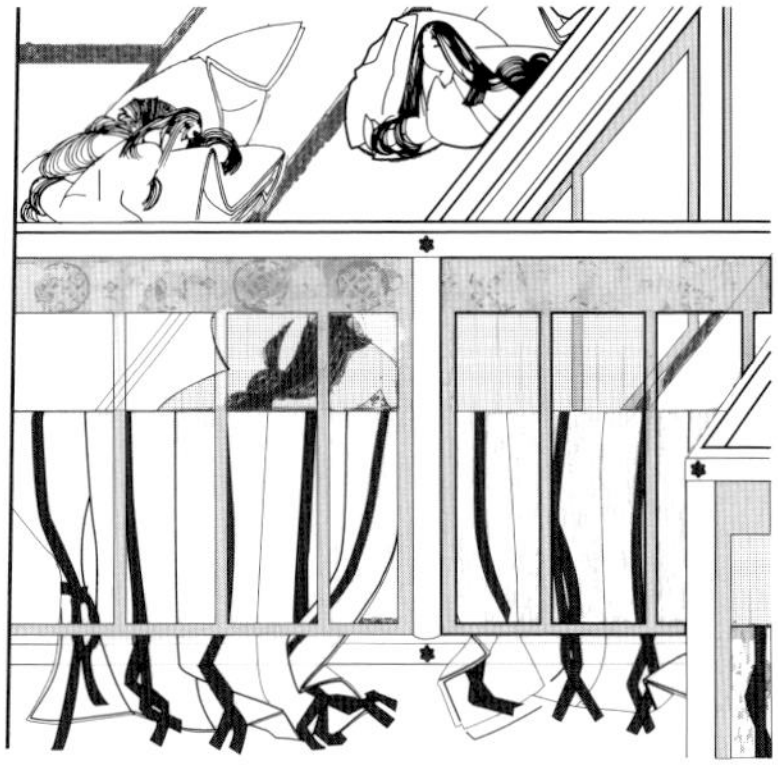
⑭御簾と几帳
御簾の外に出ているのが打出

軟障（ぜんじょう・ぜじょう）

幔幕《まんまく》が主に屋外で使われるのに対し屋内で使われる間仕切り。六、七条の帛《きぬ》を縦につなげた四周に縁がつき、上には綱を通すための乳がついている。表には唐絵が描かれている。一帖ごとに高松を中心に梅・藤・椿・紅葉を配した高松の軟障が有名である⑰。その他嵯峨野《さがの》の鷹狩や中国の人物風景などもあった。最初は宮中で中国風の宴会などに用いられたが、平安中期以後は貴族邸で壁代のように御簾と一緒に掛けたり、単独で幕のように柱と柱に結い付けたりして使った。（小泉）

⑮引帷（『類聚雑要抄』）

御簾《みす》

宮殿や神社、寝殿造で用いる高級な簾《すだれ》⑱。細く削った竹を絹糸で編み、四周に縁をつけたもので、幅が広い場合は中にも立縁をつける。上部には巻き上げたとき掲げておく鉤《こ》というU字形の金具がつく。鉤は丸緒の房と一緒に吊る。これを鉤丸《こまる》という。御簾を掛けた上には帽額《もこう》

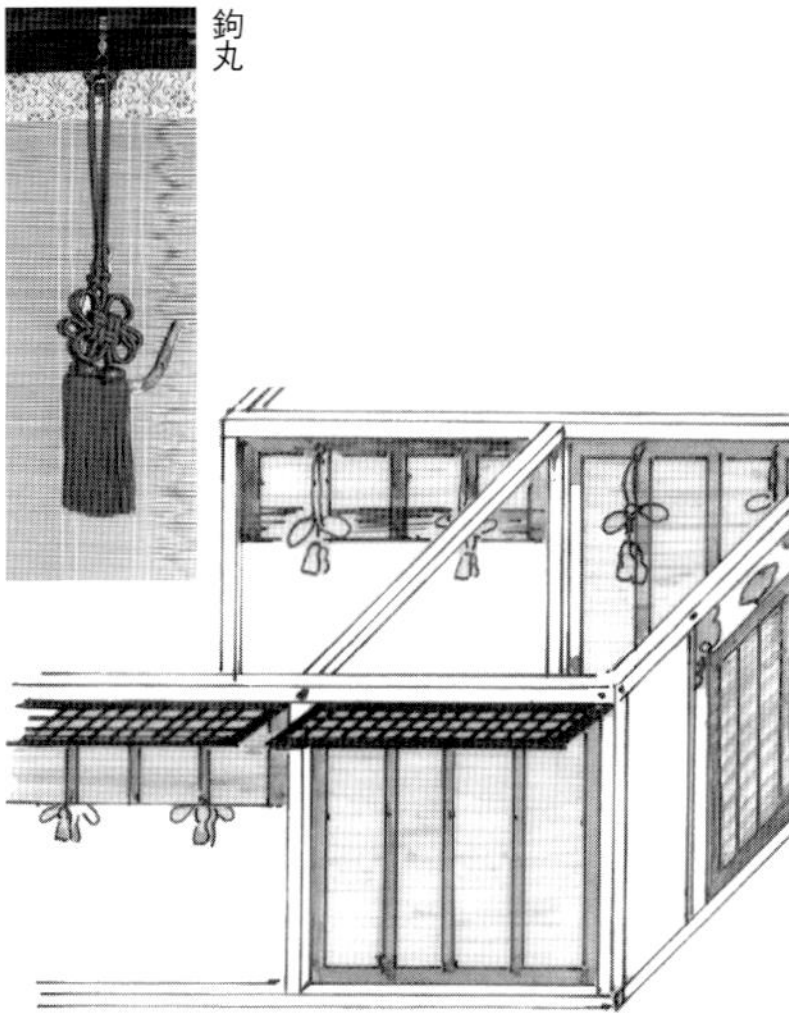

⑱御簾

⑰高松の軟障（『類聚雑要抄』）

を張る。寝殿造では庇の外側、蔀戸《しとみど》の内側と母屋と庇の境、壁代の外側に掛けられた。通常は長押《なげし》に掛けたが、長押のないところでは簾台《れんだい》を立て、これに掛けた。寝殿造で通常使われた御簾は縁は緑か萌《もえ》黄《ぎ》地に黒で窠紋《かもん》（木瓜形《もっこう》）を染付《そめつ》け、帽額も緑、萌黄地に黒で大窠紋と蝶紋の染付け、編糸は赤、鈎丸は宮中では紫、普通は黄・赤・黒の三様に染めた。（小泉）

屏風《びょうぶ》

屏風は七世紀に新羅《しらぎ》から入ってきたといわれる。正倉院には鳥毛立女屏《ちょうもうりゅうじょのびょう》風《ぶ》・夾纈《きょうけち》屏風・臈纈《ろうけち》屏風などが残っている。いずれも唐絵である。つくりは縦に長い衝立のような襲木《おしき》という縁で囲んだ一扇を、接扇《せっせん》という革紐で結んでつなげる。通常は六扇が一帖だが、四帖、二帖もある。一扇ごとに独立しているため、図柄も独立している（⑲）。

平安時代にも唐絵では唐人打球の図の大宋屏風や文選《もんせん》屏風があるが、唐絵は禁《きん》裏《り》の儀式で用いられるだけになり、日常生活用は大和絵に変わっていった。画題には日本の四季の風景や名勝地が描かれるようになり、やがては儀式用にも大和絵の屏風が使われるようになった（⑳）。

⑲正倉院の屏風

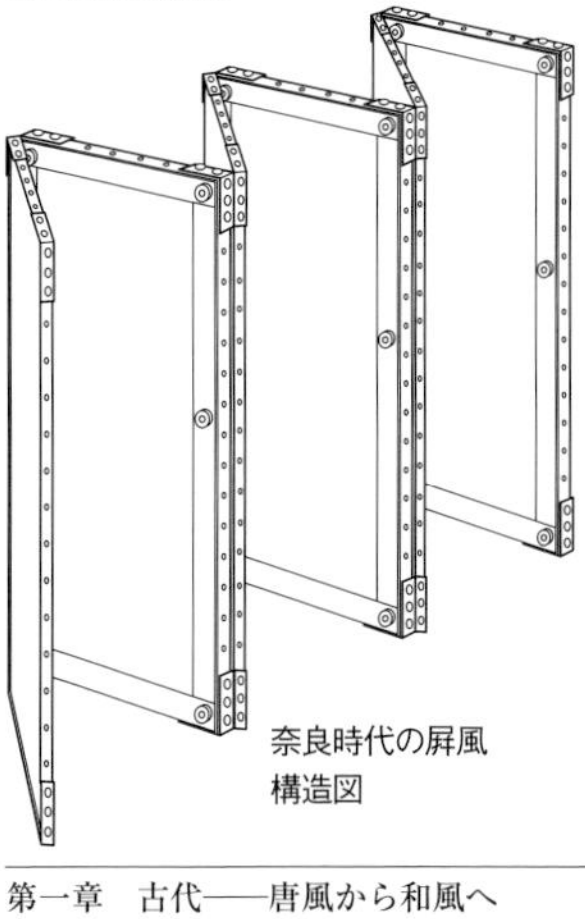

奈良時代の屏風構造図

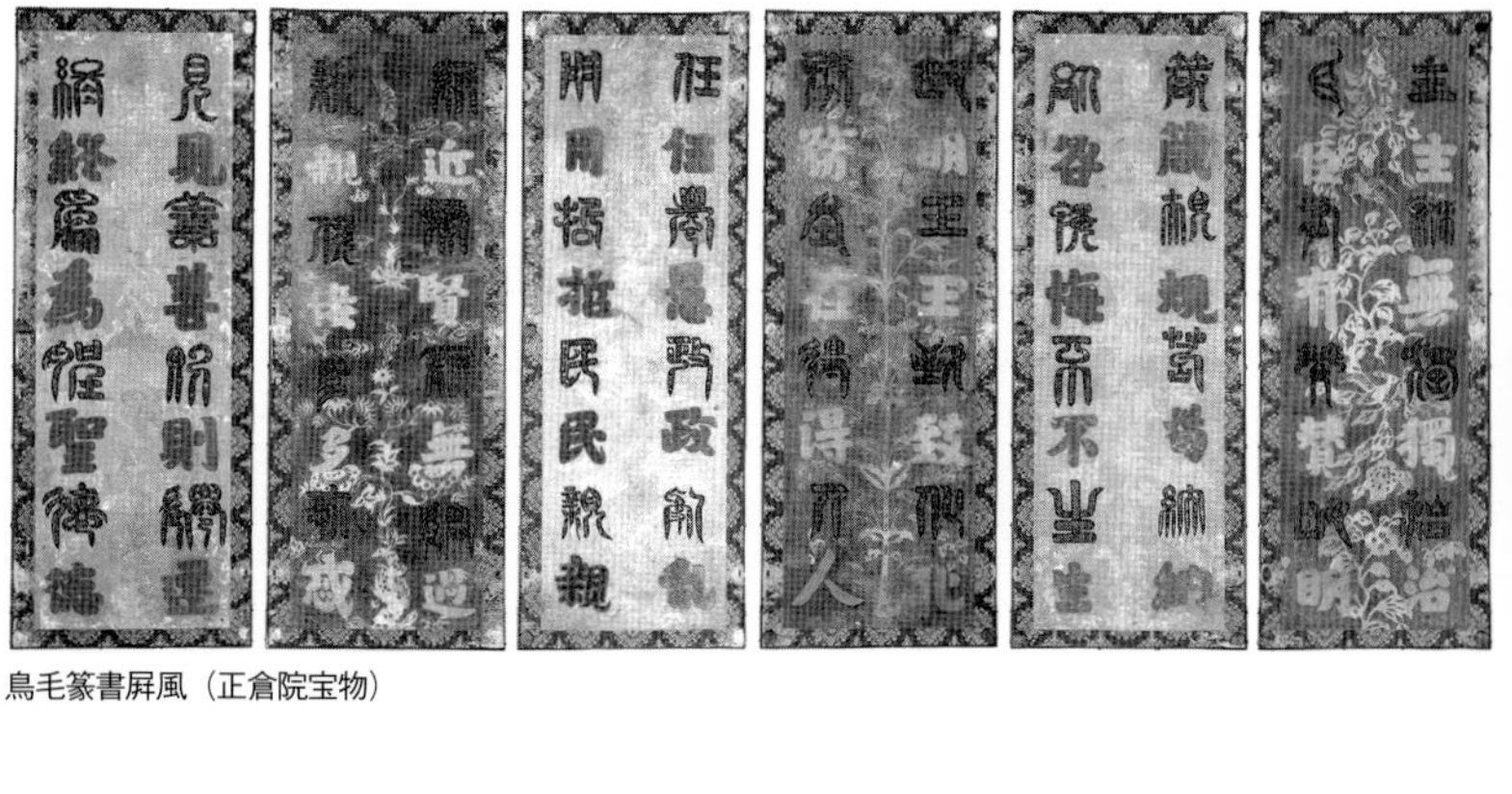

鳥毛篆書屏風（正倉院宝物）

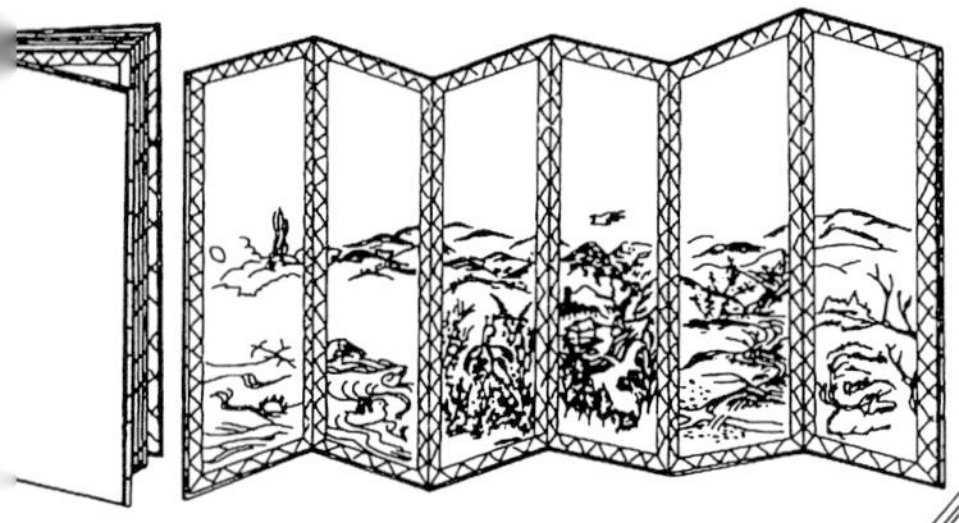

⑳大和絵の屏風（『類聚雑要抄』）

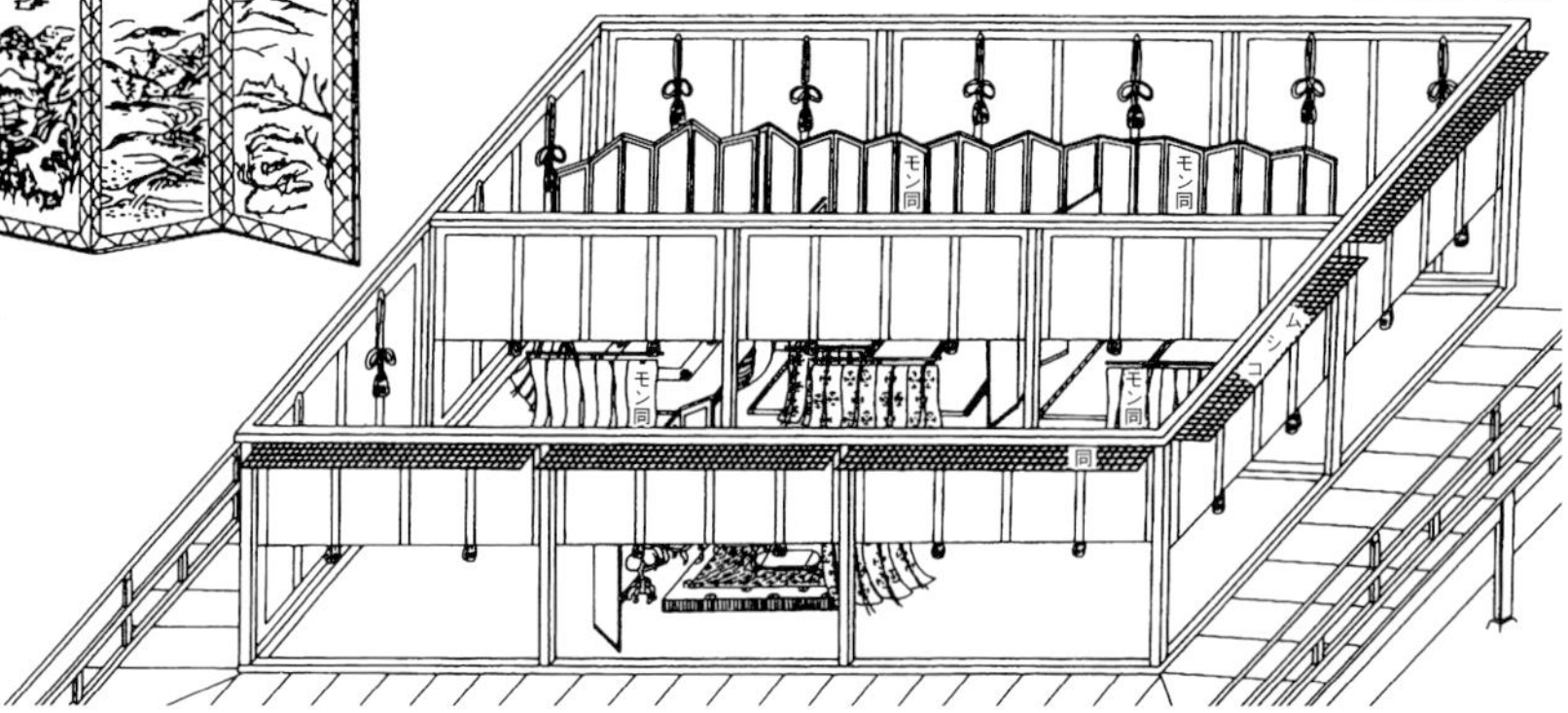

㉑屏風しつらい（『類聚雑要抄』）

またこうした高級な屏風のほかにも実用的な屏風も発達し、網代屏風《あじろびょうぶ》なども出てきた。屏風は時代を通して多用されたが、とくに寝殿造では、しつらいにとって不可欠のものであった。帳台を設けずに屏風だけを立てまわす屏風しつらいという室内構成法もあった（㉑）。（小泉）

2 敷物

蓆《むしろ》（筵）

蓆の素材には菰《まこも》・蒲《がま》・萱《かや》・葛《くず》・菅《すが》・藺《い》・稲・竹などがあり、製法では網代《あじろ》・簀編《すあみ》・薦編《こもあみ》・蓆織《むしろおり》などがある。編織の技術は古くから発達しており、縄文時代にはすでに高度な網代編が存在していた（㉒）。奈良・平安時代には藺蓆《いむしろ》が中心となり、蓆と薦《こも》の区別もでき、蓆は織るもので緻密で上品、薦は編むもので粗い下級品となった。形により広蓆・長蓆・狭《さ》蓆《むしろ》（小蓆）・細貫《ほそぬき》蓆などがあり、高級品には四周に錦の縁と裏をつけた。産地により出雲蓆・信濃蓆・葛野《かどの》蓆（山城）・黒山蓆（河内）・播磨蓆・豊島《てしま》蓆・東蓆・京蓆などと呼んだ（㉓）。蓆の最高級品は赤・藍・緑・黄などで文様を織りだした龍鬢《りゅうびん》蓆で貴人が畳の上に敷いて用いた。当時の貴族住宅は板敷だったため庇などでは広蓆を敷き詰めて、その上に座具として畳を敷いたため多くの蓆が必要だった。（小泉）

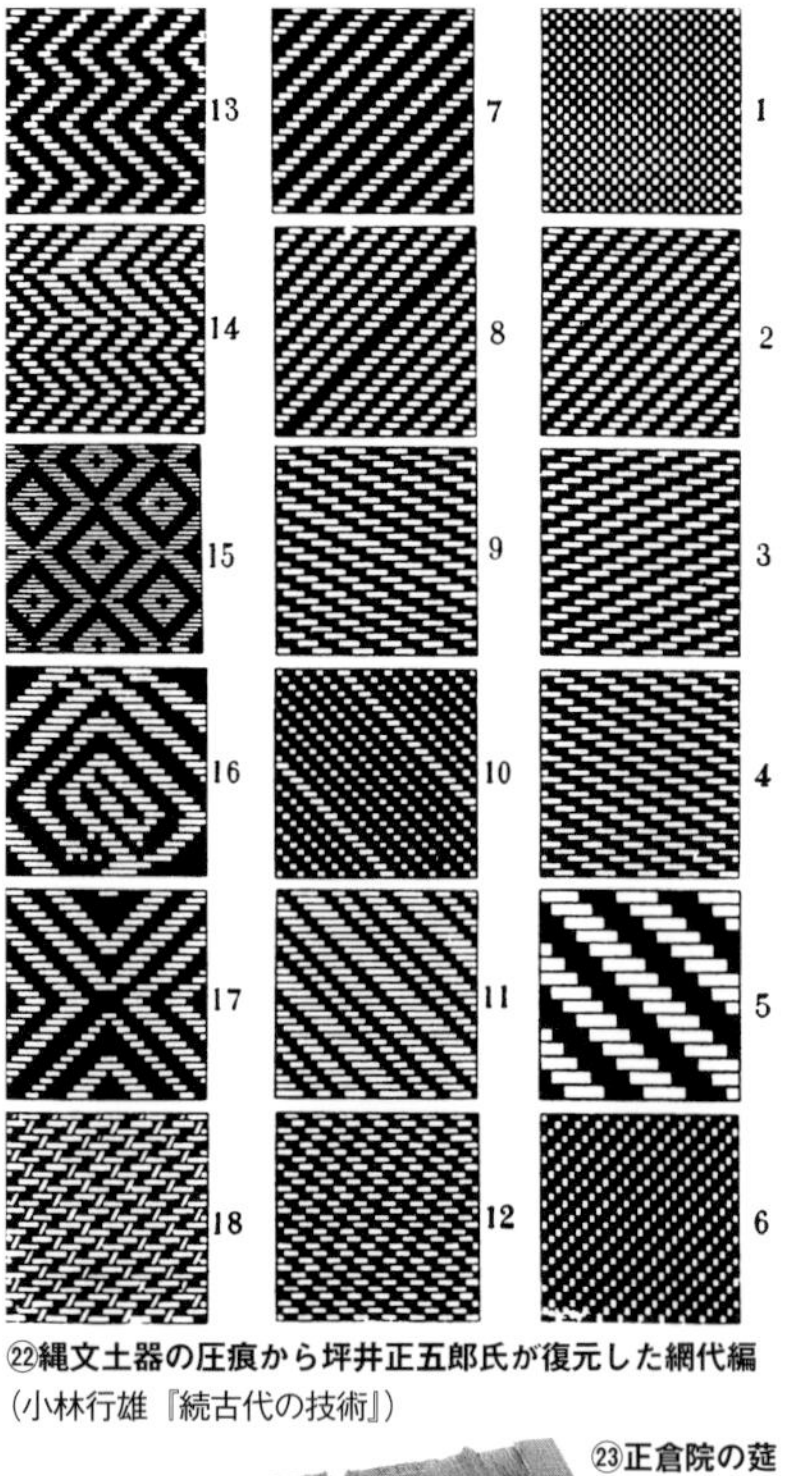

㉒縄文土器の圧痕から坪井正五郎氏が復元した網代編（小林行雄『続古代の技術』）

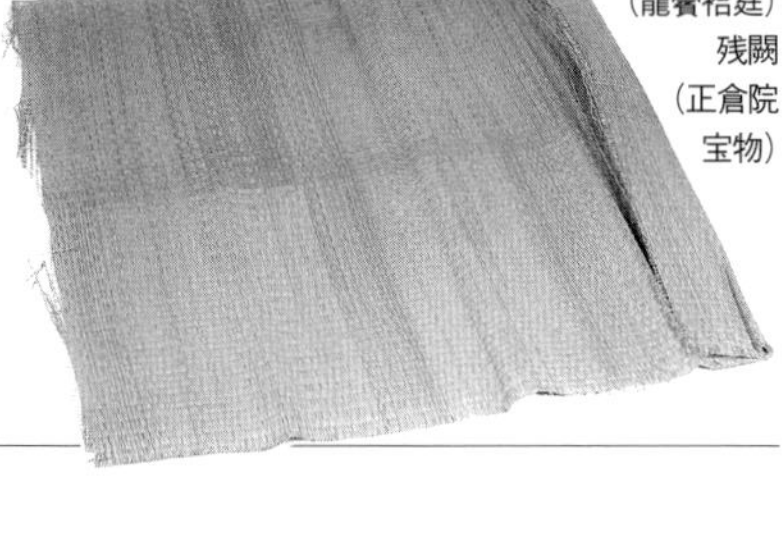

㉓正倉院の莚（龍鬢袷莚）残闕（正倉院宝物）

㉔縁によって区別されていた畳

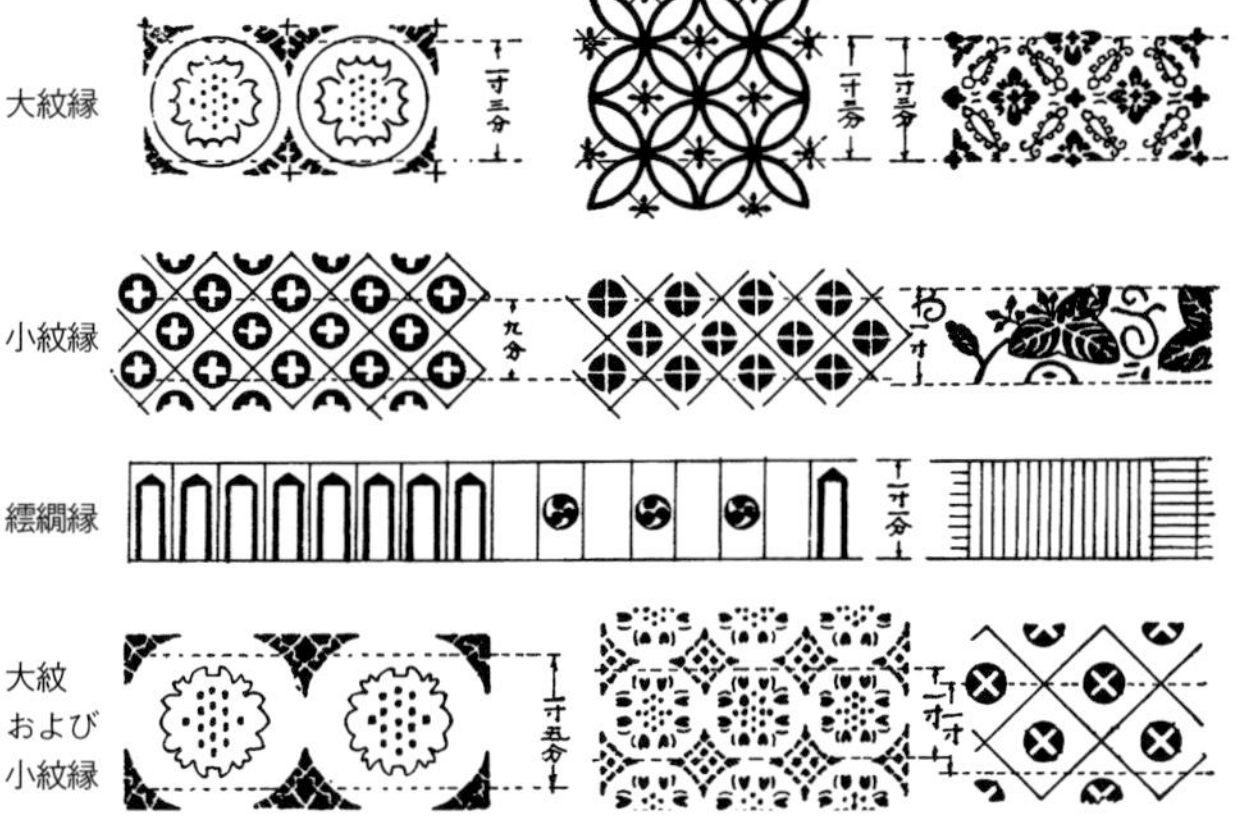

畳縁の文様（増山新平『新時代の住宅設備』）

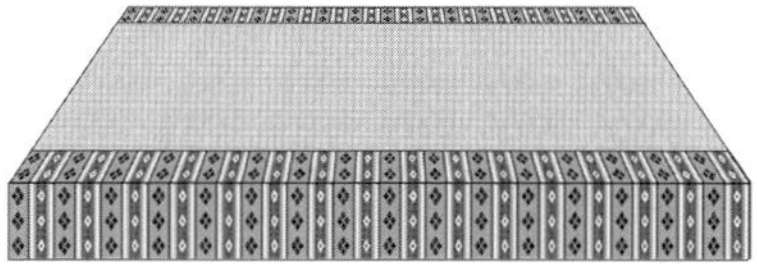

繧繝縁

高麗縁

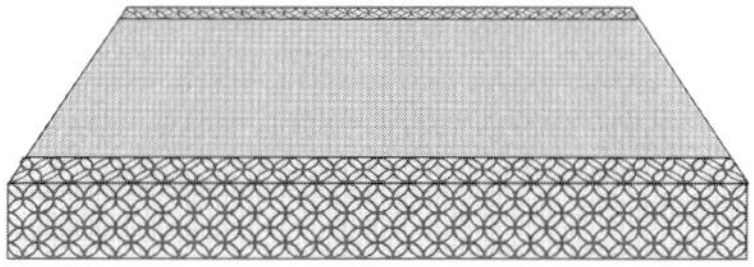

両面縁

畳《たたみ》

畳は古代には座具でもあり寝具でもあった。奈良時代の畳を正倉院に残る畳の残闕《ざんけつ》から推測すると、菰の薦を六枚重ね、麻糸で綴じ、表には藺蓆を、裏には麻布を被せ、長手の両側に錦の縁をつけたもので、長さ約七尺五寸、幅約四尺という寸法と、『献物帳《けんもつちょう》』の記録から、この畳は聖武天皇の御床《ごしょう》で使われていたものと思われる（1-⑫、二八頁参照）。

畳の製法は平安時代になってもあまり変わっていない。のちのように「トコ」でなく薦を重ねて綴じたため、柔らかく弾力があった。重ねる薦が二枚以上を厚帖、一枚を薄帖という。のちの薄縁《うすべり》である。薄縁は厚帖の下敷きとして庇などに敷き展べた。

畳の大きさには大小さまざまあったが、標準的な寸法は長さ八尺～九尺、幅四尺～四尺五寸で、これは座具として、また帳台の地敷として多く用いられた。縁には錦・帛・布があり、錦には繧繝《うんげん》・高《こう》麗《らい》・白地・両面、帛には紫・黄・緑、布には黄・青・紺・白などの種類があった。繧繝縁は赤地に数色の濃淡の縞の間に花形や菱形《ひしがた》などを織りだしたもの、高麗縁は白綾地に黒で雲形や菊花などを織りだし、または染めだしたもので、大紋と小紋がある。両面縁は白地に朱で輪つなぎ紋を織りだしたもの㉔、紫縁・黄縁・緑縁は練平絹で、布縁は木綿である。（小泉）

毯《たん》・氈《かも》

獣毛《じゅうもう》を素材とした敷物。製法により毛織物とフェルトがある。絨毯《じゅうたん》と毛氈《もうせん》である。毛織物は綿・麻・羊毛などを地糸にし獣毛糸を織っていくもので、古代には毯《たん》・織氈《おりかも》と呼んだ。フェルトは獣毛の薦に湿気・熱・圧力を加えて繊維を絡交《らくこう》密着《みっちゃく》させたもので氈と呼んだ。いずれも輸入品であった。奈良時代の大寺院には多数の毯や氈の記録が残っており、正倉院や法隆寺には実物も残存する。これらによると無地と文様のある花氈とあり、広さは長さ七、八尺、幅三尺五寸～四尺五寸くらいである。宗教・儀式用のほか、宮中や貴族邸、高僧たちの部屋で使われたと考えられる㉕。（小泉）

毯代《たんだい》

平安時代になると毯・氈の輸入が途絶えたため、錦や綾《あや》で代用品が作られた。毯代である。唐錦毯代、紫綾の毯代、二色の綾で作った二色の毯代、紺布に蕃絵《ばんえ》（龍・獅子・花鳥などを円形にデザインした文様）を染めだすか刺繍した、蕃絵の毯代などがある（㉖）。広さは長さ八尺、幅四尺くらい。綾製は天皇の御倚子や茵《しとね》の下敷きに、布製は兀子《ごつし》・草墪《そうとん》・台盤などの下に敷いた。　（小泉）

3　座臥具《ざがぐ》

床（とこ・ユカ）

「とこ」も「ユカ」も寝台である。「とこ」は竪穴《たてあな》住居に設けられた土壇《どだん》状のベッドに原形があり、「ユカ」は家具として作られたベッドである。

　西日本を中心に、弥生中期末頃から、古墳中期にかけて、東日本では古墳中期のみに、一区画が土壇状に高くなっている竪穴住居が出てくる。「ベッド状遺構」（㉗）と呼ばれるもので、方形平面の竪穴住居の場合、一隅が長方形、あるいはL形に高くなっているもの、一方の壁の前が幅一mほどの土壇状になっているもの、両側の壁際に向かい合う形で設けられているもの、両側の壁際に柱穴《ちゅうけつ》部分を引っ込めてコの字形が向かい合わせになっているもの、四隅に一つずつ設けられているもの、円形平面の場合は壁の一部に半月状に作られたもの、周囲にぐるりと設けられているものなどがある。いずれも高さは四、五cmから一〇cmくらい、幅は一mくらいだが、二m近い広いものもある。位置的には、主柱穴の外側に設けられているため、室内が中央の炉を囲む空間と、その周囲の一段高くなったところの二つに分けられている。中には出土品から祭祀《さいし》的な遺跡だったと推定され、土壇は祭壇ではなかったかと考えられるものもあるが、基本的には寝場所だったと推定される。というのは明らかに寝場所と見られて土壇状でない例があるからである。

　たとえば古墳前期の円形遺跡では、四本の主柱を結んで側板を埋め、炉がある中央の空間が四角に囲まれていた。板で囲んだ外側にはおそらく草などを敷き詰めて寝場所として使ったと考えられる。土壇状のベッドの場合も上には草や蓆《むしろ》を敷いたのであろう。前には菅《すげ》などで作った簾《すだれ》を垂らしたことが考えられる。

　こうした土壇状のベッドは「とこ」と呼ばれていたと思われる。「とこ」という言葉は、「所」と同根の言葉で、高く

㉕毯と氈

毯（正倉院）

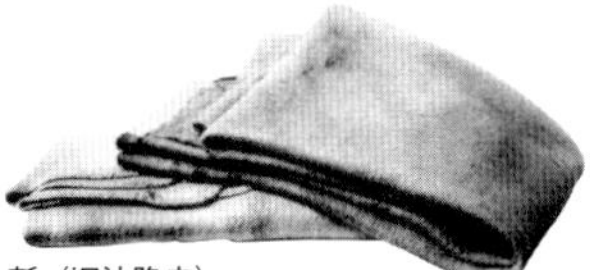

氈（旧法隆寺）

㉖蕃絵

盛り上がっている平らな区域、つまり土台が原義である。変化しないものの意味の「とこしえ」はここから出ている。中国語で寝台を表す牀（床）を当てている。土壇状ベッドは古墳後期になると消滅してしまうが、「とこ」という言葉は、「ねどこ」としてその後も残っている。

　ところが同じ床の字を「ユカ」とも読む。床はのちになるとフロアーの意味になるが、古くはフロアーは板敷と呼んでいた。「ユカ」は、斎処《ゆか》、すなわち斎々《ゆゆ》しい場所、神聖な処《ところ》という意味で、これは支配者の寝場所を意味している。斎処は必ずしもベッドではないが、古墳時代の豪族たちや天皇たちは中国式に寝台を使用していたため、斎処と呼ばれたためであろう。正倉院には「御床《ごしょう》」と呼ぶ「ユカ」が現存している㉘。（小泉）

㉗ベッド状遺構

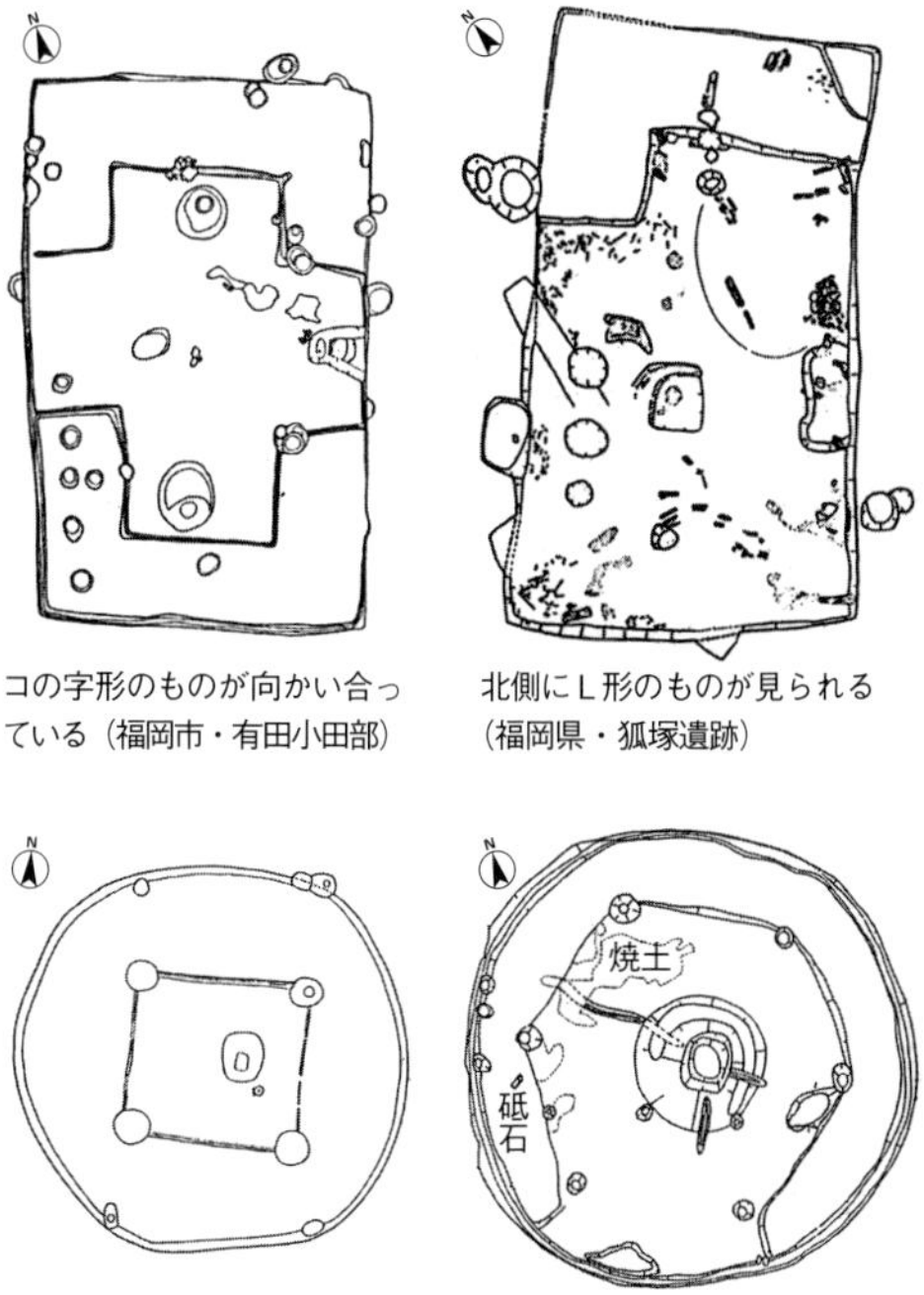

コの字形のものが向かい合っている（福岡市・有田小田部）

北側にL形のものが見られる（福岡県・狐塚遺跡）

土壇状でなく側板で囲まれている（岡山市・雄山町）

円形平面の周囲にぐるりと設けられている（岡山県・久米町）

御床《ごしょう》

　古代に天皇が使った寝台を御床と呼ぶ。床は牀と同じ中国語で寝台である。正倉院には聖武天皇の御床が残っている。長さ七尺九寸、幅四尺、高さ一尺三寸の檜《ひのき》製で、上面は八本の角材を簀子《すのこ》状に並べ、四本の脚が立ち、胡粉《ごふん》ぬりになっている。二台並べて据え、上に黒地錦縁の畳と褐色地錦の褥《しとね》を幅長さ両床にわたって敷き、緑 絁 袷《みどりあしぎぬのあわせ》の上掛を掛けたという。白練 綾《しろねりのあや》の枕も残っている。おそらく斗帳の中に置かれたであろう（1-⑫、二八頁参照）。

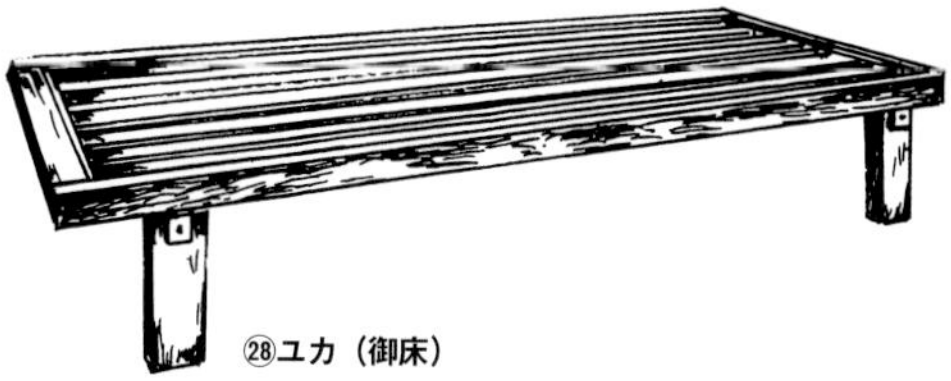

㉘ユカ（御床）

　史料によると伊勢神宮で使われた御床もだいたい同じで長さ八尺一寸、幅四尺三分、高さ一尺で、上面は板で両短側面を端嵌めに、脚は二本の角材を打ち付けてある。やはり二台並べて据え、上に畳を敷き寝具をのべ、生絁《すずし》の斗帳の中に置かれる。こうしてみると当時の寝台は広さは八尺四方くらい、高さは一尺前後だったようである（1-⑦、二三頁参照）。（小泉）

あぐら

　記紀では座具はすべて「あぐら」である。『古事記』では呉床、『日本書紀』では胡床と書いている。足《あ》の座《くら》（人がのる台）の意味である。形には中国の胡床と同じもので、座を革や紐で張り、交差した脚の折り畳み式で腰掛けて使うもの（交椅《こうい》）㋑㉙、四角い座で背《せ》もたれと勾欄《こうらん》がつき、四本脚がつき、上に乗って座ったり腰掛けたりするもの（椅子）㋺㉚、四本脚か箱形の台で上に乗って座るもの（床子《しょうじ》）㋩㉛、長方形の座板の左右に板脚を下から直角に立て、脚の先端に枘《ほぞ》を作り出して座に指し込んでいる腰掛㋥㉜などがあった。このうち㋺

が最も格が高く、天皇、皇后、皇太子が使うステータスシンボルであった。

平安時代以降、あぐらのうち㋑の折り畳み交椅を「胡床《こしょう》」と呼ぶようになる。胡床は主として宮廷の儀式や行幸《ぎょうこう》、貴族の外出用に用いられた。

（小泉）

倚子《いし》

鳥居形の背《せ》もたれと勾欄がつき、四本脚の方形の座で茵《しとね》を敷き上に乗って趺座《ふざ》する。古くはあぐらと呼んでいたうちの㋺にあたる。正倉院には槻《けやき》で作り蘇芳《すおう》下地に透明漆をかけた「赤漆欟木胡床《せきしつかんぼくのこしょう》」（㉝）が残っている。

平安時代には倚子は天皇・皇后・親王・中納言（大臣・大納言・中納言）以上にしか許されなかった。天皇用は御倚子《ごいし》と呼び、紫《し》宸殿《しんでん》御《み》帳台《ちょうだい》（㉞）と台盤所《だいばんどころ》には黒柿《くろがき》、清涼殿《せいりょうでん》御帳台と殿上《てんじょう》の間には紫《し》檀《たん》倚子と決まっていた。皇后用は螺鈿《らでん》倚子で、立后《りっこう》時などに、皇太子用は平文《ひょうもん》（金銀の薄板を文様に嵌め込んだ漆塗）倚子で元服《げんぷく》時などに用いられた。大きさは御倚子は長さ二尺、幅一尺五寸、高さ一尺三寸、他は長さ一尺、幅一尺三寸、高さ一尺三寸である。使い方は座の上に錦の茵を敷き、倚子の下には毯代《たんだい》を敷いた。また幼帝の場合は倚子の前に長さ一尺六寸、幅高さ五寸ほどで赤錦を張った承足（足台）を置いた。

（小泉）

床子（しょうじ・さうじ）

基本的には人がのって上に座る四脚がついた台。宮殿や役所で使う。あぐらと呼ばれていたうちの㋩である。平安時代になると宮廷調度として制度化され、身分・地位・用法に応じて床子の種類が決められた。床子は大きさ・形・製法・用

㉙あぐら－㋑「交椅」

伊勢神宮のあぐら

交椅が描かれている高松塚古墳　壁画

交椅の埴輪（群馬県大泉町大字古海）

㉚あぐら－㋺「椅子」

椅子の埴輪（群馬県大泉町大字上武士）

㉛あぐら－㋩「床子」

床子の埴輪（群馬県八幡原町）

脚付きの床子　竜田明神像（薬師寺）

㉜あぐら－㋥「腰掛」登呂遺跡

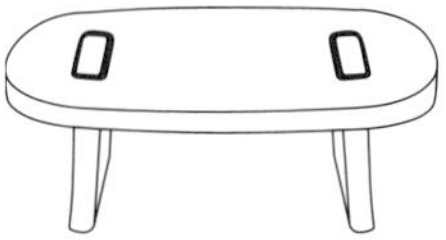

㉝赤漆欟木胡床（正倉院宝物）

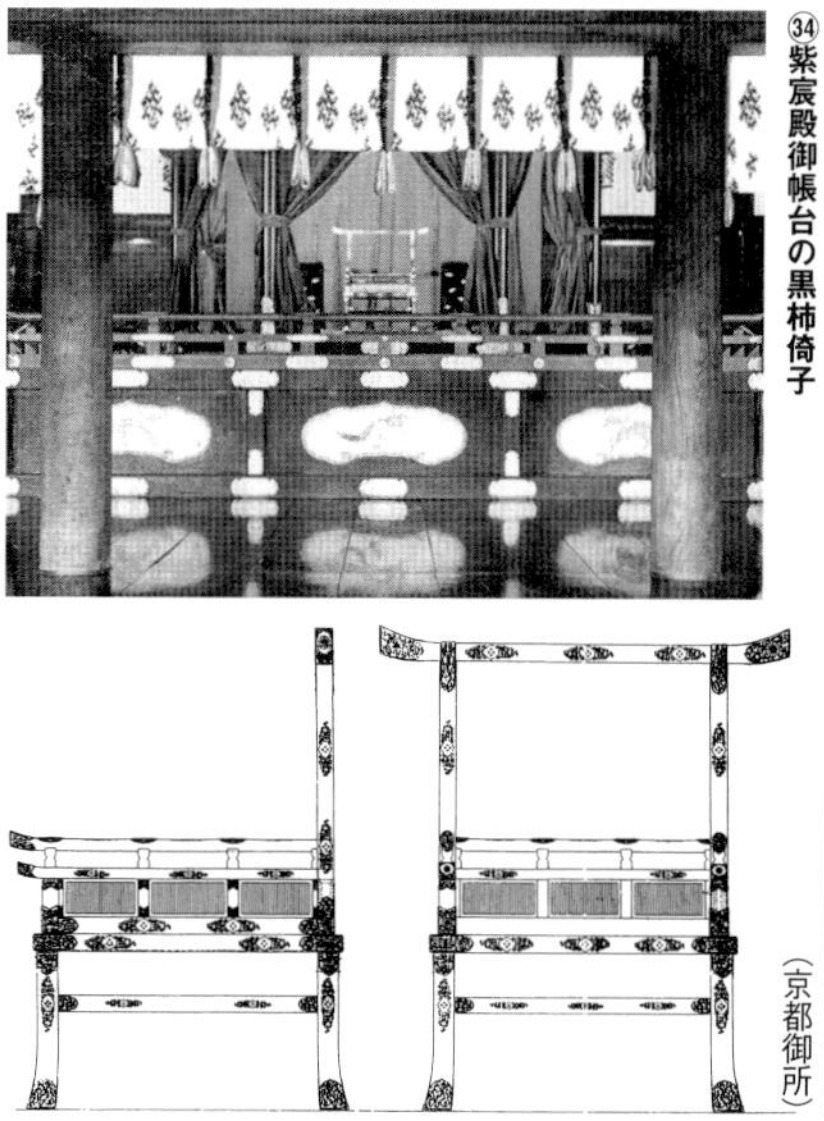

㉞紫宸殿御帳台の黒柿倚子（京都御所）

法によって種々あり、大きいものは八尺くらいから小さいものは二尺くらいまであった。

大床子・中床子・小床子があり、大床子は長さ四尺五寸、幅二尺四寸、小床子は二尺、一尺五寸だが高さは一尺三寸で統一されていた。つなげて使う場合のためである。檜床子・白木《しらき》床子・長床子・独《ひとり》床子などもあり、檜床子は四尺に一尺五寸、長床子は四位の参議用で簀子敷《すのこじき》床子ともいい、床面が簀子になっている。独床子は三位の参議用。赤漆《せきしつ》床子・黒塗床子・平文床子・紫檀地螺鈿《したんじらでん》床子などあり、赤漆床子は行幸用、黒塗床子は五位以上の官人が使った。床子の上には薄縁《うすべり》や菅円座、または錦の褥《しとね》などを敷き、時によっては脇息《きょうそく》も備えられた。

床子の使い方を清涼殿でみると、母屋と西庇の御《お》手水《ちょうず》の間に置かれるが、母屋では帳台の西に大床子三台を並べ、上に高麗縁の薄縁を三畳のべ、中央に菅円座を敷き、脇息を置く。近くにも大床子を据え、上に御厨子を二脚並べる。御手水の間には御手水案《つくえ》と並べて大床子を据え、御手水案には盥《たらい》を置き、大床子には菅円座と脇息を置き、円座に座って脇息越しに手を伸ばして盥《たらい》で手水を使う(35)。

このほか女官用の嚢床子《のうしょうじ》がある。これは形が違い、楕円形で座のところは綿入れになっており、表の色が身分によって違う。脚が三つあり、スツールのように腰掛けて使う。

（小泉）

円座《えんざ》

円形の座布団。円形の京莚《きょうむしろ》に紙の裏打ちをしたものを芯にし、綿をのせて、表を白堅織物《しろかたおりもの》、裏を生絹《きぎぬ》として縁をつける。縁は身分によって綿縁・高麗縁・紫縁・青錦縁などがある。円座には草や藁《わら》を編んだ菅円座・藺円座・菰円座などがあり、菅円座が最高とされていた(36)。大きさは経二尺から三尺ほどで、厚さ二寸ぐらいが厚円座、一寸ぐらいが薄円座である。宮中では厚円座は関白大臣用、その他の公卿《くぎょう》は薄円座を用いた。正月大饗などには、尊座が畳を敷いた上に茵、公卿座が畳の上に円座、家主が板敷の上に菅円座を用いている(37)。

（小泉）

㉟清涼殿御手水の間の床子（京都御所）

兀子《ごつし》・草墪《そうとん》

兀子も草墪も腰掛けて使う座具である。兀子は長方形の座に四本の脚がついた木製の腰掛けで、兀子は中国語で「高くて上が平らなこと」をいう(38)。宮廷調度で親王および公卿が用いた。紫兀子・黄兀子・黒塗兀子・朱塗兀子・緑兀子・両面兀子などがある。紫兀子は東宮元服式のときに加冠人が腰掛け、黄兀子は理髪人が腰掛けるもので、式の行われる紫宸殿南庇の東第三柱の北に紫兀子が、その東方五尺のところに黄兀子が置かれた。

草墪は菰《まこも》を芯にして円筒形に作り、表に錦または絹を、裏に布を張ったものである(39)。『延喜式《えんぎしき》』によると大きさは高さ一尺三寸・径一尺六寸と高さ八寸・径一尺六寸の二種類ある。錦草墪・両面草墪・青白橡《つるばみ》草墪・緑草墪・黄両面草墪などがある。草墪は一般には天皇が食事をするときの給仕役の女官、陪膳釆女《ばいぜんうねめ》が用いたが、天皇・皇后・皇太子・大臣なども節会《せちえ》の宴会などには長台盤の前に置いて腰掛けた。「年中行事絵巻《ねんちゅうぎょうじえまき》」内宴の場面にはこの状況が描かれている。(小泉)

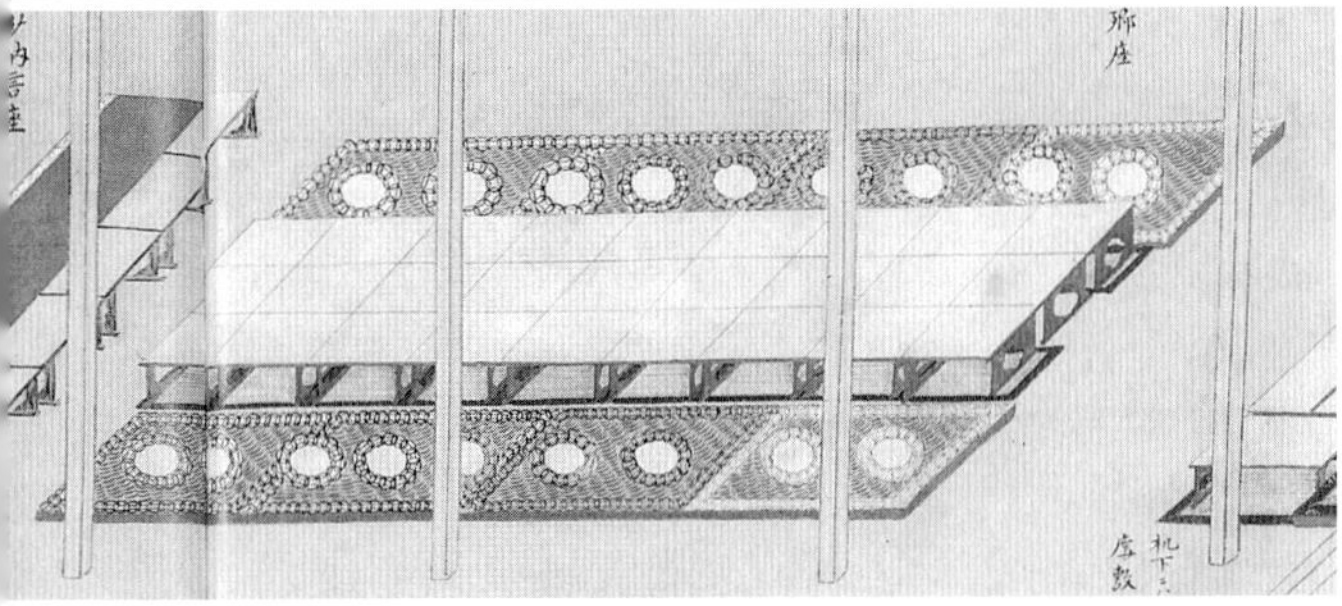
(37)円座(『類聚雑要抄』)

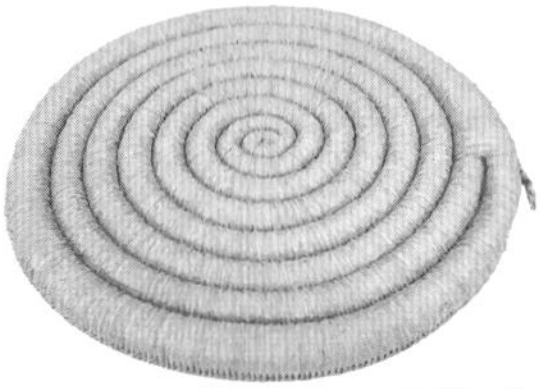
(36)菅円座

(38)兀子と台盤(「年中行事絵巻」)

草墪

(39)草墪と台盤(「年中行事絵巻」)

4 几案《きあん》

几・机(つくえ)

漢字の象形文字、几(机も同じ)をあてているが、几は丌型の木の台で、捧げものの台の意味もある(40)。日本語の「つくえ」は杯据《つきすえ》ということで、もともとは食器をのせる台のことであったが、やがて物をのせる台全般をさすようになった。

平安時代に貴族が食卓として使った机には赤木机(木を蘇芳《すおう》で赤く染めてある)・黒柿机・朴《ほお》机などがある。上面に絹が張ってあり、縁には金銅の飾金具が打ちつけられていた。天板の寸法は長さ幅二対一になっていて、つなげて広く使えるようになっていた(41)。(小泉)

案《つくえ》

案は中国語では上から押さえてもたれかかる机をいう。脇息である。日本では案と呼んで供物台《くもつだい》や書机《しょづくえ》、経机《きょうづくえ》などに使った。供物台には八本脚の八脚《やつあし》という案があり、宮中で神事のとき、神前に供する供物や神酒をのせるのに使われた㊷。書机や経机には左右に多数の脚がつく多足几がある㊸。（小泉）

台盤《だいばん》

主として宴会用のテーブル。長方形の天板の下に脚がつく。脚は撥足《はちあし》台盤といって八角形で真ん中がくびれた脚のものと、象牙《ぞうげ》のすかしのある板脚のものがある㊹。

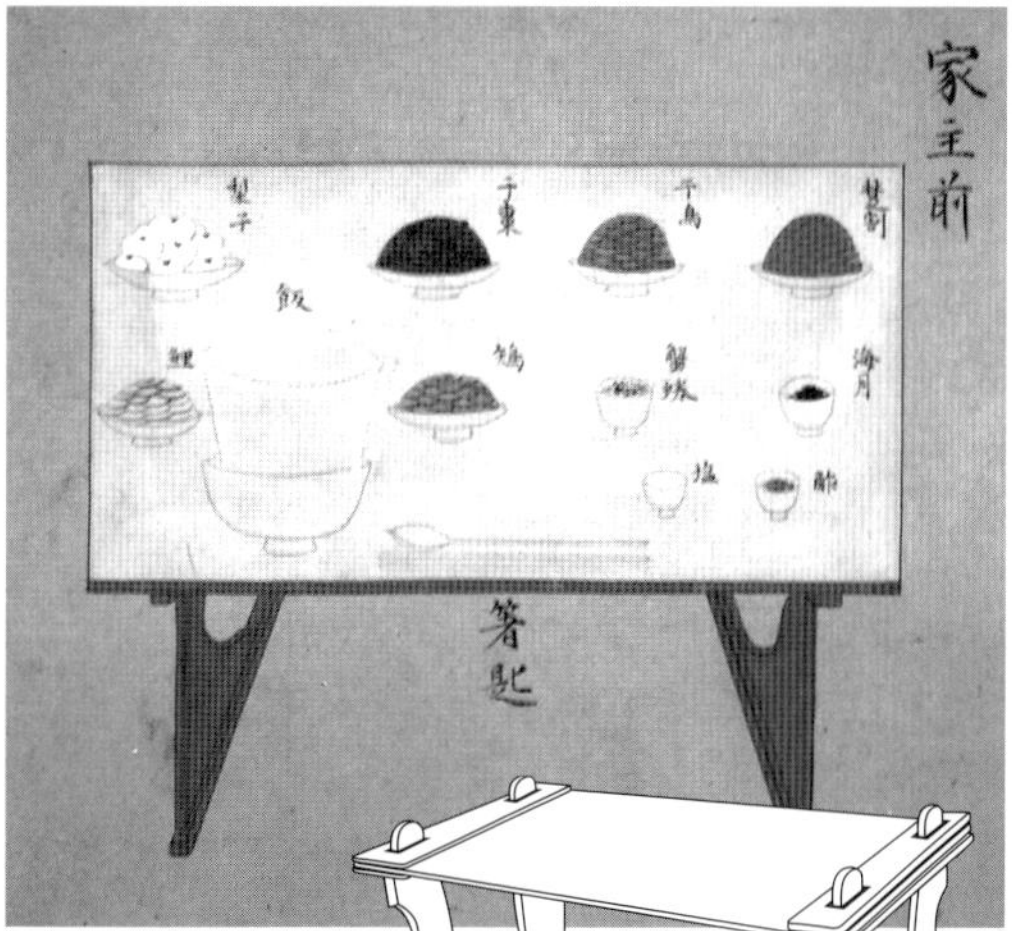

㊶赤木机
（『類聚雑要抄』）

㊵弥生時代のつくえ　復元図
（福岡県博多区雀居遺跡出土）

天板の周囲が一段高くなっていることが特徴である。朱塗・黒塗が一般的だが、蒔絵《まきえ》の台盤もあった。

大きさにより、八尺×三尺の長台盤（八尺台盤とも）、その半分の切台盤があったが、高さは同じく一尺五寸である。これはつなげて使うためである。台所という言葉はこの台盤からきている。（小泉）

5　照明具

燈台《とうだい》

油をともして灯りとする照明具。古代、中世を通して使われた。油皿《あぶらざら》とのせる台からなる。油皿に入れた油に燈芯《とうしん》を浸し、これを燃やしていく。燈芯は細藺《ほそい》の中の白い芯を抜いた長い紐のようなものである。芯を油皿に固定しておき、燃えるにしたがって送り出していく。このために燈芯押さえと掻き立てが付属している。

燈台は台の構造、形によって結び燈台・高燈台・短燈台などがある。結び燈台は三本棒を束ねて上下を開いて立て、上に油皿をのせるもの㊺、高燈台、短燈台は土台の上に一本柱が立ち、上に油皿をのせるための金輪がついている㊻。油皿は油入れと受け皿の二枚を重ねる。使うときには皿のまわりに紙を巻いて風よけとした㊼。高さ一尺五寸くらいから三尺ぐらいまでで、これより高いものが高燈台である㊽。黒漆塗で螺鈿《らでん》や蒔絵《まきえ》などが施されたものもあり、土台の形によって牛糞《ぎゅうふん》燈台、菊燈台㊾など

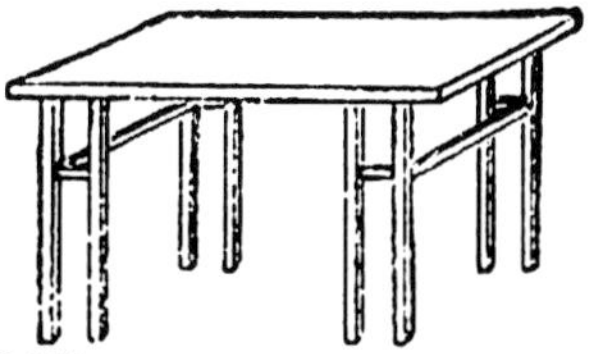
㊷八脚

㊸二十六足几（正倉院宝物）

㊹台盤
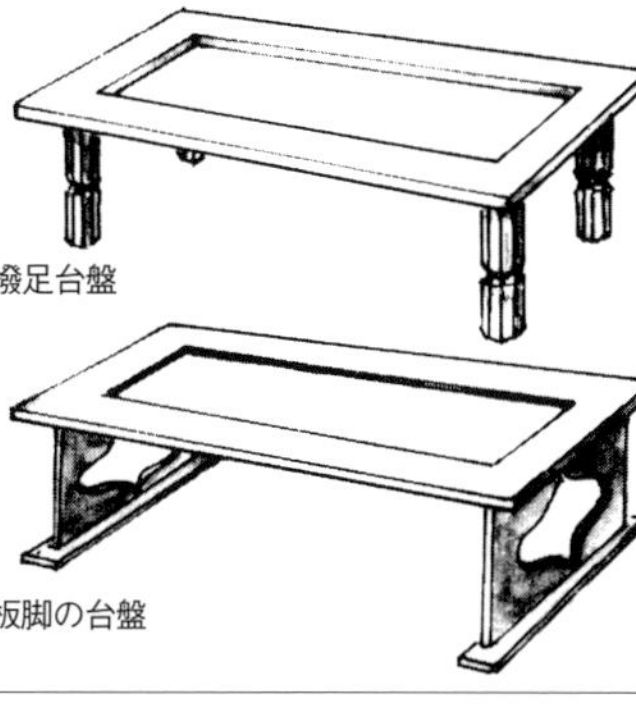

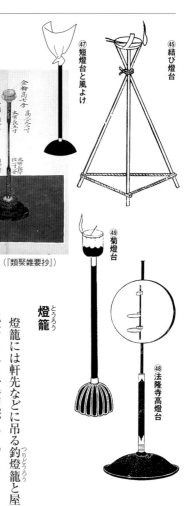

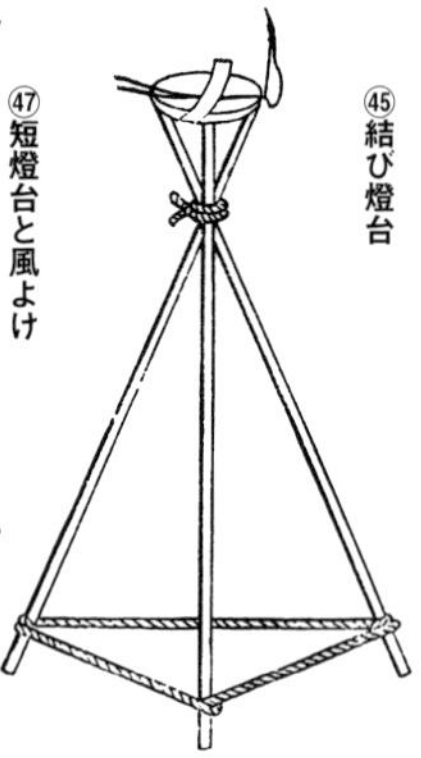
㊺結び燈台

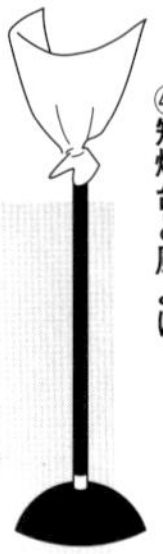
㊼短燈台と風よけ

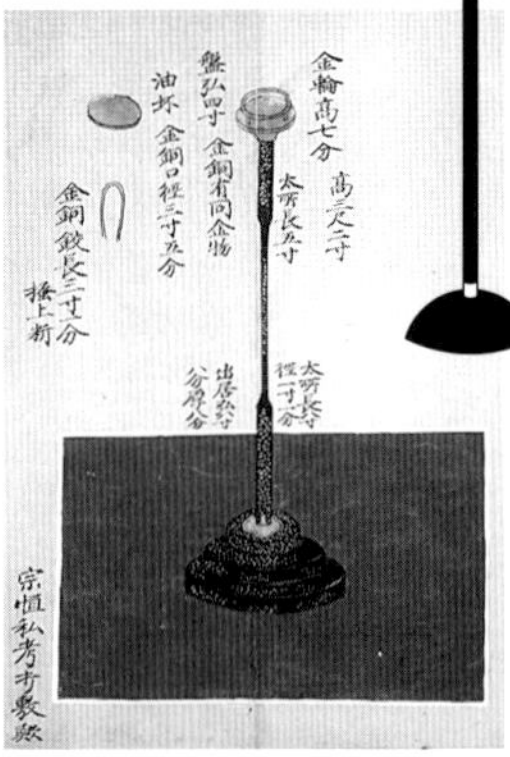
㊻短燈台と打敷（『類聚雑要抄』）

㊾菊燈台

㊽法隆寺高燈台

がある。燈台の下には油で床を汚すのを防ぐため油単《ゆたん》の打敷《うちしき》を敷いた。油単は布や紙などに油をひいたものである。

燈籠《とうろう》

燈籠には軒先などに吊る釣燈籠《つりどうろう》と屋外に設けられる台燈籠がある。

釣燈籠は宮中や貴族邸で使われたもので、方形造の笠（屋根）に反りのある四角い火袋《ひぶくろ》で、火袋には輪形の穴があけてある。笠の頂上に環がつき、ここに釣手をつける（㊿）。多くは木製だが清涼殿では鋳鉄製《ちゅうてつせい》であった。清涼殿の夜御殿《よるのおとど》では四隅に金燈籠を吊り、掻燈《かいともし》といって夜中ともし続けた。

台燈籠には銅・青銅・鉄などの金属製と石製、木製がある。金属製・石製は寺院・神社用で住宅用は木製だった（51）。近世になると石製も住宅で使うようになる。

（小泉）

㊿釣燈籠

51台燈籠

コラム 『類聚雑要抄《るいじゅうぞうようしょう》』・『満佐須計装束抄《まさすけしょうぞくしょう》』・『禁秘抄《きんぴしょう》』

『類聚雑要抄』

平安貴族の生活文化を知るうえで欠かせない史料である。本書は四巻からなっており、巻第一は儀式のときの饗饌《きょうせん》の内容と座の配置に関する資料をまとめたもの、巻第二は移徙《いし》（転居）のときの室礼《しつらい》に関する資料をまとめたもの、巻第三は永《えい》久《きゅう》三年（一一一五）に内大臣藤原忠実《ふじわらのただざね》が五節《ごせち》の舞姫《まいひめ》を献上したときの定文《じょうもん》、巻第四は家具調度の目録である。取り上げられている儀式は主として摂関家に関するもので、摂関家の儀式を滞りなく準備するための資料集といっていいものである。『類聚雑要抄』を編纂したのは、その記述内容から判断して藤原親隆《ふじわらのちかたか》で、摂関家の家司《けいし》となった親隆が久安《きゅうあん》二年（一一四六）頃に作成したと考えられる。

家具や室内意匠史の観点から見たときに興味深いのは、巻第二の室礼の巻と巻第四の調度目録である。

巻第二には、永久三年（一一一五）七月二一日に藤原忠実が東三条殿《ひがしさんじょうどの》に移徙したときの指図《さしず》が五枚収録されており、これによって寝殿造における具体的な住まい方を私たちは知ることができる。つまり、寝殿指図（1-㉓㉔、三四頁参照）によれば母屋に立てた御帳のほかに、北庇にも二間の空間を占めて寝所と居所が設けられていることなどである。「源氏物語絵巻」の中に寝所を描いたものがいくつかあるが（左図）、この指図と比較することで、それが北庇の寝所を北孫庇側から見て描いたものであることがわかる。また、家司《けいし》の詰め所である侍廊や女房の詰め所である台盤所廊などの指図も、当時の家政機関のあり方を示す非常に貴重な資料である。

巻第四の調度目録は、従来平安時代の家具調度の一般的なものととらえられる傾向があったが、目録という名称に示されるとおり、当時実在した調度の目録である。具体的には、巻第二にある藤原忠実東三条殿移徙で使用された調度で、忠実の祖母 源 麗子《みなもとのれいし》と祖父師実《もろざね》の婚礼の際に製作され、その後摂関家に伝領、同家の重要な儀式で使用されていたものである。当時の摂関家には、このほかに道長が彰子入内《しょうしじゅだい》のときに製作させた調度も平等院の蔵に伝わっており、摂関家の子女の入内ではこの彰子の調度が利用された。いずれにしても、こうして製作された調度は貴重な調度として二〇〇年以上にわたって伝えられ、使用されたのである。入内のときの記録を見ると、調度を蒔絵のものから木地《きじ》のものへ途中で変えたといった記述があるので、こうした長く伝えられていく調度とは別に普段の調度もあったようである。

『類聚雑要抄』は、『群書類従《ぐんしょるいじゅう》』第二六輯に収められているほか、川本重雄・小泉和子編『類聚雑要抄指図巻』（中央公論美術出版　平成一〇年［一九九八］）にも収められている。　（川本）

「源氏物語絵巻」柏木2

『満佐須計装束抄』

源 雅亮《みなもとのまさすけ》によって書かれた室礼や服飾の装束方法を仮名で記した記録、三巻の内第一巻の前半に室礼方法が詳しく書かれている。作者の源雅亮は、『類聚雑要抄』を編纂した藤原親隆とともに藤原 頼長《ふじわらのよりなが》に仕えていた人物で、本文中の記載内容から嘉応《かおう》元年（一一六九）以降、つまり『類聚雑要抄』よりあとに本書を著したことがわかる。室礼に関する内容は、「母屋庇の調度を立つる事」および「大饗の事」以下「五節所《ごせちどころ》の事」までの行事ごとの項目からなっており、「母屋庇の調度を立つる事」では、『類聚雑要抄』巻第二の室礼指図に示されている寝殿の室礼方法が、具体的かつ詳細に記述されていて、『類聚雑要抄』とともに寝殿造における室礼を伝える貴重な資料となっている。「大饗の事」以下の項目は、行事ごとの室礼でとくに注意する点を列記する内容で、行事の際の室礼方法を理解するためには、本書に加えて日記などに残る行事の際の装束に関する記録をあわせて読む必要がある。　（川本）

『禁秘抄』

順徳天皇《じゅんとくてんのう》（建久八年［一一九七］〜仁治三年［一二四二］、在位承元四年［一二一〇］〜承久三年［一二二一］）によって製作された上下二巻からなる宮中の有職《ゆうそく》作法の解説書。建暦《けんりゃく》三年（一二一三）に建てられた閑院内裏《かんいんだいり》では、紫宸殿《ししんでん》や清涼殿《せいりょうでん》が平安宮内裏に準じた形で建てられた。『禁秘抄《きんぴしょう》』はこの閑院内裏完成後に編集されたもので、宮中の宝物、行事、職種等について解説している。閑院内裏での生活・儀礼を平安宮の故実《こじつ》を踏まえて行おうとした成果と思われる。

この書がインテリアの歴史資料としてとくに注目されるのは、清涼殿各部屋の室礼について詳しい記録を残しているからで、現在京都御所清涼殿で見ることのできる清涼殿の室礼もこの記述にしたがっている。『類聚雑要抄』に見られる貴族住宅の室礼と比較すると、倚子《いし》や床子《しょうじ》を多用している点が大きな特徴となっている。清涼殿の平面が成立した一〇世紀の中頃以前にさかのぼる室内空間のあり方をこの室礼は示している。　（川本）

第二章

中世（鎌倉時代から室町時代まで）

座敷飾りの成立と家具の建築化《ビルトイン》

中世は政治的には武士《ぶし》が台頭して、公家《くげ》と勢力交替が行われた時期である。平安後期にまず京都で平氏、地方では平泉藤原氏が興《おこ》るが、これを倒して源頼朝《みなもとのよりとも》が鎌倉に幕府を開き、天皇を中心とした古代勢力に対抗する政治的な拠点を作った。その後、武家内部での権力交代が起こり、足利氏が京都に室町幕府《むろまちばくふ》を開いた。

これに伴って住宅も、寝殿造《しんでんづくり》から書院造《しょいんづくり》へと変わっていった。建具《たてぐ》の発達、部屋の分化、会所《かいしょ》の成立と座敷飾りの発達などが進んでいったが、この間にそれまで独立した家具だったものが、しだいにビルトインしていった。すなわち帳台《ちょうだい》は襖《ふすま》で囲まれた寝室になり、座具《ざぐ》だった畳《たたみ》はゆかになり、棚は違棚《ちがいだな》になるといったことで、これは日本住宅の一つの属性となって続いていくことになる。

それともう一つ、中世社会が生み出した住文化に草庵《そうあん》と婆娑羅《ばさら》がある。草庵は脱俗・簡素、婆娑羅は中国趣味で過剰な室内装飾であるが、この二つは後世まで、日本の住宅と室内意匠に大きな影響を及ぼしている。（小泉）

1……住宅と室内

1 寝殿造《しんでんづくり》から書院造《しょいんづくり》へ

建具《たてぐ》の発達

平安時代の貴族住宅である寝殿造は、中世を通じて変化し、近世の武家住宅、書院造へと展開した。この変化は、貴族から武家へという単なる住まい手の変化にとどまらない。住宅を作る技術や構造、間取り、室内意匠といったさまざまな要素が互いに関連しながら発達したからである。寝殿造が書院造へと向かう変化のなかで、時代的に早い段階で登場し、その後のほかの要素の変化を促したのが、建具の発達である。

平安時代、貴族が住む寝殿造では、その内外を「蔀《しとみ》」が区切っていた。蔀は碁《ご》盤目《ばんめ》状《じょう》の格子《こうし》の裏に板を張った建具で、開閉するやり方には二つあった。すなわち、水平を軸として跳ね上げて回転させるものと、建置で取り外すことができる形式のものである（①）。また蔀のほかに寝殿造の外部を区切る建具には、扉形式に回転させる「妻戸《つまど》」も使われていた

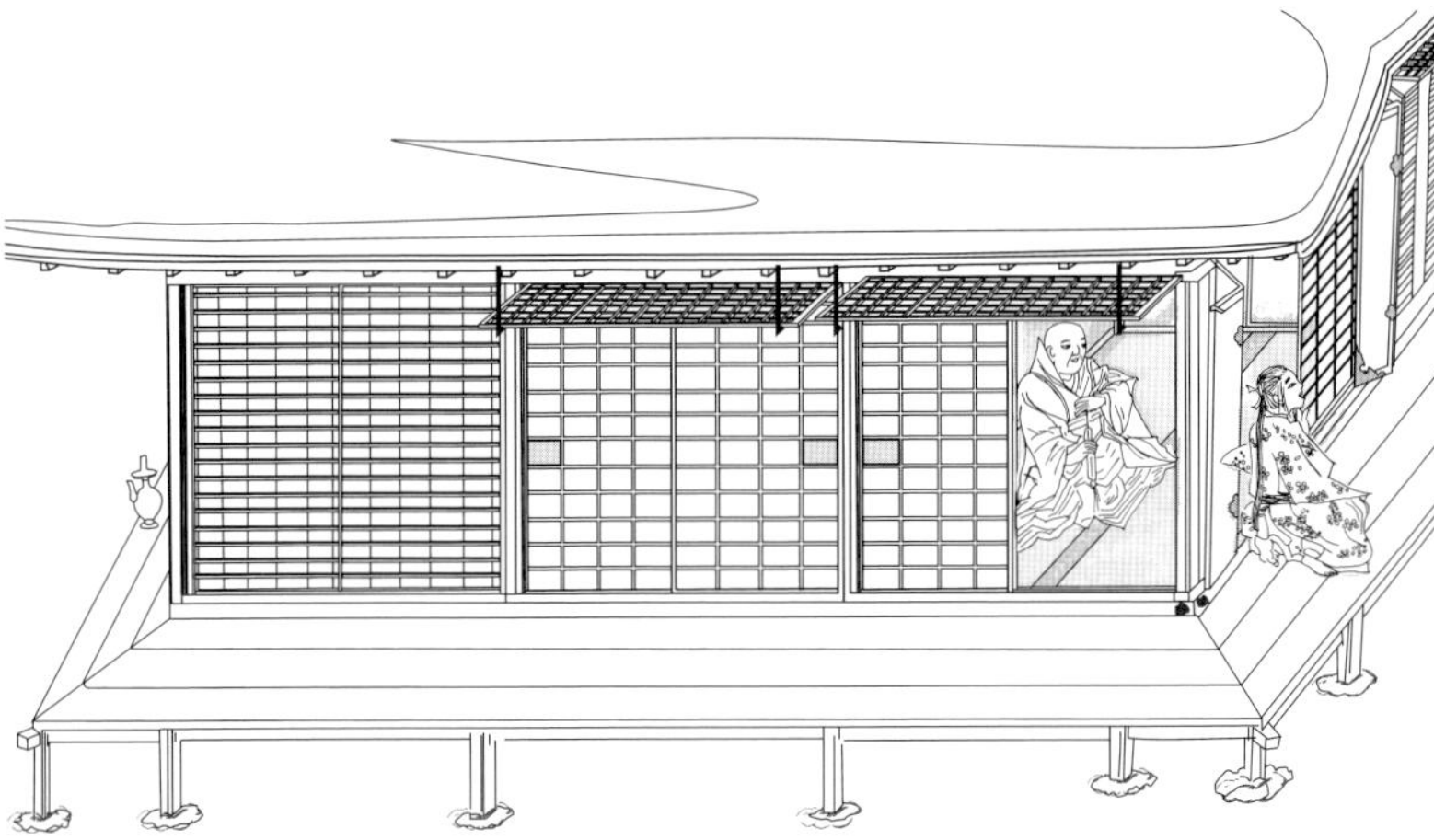

④左から舞良戸（内側には明障子）、蔀と明障子、妻戸と明障子（「法然上人絵伝」巻4）

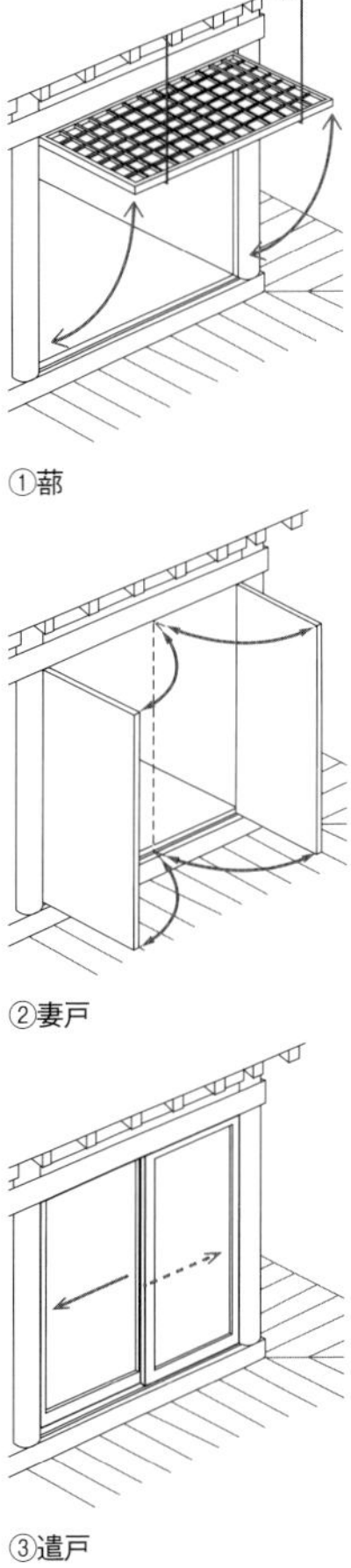

建具　模式図

（作図・玉井哲雄）

（②）。蔀や扉はその開口部すべてを開け放つことになった。そこで、蔀を開放しながら、内外をおだやかに仕切るために御簾《みす》が掛けられた。

　平安時代後期になると、蔀や妻戸にかわって、外との区切りに「遣戸《やりど》」と呼ばれる引違戸《ひきちがいど》が用いられるようになった（③）。遣戸は鴨居《かもい》・敷居《しきい》に彫られた溝をスライドする形式の建具で、外側を舞良《まいら》戸《ど》にして「明障子《あかりしょうじ》」を引き込むものが一般的だった。舞良戸は板の表裏に細い桟《さん》を、横に五、六寸の間隔で取り付けた戸、明障子は格子状の組子《くみこ》に紙を張って採光できる建具で、現在の障子にあたるものである（④）。

　引違戸は、扉や蔀の建具形式に比べ便利である。蔀や扉であれば、すべて閉めるかすべて開けるかのどちらかしかできない。ところが引違戸であれば、スライドすることでさまざまな開放状態が可能であった。また扉のように回転しないため、周辺に大きな空間も必要としない。さらに、蔀は取り外したり、ないし水平軸に回転させるものであり、持ち上げる多大な労力も伴った。蔀や扉に比べて引違戸では、その開け閉めが簡単であった。加えて、明障子は外光を室内に採り入れることができる。

　ただし意匠的には、蔀や扉は左右対称で、格式が高い形式であった。それに対して引違戸は左右非対称なことから、格式としては劣るものだった。そのため引違戸は当初、むしろ庶民の住宅で用いられていた。だが、引違戸がもつさまざまな機能的な効用ゆえに、しだいに格式が高い貴族の住宅へも普及することになった。

　外まわりとともに、室内でも建具の変化がみられた。部屋と部屋を仕切る建具、これも引違戸の「襖障子《ふすましょうじ》」が用いられるようになった（⑤）。現在の襖にあたる。それまでの部屋は可動式の衝立《ついたて》や屏風《びょうぶ》、柱と柱に嵌め込んだパネル式の仮設的な間仕切りなどで区切られていた。これらがスライド式の襖障子に変化し、現在に伝わる襖の原型が登場したわけである。

　こうした引違戸への変化は、当時の建築技術の向上がもたらしたものである。

嵌め込み式や跳ね上げ式の建具に比べて、引違戸は平滑《へいかつ》にスライドさせるための正確な溝《みぞ》を彫る必要がある。建具自体も重くいびつな形状であれば、簡単に開け閉めすることができない。引違戸が登場した背景には、木材加工精度の向上、建具の軽量化といった技術の変革が起きていたのである。

⑤**襖障子**（「法然上人絵伝」巻８）

　引違戸が用いられることに呼応し、柱の形にも変化がみられた。それまで寝殿造で用いられていた円柱から、しだいに角柱が使われるようになった（⑥）。

　角柱と建具で区切られた室内に天井が吊られるようになり、室内の一体感が強まった。大きな空間にその時々の使い方にしたがって屏風やパネル式の障子、幕類で仕切っていたものから、固定化された間仕切りをもつ部屋へと変化したのである。ここから、部屋の分化というさらなる空間的な変化が進行していった。

部屋の分化

　京都の貴族住宅は鎌倉時代も引き続き、寝殿造であった。しかし中世になると、寝殿造はしだいにその姿を変化させていった。

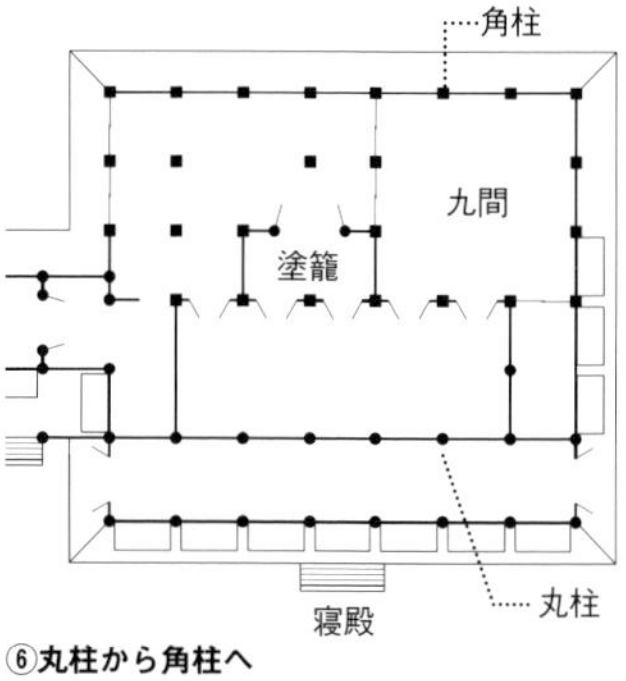

⑥**丸柱から角柱へ**
（足利義教室町殿 南の寝殿）

　その一つは使い方にしたがって、部屋が細かく分かれていったことである。たとえば「弘御所《ひろのごしょ》」や「対代廊《たいのだいろう》」といった接客に用いる建物が登場し、寝室など日常生活の場となる建物が「常御所《つねのごしょ》」として寝殿《しんでん》から独立していった。前項でみた角柱に舞良戸《まいらど》、明障子《あかりしょうじ》、襖障子《ふすましょうじ》を用いて部屋を区切る変化は、貴族の儀式の場であり格式を重んじた寝殿ではなく、こうした居住の場から進展していったのである。

　もう一つは屋敷構の簡略化である。「中門廊《ちゅうもんろう》」「対屋《たいのや》」「二棟廊《ふたむねろう》」といった寝殿以外の附属建物が必要最低限の施設を

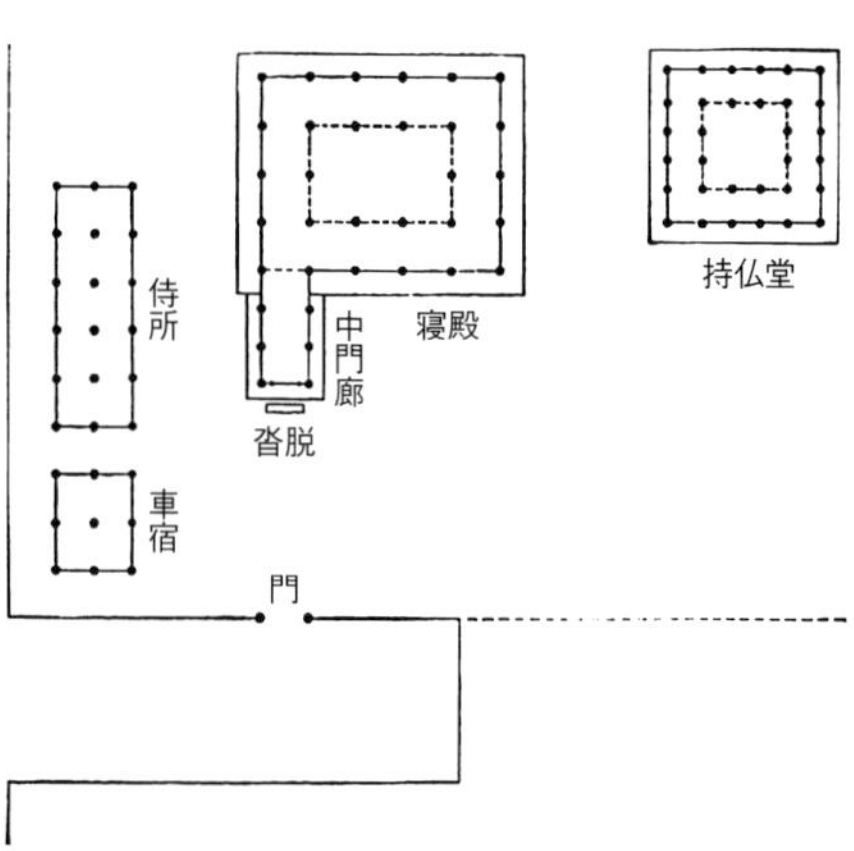

⑦**簡略化された寝殿造の屋敷配置**（藤原定家邸）

寝殿造から書院造への模式図

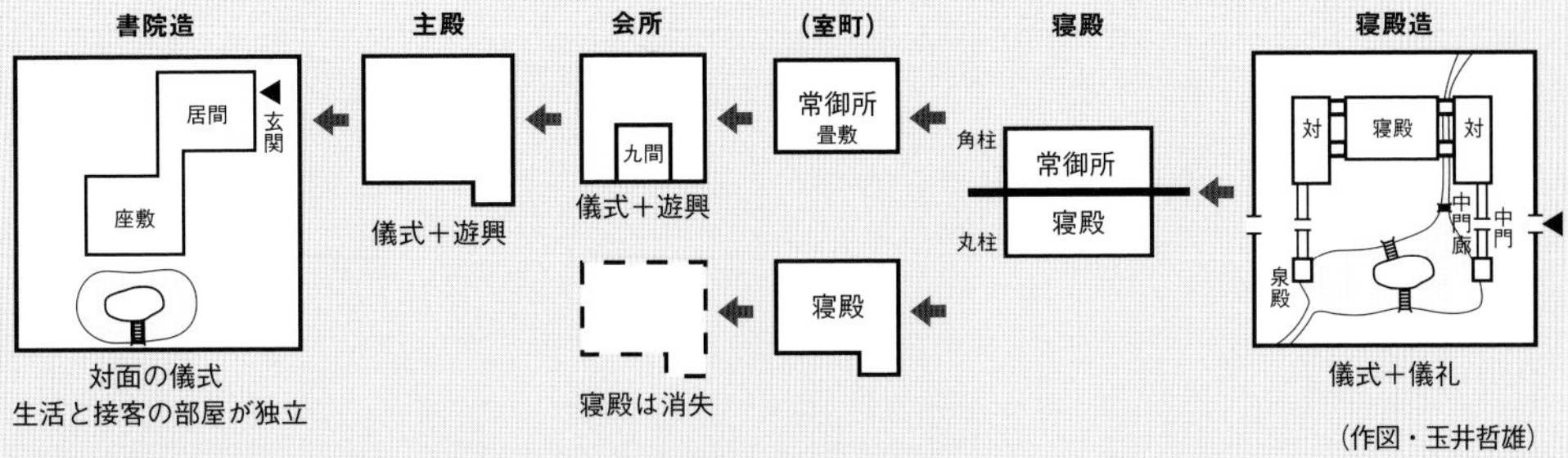

（作図・玉井哲雄）

寝殿造はまず、儀式を行う南側の寝殿から、生活の場となる常御所が独立していき、常御所を中心に角柱や畳敷という室内意匠へと変化する。武家の時代、遊興施設の会所が生まれ、しだいに貴族的な寝殿は消失した。一方、会所では座敷飾りが進展し、接客空間を備えた主殿が屋敷の中心を占めていく。さらに部屋ごとの独立性が高まり、出迎えの玄関、接客の座敷、生活の居間などの意匠を異にした空間が廊下で連続する書院造へと発展した。（中村）

残して省略されていった。たとえば中門廊は、短く中門をつけるのみに簡略化されていき、多くの附属建物はしだいに姿を消していった（⑦）。

一方で、鎌倉時代の武家住宅にも、貴族住宅と類似する姿がみられた。武家の住宅も当初、貴族住宅である寝殿造を踏《とう》襲《しゅう》するものであった。これは基本的に、武家が貴族階級から発生したためである。しかししだいに武家独特の方向に変化していった。その要因となったのが、武家に特有な御成《おなり》という儀礼である。

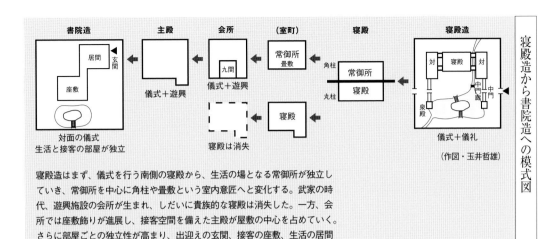

主従関係から成り立つ武家社会では、主君を迎える御成の儀式が重要視された。この対面を行う部屋がしだいに寝殿から独立していき、対面のための「小御所《こごしょ》」、居住のための「常御所」が分離していった。京都の貴族住宅の動向と同様に、接客空間と生活空間の分化が進行したわけである。

⑧追回し畳（「法然上人絵伝」巻6）

こうした鎌倉時代の武家住宅の例として、現存する建物はないが、当時の景観を描いたさまざまな絵巻物が伝わり、武家住宅の具体的な姿をしのぶことができる。そうした絵巻物に描かれた武家住宅で注目されるのが、畳の敷き方である。

畳は平安時代から存在したが、当時はあくまで部屋の一部に、儀式の際ないし貴人が着座するときに置かれたものであった。天皇が着座する玉座《ぎょくざ》に置かれた畳がその代表例といえよう。ところが鎌倉時代の絵巻物には、畳を部屋の周囲に敷き詰める「追回し畳」と呼ばれるものが登場する（⑧）。これは、室内の性格が変化したことを示す傾向といえる。すなわち、大空間を衝立《ついたて》や屏風《びょうぶ》といった可動式の家具で区切っていたものから、角柱と建具、天井で分割された室内がより一体感を強めて、これにより畳の敷き方にも変化が起きたのである。現在のように部屋一面に畳を敷き詰める方式が登場するのが室町時代である。広い主室は追回し畳としながら、小規模な部屋では一面に畳が敷かれるようになった。こうした方法は、現在でも禅宗寺院の方丈《ほうじょう》でみることができる。寝殿造の変容は、禅宗寺院とりわけ方丈からの影響も受けていたことを物語る。

　室町時代の武家住宅に起きた大きな変化は、「会所《かいしょ》」と呼ばれる建物の出現である。一六世紀前半の京都の景観を描いた「洛中《らくちゅう》　洛外図屏風《らくがいずびょうぶ》」には、足利将軍邸がみられる（⑨）。これは、足利義満《あしかがよしみつ》の華麗な将軍邸「花の御所」を継承するものと考えられている。そこには寝殿と庭園に面した会所という二つの建物が屋敷に併存した。会所は公家《くげ》などが社交・遊興《ゆうきょう》に用いた部屋であり、鎌倉時代にも存在していた。だが義満の時代になると、それが独立した建物として作られた。そして、この会所という建物を舞台として、書院造の重要な要素である「座敷飾《ざしきかざ》り」の成立が促されていく。そして貴族の寝殿造から受け継がれた寝殿は、時代が経つにしたがって将軍邸から姿を消していった。

⑨「洛中洛外図屏風」（甲本）に書かれた将軍邸
（国立歴史民俗博物館蔵）

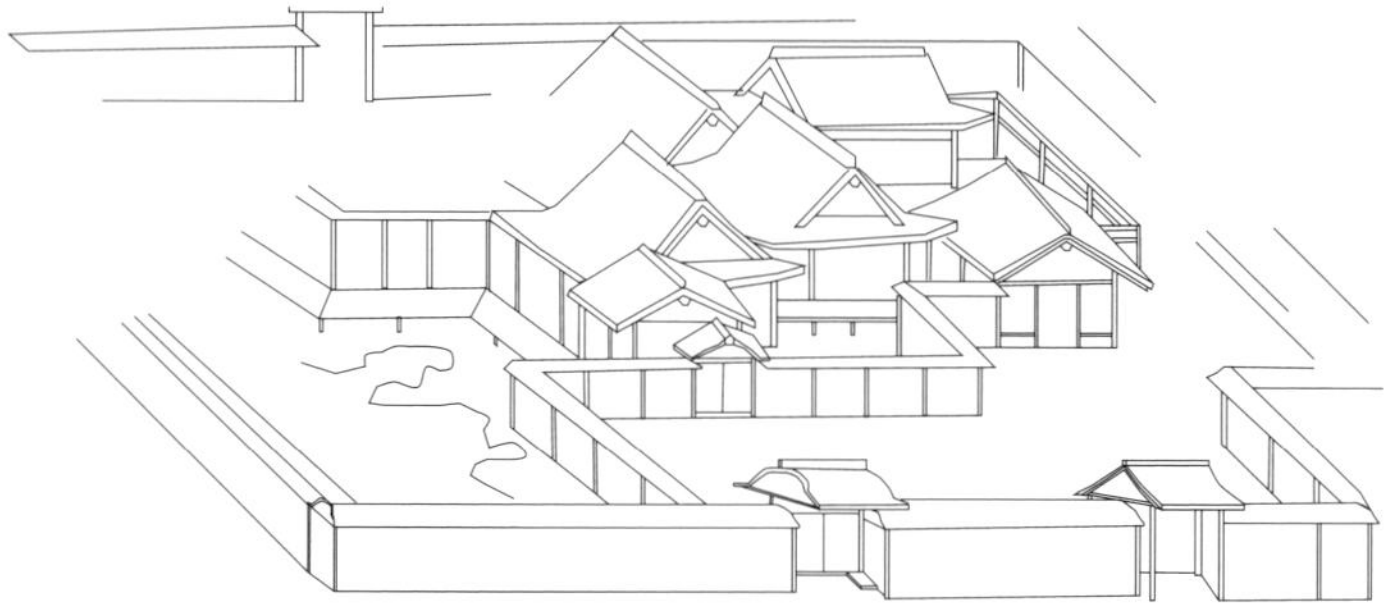

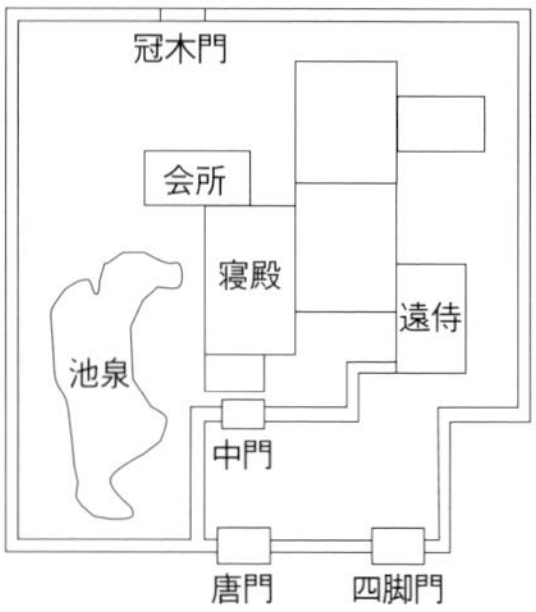

16世紀前半の京都の景観を伝える「洛中洛外図屏風」（国立歴史民俗博物館・甲本）に描かれた足利将軍邸。武家独自の文化の興隆とともに、寝殿造の屋敷構成が変容し、書院造へと向かう姿を見ることができる。

座敷飾りの成立――寄合《よりあい》と会所《かいしょ》

　室町時代は宗教や政治よりも、生活芸術が発達した時代といわれる。能、歌舞伎、茶の湯や生け花といった文芸が、室町時代に発祥したことからもそのことがうかがえる。金閣《きんかく》に代表される足利義満の時代に花開いた北山文化《きたやまぶんか》から、銀閣《ぎんかく》にみられる足利義政《あしかがよしまさ》の東　山《ひがしやま》文化へと移行したこの時期、生活芸術の発達が著しく進んでいった。

　この時代、「寄合」という娯楽がさかんになり、それが生活芸術を育む媒体となった。闘茶《とうちゃ》の茶会、連歌《れんが》会、月見、猿《さる》楽《がく》舞などのさまざまな楽しみの集いであ

⑩義政の東山殿会所（『群書類従』）

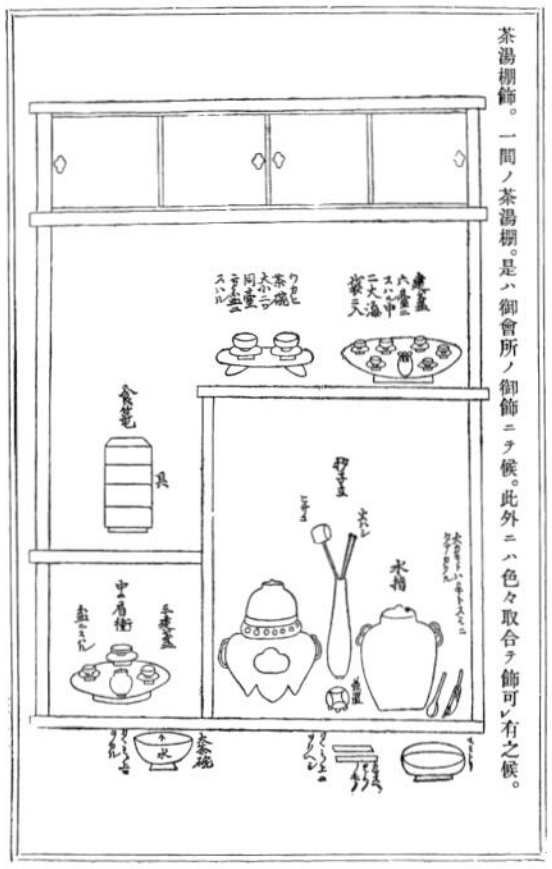

茶湯間―茶湯棚（置棚）

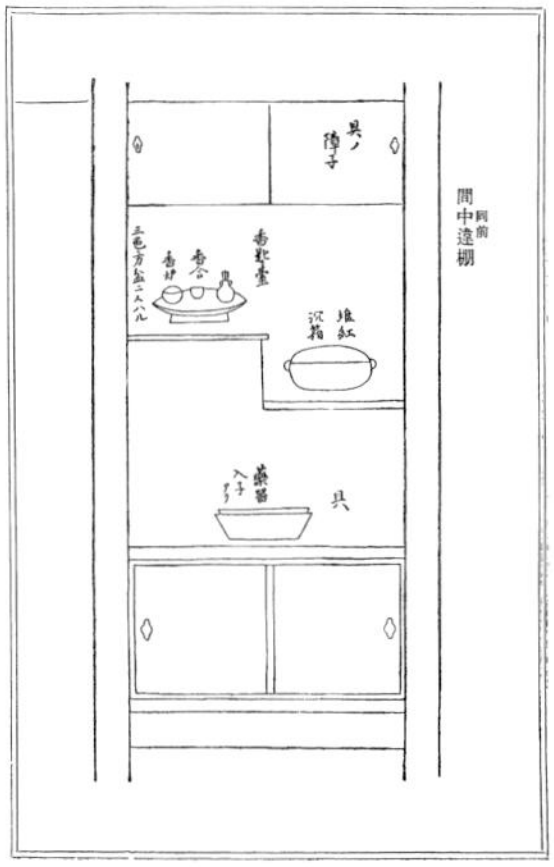

御納戸―違棚

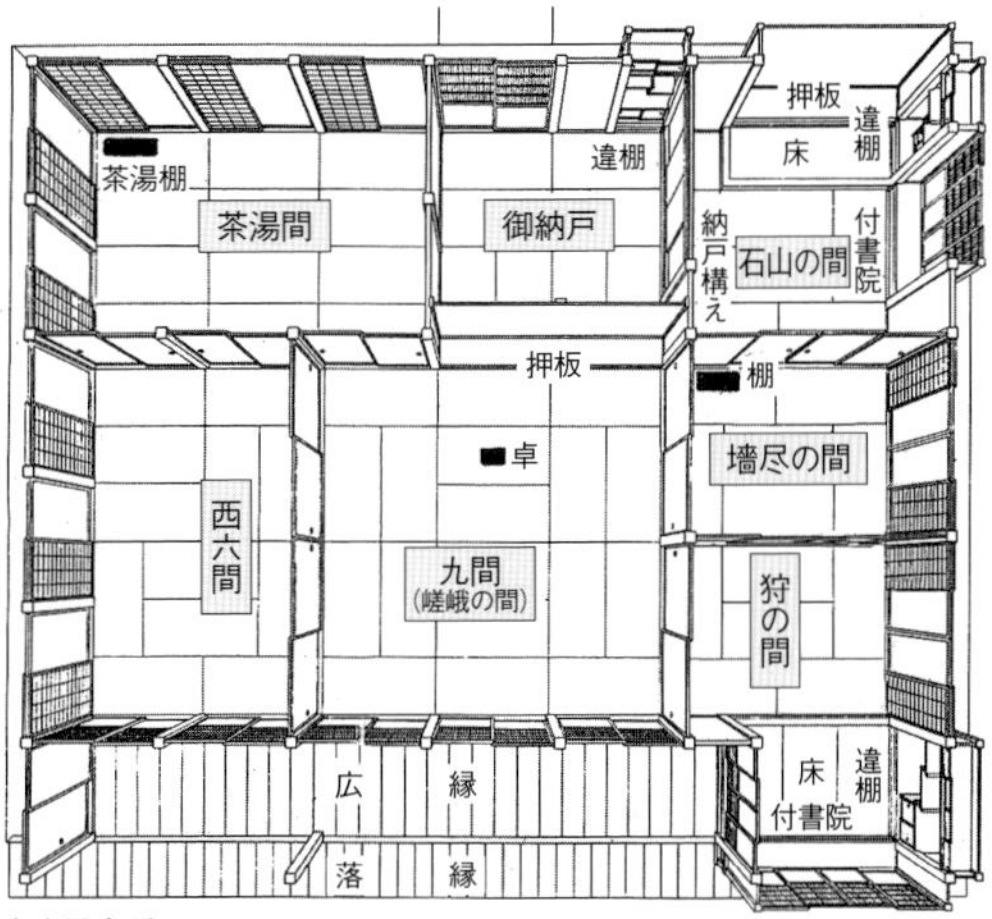

東山殿会所

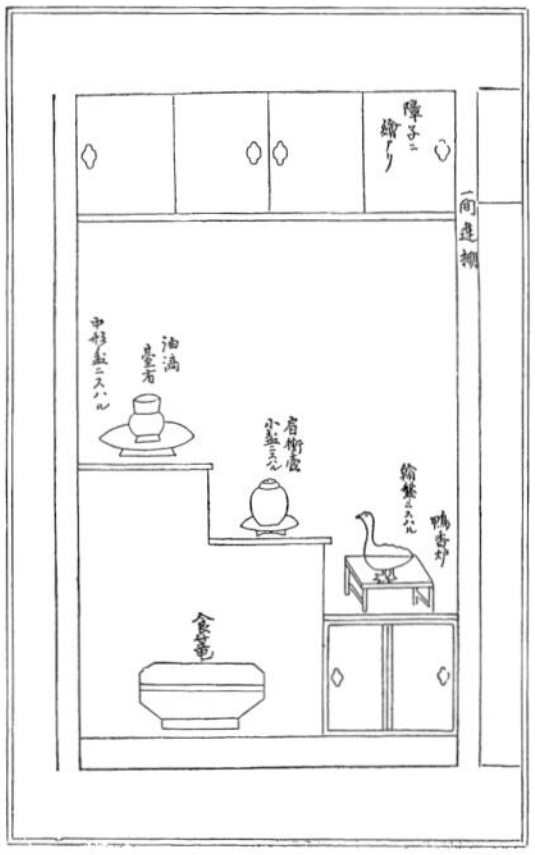
狩の間―床の違棚

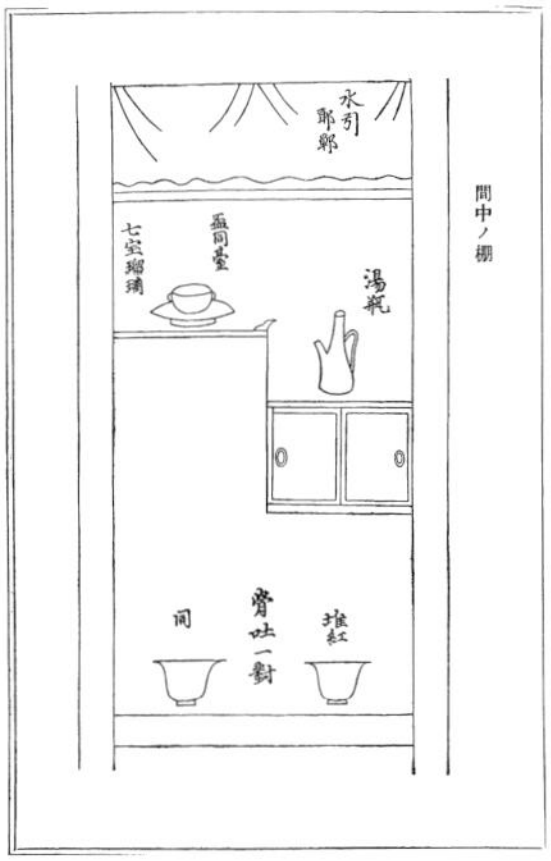

石山の間―違棚

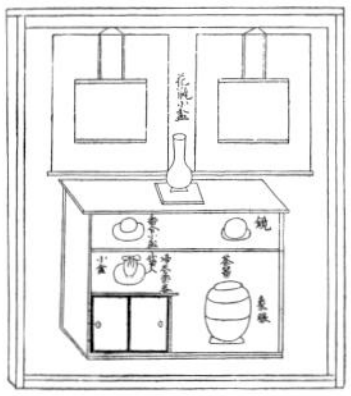
墻尽の間―棚

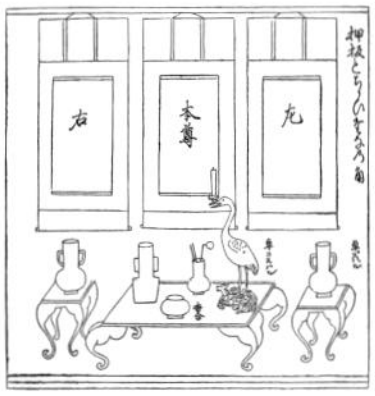
九間―押板

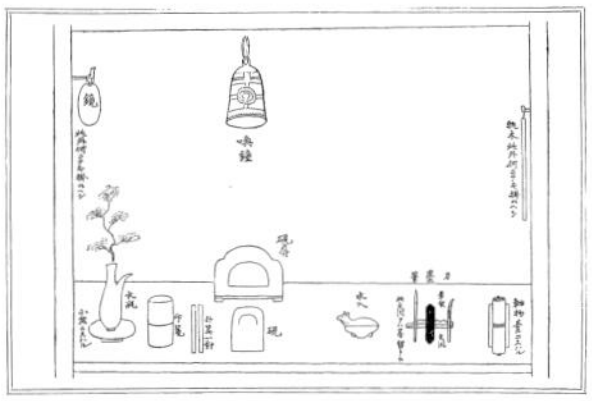
石山の間―付書院

った。寄合の舞台となったのが、「会所」という建物である。会所は宋画《そうが》や唐物《からもの》といった当時の珍しい輸入品を展覧する場でもあって、そこから「座敷飾り」が発達した。

　座敷飾りは、宋文化の導入や茶の湯、生け花の普及に伴って、軸装《じくそう》の絵画や花瓶、盆、文房具のような道具類を観賞するために生まれたトコ・棚・書院といった設備であり、装飾法である。

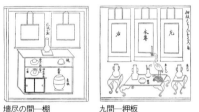

　将軍邸に初めて会所が作られたのは足利義満の時代であったが、花の御所にはまだ座敷飾りのための装置は設けられず、多数の舶来品を展覧し、豪華に飾り立てることに主眼がおかれていた。押板《おしいた》・違棚《ちがいだな》・付書院《つけしょいん》といった座敷飾りの室内デザインが形成されていったのは足利義《あしかがよし》教《のり》、義政の時代で、書院造の必須アイテムが出揃うのは義政の時代である。

　義政が営んだ東山殿《ひがしやまどの》は現在、慈昭寺《じしょうじ》・銀閣《ぎんかく》として知られているが、もとは義政晩年の山荘として造営されたものである。当時の指図《さしず》が残り、その会所の具体的な間取りや座敷飾りが復元されている（⑩）。それによれば平面は南北に分かれ、南側がハレ、北側はケの空間で、南中央の九間が正式の対面所で、西六間がこれ

⑪慈照寺東求堂「同仁斎」

「同仁斎」

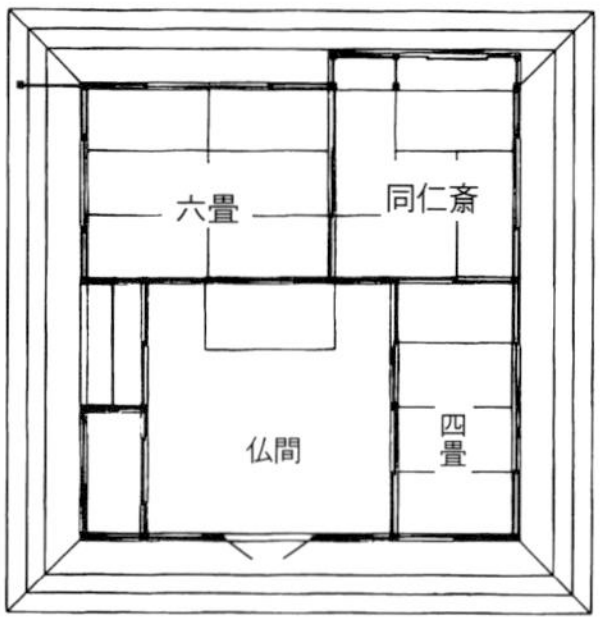

東求堂平面図

「同仁斎」違棚と書院　座敷飾りの復元

に続く。九間には押板が設けられている。東の墻尽の間と狩の間は連歌などを催す場所で、狩の間には南に床《とこ》（一段高い上段）がつき、付書院と違棚が設けられている。

北の中央の御納戸《おなんど》は将軍の寝室で、隣の石山の間との境は納戸構《なんどがまえ》（障子帳構・帳台構への過渡的形態）となっている。書斎である石山の間には床《とこ》、押板、違棚、付書院が設けられている。御納戸の西は茶湯間で、南面で行われる対面《たいめん》や連歌会のとき、茶湯の準備をする場所である。南には広縁《ひろえん》が設けられている。

押板には絵画や工芸品を、棚には茶道具や食籠《じきろう》、香道具などを、書院には文房具というように、飾るべき場所が建物に設けられ、さらに、上段である床《とこ》や、のちに帳台構《ちょうだいがまえ》として上段の間の重要な装飾となる納戸構（障子帳構）も作られている。

東山殿の遺構としては持仏堂《じぶつどう》である東《とう》求堂《ぐどう》がある。その一角に義政の書斎「同《どう》仁斎《じんさい》」（⑪）が現存するが、ここは違棚と付書院という座敷飾りをもつ現存最古の建物である。

（中村）

2 草庵《そうあん》と婆娑羅《ばさら》

草庵

中世に生まれ、のちのちまで日本のインテリアに大きな影響を与えたものに草

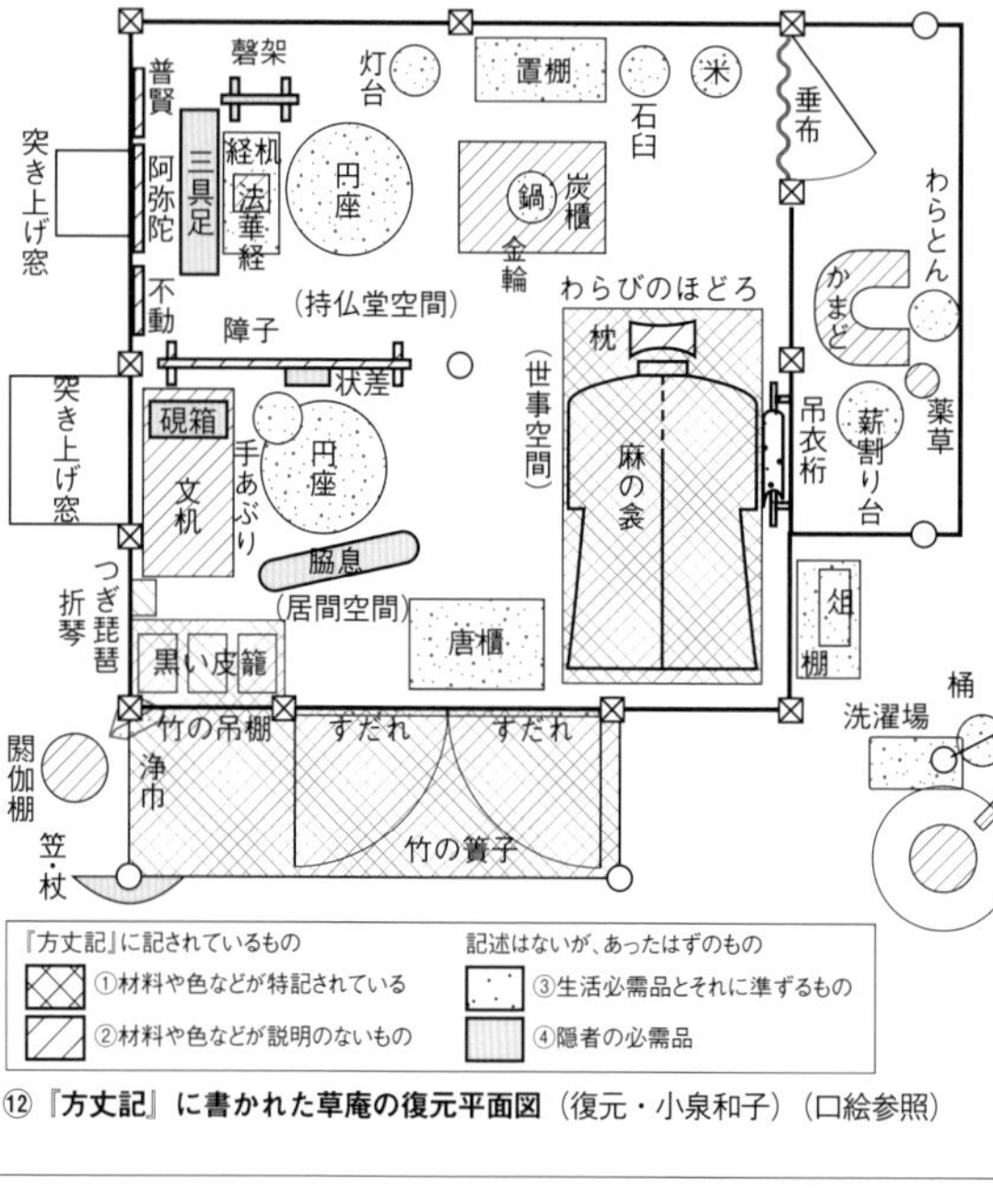

⑫『方丈記』に書かれた草庵の復元平面図（復元・小泉和子）（口絵参照）

足利義教の室町殿、南向会所の座敷飾り

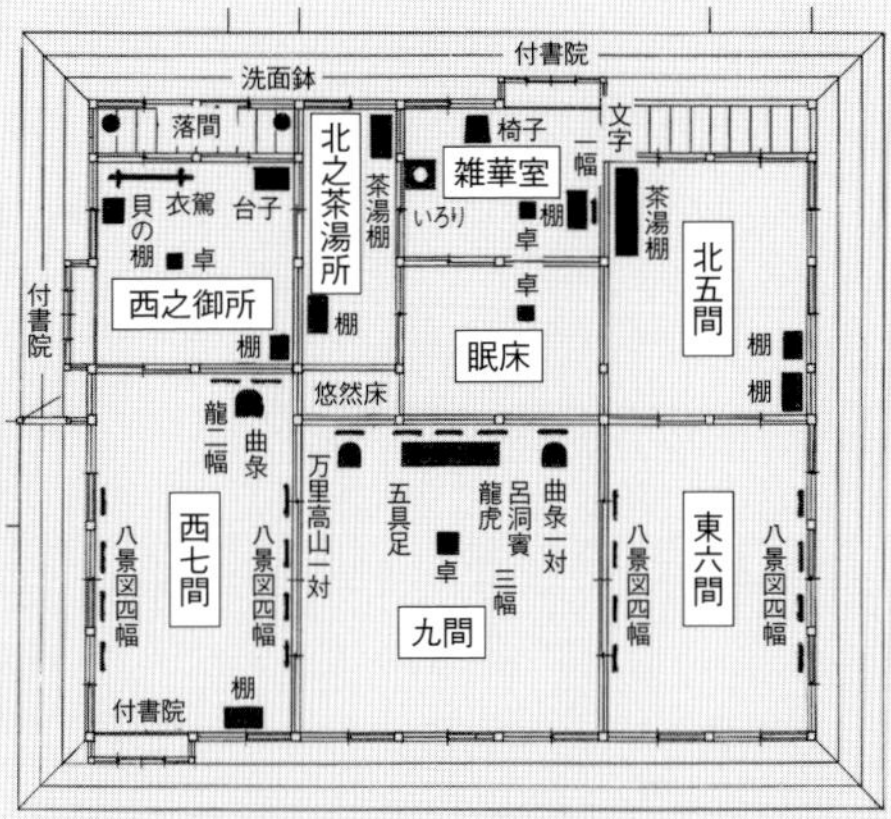

永享九年（一四三七）の後花園天皇行幸《ぎょうこう》時の室内（復元・宮上茂隆）

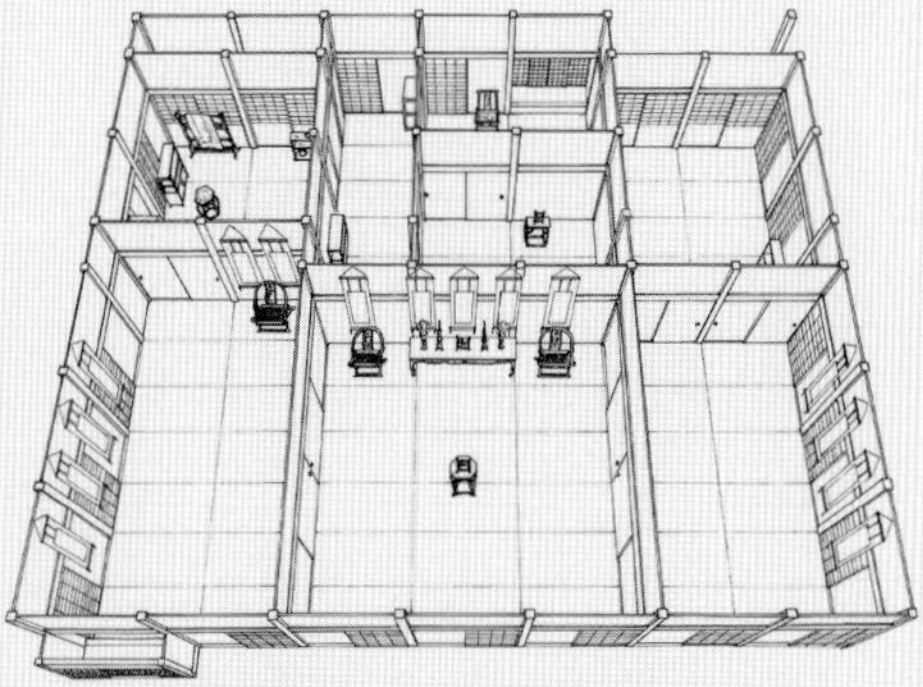

南向会所の室内復元図（作図・大田省一）

南北に分かれ、南がハレ、北がケの空間で、南の中央の九間は正式の、西七間は通常の対面所である。九間は正面に三幅対を掛け、前に卓を置き五具足《ごぐそく》（燭台二・香炉一・花瓶二）を飾りその両脇にも一幅ずつ掛け、曲彔《きょくろく》を据え、室の真ん中には香炉をのせた卓を置いている。西七間は北面に二幅を掛けて曲彔を据え、東西面には四幅を並べて掛けている。南面には付書院が設けられ、棚が置かれている。一方東六間は連歌などを催す場所で、東西面に四幅を並べ掛けている。

北の西之御所は将軍の居間で、衣架（衣桁）が立てられ北の落間《おちま》（一段低い場所）には洗面具が置かれている。その隣の北之茶湯所は茶室で、茶湯棚、棚が置かれ、一間の床《とこ》がついている。ここには将軍の同朋衆《どうぼうしゅう》が控え、茶を点《た》てて将軍に献じた。茶室の隣の雑華室は書斎である。付書院には文房具を飾り、文字の一幅を掛け、その前には書棚を置き、椅子が備えてある。ここに続く眠床は寝室で卓が置かれている。東の北五間は南面で行われる対面や連歌会、闘茶会などのとき、茶湯の準備をする場所である。三台の茶湯棚が据えられ、同朋衆が控えている。付書院、床《とこ》は出てきているが、まだ押板もなく、棚もビルトインしていない。寝室の入口にも納戸構えの装置はない。これが次の義政の東山殿の会所になるとトコ・押板・違棚・付書院・納戸構（帳台構）といった書院造の室内デザインがすべて揃うのである。（小泉）

押板から床の間へ

造りつけの押板床（『祭礼草紙』）

押板

押板と床《とこ》（上段）

床の間（トコ）

押板は幅の狭い厚板、あるいは板を高くした台で、工芸品を飾って壁に掛けた絵の前に置かれた。これは仏画を壁に掛け、前に机を置いて三具足《みつぐそく》（香炉、燭台、花瓶《けびょう》）を飾るという仏教的手法を、唐物飾りの流行が取り入れたものである。やがて造り付けとなり（押板床）、書院造が整備される中で、その前に貴人が座るための一段高い畳敷の床《とこ》が設けられるようになり、やがて近世初頭に、床《とこ》と押板が一緒になって「床の間」（トコ）となった。（小泉）

庵と婆娑羅がある。草庵は出家した僧尼や世俗を避けた隠遁者《いんとんしゃ》が住む小屋である。庵《いおり》、庵室《あんしつ》とも呼ぶ。人里離れた山中が多いが、大寺院の境内や地方豪族の屋敷内に設けられるものもあった。

　草庵が生まれたのは鎌倉時代である。公家の没落、武士の台頭に象徴される律令制度から封建制度への転換期、大きな社会的変動の中で、没落する者も多く、現世を逃れて遁世《とんせい》の生活に憧れる人が出てきた。鴨長明《かものちようめい》などはその代表である。

　草庵で現在まで残っているものはないため、文学作品や絵巻物から類推するほかないが、『方丈記《ほうじようき》』（建暦二年［一二一二］）に書かれた鴨長明晩年の住まいが有名である⑿。人の世の無情を悟った鴨長明が隠棲《いんせい》の地を求めて京都市の南南東、現在の伏見区の日野山裾に建てた草庵である。

　ただし『方丈記』には数種の諸本があり、方丈についての記述も同一ではない。そこでもっとも信頼がおけるとされている大福光寺本を基本にしながら、他本も参考にして、長明の方丈を復元してみると、およそつぎのようになる。

　まず、広さは方丈ということは一丈四方（一〇尺×一〇尺）、二・七八坪、約五畳半である。方丈というのは天竺《てんじく》の維摩《ゆいま》居士《こじ》の居室が方一丈だったという故事《こじ》に因《ちな》み、僧たちの住房の象徴となっていたものである。長明もこれに倣《なら》ったのであろう。高さは「七尺がうち」とあるが、どこの高さかは書かれてない。内法《うちのり》寸法であろうか。特徴は掛金《かけがね》でジョイントする組み立て式住居だということである。分解すれば車二両で運べるというから、運搬、移動可のプレハブ住宅だとわかる。

　土台となる角材を組み、屋根をかぶせたとあるから、土台を組んで、柱を立て、柱と柱の間にパネルの壁を嵌《は》め、掛金でジョイントしたということになる。材料は書かれていないが、長亨本では「竹の柱を立、刈萱《かるかや》をふき、松葉をかこひとし、古木の皮をしきものとせり」とある。柱は竹で、屋根は刈萱で葺《ふ》いてあるというが、刈萱は束子《たわし》や刷毛《はけ》などにする材料であるから、屋根を葺いたのは刈萱であろう。壁が松葉というのは不可解だが、松葉を網代《あじろ》でサンドイッチにしたものだったのか。しかし竹の柱に網代の壁というのは実際としてみた場合、あまりに脆《ぜい》弱《じやく》であるから、一部に竹の柱を使ったとしても角柱を立て、溝を作っておいて板を落とし込んで壁としたということもありうる。床には古木の皮を敷いたというが、杉皮であろうか。

　東側に三尺の土庇《どびさし》を出して、竈《かまど》を設け、筧《かけい》で水を引き、岩で囲ってとめ、炊事場としている、ということは東側には出入口があったのではないか。

　室内については、ワンルームを持仏堂と書斎兼居間と寝場所に区画しているが、区画の仕方が諸本で違う。大福光寺本ではまず東西に分け、西側は衝立障子で南北に分け、南を書斎、北を持仏堂《じぶつどう》とし、東側を寝場所としたとある。しかし実際には食事をする場所が必要だったはずであるから、東側を南北に分け、寝場所と食事場所にしていたと考えられる。この場合、南北どちらでも可能である。

　書斎から見ていくと南側には簀子縁《すのこえん》をつけたというから、扉で外に出られるようになっていたのであろう。縁の西端には閼伽棚《あかだな》（仏に供える水や花などを用意する棚）が設けてある。縁に立って使えるようになっていたであろう。竹の吊棚を吊って皮籠《かわご》をのせ、和歌、管弦《かんげん》、『往生《おうじよう》要集《ようしゅう》』などを入れ、壁際には琴《こと》と琵琶《びわ》を置いている。楽器も組立式である。

　衝立障子を隔てた北が持仏堂である。西の壁に「阿弥陀《あみだ》の絵像を安置し、そばに普賢《ふげん》をかき、前に法花経《ほけきょう》をおけり」とある。これだと壁に阿弥陀像を掛け、そばに普賢を掛け、前に（前机を置き）法花経を置いたとしか説明されていないが、兼良本では「にしのかきにそへて阿弥陀の画像をあんちしたてまつりて、落日をうけて眉間の光とす。彼の帳のとひらに普賢並びに不動の像をかけたり」となっている。

　これによると窓が開いていて、扉を開けると夕日が阿弥陀像の背後から後背《こうはい》のように差し込むようになっていること、左右の扉にそれぞれ普賢と不動の像を掛けているということである。どちらが正しいかわからないが、兵庫県小野市にある浄土寺阿弥陀堂では仏像の背後から夕日が差し込み、あたかも仏像から発光しているようで、まさに極楽浄土《ごくらくじょうど》である。あるいは当時はこういう仕掛けが行われていたのかもしれない。

　寝場所は「蕨《わらび》のほどろを敷きて、夜のゆかとす」とあるが、兼良本では「わらひのほとろをしき、つかなみをしきて夜のゆかとす」となっている。蕨のほどろは蕨が伸びて柴《しば》のようになったものであり、つかなみは藁《わら》で編んだ敷物であるから、重ねて敷いたのか。また寝床のそばには炭櫃《すびつ》が置かれていたようだ。兼良本では「枕のかたにすひつ（炭櫃）あり、これを柴おりくふるよすがとすとある」とあり、大福光寺本にも「埋《うず》み火《び》をかきおこして、老いの寝覚めの友とす」とある。

　食事場所については何も書かれていないが、東の一画に出入口を設け、外に竈を据えて、出入口の内側に食器などをのせる小棚か何か置いて食事場所としていたのか、あるいは炭櫃を採暖だけでなく炊事にも使って、そのあたりを食事場所にしていたのか。

　長明の草庵を復元すると以上のようになる。小さな建物であること、組み立て式のプレハブ住宅であること、持仏堂と書斎（居間）と日常の三つの機能をもつこと、また縁や柱、棚などに竹を用いていること、草葺屋根や網代壁で建築材料が粗末だということになる。このうち組み立て式は別として、それ以外は当時の草庵に共通する特徴だったようである。

　たとえば絵巻物の例であるが「慕帰絵《ぼきえ》詞《ことば》」巻八の覚如《かくにょ》の庵室竹杖庵《ちくじょうあん》である（⑬）。屋根は板屋根で、片側に庇《ひさし》を差し掛けてあるが庇の柱も床も竹で、周囲にも竹の縁が廻っている。ここに出文机《だしふづくえ》が描かれ中から覚如が覗いている。室内には畳が敷かれ、脇息《きょうそく》と桐火桶《きりひおけ》が置かれている。その前には文机《ふづくえ》が描かれており、火鉢を挟んで二人の僧が座っていて、ここが書斎ないしは居間であることがわかる。裏には閼伽棚が設けられているので持仏堂であることもわかる。

　これが実際であったか。多分に象徴的

⑬覚如の庵室竹杖庵（「慕帰絵詞」巻８）

に描かれていると思われるが、それだけに草庵のイメージはよく表しているのだろう。とくに竹は草庵のシンボルだったようで、「法然上人絵《ほうねんしょうにんえ》伝《でん》」「一遍上人絵《いっぺんしょうにんえ》伝《でん》」「春日権現験記絵巻《かすがごんげんけんきえまき》」をはじめとして数多くの絵巻物に竹の柱や縁が描かれているが、竹が描かれている場合はすべて草庵か隠者《いんじゃ》、宗教者である（⑭）。

　これは文学作品でも同様である。西行の『山家集《さんかしゅう》』には「世を遁れて、嵯峨に住みける人の許にまかりて（中略）竹の柱をたてたりけるを見て、世々経とも竹のはしらの一筋に立てたる節はかわらざらなん」と詠んだとある。また『撰集《せんじゅう》抄《しょう》』という仏教説話には発心した男が「白川の辺にて、竹など拾いあつめて、形庵の如くしまはして」、明暮《あけくれ》、念仏専《ねんぶつせん》一《いっ》に暮らしているという話がある。竹と隠者、あるいは宗教家との結びつきという文化は当時、一般的なものとなっていたようである。

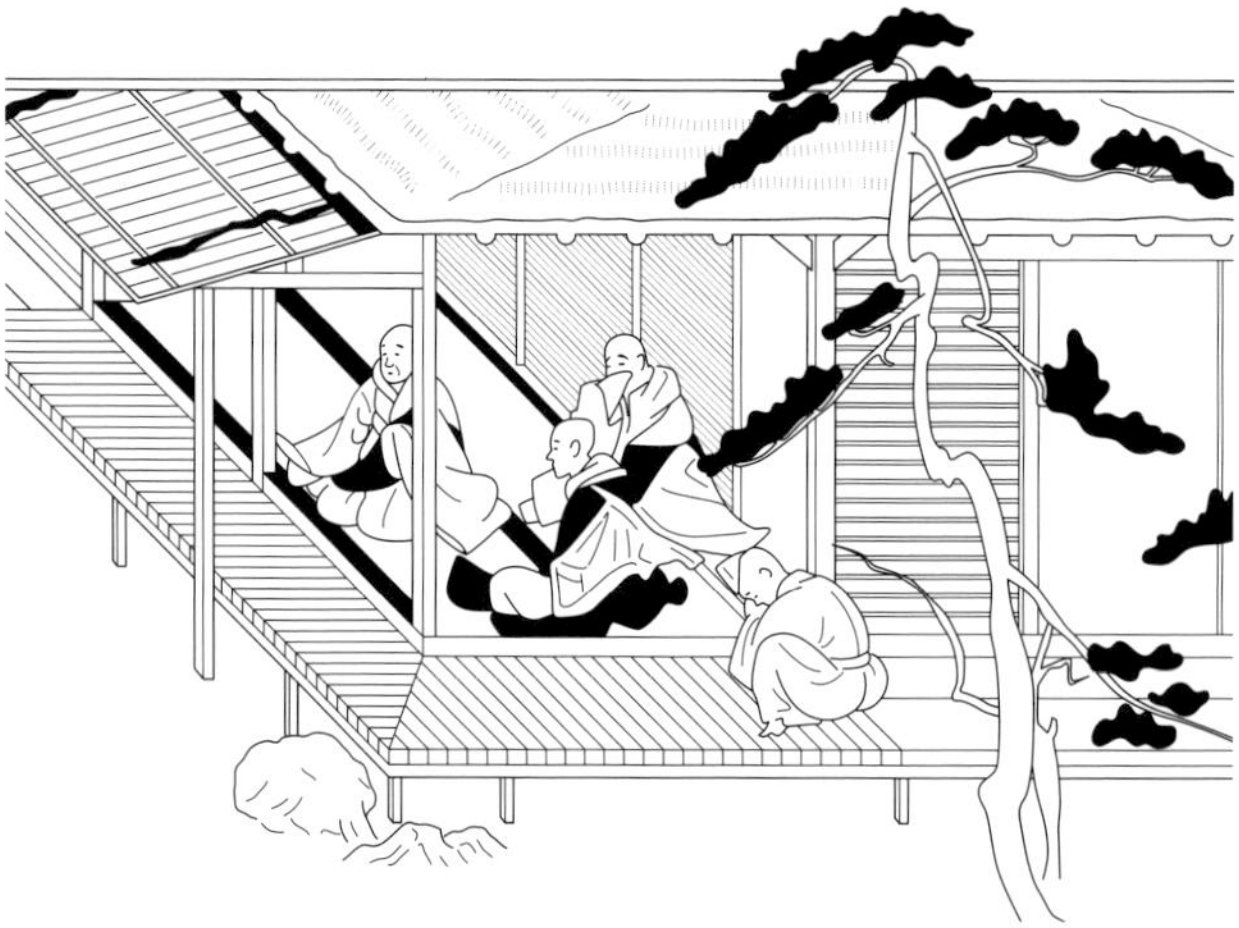

⑭草庵風庵室の竹の縁（「法然上人絵伝」巻20　教阿彌の庵室）

　このような竹と隠者の結びつきは中国に起源があり、中国では漢代あたりから竹を高貴なものとする考え方があったようである。これは竹が節目正しく真っ直ぐに天に向かって伸び、勢いがよく、成長がさかんで、冬でも青々としており、気品があるということからきているもので、俗気のない君子の植物とされていた。

　その後、魏晋《ぎしん》頃になると老荘《ろうそう》思想と結びついて、竹の真っ直ぐなところが超俗や正義に通じることから、俗を離れた自由人や隠遁者《いんとんしゃ》と重なってきた。魏末の「竹《ちく》林《りん》の七賢人《しちけんじん》」などもその一例である。こうした思想が日本にも入ってきたのである。

　こうして中世に成立した草庵のデザイン、とりわけ竹を貴ぶ感覚はのちの草庵の茶室にまで影響を与え、茶室において造形的発展をみるのである。

婆娑羅

婆娑羅《ばさら》は南北朝《なんぼくちょう》から室町《むろまち》前期にかけてさかんになった社会思潮や美意識を示す流行語である。梵語《ぼんご》のヴァジラが語源であるが、この時期に流行した自由奔放で度はずれた振る舞いや狼藉《ろうぜき》、極端に派手なことや贅沢《ぜいたく》なことを表現する言葉として使われた。

　婆娑羅の中心となっていたものは闘茶《とうちゃ》である。闘茶とは賭物《かけもの》を賭けて、種々の産地の茶を飲み分け、本（栂尾《とがのお》産、のちには宇治《うじ》産）と非（その他の産地）を当てるという賭博である。

　もともと茶会は禅院で始まったもので、栄西像《ようさいぞう》などの三幅対《さんぷくつい》の前に三具足《みつぐそく》を置き、その前で四人の主客《しゅかく》（四首頭《ししゅとう》）にそれぞれ相伴《しょうばん》がついて茶を喫《きっ》する茶礼であった。これが一般に取り入れられて形を変えていったものが闘茶である。

　鎌倉《かまくら》幕府が滅亡に向かいはじめ、室町幕府が成立する一四世紀の内乱期を中心に下克上《げこくじょう》によって台頭した新興勢力たちの間で大流行になったものである。この状況を『太平記《たいへいき》』はつぎのように描き出している。

「在京ノ大名、衆ヲ結デ茶ノ会ヲ始メ、日々寄合活計（栄耀）ヲ尽スニ、異国本朝ノ重宝（舶来や国産の豪華な織物や美術工芸品、刀剣など）ヲ集メ、百座《ひゃくざ》ノ粧ヲシテ（百箇所にかざりつけをして）、皆曲彔《きょくろく》ノ上ニ豹・虎ノ皮ヲ布キ、思々ノ緞子《どんす》金襴《きんらん》ヲ裁《た》キテ、四主頭（茶会の主客）ノ座ニ列ヲナシテ並居タレバ、只百福荘厳ノ床ノ上ニ、千仏ノ光ヲ双テ座シ給ヘルニ異ラズ。異国ノ諸侯ハ遊宴ヲナス時、食膳方丈《しょくぜんほうじょう》トテ（御馳走を膳の前に一丈四方に並べること）、座ノ囲四方一丈ニ珍物ヲ備フナレバ、其ニ劣ルベカラザルトテ、面五尺ノ折《お》敷《しき》ニ十番の斎羹《さいこう》・点心百種・五味ノ魚鳥・甘酸苦辛ノ菓子共、色々様々居《すえ》双ベタリ」

⑮**婆娑羅のインテリア**『喫茶往来』室内復元図（復元・小泉和子）（口絵参照）

当時舶来《はくらい》の美術工芸品を唐物《からもの》と呼んでいたが、その唐物をあたり一面に飾った会場で、豹《ひょう》や虎の皮を掛けた曲彔《きょくろく》を並べ、金襴緞子を纏《まと》って居並び、闘茶を行い、中国の王侯が行う食膳方丈《しょくぜんほうじょう》に倣《なら》って、山のようなご馳走を並べて遊宴を行っている新興武士たちの様子が描かれている。曲彔は交椅《こうい》であるから腰掛けて茶会を行っていることがわかる。

このような記述はたくさんあって、たとえば玄恵法印《げんえほういん》の作とされる南北朝期の茶会に関する往復書簡『喫茶往来《きっさおうらい》』によると、桟敷《さじき》は二階建てで眺望は四方に開けているとある。楼閣《ろうかく》建築ということである。金閣のような建物だったことがわかる。

室内は正面に本尊《ほんぞん》として宋の画家が描いた釈迦説法図《しゃかせっぽうず》と、その左右には墨絵《すみえ》の観音像《かんのんぞう》が掛けてあり、脇絵として普賢《ふげん》・文殊《もんじゅ》が、面《おもて》飾りとして寒山《かんざん》・拾得《じっとく》が掛けてある。

本尊の前には金襴《きんらん》を掛けた卓《しょく》に胡銅《こどう》の花瓶がのり、錦繍《きんしゅう》で覆った机には真鍮《しんちゅう》製の香匙《こうじ》と火箸が置いてある。来客用の交椅《こうい》には豹の皮を敷き、主客の竹椅《ちくい》には錦紗《きんしゃ》が掛けてある。

まわりには絵が掛け並べてあるが、これは「悉《ことごと》く以て漢朝の丹青《たんせい》」つまり唐絵（舶来の絵）だという。そして香台《こうだい》には堆朱《ついしゅ》・堆紅《ついこう》の香合《こうごう》を並べ、茶壺には栂尾・高雄の茶袋が詰めてある。

西庇の前には一対の飾り棚を据えて、種々の珍菓を積み上げ、北壁の下には一双の屏風を立て、いろいろの賭物を用意し、その中に茶釜を置いて湯を沸かし、まわりには飲み物を並べ、布巾で覆ってあるという⑮。

また応永年間（一三九四～一四二七）の『禅林小歌』にも「ちかごろ片鄙聚落に唐様と名づけて室をかざり衆を集めて興

（茶会）を催す宴あり」として、その室内について、「曲彔。孤床《こしょう》。縄床《じょうしょう》靠備《こうび》（背もたれのある交椅）。椅子脚達《きやたつ》（踏台）を副《そなえ》たり。（中略）花氈肉氈《にくせん》木綿氈豹虎皮を敷く」と述べている。

各種の椅子が使われ、椅子には豹や虎の皮を掛け、室内には色彩鮮やかな絨毯が敷かれていることがわかる。

もう少し後になるが東福寺《とうふくじ》の僧太極の日記『碧山日録《へきざんにちろく》』にも「床褥器具皆遠致《えんち》之物也」（椅子・敷物・家具什器はすべて舶来品である）とあって、室内を飾った物は多くが舶来品だったことを伝えている。

このような中国式で華美なインテリアの流行は長くは続かなかったし、この形で定着することもなかった。しかしこのときの唐物趣味は消えてしまうことはなく、室内飾りに深い影響を与え、やがて『君台観左右帳記《くんだいかんそうちょうき》』や『御飾記《おかざりき》』に見るような格調高く整備されたものとなり、書院造の室内デザインとして成立するのである。

（小泉）

2……インテリアエレメント

寝殿造《しんでんづくり》から書院造《しょいんづくり》への移行を室内意匠《しつないいしょう》から見ると、それまでの家具がつぎつぎとビルトインされていったということになる。間仕切りが固定されて、家具が建具《たてぐ》となった。障子《しょうじ》が襖《ふすま》となり、明《あかり》障子《しょうじ》が生まれ、舞良戸《まいらど》、杉戸《すぎど》などの外向用の建具も生まれ、障子帳が納戸構《なんどがまえ》となった。一方、中世特有の文化として闘茶《とうちゃ》や連歌《れんが》、芸能を伴った寄合《よりあい》がさかんになり、そのための建物として将軍邸などには会所《かいしょ》が生まれた。会所が整備されたのは室町幕府の権威が最高潮に達した足利義教の室町殿で、会所のための座敷飾りが形作られ、それを引き継いだ義政の東山殿においてトコ、棚、書院といった座敷飾りの装置が出揃い、公家の寝殿造に代わって武家の書院造という住宅様式が成立した。またこの時期、室内装飾の手段として、さらには贈答品として金碧濃彩《きんぺきのうさい》の金屏風が発達した。

（小泉）

1 装置

出文机《だしふづくえ》

方丈《ほうじょう》の書院（僧侶の居間を兼ねた書斎、接客場でもある）の、建物の一部を縁に突き出して、さしかけ屋根を掛け、正面に明障子を入れた窓を開け、その下に机を作り付けた装置（①）。室内が暗く、照明器具も発達していなかった中で工夫されたものであるが、明障子の出現によって生まれたものである。現存するものはないが、絵巻物によるとヴァラエティに富むデザインのものがあったことがわかる。屋根の形にも向唐破風《むかいからはふ》、半平《はんひら》唐破風、千鳥《ちどり》破風などがあり、窓も開口部が一段のもの、上下二段のもの、扉、引《ひき》違戸《ちがいど》、扉と引違戸併用のものがあり、さらに引違戸には杉戸や絵が描かれているものもある。外側を板戸にし、内側に明障子を入れている。

　腰壁《こしかべ》に格挟間《こうざま》のあるもの、上部にも格挟間があるものなど非常に凝ったつくりになっている。また机の下が物入れになっているものもある。出文机の場合、室内からより外から見たデザインが重視されている点に注目される。

　出文机は中世末になると付書院《つけしょいん》として書院造の室内を構成する要素へと変化する。（小泉）

違棚《ちがいだな》

　棚は古代から最も格の高い家具であった。淵源《えんげん》は厨子《ずし》で、奈良時代に大陸から入ってきて天皇や権力者の身近に置かれていた。厨子は前面を二枚の扉で塞《ふさ》いだ、錠がついた戸棚である。これが平安時代になると上を棚にした厨子棚、さらには棚だけの二階棚、三階棚に変化する。ここまでは左右対称のデザインだったが、中世に入ると段違いの違棚となる（②）。棚は当時流行の唐物を飾る重要なアイテムとなり、さらに中世末になるとビルトインして、トコ、付書院とともに書院造を構成する室内装飾の一つ、違棚になっ

①出文机（「法然上人絵伝」巻17）

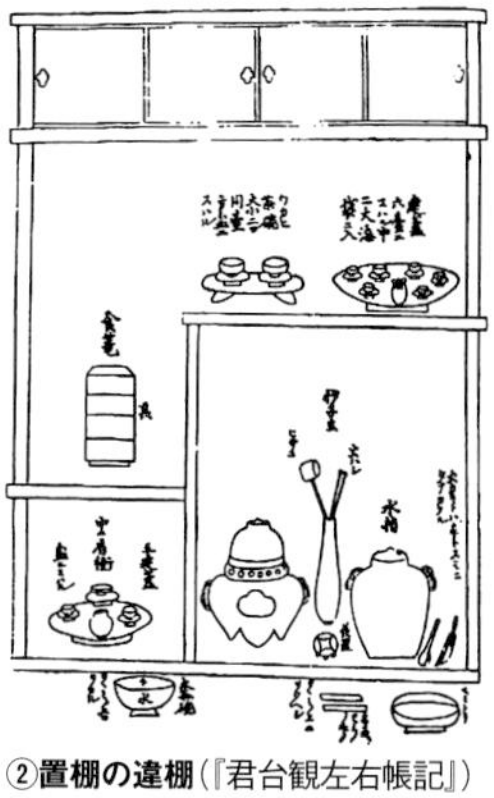

②置棚の違棚（『君台観左右帳記』）

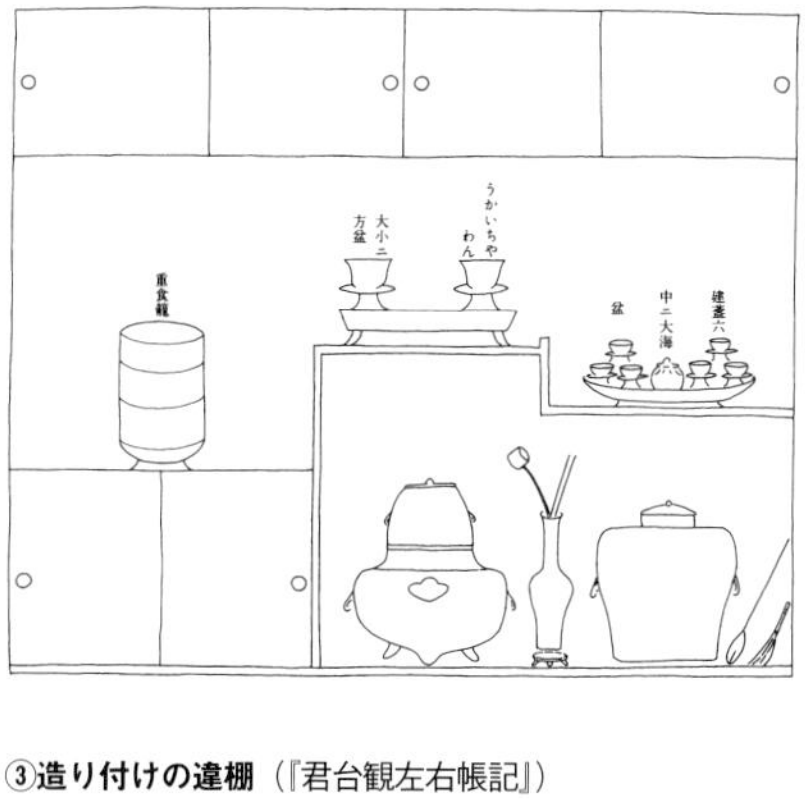

③造り付けの違棚（『君台観左右帳記』）

④納戸構　副障子のある頃　枕が置かれている（「慕帰絵詞」）

た（③）。現存する最古の遺構として東《とう》求堂《ぐどう》「同仁斎《どうじんさい》」の違棚がある（2–⑪ 六〇頁参照）。（小泉）

納戸構《なんどがまえ》

小規模で略式の寝殿造系の住宅や庫裡《くり》、庶民住居などに見られるもので、収納場所である納戸と寝室が一つになったものである（④）。もとは僧坊《そうぼう》からきたものらしい。壁で囲まれた、狭くて閉鎖的な部屋で、出入口が成《せい》の低い、猿と錠のついた片引戸になっている。納戸構はのちに民家に引き継がれ納戸となる。

納戸構という呼称は、室町時代の会所で寝室の入口に設けられた障子帳構をさしているが、こちらは帳台の系統であるため、会所の場合は本来は障子帳構である。しかし寝室の入口装置であるためこれも納戸構と呼ばれている。（小泉）

2 建具

襖障子《ふすましょうじ》

現在の襖である。「ふすま」は、伏す裳《も》の衾《ふすま》、本来は寝具のことである。古くは布団は長方形で四周に縁が廻っていたので、この形に似ていることからきている名前である（⑤）。

襖障子には軟《ぜん》障子（絹）、布《ぬの》障子（麻・苧《からむし》・楮《こうぞ》）、紙障子、唐紙障子《からかみしょうじ》がある。

⑤襖障子（「法然上人絵伝」）

唐紙は版木《はんぎ》で文様を刷った舶来の紙を用いたものである。中世に入ると室内の間仕切りが固定するようになり、周囲が襖障子で囲まれるようになると、室内装飾として障子絵が重要視されるようになって極彩色の大和絵《やまとえ》による障子絵が発達した。やがて襖障子だけでなく、長押《なげし》上の小壁や床の間、違棚の貼付壁にまで拡大していき、中世末から近世初期にかけては障子絵の全盛期を迎えた。

その一方では襖障子が一般に広がっていくにつれ、絵を描く必要のない、簡便で費用もかからない唐紙障子が普及していき、やがて近世になると襖障子のことを「からかみ」とも呼ぶようになった。（小泉）

明障子《あかりしょうじ》

明障子は遣戸《やりど》の普及と紙の生産量が増加したことで本格化したものである。光を通し、風は通さない明障子の登場は室内に画期的な変化をもたらした。庇の外回り（蔀戸《しとみど》・妻戸《つまど》・遣戸［舞良戸《まいらど》］の内側）、庇と母屋の境、出文机の窓に用いられたが、最初は遣戸自体が正式のものとは認められず、中規模な住宅か、大規模なら私的部分、寺院・神社の場合は付属的な建物に限られていた。遣戸が完全に市民権を得るのは室町中期頃からである。

この間に明障子の形も変化し、一四世紀までは座ったときの目の位置に覗《のぞ》き窓《まど》を作っていたが一五世紀以降には消える。覗き窓は桟の一段分、あるいは一区画分だけに透ける紗《しゃ》を張ったもので、貴人が内から外を見るという寝殿造における御《み》簾《す》の機能を引き継いだものである（⑥）。

明障子が広まるにしたがって下半分を板にした腰障子《こししょうじ》が出てくる（⑦）。これは蔀や舞良戸の内側に用いていた明障子を単独で外回りに使うことが多くなって、雨に濡れるのを防ぐためである。これによって明障子の建具としての用途は一気に拡大した。（小泉）

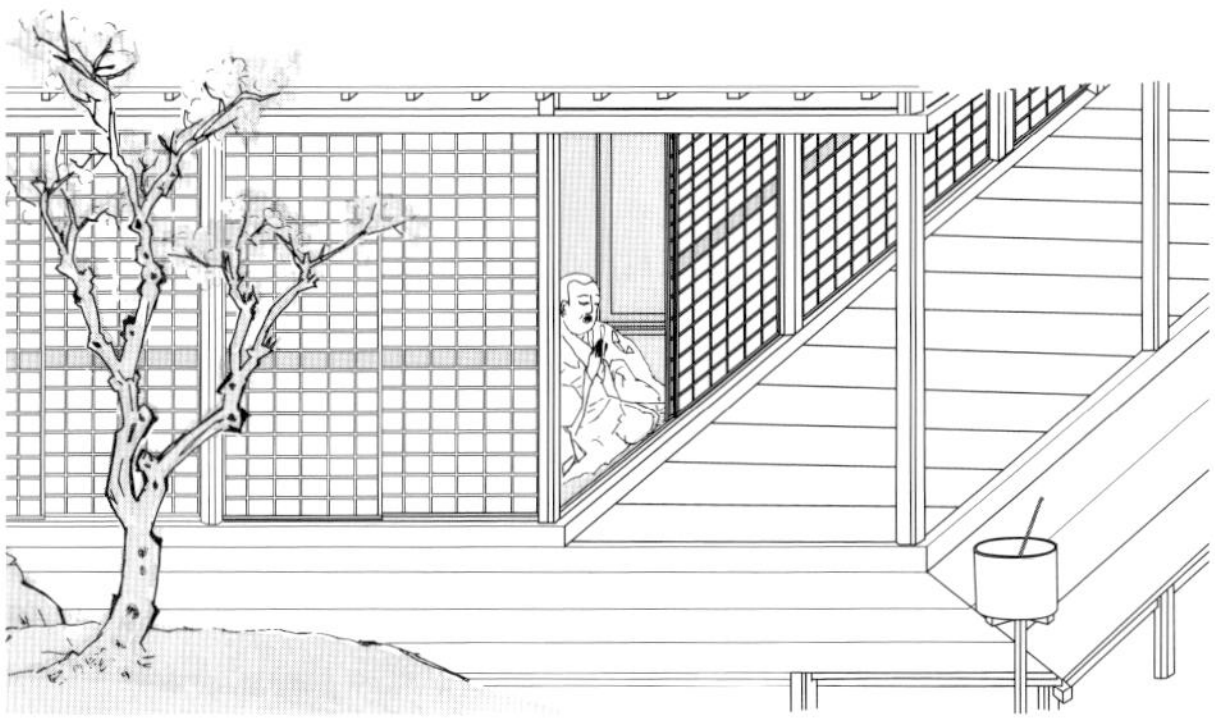

⑥明障子
目の高さの一列に紗を張って中から外が見えるようにした
（「法然上人絵伝」）

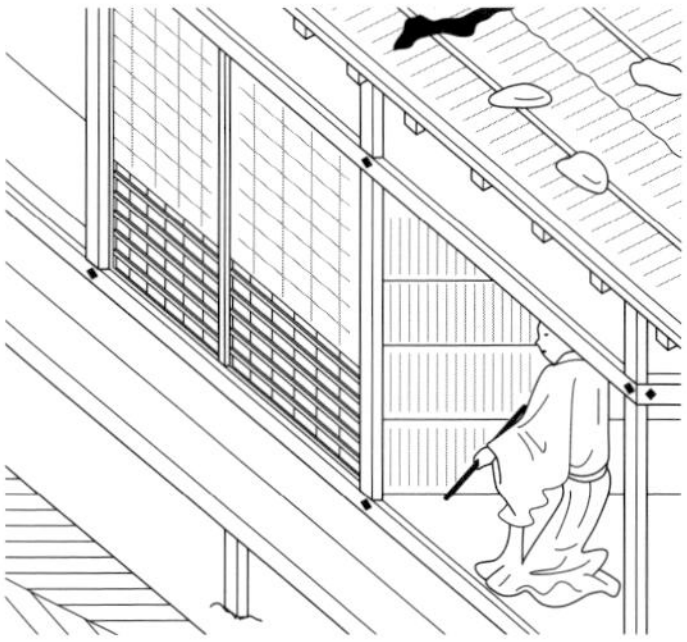

⑦腰障子（「慕帰絵詞」）

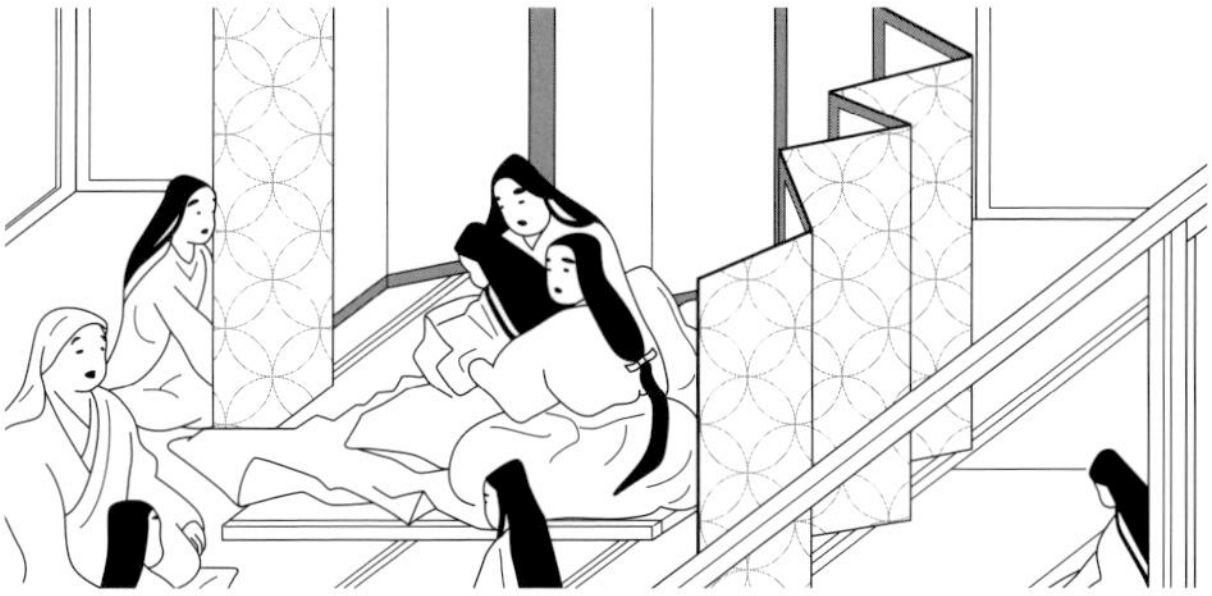

⑨屏風
（「法然上人絵伝」）

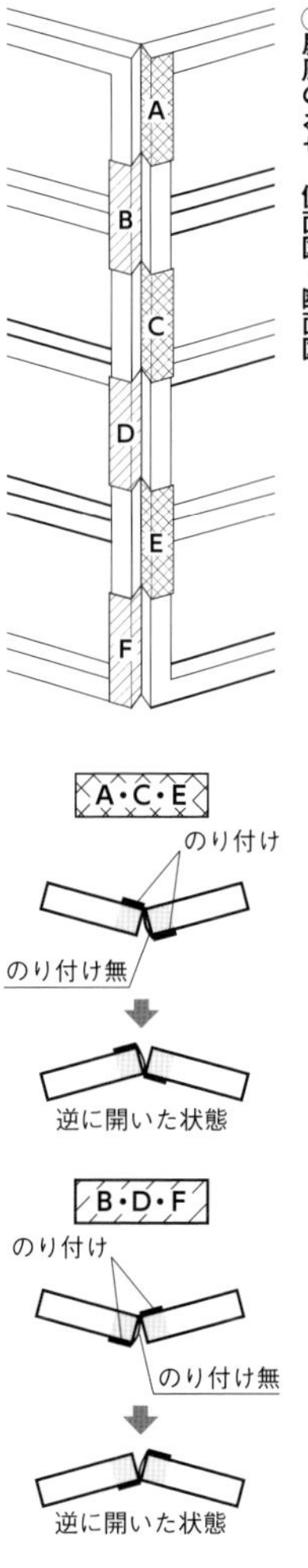

⑧屏風のおぜ　側面図・断面図

3 屏障具《へいしょうぐ》

屏風《びょうぶ》

中世に入ると屏風の製法が大きく変わり、扇《おうぎ》（一単位）と扇をつなぐ接扇《せっせん》の部分が和紙の蝶番《ちょうつがい》となった。縁《ふち》の接合部分を「おぜ」というが、ここを何段かに分け、紙を交互に食い違えて貼る方法で、各扇を前にも後ろにも折り畳むことができるようにした（⑧）。また各扇の襲木《おしき》がなくなり、広げると大きな一画面となった。これが現在まで続く日本の屏風である（⑨）。

扇が六のものを六曲《ろっきょく》といい、一双《いっそう》が規準で、四曲、二曲、八曲、十曲などある。高さ五尺前後を本間《ほんま》屏風《びょうぶ》、三尺前後が小《こ》屏風《びょうぶ》、その中間を中屏風《ちゅうびょうぶ》と呼ぶ。

⑩室内用とばり（「法然上人絵伝」）

⑪民家の入口の暖簾

（「善信上人絵」）

（「信貴山縁起絵巻」）

⑫暖簾

外暖簾（東博本「洛中洛外図屏風」）

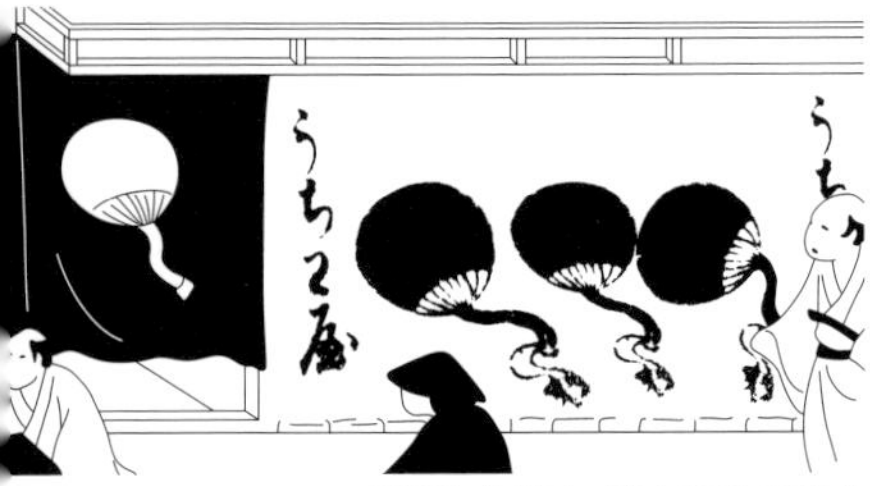

外暖簾（司馬本「洛中洛外図屏風」）

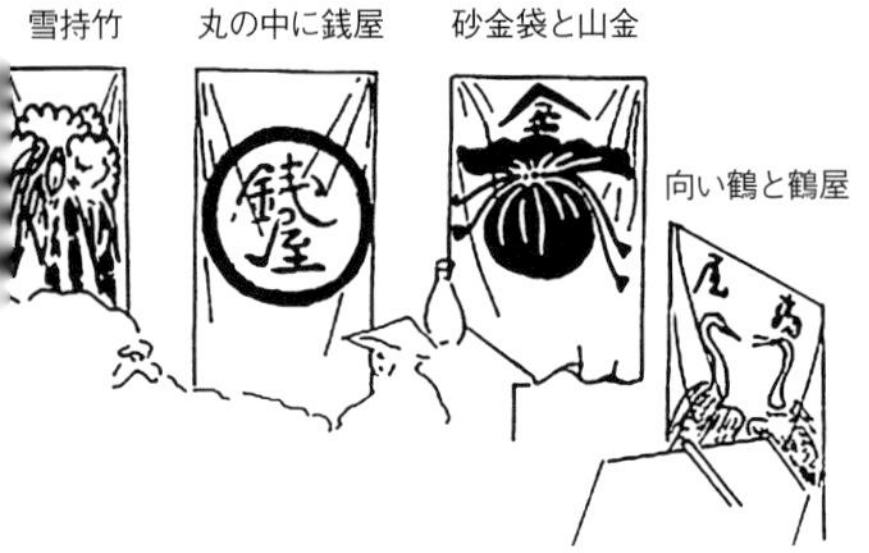

「洛中洛外図屏風」旧舟木本に描かれた暖簾

画面が一つになったことで、絵画表現が自由になり、室内装飾としての役割が大きくなり、桃山から江戸にかけては合《かっ》戦図《せんず》・洛中《らくちゅう》洛外図《らくがいず》・南蛮図《なんばんず》・祭礼図・名所図・花鳥図などさまざまな画題の屏風が生まれた。これらには金碧《きんぺき》濃彩を用いた華麗なものが多く、大名たちの贈物や嫁入道具としても重要なものであった。南蛮貿易によりスペインやポルトガルにも多量に輸出された。（小泉）

暖簾《のれん》

古くから布帛《ふはく》類は「とばり」と呼んで、出入口や目隠し、間仕切りとして多用されてきたが、中世に入り、建具にかわると、しだいに整理されて、室内の間仕切りや寝室の入口に掛けられるものとなった。寝室の入口に掛けるのは帳台の名残である。室内用は絹製で、美しい色彩や模様がつけられた（⑩）。その一方、暖簾は庶民住居にも普及するが、この場合は戸口用が中心であった（⑪）。麻が多く（のちには木綿が中心になる）、形も簡略化され、一幅の布を縦に並べ、継ぎ目の下方を縫い外して垂らすだけになった。名前も暖簾にかわった。暖簾は「のうれん」「なんれん」といって禅林用語である。

⑬中国の交椅
（王世襄『明式家具研究』1989年）

⑭中国の圏椅
（王世襄『明式家具研究』1989年）

⑮貫付固定脚の曲彔
（妙心寺）

禅堂では入口に冬季防寒のために簾《すだれ》と帷《かたびら》を重ねて掛け、帷を暖簾といった。夏季の簾だけは涼簾《りようれん》である。戸口用が外暖簾《そとのれん》、室内用が内暖簾《うちのれん》である。暖簾はその後、近世に入ると大いに発展、とくに商店の外暖簾は看板の役割として重要な意味を持つようになる。中世末の各種の「洛中洛外図屏風」にはその萌芽《ほうが》を示す、多様なデザインの暖簾が描かれている⑫。（小泉）

4 座臥具《ざがぐ》

曲彔《きよくろく》

フレームがカーブした椅子。曲彔とは曲彔木の略で彔木《ろくぼく》は木を刻むという意味である。カーブしたフレームを作るのに木を削《はっ》たことから名付けられたのであろう。

折畳椅子（交椅《こうい》）⑬と固定脚⑭がある。交椅は古くは背もたれがないスツールだったが中国で宋代《そうだい》から背もたれがつくようになった。これが日本にも入ってきて田楽《でんがく》や闘茶《とうちゃ》など芸能や寄合《よりあい》の場で、豹《ひょう》や虎の皮をかけてさかんに用いられた。

固定脚の方は背と肘掛けが一つながりになっていて、中国では圏椅《けんい》と呼ぶ。これが禅宗とともに日本に入ってきて禅宗寺院で多く用いられた（⑮⑯）。（小泉）

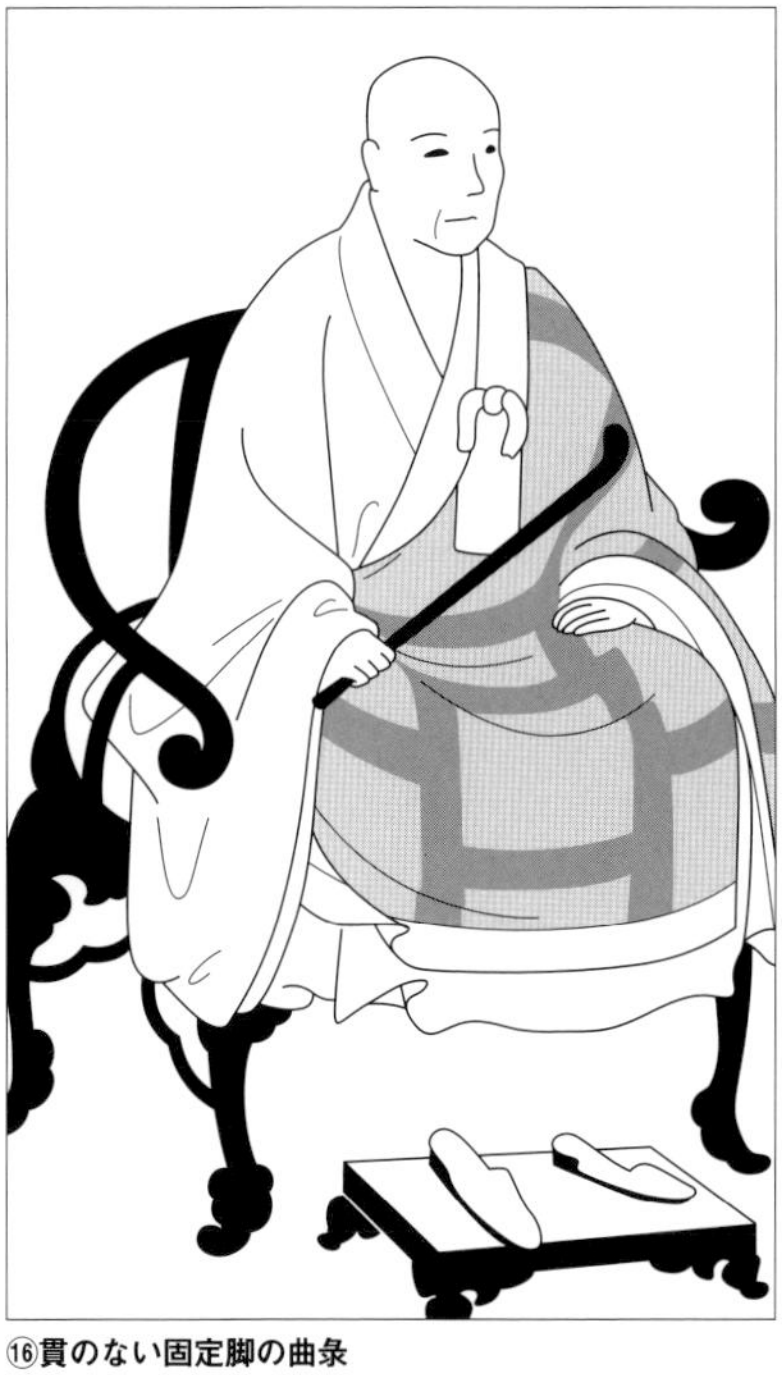
⑯貫のない固定脚の曲彔
（霊雲院「岐陽方秀像」応永27年［1420］）

コラム　『君台観左右帳記《くんだいかんそうちょうき》』と『御飾書《おかざりしょ》』

『君台観左右帳記』は足利義政の同朋衆《どうぼうしゅう》、相阿弥《そうあみ》が永正八年（一五一一）に撰述した座敷飾りの規式書である。唐物《からもの》と呼ばれた中国絵画・工芸品の鑑賞・鑑定と座敷飾りを記した秘伝書で、書名の意味は「将軍の楼台《ろうだい》の左右についての座敷飾りの記」（村井康彦）である。画人録・座敷飾り・器物の三章からなる。画人録の章には宋元時代を中心とする画家一七七名を上中下の等級に分けて、それぞれが得意とする画題が記載されている。座敷飾りの章には押板《おしいた》飾・書院飾・違棚飾が図と文で説明されている。器物の章には押板・書院・違棚に飾る各種唐物工芸品を紹介して、「彫物之事」「胡銅之事」「茶垸物之事」「土之物」「葉茶壺事」「抹茶壺事」が述べられている。

　このうちたとえば座敷飾りの押板の飾り方はつぎのようである。

一　押板の壁に三幅一対や五幅一対を掛けるときは、必ず本尊の前に折卓を置き、上に三具足《みつぐそく》（香炉・燭台・花瓶《けびょう》）を置く。香炉の後ろに香匙と火箸を立てる。折卓は掛け軸の長短に応じて高さを調節する。

一　諸飾《もろかざり》のときは、卓の上に置く三具足のうち、燭台と花瓶をそれぞれ一対で用いる。香炉・香合は前と同じである。これを五飾という。花瓶は胡銅でも青磁でもよい。

一　四幅一対を掛けるときは、三具足の飾りはせず、代わりに中央卓には花瓶か香炉のどちらかを置く。両脇の花瓶はそのまま置いてよい。

一　押板が一間幅のときは壁に絵は二幅一対で掛ける。その場合、掛物の前に花瓶を一つまたは一対置いてもよい。横物の絵を掛けるのはよくない。独幅《どくふく》といって普通より少し幅のある横絵だが、本尊に用いることができるような絵は掛けてよい。

　といったようにノウハウが細かく具体的に記されている。

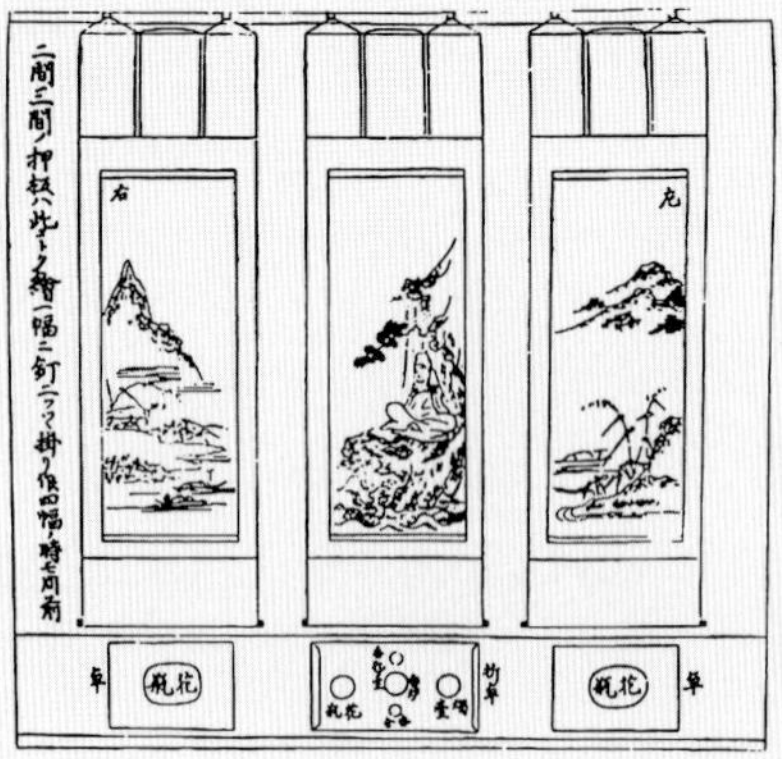

押板の飾り方　三幅一対（『群書類従』『君台観左右帳記』）

押板の飾り方　四幅一対（『群書類従』『君台観左右帳記』）

『御飾書』は、大永三年（一五二三）相阿弥の撰述で万治三年（一六六〇）に板行された。『君台観左右帳記』にあるような一般的な座敷飾りの説明のほか、義政の居館《きょかん》小川御所と別業《べつぎょう》東山殿についての座敷飾りの具体例があげられている。たとえば東求堂《とうぐどう》についてはつぎのように書かれている。

　四畳半の義政の書斎同仁斎は炉が切ってあり、そこには通常のように南蛮物の釣物（天井から下げた釣釜《つりがま》）、餌畚《えふご》形の水指《みずさし》、手桶《ておけ》、胡銅製の細口の柄杓立《ひしゃくたて》、水こぼしが置かれ、鎖がかけられている。北側の一間幅の書院には、硯《すずり》・筆架《ひつか》・墨・筆が置かれ、真ん中に文台《ぶんだい》があり、上に書物が一帖置かれ、巻物が二、三巻置いてある。柱飾りが掛けてあるが、その針の袋はいろいろである。書院の西には半間の違棚があり、上の段には台にのせた天目茶碗《てんもくちゃわん》や小壺《こつぼ》・茶筅《ちゃせん》・茶杓《ちゃしゃく》が盆に据えて置いてある。下の段には剔紅《てっこう》夏花《げばな》（夏花模様の堆朱《ついしゅ》）の食籠《じきろう》が置いてある。西隣の二帖の三間は西側が正面で、南の中柱の並びには曲彔が置かれており、上には夢窓国師《むそうこくし》の墨跡が二幅かけられているとある。夢想国師を敬っていた義政は、生けるがごとくまつったのだという。

　また両書から棚の種類を挙げると、

一間棚

①上に天袋、下片寄に地袋《じぶくろ》がついた三段の違棚

②上に天袋（古くは水引暖簾《みずひきのれん》）、下片寄せに地袋がつき、中央部の棚が鳥居棚になっている

半間棚

①上は通し棚に水引暖簾が掛かり、中央に袋戸をもった違棚がついている

②上に天袋、下に地袋、中央に違棚

③上に通し棚、その下に違棚

置棚

①一間の茶湯棚

②紫檀花梨《したんかりん》の棚

飾り物は香炉・壺・天目茶碗・食籠・沈箱《じんばこ》・盆栽・盆景・湯瓶《とうびん》・骨吐《ほねはき》・香匙台《こうじだい》・薬器・櫛入・鏡・茶道具など多種である。実用であると同時に形や色の面白さから室内装飾として飾られていたのであろう。

　相阿弥は真相《しんそう》とも。号は松雪齋・観岳。画家でもある。三阿弥と称された能阿弥《のうあみ》、芸阿弥《げいあみ》、相阿弥と三代続く同朋衆で、彼らによって書院造という新しい住宅様式に対応した室内装飾の基本が確立されたのである。

（小泉）

一間棚①

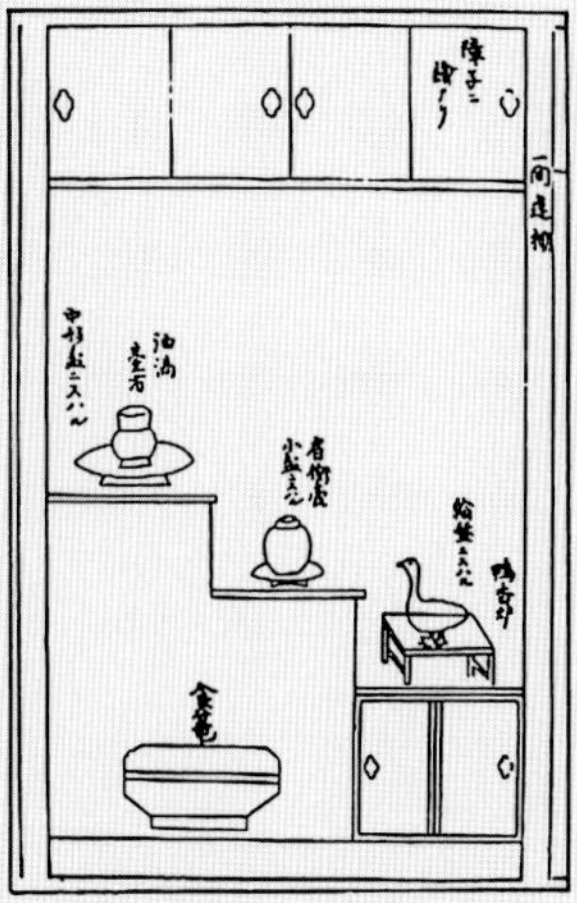

一間棚②

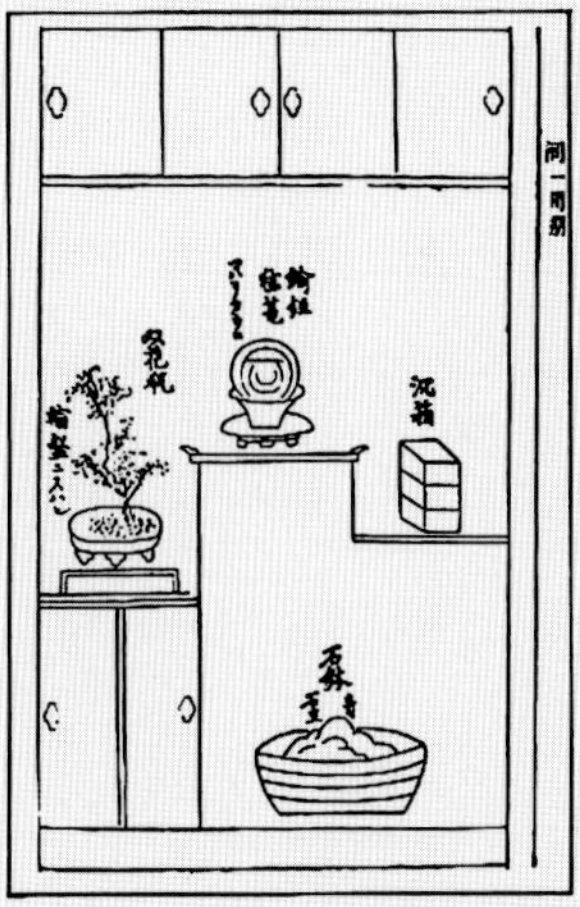

半間棚①

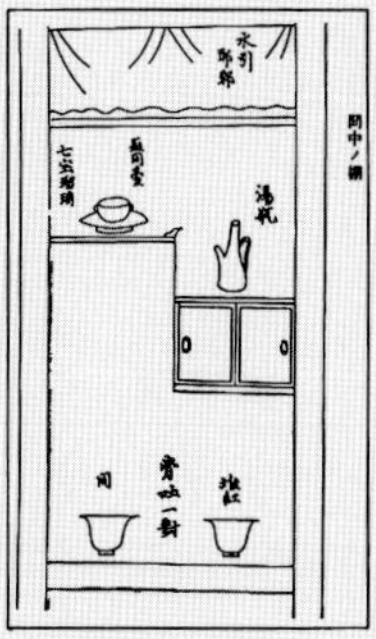

半間棚②

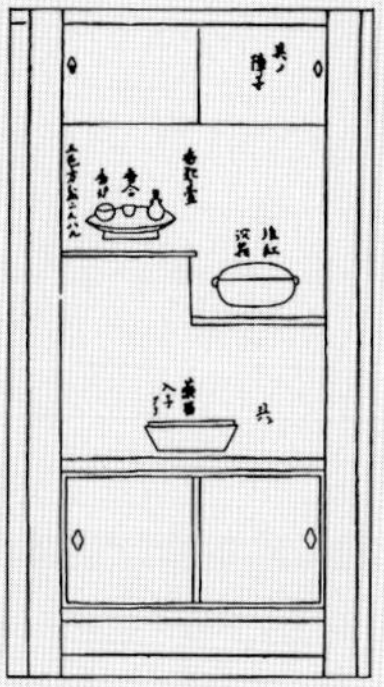

半間棚③

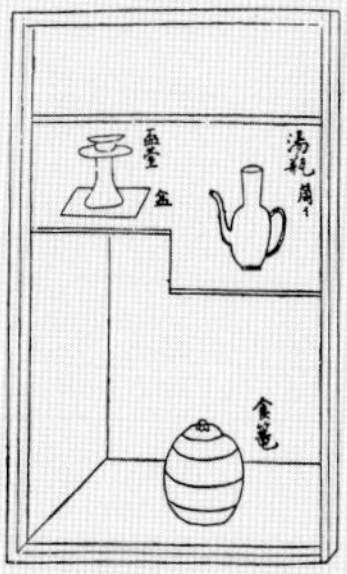

置棚①　一間の茶湯棚

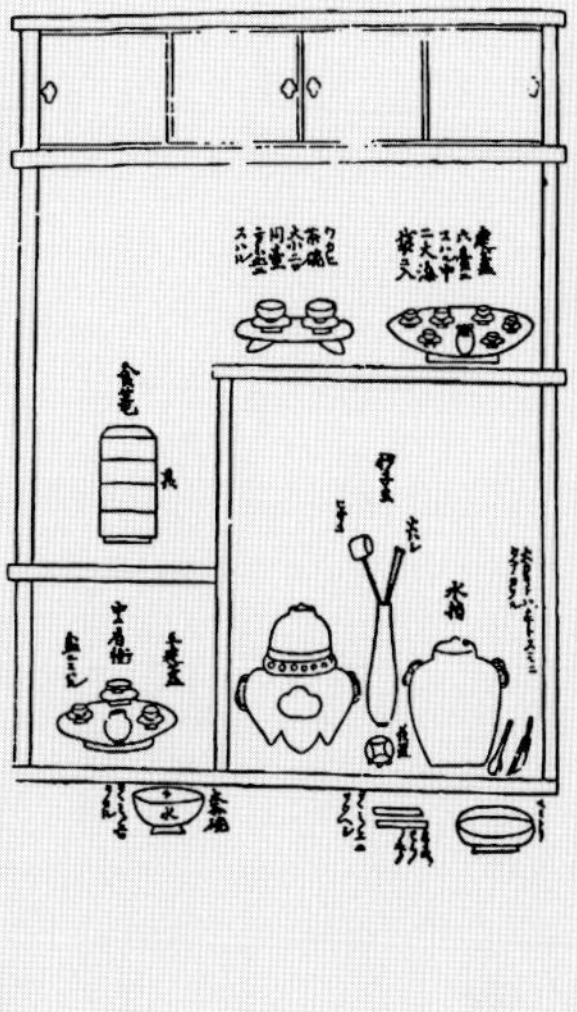

置棚②　紫檀花梨の棚

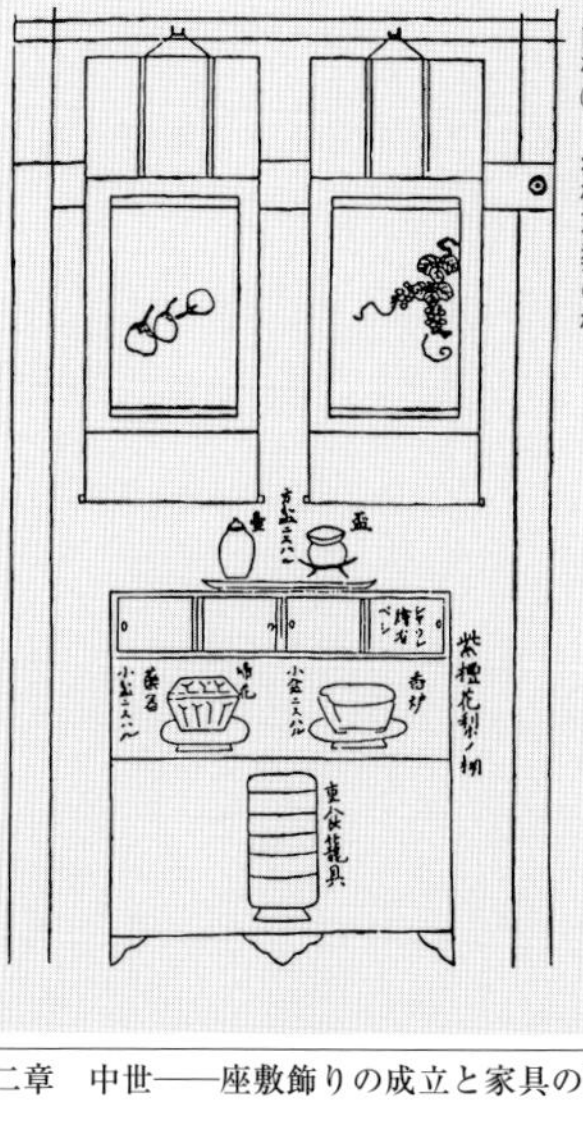

第三章

近世（戦国時代から江戸時代まで）

和風室内意匠の成立

戦国《せんごく》時代の動乱を経て、最終的に江戸《えど》幕府《ばくふ》が成立し、近世《きんせい》が始まる。

書院造《しょいんづくり》は戦国時代を統一した信長《のぶなが》、秀吉《ひでよし》、家康《いえやす》によって完成をみるが、一方でこれと歩みを同じくして利休《りきゅう》らによる草庵風茶室《そうあんふうちゃしつ》が成立をみる。豪華な書院造と質素な茶室はまったく相反するデザインであるが、やがて江戸時代に入ると書院造に茶室の要素を加味した数寄屋風書院造《すきやふうしょいんづくり》が生まれた。これが近代まで続くいわゆる和風《わふう》住宅で、ここにおいて和風室内意匠《しつないいしょう》が成立した。

江戸時代は民衆の力が大きくなった時代である。民家《みんか》と総称される農民の農家、町人の町家《まちや》が発達した。畳《たたみ》の敷き方・棚《たな》・床《とこ》の間《ま》・書院・建具《たてぐ》・欄間《らんま》などのデザイン集である雛形本《ひながたぼん》が多数発行され、民衆の住居にも室内装飾が普及した。また民家の場合、地方色がはっきりしている点が特徴で、全国各地で、その地方地方の特色あるデザインの室内意匠《しつないいしょう》が発達した。（小泉）

1……住宅と室内

1 書院造《しょいんづくり》と民家《みんか》

和風住宅の系譜

和室といえば、いくつかの共通した要素が思い浮かぶ。たとえば部屋の正面に床の間がつき、畳が敷かれ、襖《ふすま》や障子《しょうじ》といった建具を用いた室内意匠である。現在に伝わるこうした和室のもとになるのが、江戸時代の初めに完成した書院造という様式である。

一方で、和室とは異なる和風室内意匠もあげられる。たとえば、重厚な大黒《だいこく》柱《ばしら》や豪快な梁組《はりぐみ》、土間《どま》、囲炉裏《いろり》、仏壇《ぶつだん》といった要素である。これらからは共通して閉鎖的な印象を受け、まさに「黒光《くろびか》りする」という形容がふさわしい意匠といえる。和室が庭に面した広い開口部をもち、開放的であることとは対照的である。書院造は支配階級であった武家《ぶけ》の住宅様式であるのに対し、こうした閉鎖的な室内意匠は庶民階級の住宅様式である民家《みんか》の流れを汲む。

今に伝わる和風室内意匠の系譜は、ともに江戸時代に確立した書院造と民家という様式からたどることができる。だがこの二つの様式は、お互いが無関係に発展を遂げたわけではない。とくに農家や町家などの庶民住宅は、二つの様式が融《ゆう》合《ごう》されることで発達したともいえる。武家住宅の規範とされた書院造を、江戸時代以降は庶民が積極的に取り入れたからである。そこで、江戸時代における書院造と民家にみられた室内意匠の展開を、両者の関係性を念頭にみていくことにしたい。

書院造の完成とその展開

平安貴族の住宅様式であった寝殿造《しんでんづくり》は、長い時間をかけて書院造へと変化・発展した。寝殿造から書院造への変化が始まるのが、室町時代の武家住宅であった。この時代、それまでは個別に発達を遂げていたトコ、棚、付書院《つけしょいん》、帳台構《ちょうだいがまえ》という要素が、一つの部屋に出揃い、室内意匠としての様式を獲得したからである。トコは仏画の前に置く机が造り付けに発展したもので、棚も移動式の置棚が室内に造り付けられたものである。さらに付書院は出文机《いだしふづくえ》という外に張り出す机を原型とし、帳台構は寝室への入口というように、それぞれが固有な役割を担っていた。これらが武家の接客空間を整えるなかで機能的な役割を失い、室内の飾りへと変化した。これが書院造の登場である。戦国時代の武将たちにもこの書院造が引き継がれていくが、とりわけ豊臣秀《とよとみひで》吉《よし》から徳川政権へ移行する近世初期に書院造が大きく発達した。

それは書院造の豪華化といえる動きである。武家社会では、主君と配下の対面という儀礼が、主従関係を確認する場として重視された。この対面の場で、自らの権力と威厳を誇示する舞台装置として、書院造を積極的に活用する人物が現れた。それが豊臣秀吉である。低い身分から下《げ》剋上《こくじょう》を勝ち上がってきた豊臣秀吉にとってこそ、豪華な室内意匠によって、自らの権力を表現することが必要であった。続く徳川政権も権力を表現する舞台装置としての書院造を継承し、その流れをいっそう促進した。三代将軍・家光《いえみつ》が整備した二条城《にじょうじょう》二の丸御殿《まるごてん》がまさにその好例といえよう（七六頁参照）。

その室内意匠はまさに豪華絢爛《ごうかけんらん》という表現がふさわしい。壁面を金碧《きんぺき》の障壁《しょうへき》画《が》が埋め尽くし、長押《なげし》や格縁《ごうぶち》、襖引手には壮麗な飾り金具《かなぐ》がつけられた。書院造の特徴は角柱を用い、天井や襖で部屋を分割することである。そのため、天井の高さや形式、ゆかの畳敷や上段、建具や壁の障壁画で室内の格式が表現できた。二の丸御殿には、床の間を背に座す権力者とそれに服従する配下の身分構成が室内意匠でも象徴されたのである。

近世初期には、江戸と京都をはじめ、全国各地の城下町で御殿《ごてん》や武家住宅が造営された。そこでは、豪華な書院造がきそって作られた。しかし時代を経るにしたがって、書院造の発展は変質を帯びていく。江戸時代の武家社会では質素倹約《しっそけんやく》の気風が尊ばれ、さらに身分や格式を重んじることが浸透したからである。江戸幕府は諸藩に対して豪華な建築を禁止し、質素倹約を奨励する建築規制を定めはじめた。また諸藩の内政面でも同様に、質素倹約と身分制を重んじる建築規制が整備された。武士の階級的な身分にしたがって、住宅にも身分相応の規範が制定された。

この画期《かっき》は、江戸市街に甚大な被害をもたらし、膨大な復興事業が求められた明暦《めいれき》三年（一六五七）の大火であった。膨大な財力を費やす書院造は、簡素化する方向に転換、格式を誇る書院造の造営はしだいに姿をひそめていった。

この結果、書院造の意匠的な展開も、江戸時代中期以降は、以前とは異なる方

豪華絢爛な書院造——二条城二の丸御殿

二条城《にじょうじょう》は徳川家康《とくがわいえやす》が上洛《じょうらく》した際の居館として、慶長《けいちょう》8年（1603）に造営されたものである。現存する二の丸御殿は、三代将軍・家光《いえみつ》が寛《かん》永《えい》年間に大改修を施した姿を今に伝える。広大な庭に沿って、玄関、遠《とお》侍《さぶらい》、大広間、黒書院、白書院が廊下に結ばれて連なる。大広間は将軍と諸大名との対面に用いられた部屋で、格式を誇る書院造の到達点をみせる。

近世初期の豪華絢爛な御殿として、聚楽第《じゅらくだい》、二条城、江戸城、名古屋城などが知られている。しかしこれらで現存するのは二条城二の丸御殿のみであり、書院造の歴史を物語る貴重な御殿である。

大広間をみれば、正面にトコ、左に付書院、右に違棚および帳台構と、完成された書院造の要素がみられよう。それとともに権力を誇示する舞台装置としての演出が注目される。たとえば将軍が座す「一の間」と、諸大名が座す「二の間」では室内意匠の格式を異にする。一の間のトコには大ぶりな松を描き、一の間と二の間の境では框《かまち》を入れて一段高くした上段の間とする。天井も両者の境界に小壁をわたして明確に区切り、一の間のみ二重折上格天井として場の格式を高める。

狩野探幽《かのうたんゆう》の作とされる壮麗な金碧の障壁画、長押や天井につけられた飾り金具、天井格間の彩色文様、これらが光り輝き将軍の威光を表現する。障壁画の松は、長押による水平線を超えて、ゆかから天井まで壁面いっぱいに描かれる。こうした大画面の構成はそれまでにない意匠表現であり、近世初期の特徴である。

大広間が公の謁見所に対し、奥に構えた黒書院は親藩大名などのより内向な来客の対面に用いられた。さらに奥に構える白書院《しろしょいん》は「御座《おまし》の間」と呼ばれた部屋で、将軍の休息所であった。これらの部屋は、奥にいくにしたがって親密度を増しつつ、室内意匠も段階的に変化していく。たとえば白書院の襖には墨絵による山水画や花鳥画が描かれ、大広間の極彩色の金碧画と対照をなす。白書院の一の間と二の間との境界は襖で区切られるのも大広間とは異なる構成で、より内向き室内の様相を強める。このように、特定の使用目的をもつ独立した部屋が、その目的に見合った室内意匠を凝らし、さらに段階的に変化させながら連続する姿も、近世の書院造の特徴である。

（中村）

向へと向かった。すなわち意匠表現の集約、素材感の重視、規格化である。

もちろん質素な意匠の武家住宅も仔細《しさい》に眺めれば、引手《ひきて》や釘隠《くぎかくし》などの細部には精巧な飾り金具がみられる。また床の間には、季節の行事や接客ごとに、華やかな飾りが施された。しかしながら、これらの装飾的な室内意匠はあくまで部分的・非日常的なものにすぎない。つまり、それまで壁面や天井を覆いつくすように施された装飾表現が、床の間や細部意匠、あるいは非日常的な飾り物など、局所的な部分に集約されていったのである。

これに加えて、絵画的・彫刻的な意匠表現よりも、むしろすぐれた材料そのものの素材感を積極的に意匠に活かす技法が発達していく。トコ柱、落掛《おとしがけ》、トコ框《がまち》や建具などの要所で良材を吟味し、杢目《もくめ》や面取《めんとり》、材料の取り合わせや納まりなどに創意工夫が凝らされ、室内意匠の洗練化が進められた。こうした動きは、近世初期に大成された茶室の広がりと相まって、数寄屋風書院造と呼ばれる様式を生みだした。

　さらに質素倹約の志向により、効率的な生産技術の進展や部材の規格化がもたらされた。木割《きわり》と呼ばれる技術の発達がその例である。一定の基準寸法にもとづく比例関係によって、部屋を構成する一つひとつの部材寸法が決められていった。こうして床の間を中心に、書院造の室内意匠の定型化が進んだ。それまで秘伝的に伝承された「木割書」が、意匠のさまざまなパターンを並べた「雛形本《ひながたぼん》」として広く出版されはじめたことも、こうした動きをよりいっそう促した。「雛形本」は床の間などの室内意匠のほか、建具のさまざまなパターンを並べたものもさかんに作られた。

　室内意匠の定型化は、独創的な表現の幅をせばめて、意匠の画一化を招いた面も否めない。だが一方で、こうした規格

簡素化された書院造——武家住宅（重要文化財・旧黒澤家住宅）

　質素倹約《しつそけんやく》の思想が浸透した江戸時代の多くの武家住宅は比較的簡素な意匠でまとめられている。とりわけ、中下級武士の住宅は小規模で簡素なものであった。ただし中級藩士以上であれば、上位の武士を接客する場として書院造の座敷を備える必要があった。藩主であれば接客専用の座敷を独立して構えたが、中級藩士では主屋の一角に座敷を設けたにすぎなかった。これに対して下級藩士は、座敷をもたない棟割の長屋建築に居住していたものが多かった。

　武家住宅の特色として、敷地を塀や垣などで囲い庭をもつ、いわゆる屋敷型の住宅である点があげられよう。武士は農民を出自とする場合も多く、庭をもつ構成は農家を継承したものであった。主屋には生活や接客などのさまざまな部屋が一つにまとめられ、書院造の座敷が庭に面する一角を占めた。庭の一部に袖垣《そでがき》などをつくり、座敷と庭の一体感を高めた部屋とすることが多い。また接客の座敷とともに、格式の高い来客を迎える式台玄関《しきだいげんかん》を備えた。

　秋田市に現存する重要文化財の旧黒澤家住宅は、佐竹藩《さたけはん》家臣の住宅であった。玄関と書院をもつ座敷棟は17世紀末に建てられたとされる。表門をもった奥まった主屋の立地、玄関と書院の存在など、武家住宅の典型的な構成を伝える。家臣という格式の高い上級武士の住宅であっても、その座敷はきわめて簡素な意匠でまとめられている点が注目されよう。江戸時代の質素倹約の気風が浸透していたことがうかがえる。

　こうした武家住宅の様式は、武士階級が解体した明治時代以降、サラリーマンが居住する都市住宅に受け継がれた。それは武家住宅がもつ特徴と、都市住宅に求められた志向が合致したからである。たとえば、床の間と玄関をもつ格式のある意匠、生活や接客などのさまざまな部屋がコンパクトにまとめられながらも、建具や廊下で明確に区切られている点、都市にありながら塀で囲まれた庭付きの住宅であることなどである。また格式ばった豪華な書院造が江戸時代を通じて影をひそめ、武家住宅の多くが簡素で親しみやすい室内意匠であったことも、近代にこの様式が広く普及する背景にあった。(中村)

化や簡素化により、特権階級から発生した書院造という様式が、格式ばった表現を弱めてより親しみやすい表現を獲得していく。その結果、中下級武士の住まいや後述する民家まで幅広く浸透する結果をもたらしたのである。

民家の室内意匠

　武家という支配階級で発達した書院造に対し、庶民の住宅様式を民家《みんか》と呼ぶ。農民の住まいである農家《のうか》、町人の住まいである町家《まちや》がその代表例である。町家は農家を原型としており、両者の室内意匠の特色はほぼ共通する。そこで、書院造と対をなす民家の室内意匠の特徴を、農家の居間を中心にみていこう。

　民家の様式を象徴する部屋として、農家の土間《どま》に接した居間《いま》がある。地域によってヒロマやオエなどさまざまな呼称をもち、日常的な生活の舞台となる部屋である。この居間の室内意匠にこそ、書院造とは異なる民家独自の様式が見いだせる。むろん庶民住宅の室内意匠は地域色豊かで、家格《かかく》や時代ごとの相違も目まぐるしい。だがおおむね次のような要素が、居間の特色としてあげられる。

　まず板の間《いたのま》を基本とし、書院造のように部屋全体に畳を敷くことは少ない。部屋の中心には囲炉裏《いろり》や自在鉤《じざいかぎ》などの採暖と食事の装置を備える。上部は梁組《はりぐみ》をみせるか、天井が張られる場合も、二階のゆか板を支える構造をそのまままみせた根《ね》太天井《だてんじょう》が多い。壁面に長押《なげし》はまわさずに、かわって成《せい》の高い重厚な指物《さしもの》が柱と柱を連結する。庭境には障子《しょうじ》が用いられる一方、部屋境の建具《たてぐ》は板戸《いたど》を用いる。板戸の種類も帯戸《おびど》や中透戸《なかすかしど》など部屋ごとに異なる。また居間には、仏壇《ぶつだん》や神棚《かみだな》など信仰の装置が設けられることが多い。土間境では、大黒柱《だいこくばしら》と呼ばれる太く見栄えの良い柱が吹き抜けの梁組を支える。

　こうした民家の特色は、構造材や実用的な生活の設備を意匠的に演出することである。指物《さしもの》や大黒柱、囲炉裏などは構造や日常生活に欠かせない、あくまで機能的な部材といえる。しかし、大黒柱の美しい杢目《もくめ》をみせたり、梁組をことさらに意匠的に積み重ねたり、神棚や仏壇まわりに絵《え》様繰形《ようひながた》などの精緻な装飾を凝らしたり、指物や貫《ぬき》といった水平材を整然と並べて頑丈な壁面意匠を強調するなど、室内意匠の表現としてこれらを積極的に用いている。

　こうした黒光りするような室内意匠は、いかにも古風にみえるが、確立されたのはさほど古いことではなく、江戸時代後期からである。たとえば大黒柱は、四方から重厚な指物が継がれるため、柱と指物との接合部分である仕口《しぐち》には複雑な工作が必要である。こうした高度な加工技術と精巧な仕口は、江戸時代後期の技術や工具の水準に至って初めて実現可能だったものである。一見素朴にみえる意匠にも、高度な技術がこめられているのである。

　ところで、こうした「居間」の発達は、民家の「客間」における書院造の導入が影響を及ぼしたと考えられている。

　民家の奥には、客間がある。元来ここは、祖霊《それい》をまつる場、あるいは行事や寄《より》合《あい》の場としての役割をもち、床の間はなかった。これが江戸時代初期、土地の支配者である名主《なぬし》・庄屋《しょうや》といった役人層が床の間をもつ書院造の座敷をつくるようになった。そういった家には、幕府の役人である代官などが訪れるため、接客用の座敷が必要だったからである。このため江戸時代中期から後期にかけて、民家の座敷が急速に整えられ、武家住宅の格式を凌《しの》ぐものさえ現れてきた。

　こうした座敷の整備に影響されて、日

常生活の場である居間の室内意匠も洗練されていったのである。

　その反面、江戸時代の庶民住宅は支配者による厳しい家作禁令《かさくきんれい》によって縛られていたのである。禁令は、おおむね幕府の規定をもとにしたため、どの藩でも内容は似通っていて、家格による平面規模の制限、床の間や長押、釘隠などの豪華な意匠の禁止、格式ばった外観の式台《しきだい》玄関や出梁《でばり》なども制限を受けた。

　こうした禁令の結果、民家の外観は意匠を抑制し、装飾的な要素はむしろ内部に控えめに施されるようになった。現在も京都市街に連なる町家がその好例である。外観はつし二階（天井の低い二階）と称される低い軒で、その壁面には装飾的な要素はあまりみられない。そのため、似通った外観意匠の住宅が軒を連ねている。住宅の意匠的な特色は、外観よりむしろ、室内意匠で発揮された。

　ただし江戸後期以降、禁令を無視する

農家の居間（重要文化財・旧田口家住宅）

　書院造と対照的な民家の様式を体現するのが農家である。その平面は、農作業の場も兼ねた土間、家族の生活の場となる居間、床の間を備えた座敷といった部屋から成り立つ。座敷が書院造の影響を受けて発達したのに対して、居間は、民家独特な様式を備えた部屋である。

　江戸時代後期の文化６年（1809）飛騨《ひだ》地方に建てられた重要文化財旧田口家住宅（現・飛騨の里へ移築）の室内意匠は、農家の居間を知る好例といえよう。

　日常生活の中心を占める居間は上框《うわがまち》を入れて土間から高く作られた、板の間とする。部屋の中央には、囲炉裏《いろり》が設けられる。こうした囲炉裏では、家長を中心として、家族がどの場所に座るか、地域ごとの風習によって定められていた。

　また板間と土間の境には大黒柱《だいこくばしら》と呼ばれる太い柱が立つ。ここに貫《ぬき》や指物の梁が集中するため、構造の要となる柱を特別に太くしたものである。しかし、杢目《もくめ》の美しい材が吟味されて使用されており、意匠としての工夫が凝らされている。

　居間に用いられた建具や指鴨居《さしがもい》も、民家特有な室内意匠を呈する。庭側には明かりとりの障子をたてる一方、板間の部屋境には中透戸などの多彩な板戸が嵌《は》められる。また建具の上部は長押をまわさずに、指鴨居と呼ばれる重厚な貫材が柱と柱を強固に連結している。天井もゆか板を支える重厚な桟をそのままみせる。こうした板戸、指鴨居、大黒柱、囲炉裏といった要素が、黒光りする民家独特な室内意匠を作りだしている。

　奥には床の間をもつ洗練された座敷があって、続き間となっている。これらの部屋の室内意匠は居間とは異なり、書院造の様式を備え、部屋境には襖が立てられる。このように民家の様式と書院造が同居するのが農家の特色である。また農家の座敷は庄屋として支配層の客を迎えるのみでなく、冠婚葬祭などの儀礼や地域の寄合など、多数の来客を迎える場でもあった。そのため、広い部屋となりうる続き間とすることが一般的であった。（中村）

かのごとく長押の使用や式台玄関の増築、禁止用材の使用などの動きが広まっていった。庶民階級が興隆した結果、権力が相対的に低下し、禁令が形骸化《けいがいか》したためであった。

また庶民の経済力や生活文化の向上により、民家の室内意匠は洗練化が進み、座敷や居間はもとより、箱階段、仏壇や神棚、梁組、欄間彫刻に至るまで、精緻な意匠が凝らされるようになった。そして幕藩体制が崩壊すると、全国各地にすぐれた意匠をもつ民家が次々と建てられていった。近世に確立された民家の様式は、禁令が解除された明治以降、最盛期を迎える。（中村）

洗練化された町家の意匠（重要文化財・吉島家住宅）

都市に立地する商人の住宅が町家《まちや》である。その平面は地域ごとに異なるが、表通りからミセ、居間、座敷の三つの部屋が土間に沿って、奥深く連なる構成が基本となる。

町家の居間や座敷の室内意匠は、農家と共通する要素が多い。これに対して町家独自の特色を示すのが、ミセと称される表通りに面した部屋である。その名称のごとく、来客を迎える商売のための部屋である。そのため住宅内でありながらも、ミセの室内は外部とのつながりを意識して作られた。格子《こうし》がその代表な装置といえよう。

内外からお互いに視線を通す格子は、室内と通りを穏やかに結び付ける。また地域の祭礼などの時期には、格子を取り外し、ミセと通りが完全に一体化する使い方もみられる。そうした場合、家宝の屏風などの美術工芸を飾る屏風飾りの場となったりする。

飛騨高山《ひだたかやま》にある重要文化財・吉島家住宅は明治40年（1907）に建てられたもので、明治時代に最盛期を迎えた町家の代表例といえる。庶民の力が高まる江戸時代後期から民家の意匠はおびただしい発展を遂げるが、とりわけ幕藩《ばくはん》体制による家作禁令が解除された明治時代以降、全国各地にこうした名建築が花開いた。大黒柱をはさんで手前にミセ、奥に家族の食事や生活の場となる居間が位置する。この両者の境にあたる土間には格子戸が嵌められて、客を迎えるミセの間と、家族の居間が穏やかに区切られている。

一方で土間、ミセ、居間は天井を張らずに一体化されており、大黒柱と縦横にめぐる豪快な梁組がいずれの部屋からものぞめる。一般の民家では、曲がった梁を組み立てることが多いが、ここでは直通の材を端正に重ねて、洗練された表現を呈する。建具もさまざまな形を凝らした板戸を多用する。さらに、それぞれの材の表面仕上げには特産の春慶塗《しゅんけいぬり》がほどこされて、民家様式の室内意匠が洗練化された極致をみせる。

都市に高密度に集積し、奥行きの深い町家では、採光や通風などの課題をかかえることになる。そのため町家の室内には、環境面の工夫が各所に施された。この吉島家住宅でも、土間上部には窓があけられ、採光に工夫がなされている。座敷に面して坪庭を配置させることもまた、採光と通風を考慮したものである。（中村）

2 茶室

茶室の始まり

茶室《ちゃしつ》とは茶事《ちゃじ》のための施設である。茶事の施設とは茶室という建築と露地《ろじ》といわれる庭からなる。

茶室という言葉は近世の初期に存在していたとはいえ、一般に普及するのはおそらく江戸時代も後期以降のことであった。それまでは「茶《ちゃ》の湯《ゆ》座敷《ざしき》」とか「数《す》寄座敷《きざしき》」あるいは「小座敷《こざしき》」などと呼ばれていた。

「座敷」の語が、座具であった畳が部屋全体に敷き詰められてゆか材へとその性格を変化させたことを意味することから、茶室には畳が敷かれていることが必要条件であったことがわかる。

また、「数寄《すき》」とは和歌《わか》・連歌《れんが》を代表

とするさまざまな風雅《ふうが》な道に心を寄せ、愛好することを意味するので、「茶の湯座敷」とか「数寄座敷」とは、とくに茶の湯という風流を好むための座敷、ということになる。「小座敷」の名は、おのずとその座敷が決して広くない、どちらかというと小さな座敷であったことを教えてくれる。広い座敷の一部を屏風《びようぶ》などで仕切って茶の湯に用いる場合には「囲《かこ》い」と呼ばれることもあった。

日本における飲茶の風習は、記録の上では平安時代にまでさかのぼるが、風雅な喫茶《きつさ》文化が成立するのは中世になってからである。日本の喫茶文化は抹茶《まつちや》と煎《せん》茶《ちや》に大別できる。このうち抹茶文化、すなわち茶の湯とは、鎌倉時代に留学僧・栄西禅師《ようさいぜんし》によって臨済禅《りんざいぜん》とともに茶の種（あるいは茶の飲用法）が招来されたことに始まる。これを契機として抹茶が禅院を中心に広く普及、やがては民間にも広まり、一四〜一五世紀頃の殿中《でんちゆう》、すなわち将軍邸内においては、いく種類かの茶を飲み比べ、その茶の産地をあてるという遊戯性も伴った「闘茶《とうちや》」が大流行するまでになった。

室町時代の将軍邸において闘茶のような遊興の趣をもった寄合《よりあい》に用いられたのは、奥向きの苑池《えんち》の周辺に造営された会《かい》所《しよ》といわれる建物であった。会所の南寄り中央に位置する主座敷には、隣接して茶湯間（茶点所）が配された。そこには茶碗のほか茶を点てるのに必要な道具をおさめる茶湯棚があり、控えていた同朋《どうぼう》衆《しゆう》が点《た》てた茶が主座敷へと運ばれた。

闘茶の際、会所の室内は将軍家に舶来した品々で豪華に飾られた。唐物《からもの》による室礼《しつらい》である。座敷での飾りが恒常化すると、棚や付書院《つけしよいん》など飾りのための装置が建築の一部として構造化され、いわゆる書院座敷が成立してくる。それに伴い、催しの趣向にふさわしいしつらいも考案され、飾りを担当した同朋衆たちによってしつらいの規矩《きく》が定式化する。将軍家の飾り付けを記録した『君台観左右《くんだいかんそう》帳記《ちようき》』や『御《お》飾書《かざりしよ》』は座敷飾りに一定の原則があったことを伝えており、書院における茶の形式が成立していたことを示している。

このように、鎌倉時代以降の禅院での茶から殿中の茶へと展開する一方で、茶の品質や豪華な飾りを主眼にするのではなく、茶本来の味を楽しみながら気楽な会遊を旨とした茶会も行われていた。公家のなかには、山間の適地に臨時の会所を設け、茶会や風呂《ふろ》に興じる人たちもいた（伏見宮貞成親王の日記『看聞日記《かんもんにつき》』応永二四年［一四一七］六月五日の条など）。

野外に適地を選び、自然の景観という風趣を添えるという趣向は、市中の住まいの一角に露地《ろじ》を形成し、深山幽谷《しんざんゆうこく》の趣の中に茶室をしつらえるという、わび茶の環境の形成の誘因となった。山間の自然の風景をあえて都市のなかに持ち込むことによって、都市文化としての茶の湯が成立したのである。また一方で自然の中で、あるいは自然を見立てた庭園の一部に茅屋《ぼうおく》を設けて湯を沸かし茶や酒を楽しむという風情は、桂離宮《かつらりきゆう》の松琴亭《しようきんてい》などを代表とする茶屋の系譜にもつながる。

抹茶の茶室——わび茶の発見

殿中での茶が書院造を基調とした式《しき》正《しよう》の座敷で行われるのに対して、わび茶は草庵《そうあん》といわれるひなびた建築を好んだ。座敷の草庵化とは、書院造のような式正な座敷を美しくやつし、くずすことによって、わび茶にふさわしい茶室を形成する過程を意味する。

草庵茶室への変革は村田珠光《むらたじゆこう》による茶の草体化に始まる。珠光とそれに続く武《たけ》野紹鷗《のじようおう》は、室町時代の格式を重んじる茶の作法に対して、亭主と客が同座する茶室での茶の湯をめざした。それがわび茶であり、それにふさわしい茶室として工夫されたのが草庵の茶室である。

草庵という名が、中世の隠遁者が結んだ草の庵を連想させるように、草庵茶室も俗世間から離れた山間《やまあい》の清浄な境遇を理想とし、それを実現するために藁や草で屋根を葺き、自然の丸太や荒土壁による粗末（麁相《そそう》）な手法を積極的に取り入れていく。すなわち、草庵茶室とは俗世間を離れて山間の清流のかたわらで隠遁生活を送る聖《ひじり》たちの境遇を理想とするものであり、それをあえて都市のなかに持ち込んだところにわび茶の真髄がある。

茶点所《ちゃたてどころ》に茶湯棚を置き、点茶した茶を別室に運び出す殿中での茶礼に対して、わび茶は主客同座、すなわち亭主は自ら道具を運び出して畳の上に置きならべ、客の前で湯を沸かし、茶を点てることを基本とする。したがって主客が同座する座敷に湯を沸かすための囲炉裏（炉）が存在することこそが草庵の茶室の特質といえよう。

物の煮炊きのために囲炉裏は庶民の日常に不可欠な装置であるが、将軍邸内の会所に囲炉裏が設けられたこともあった。その周囲に茶の具足がしつらえられていた情景が一五世紀の絵巻史料にはすでに散見される。それは、会所において、唐物で荘厳された室内での茶礼と炉辺での茶の湯が同時期に併存していたことを物語るものであり、ここにもわび茶の萌芽が認められる。

八代将軍足利義政《あしかがよしまさ》によって造営された東山殿《ひがしやまどの》（現・慈照寺《じしょうじ》）には東求堂《とうぐどう》と呼ばれる持仏堂《じぶつどう》があり、その北東隅に設けられた同仁斎《どうじんさい》四畳半にかつて囲炉裏が切られていたこと、さらには棚や付書院に茶の具がしつらえられたことが知られている。ここは義政の書斎であり、茶室とは異なる性格の部屋というべきであろうが、草庵茶室の始まりを知るうえで貴重な遺構である。

千利休による草庵茶室の大成

入口の鴨居《かもい》や天井を低くするなど、構成する部位の高さを全体に低くおさえるという、茶の湯の場に通底《つうてい》する基本的な原理は、すでに武野紹鷗によって提示されていた。茶室の草体化をより徹底し、わびの造形へと深化させたのが千利休であった。

『山上宗二記《やまのうえのそうじき》』が伝える「紹鷗四畳半」（①）では出入口の内法高が通常より低かったことを伝えている。やがてそれが利休によってより強調され、茶室独特の出入口である「潜り《くぐ》」の形式が考案されることになる。しかし、利休がめざした茶室の草体化は、単に入口を低くすることによって実現したものではなかった。

中世以降、将軍邸や宮殿を先例として室内に畳が敷かれるようになり「座敷《ざしき》」が成立したとき、そこには必ず縁《えん》が付随しており、座敷には縁から入るのが定式であった。格式を重視する近世の書院造になると、式台《しきだい》から縁をとおって座敷に至るのが常であって、縁の存在は座敷の格式を保証するに不可欠なものでもあった。そして縁の構造にも広縁《ひろえん》、落縁《おちえん》といった格差が生まれ、縁は座敷と一体となって、そこに座ることが許される人間の身分の序列をも表現する装置となったのである。つまり、とくに武家の社会においては、縁は人間の身分の貴賤《きせん》を建築構造として象徴するものであり、それが当たり前の、つまり日常の構えであった。

紹鷗の四畳半では「面坪ノ内」に面して「簀子縁《すのこえん》」があり、そこから障子を開けて席入りしていた。これは縁から座敷に出入りするそれまでの伝統にならったからにちがいない。千利休も初期の頃は伝統にならって縁から席入りする茶室をつくっていた。ところが、後年になって画期的な改革が行われる。

『山上宗二《やまのうえのそうじ》記《き》』に描かれる「細長イ三畳敷」は、天正《てんしょう》一二年（一五八四）頃、利休が大坂屋敷に営んだ深三畳大目の茶室と比定されるものである（②）。ここでは茶室前の縁が省略され、「脇ノ手水かまへ」と書かれた土間から直接座敷に入る形式が創始されている。茶室に上がるための縁が消失したのに伴って、それまでの障子を開けて立ち入る形式をもあらためるため、かわって「く、りきと（くぐり木戸）」をあけ、身をかがめ膝をついてにじりいる形式が用いられている。「躙《にじり》口《ぐち》」の名称は、おそらく幕末以降のものであろうが、縁の省略と「く、りきと」、すなわち現在の「躙口」にあたる「くぐり」の創出は、それまでの日本の座敷の常識を打ち破って、茶室を草体化の極致に至らしめたのであった。縁をなくし、それに伴って新たな席入りの形式を提示したことにより、草庵茶室は初めて日常から決別し、非日常の場となったのである。

利休はここで「大目構え（あるいは「台目構え」）」という新しい点前座の形式も創案している（③）。客座との境に中柱を立てて点前座を別室のように構え、天井も一段低くして客座より控えめなつくりにすることで、客に対する亭主の謙譲《けんじょう》の気持ちを構造化したものである。会所の茶点所を草庵茶室の中にたくみに応用したともいえるが、大目構えは道具を棚に置きならべる点前を拒否した、徹底したわび茶への志向を示すものであり、茶

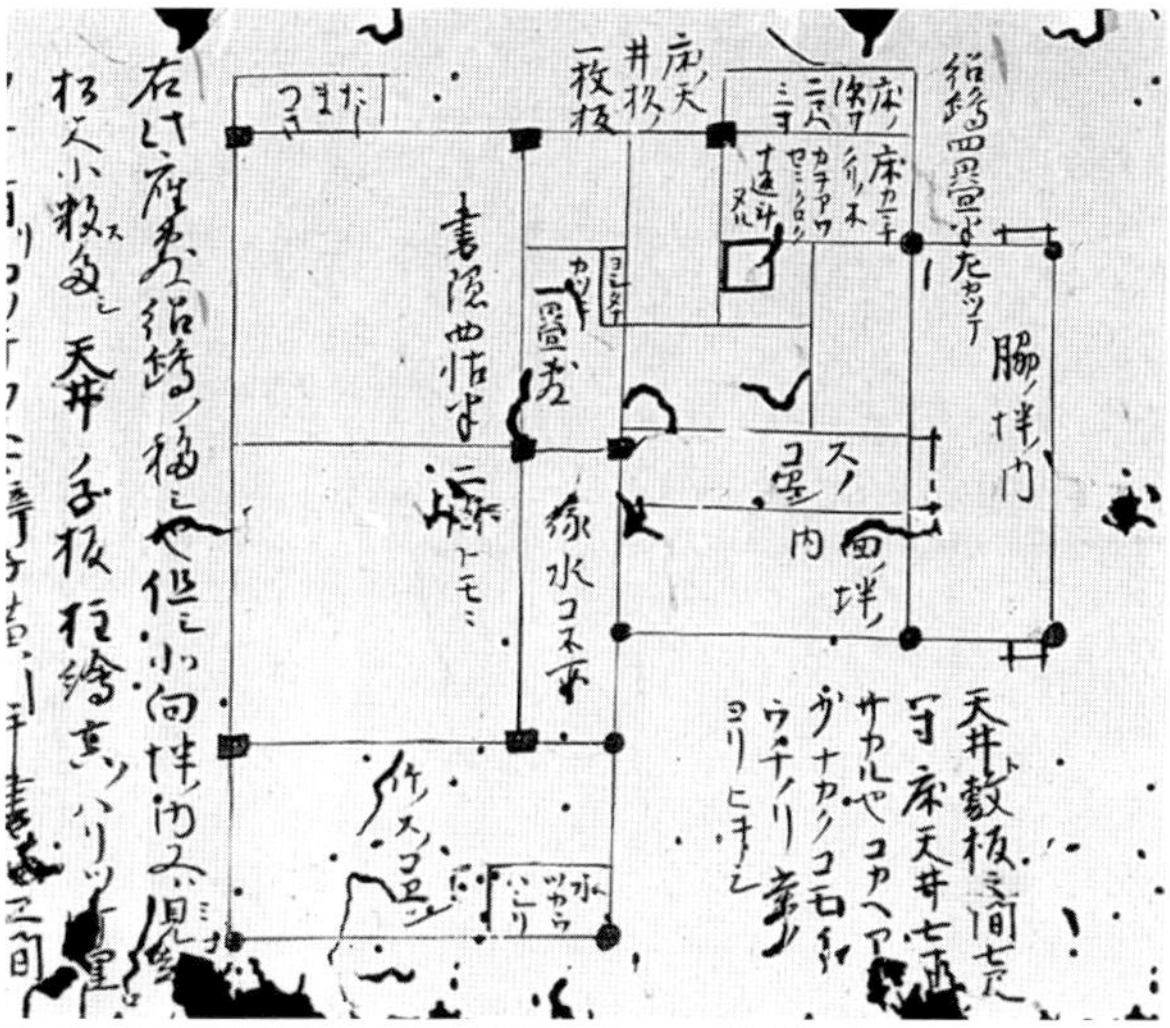

①『山上宗二記』紹鷗四畳半図
「コカヘアヒ少ナカクコモイウチノリ常ノヨリヒキシ」の書き込みは出入口の内法が低かったことを示す。天井も低く、トコ框には「カキアワセ」という手法で色付けがなされていたことを伝える。

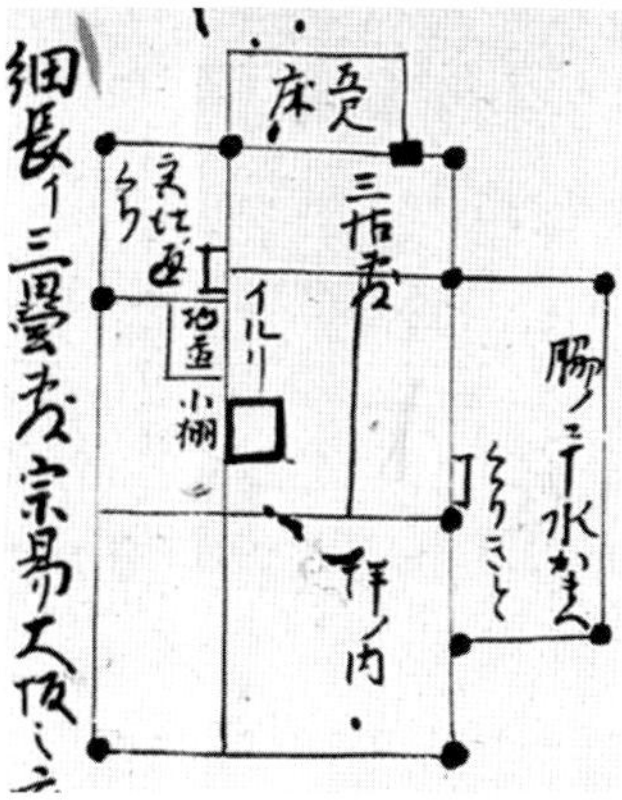

②『山上宗二記』細長イ三畳敷利休大坂屋敷図

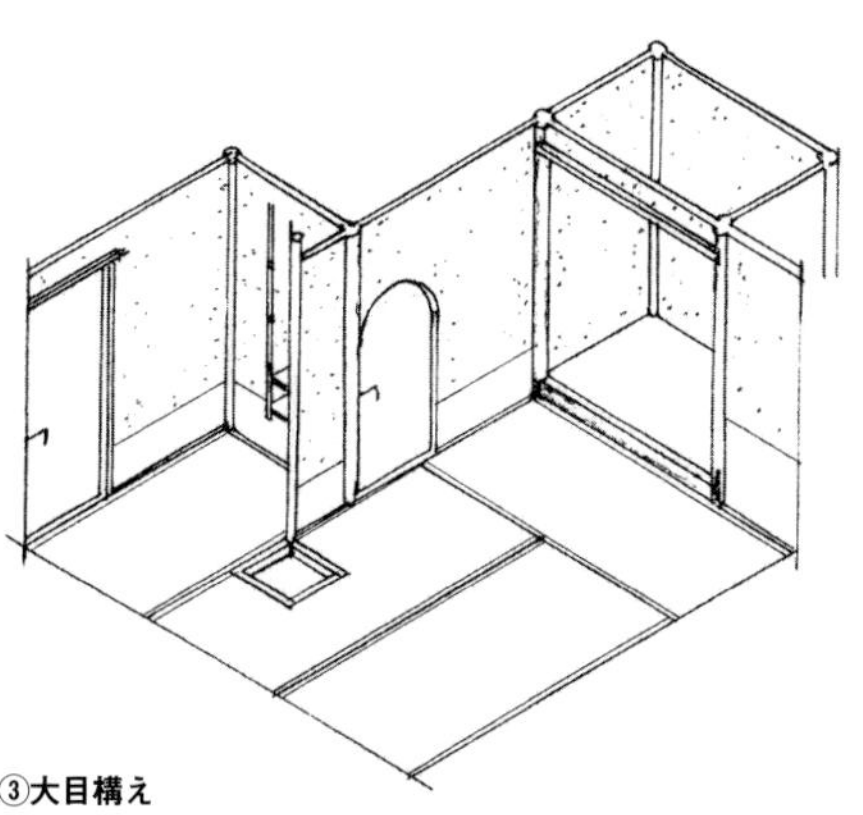

③大目構え
（『山上宗二記』細長イ三畳敷利休大坂屋敷復元図）
（作図・矢ヶ崎善太郎）

の湯の変革に大きく貢献するものであった。このほか、下地《したじ》窓《まど》の創案による巧妙な光の演出や、木材に色付けをして木目を目立たせ、それを座敷の景に用いるなど、利休による茶室の草体化はここに大成した（④）。

茶室の多様化

　利休によるわび茶の追究は、やがて孫の宗旦《そうたん》や細川三斎《ほそかわさんさい》といった弟子たちによって継承される一方で、古田《ふるた》織部《おりべ》や小堀《こぼり》遠州《えんしゅう》といった武家の茶人たちは利休のわび茶を継承しながらも、間取りや窓のあけ方に工夫を凝らし、茶室に明朗さやゆとりを演出した。

　織部は客座と相伴《しょうばん》の者の座を区別し、相伴の座の畳を上げるとそこに板縁が現れ、正客の座があたかも上段になるように工夫した（⑤）。遠州は茶室の外側に広縁と落縁を復活させながらも、「くぐり」という動作をして席入りする形式を試みた。縁へのこだわりをわび茶の原理の中に組み込もうとする努力は、武家茶人ならではの姿勢であったといえよう（⑥）。

　利休以降の茶人によって再解釈されたことにより、草庵の茶室はわび茶の原理から生まれた型を継承しながらも、自由で多様な発展を可能にしてくれた。

④待庵　内部　床正面（千利休）

⑤燕庵茶室床正面（古田織部）

⑥孤篷庵忘筌（小堀遠州）

煎茶の茶室

　喫茶文化の一翼を担う煎茶を推進したのは文人といわれる人たちであり、貴族社会もそれに貢献した。

　平安時代から始まったわが国の飲茶の歴史をたどれば、煎茶の方がはるかに歴史は古い。抹茶と同様にそれを喫茶文化といわれるまでに盛りたてたのは、江戸時代初期に隠元禅師《いんげんぜんし》によって新たに中国から伝来された黄檗宗《おうばくしゅう》であり、煎茶文化がひろく普及するには江戸中期に活躍した黄檗僧・高遊外売茶《こうゆうがいばいさ》翁《おう》の存在が大きな力となった。

　売茶翁は京都東山に「通仙亭」をかまえ、同時に京都近郊の風光明媚な場所を

基本的な茶室の図

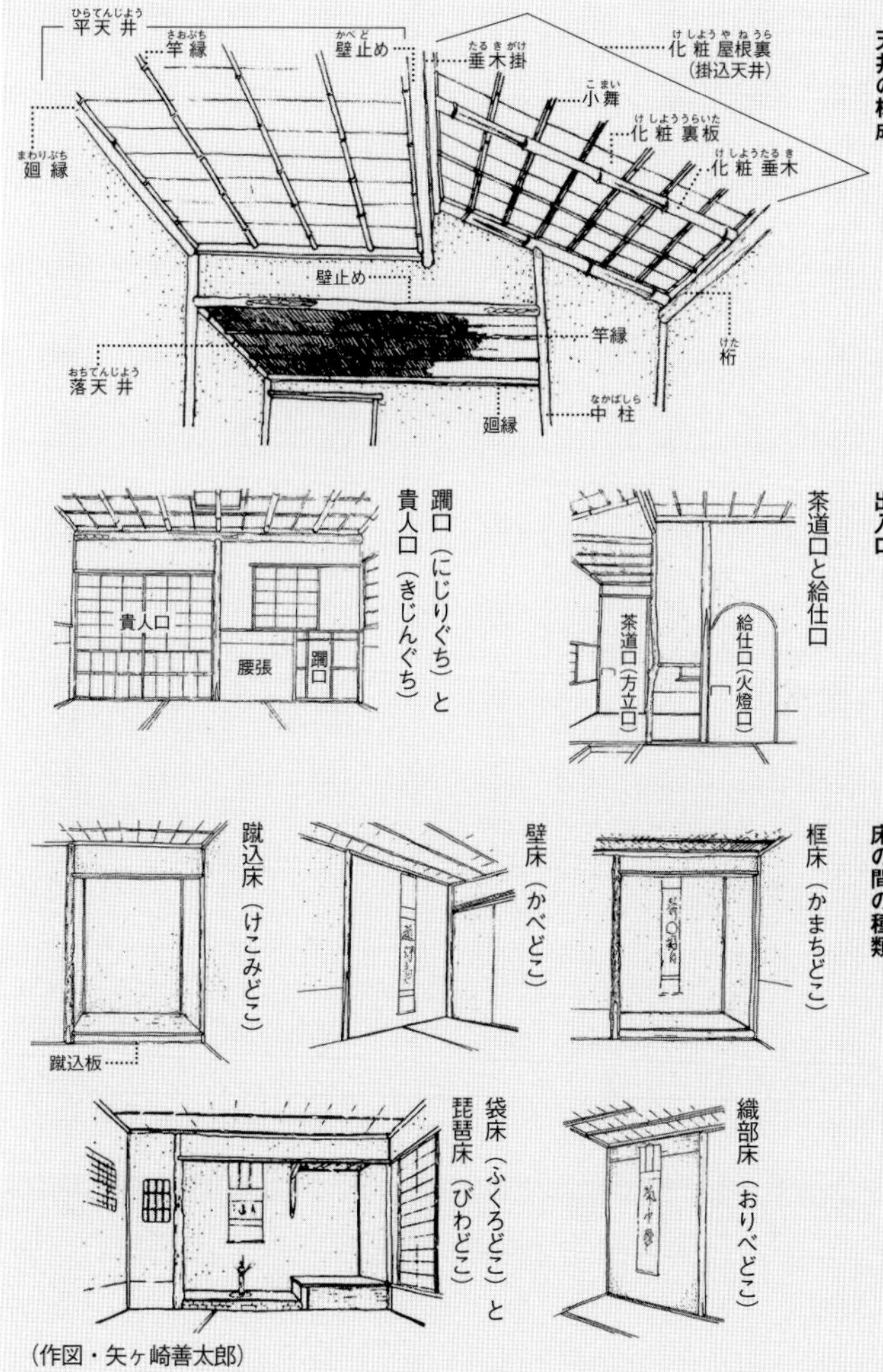

（作図・矢ヶ崎善太郎）

床の間は客を迎えるために亭主が飾りつけをする場であり、茶室には必要不可欠な要素である。「牀」を原字とする「床《とこ》」は貴人が座臥する上段を意味するとともに、飾りつけの場としての押板の機能を複合し集約して成立したことにトコの本義がある。トコ柱と落し掛け、トコ框を構えた本トコ（框床）を基本としながら、トコの本義を逸脱しない範囲で、さまざまな変形が試みられている。

天井は平天井、落天井、掛込天井（化粧屋根裏）といった形式があり、組み合わせて用いる場合も多い。それを真・行・草の表現にたとえ、座の性格を表現することもある。天井に変化をつけることで座の窮屈さを緩和しくつろぎを与える。

窓は採光と換気という実用性と同時に座の景色（壁面の意匠性）を重視してあけられる。下地窓は、大きさや形、あける場所がまったく自由であり、微妙な光の演出を必要とする草庵茶室にもっともふさわしい窓だといえよう。掛込天井にあけられる突上窓は採光と換気の機能性に優れる。　（矢ヶ崎）

選んで売茶活動をした。形式にとらわれない自由な発想からなる点前や茶室のあり方は、文人といわれる画家や知識人たちに共感をもって迎え入れられ、煎茶文化は文人茶とも称されて大流行する。

「茶寮は山川　丘陵　樹陰　其他の遠近にはかり　或は向ひ　或は背きて　風致を好む。市中の富豪も広狭によりて結構一定ならす。古室を引うつし又擬して新なるも相応の地景によりて暗明にたかわざしりと聞こゆ」（上田秋成『茶瘕《ちやか》酔言』）、あるいは「茶所ハここに云数寄屋囲の類なり（中略）茶ハ必ず屋舎にかゝわらずいずくにても膝を容る所あらば煮るべし」（大枝流芳《おおえだりゅうほう》『青湾茶話《せいわんさわ》』）とあるように、煎茶のための茶室も、抹茶の茶室と同様に囲うことによって非日常を求める姿勢に変わりはないが、しかし抹茶の茶室のような、点前に直結するような決まりはなかった。むしろ煎茶の場として求められたのは、煎茶の精神性に共鳴する自然の風景であり、それは中国の文人画家が描く仙境に通じる風致であったともいえる。

煎茶の茶室の特徴は、まずは草庵茶室では不可欠であった炉を必要としないこと。そして左勝手、右勝手（あるいは本勝手、逆勝手）といった客と亭主の座の位置関係も自由であることであろう。そして煎茶の場にふさわしい室内を演出するために紫檀《したん》や黒檀《こくたん》、黒柿《くろがき》、白檀《びゃくだん》、鉄刀木《たがやさん》といった唐木類や曲りのある奇木類、あるいは竹を多用して中国風の室内に仕立てること。円窓など開口部の形状や建具の意匠に工夫を凝らし、外に開放された高欄つきの縁を設け、意匠の凝った棚をしつらえ、壁の木口に塗り回しやハッカケの手法を多く用いる例が多いことなどがあげられる。

　自然の中に身をおいて、その風趣を楽しみながら遊興にひたるという文人茶の精神は、中世以来の貴族たちが好んだ趣向にも通じ、近世の茶屋の系譜にもつながる。そしてその多彩な意匠性や銘木趣味は、やがて来る近代という時代の和風建築の成立に大きく影響を及ぼすことになる。

（矢ヶ崎）

煎茶の茶室

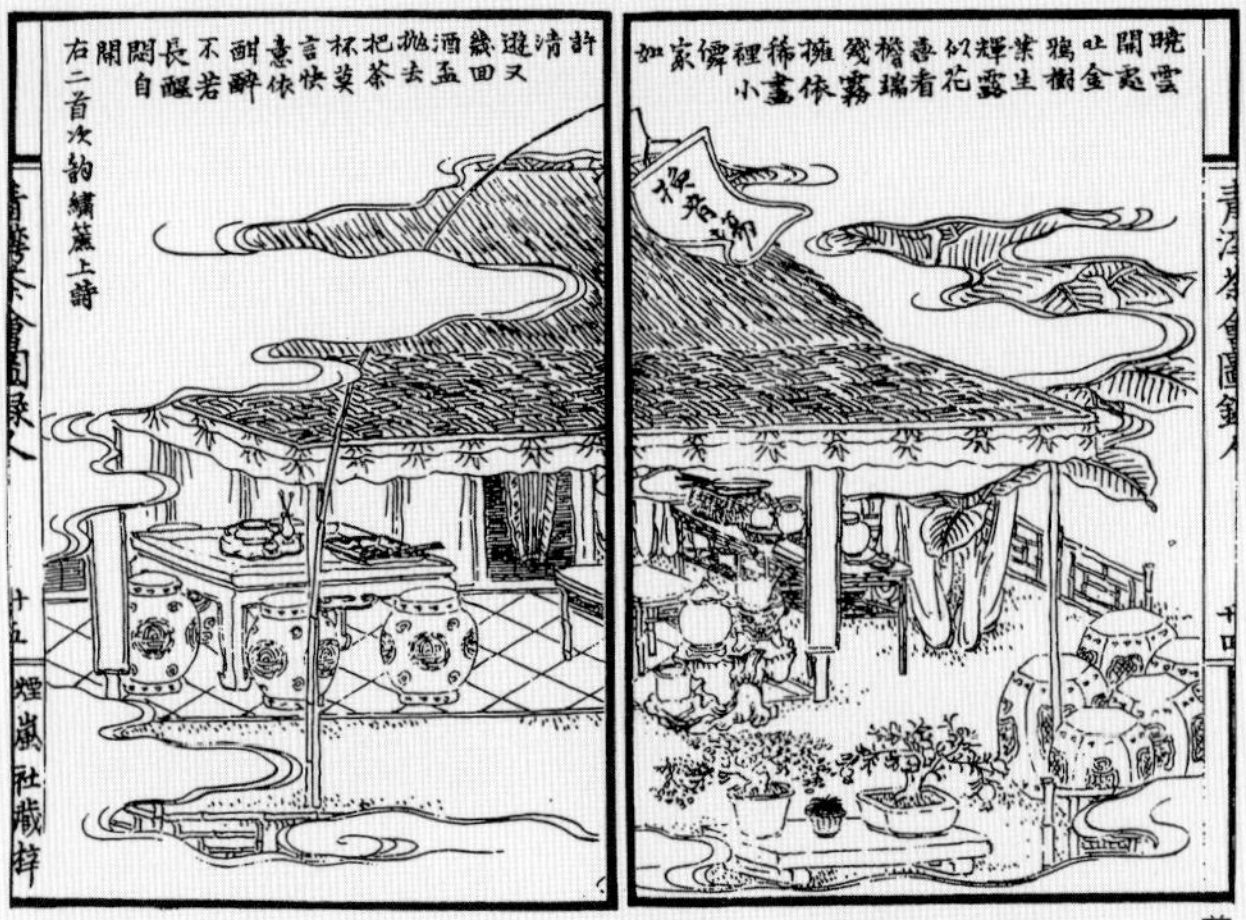

煎茶席（『青湾茶会図録』）

煎茶の庭（『築山庭造伝』玉川庭園）

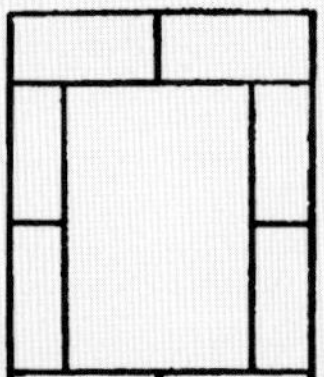

『園冶』風窓式図

『園冶』氷裂式図

K家煎茶室

『園冶』は17世紀後半に日本に伝来した中国の造園技術書。1634年成立。日本の茶室や庭園建築の建具の意匠などに影響をおよぼした。

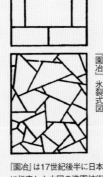

2 インテリアエレメント

近世の室内意匠で特筆すべきことは書院造《しょいんづくり》の巨大化、豪華化と、民衆の家具・室内意匠の発展である。中世末に形成をみたトコ、棚《たな》、付書院《つけしょいん》、帳台構《ちょうだいがまえ》がセットになった室内意匠は、近世初期、武家権力の強大化に伴って、強権発動型の威圧的で絢爛豪華《けんらんごうか》な室内意匠へと変化を遂げた。一方、町人や農民など民衆の経済力の上昇により、それまでの支配層の住文化が一般民衆にまで広まり、これに伴ってそれまでにはなかった使い方やデザインが生まれていった。

帷《とばり》から変化した暖簾《のれん》・簾《すだれ》、毛氈《もうせん》・絨毯《じゅうたん》、行灯《あんどん》・雪洞《ぼんぼり》、火鉢《ひばち》などがそうである。また囲炉裏《いろり》や箪笥《たんす》のように、民衆の中から新しい家具・室内意匠が生み出されていったということもある。またそれまでは上層住宅に限られていたトコ、棚、書院《しょいん》などが一般民家に普及すると同時に、襖《ふすま》や障子《しょうじ》などの建具《たてぐ》や欄間《らんま》・天井などにもヴァラエテイに富むデザインが発達したが、これには雛形本が大きな役割を果たした。（小泉）

1 装置

柱《はしら》

　書院造では柱や壁、建具で部屋が仕切られる。こうした部屋ではおのずと柱に序列が生まれた。室内の方向性や場所ごとの格式によって、その柱がさまざまな意味を帯びるためである。

「トコ柱」は床の間の脇の化粧柱であるが、書院造では特別な柱である。格式の高い床の間を形作り、正面中心に位置することもあって、部屋全体の性格を左右するからである。そのため、トコ柱の材種や寸法、仕上げ方法はほかの柱と差別化され、よりすぐれたものが用いられる。

　トコ柱の意匠は、とりわけ茶室で発達を遂げた。茶室は狭い室内ゆえに、それだけトコの重要性が高まったのである。杢目《もくめ》の見え方や面取《めんとり》の寸法に至るまで繊細な工夫が施された。素材の吟味とともに、トコ柱に取りつく部材との納まりにも洗練化が進んだ。主要な柱を角柱としながら、トコ柱は皮付き丸太というように、トコ柱はほかと仕様を異にした。

　特別な形をもつトコ柱は、他の部材との納まりに工夫が必要とされた。たとえば丸太のトコ柱であれば、床面との接触面は畳からはみ出すような曲線になる。これを端正にみせるべくトコ柱の下部を筍形《たけのこがた》に削り、面をとる技法が生まれた。これを筍ツラと呼ぶ。

　茶室で特別視される柱として「中柱《なかばしら》」もある。台目畳《だいめだたみ》の茶室で、点前座《てまえざ》の炉隅に据えられた柱である。まさに茶室の真ん中に立ち、亭主と客の双方から望める。そのため、トコ柱の形とは趣を異にし、「曲がり柱」と呼ばれる湾曲した形態が好まれた。形だけでなく、材種もトコ柱との対比が意識されて選択される。

　民家では、「大黒柱《だいこくばしら》」と呼ばれる特別な柱がある。土間と床上の境界で、四方から太い梁組《はりぐみ》が縦横に集中する位置に立つ。四方から伸びた梁組を一つの柱で納めるために、部材を太くする必要があっ

①柱

皮付き丸太のトコ柱（諦聴寺茶室花雲）

格式の高い角柱によるトコ柱（高知城）

中柱（諦聴寺茶室花雲）

農家の大黒柱（柳瀬山荘黄林閣）

た。この付近に家を守護する大黒天《だいこくてん》をまつる風習も相まって、構造的に太くなった柱を「大黒柱」と称し、柱自体が信仰の対象物ともなった。大黒柱は杢目の美しい材が吟味され、意匠的にも重視された（①）。（中村）

トコ・棚《たな》・欄間《らんま》・天井《てんじょう》・建具

江戸時代のトコ、棚、欄間、天井、建具などいわゆる座敷の細部意匠は多様なデザインがみられる。これは江戸時代初めに書院造の対面の場として床・棚・付書院・帳台構の要素をもつ室内計画がなされ、いわゆる座敷飾《ざしきかざ》りが正式な客人接待の場面においてふさわしい室内意匠とされたことに大きな理由がある。

西本願寺《にしほんがんじ》の書院対面所である鴻《こう》の間（寛永元年［一六二四］〜正保元年［一六四四］）のトコ／棚／欄間／天井／建具をみてみよう（②）。

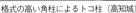

二〇三畳の大広間である室内は上段と下段を設けて格式の違いを表し、上段の正面中央にトコ、左手に帳台構、右手にさらに一段高い上々段があり違棚、付書院が配されている。天井は、下段が彩色のある格天井《ごうてんじょう》なのに対し、上段・上々段ではさらに格の高さを示す折上《おりあげ》格天井が用いられる。上段と下段の境には雲中飛鴻の彫られた欄間があり、襖や壁などの障壁画には豪華な色絵が用いられるなど、重厚かつ華麗な意匠をみることができる。トコ・棚・欄間・天井・建具などの要素を豪華に演出し組み合わせることにより大規模な空間に格式を表現した例として、鴻の間や二条城《にじょうじょう》二の丸《まる》御殿大広間（慶長八年［一六〇三］）があげられる。

このような重厚な要素を重複させていく広間の意匠が構成された一方で、個人の好みや遊び心を室内意匠に表現することもさかんになされた。風流を好む数寄者によるデザインはしばしば住宅や別荘、

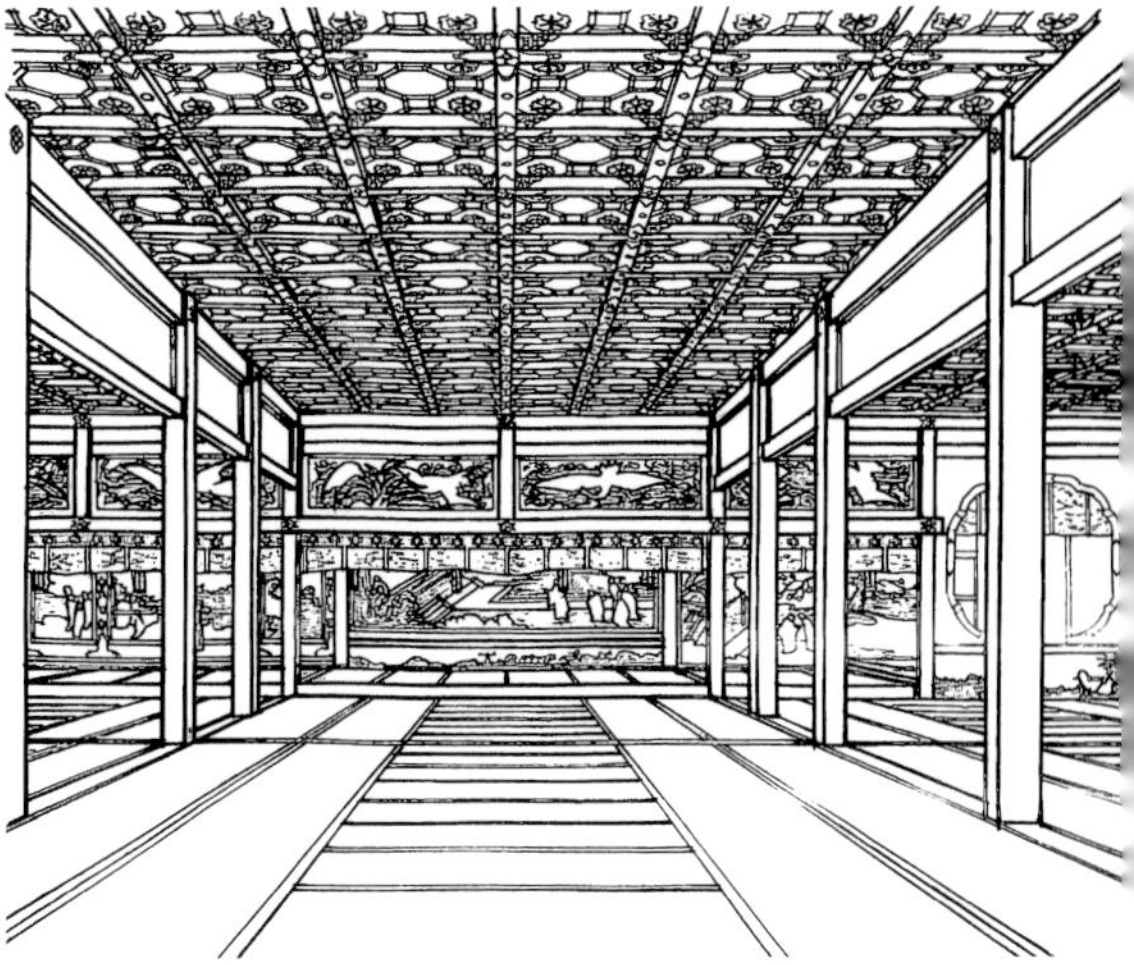

②西本願寺鴻の間

またそこに置かれる茶室に施され、いわゆる数寄屋風の意匠として表された。そこでは皮付きの柱を自然の風合いを活かして使用し、天井も格式張った建物であれば格天井や折上格天井にするところを、網代や自然の風趣を残した板で仕上げるなど、重厚さよりも軽やかさ、自然の趣、個人のこだわりをより重視したデザインがなされた。

棚のデザインも公式な対面向けの書院ではそのほとんどが違棚《ちがいだな》・清楼棚《せいろうだな》なのに対し、私的な空間では変化を持たせた多様な形の棚が作られた。このような個人の好みを表した棚の代表例としては、修学院離宮《しゅうがくいんりきゅう》中御茶屋客殿の霞棚《かすみだな》（万治二年［一六五九］頃）③、桂離宮《かつらりきゅう》新御殿上段の棚（寛文三年［一六六三］頃）がよく知られている。

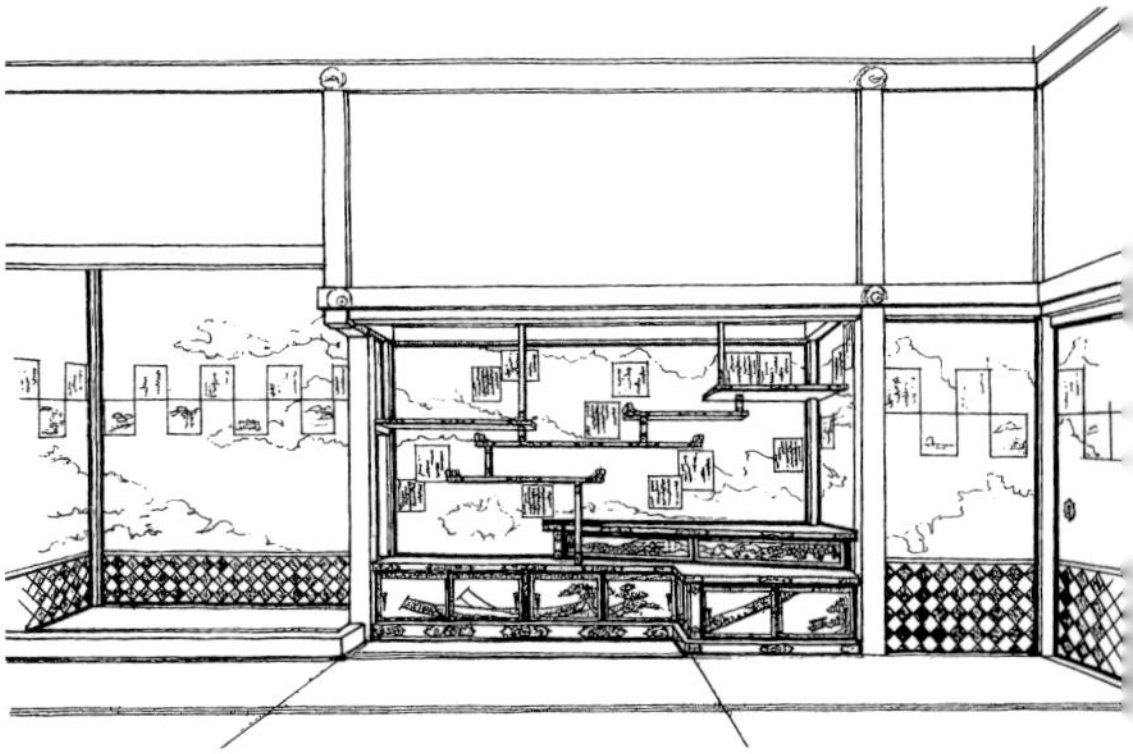

③修学院離宮中御茶屋霞棚

室内の細部意匠の多様なデザインは大工の技術書や見本とされた公刊の雛形本《ひながたぼん》によって江戸中期以降の時代にいっそう一般へ広まった。一間の間口に対するさまざまなデザイン例を示して記述する内容をもつ雛形本（一〇〇～一〇一頁コラム参照）は、大工の技術見本として、また公刊本の場合は各地で室内の構成を考案する際の手引きとして参照されたと考えられる。天井、欄間や建具のデザインは、抽象的な幾何パターンによるものと、何らかの画題を表すようなテーマ性をもつ具象的なものとがある。あるいは両者を組み合わせ、幾何学紋様を背景に、家紋や動植物などを表現したものもみられる。

「真／行／草」の格を意識する気持ちを根底にもつ中で、空間の表現として二の丸御殿や鴻の間にみられるような公式の場を意図した「真」の型式が形作られた意味は大きい。これにより、江戸中後期には、トコ／棚／建具等のデザインは各々の「行／草」の遊び心を室内意匠の場で表現する手段となった。とくに重要視されるトコや棚はもちろん、欄間・天井・障子・窓や建具など付随する細部もじつにさまざま多様性ゆたかに作られた。

（永田）

障子《しょうじ》・欄間《らんま》

障子は近世、組子《くみこ》細工が発達したことで室内装飾の重要なエレメントとして発展した。

組子は障子や欄間などを構成する細かい部材のことで、接着剤や釘を使わず手作業で組み立てていく技法である。材料は杉・檜《ひのき》・檜葉《ひば》などが使われるが竹組子《たけくみこ》もある。三本の細い板を正確に組み合わせて正三角形を作る「三《み》つ組手《くみて》」という技法が生まれたことをきっかけに一七〇〇年代に開発され、のちに正多角形を作り出すことが可能になったことで、表現方法や模様の種類が飛躍的に増加した。雛形本も多く出された（④）。

障子は外光を取り入れる明かりを通すことから縁、書院、窓、茶室掛け障子、欄間など部屋を囲むさまざまな場所に用いられる。また縁障子《えんしょうじ》なら腰のつかない水腰《みずごし》障子・腰付《こしつき》障子・腰高《こしだか》障子・摺上《すりあ》げ障子・猫間《ねこま》障子というように、種類も多様である（⑤）。これらが桟《さん》と組子によってさまざまな表情をみせることとなったのである。

障子の場合、代表的な縁側の障子でいうと、桟の割付の基本形は、本尺（六尺）を横六等分、竪四等分にする荒間《あらま》組子（軽い印象のため数寄屋に使われる）のほか、組障子（基本形の高さ方向をさらに二等分、つまり一二等分する、一八等分するのが横繁）・竪組《たてぐみ》障子（竪子《たてご》を五本入れて枡目を縦長に組んだ障子。竪子は奇数が原則である）・竪繁《たてしげ》障子（数をさらに増やして枡目を細い縦長に組んだもの。柳障子・短冊障子とも呼ぶ。竪繁は書院に使われることが多いため書院障子とも呼ぶ。横繁や竪繁のような組子を密に入れた障子は総じて繁《しげ》障子と呼び、格式の高い座敷に使われる）・吹寄《ふきよ》せ障子（竪か横の桟を寄せて組み、リズムをあえて崩す組み方で数寄屋によく使われる）・変り組障子（組障子とも呼ぶ。細い組子を菱形・麻《あさ》の葉《は》・亀甲《きっこう》・毘《び》沙門《しゃもん》継ぎ・籠目《かごめ》などの幾何学模様や干網《ほしあみ》や投網《とあみ》といっ

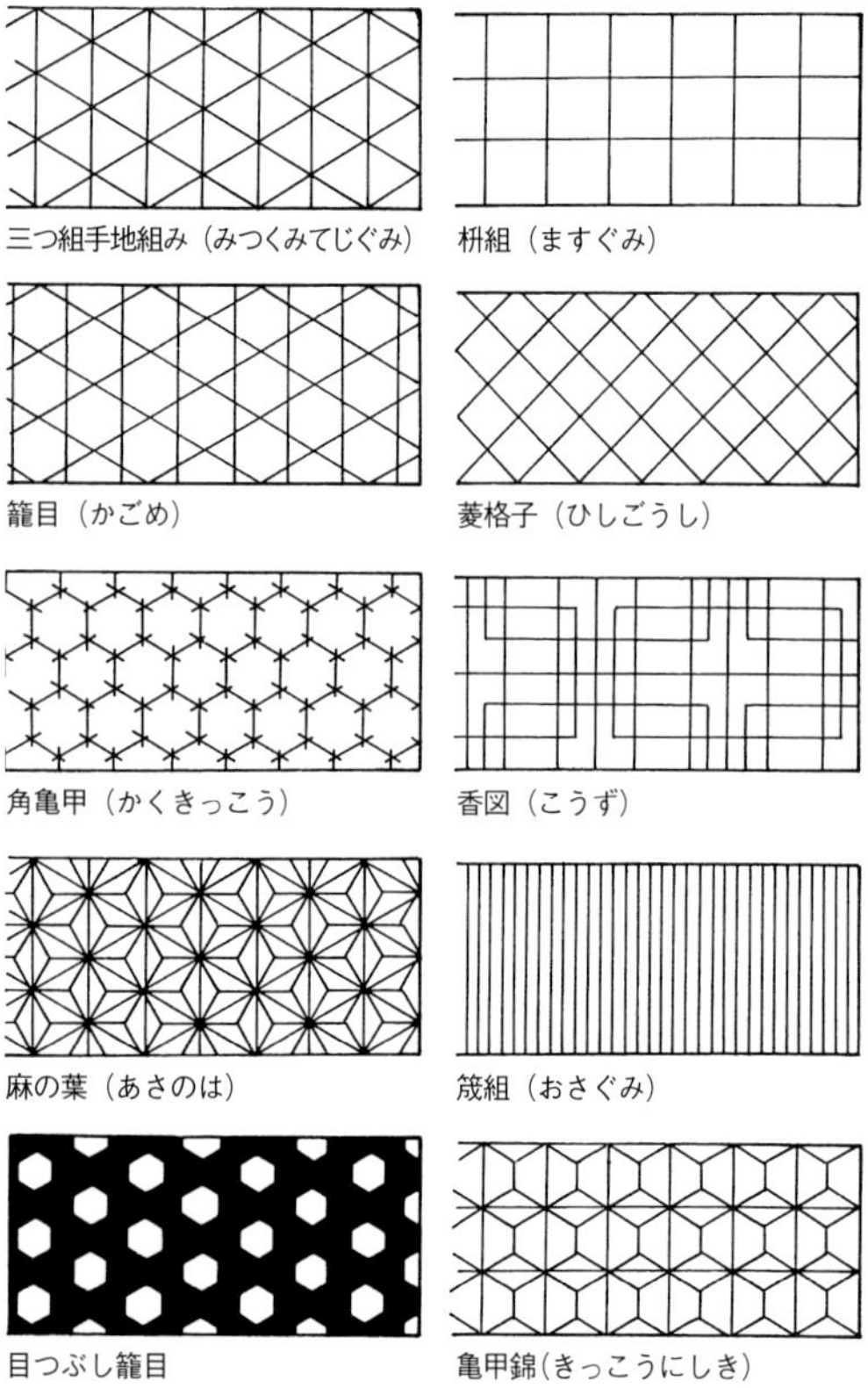

④組子の基本パターンと名称
（『用と美の世界　いわての手仕事』）

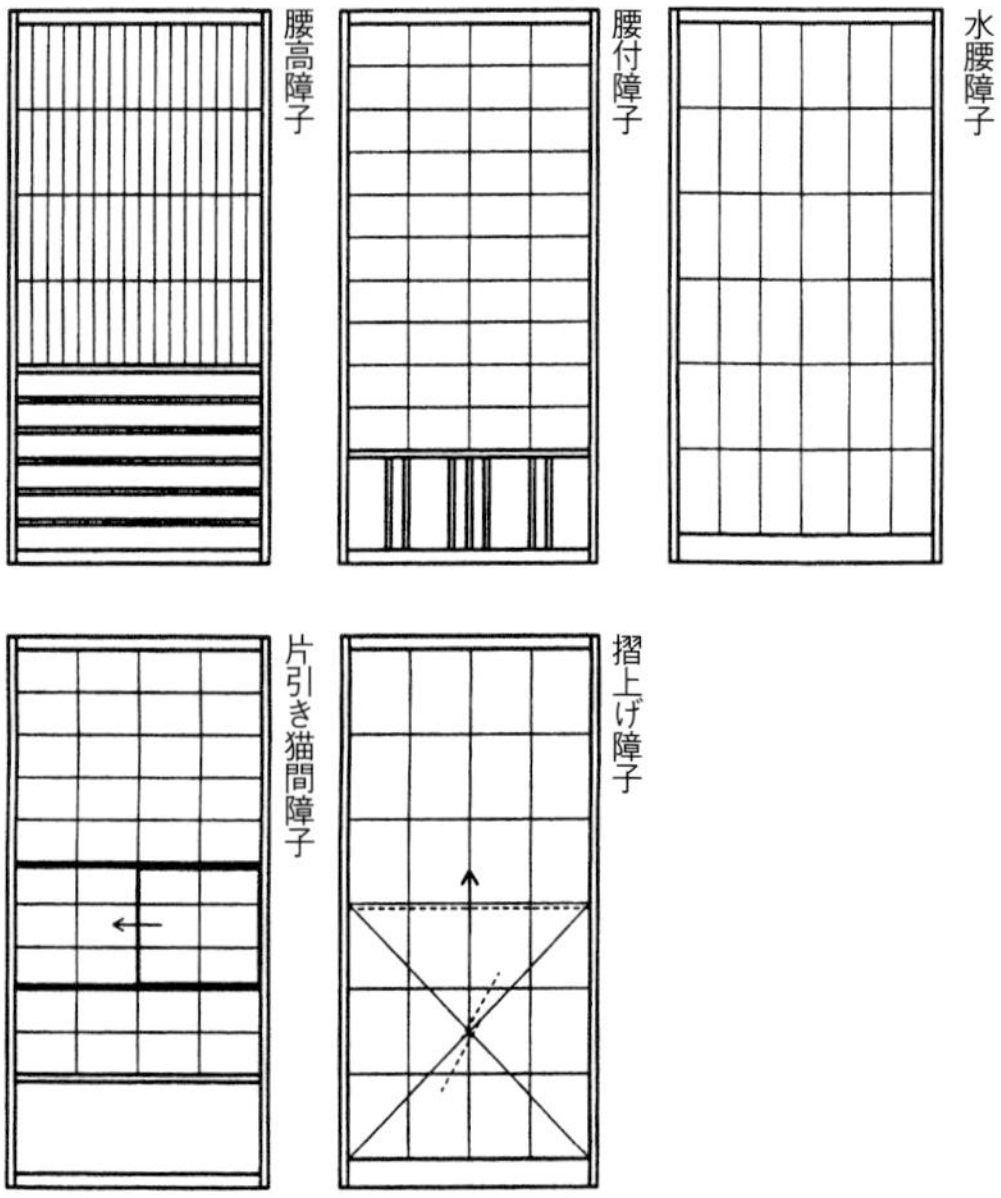

⑤障子の種類
（『木製建具デザイン図鑑』）

⑥組子割りによる分類

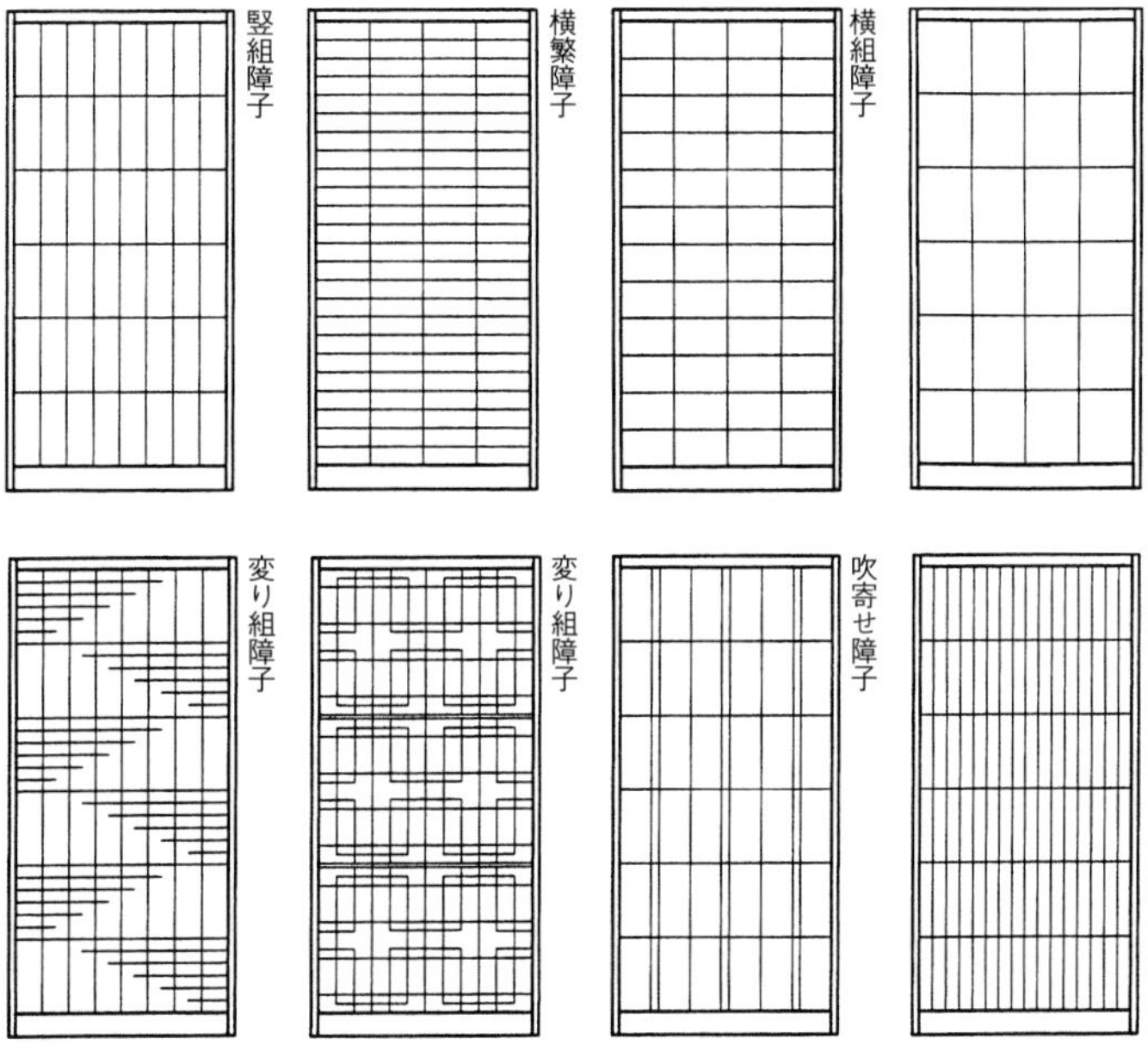

（『木製建具デザイン図鑑』）

⑦欄間の種類

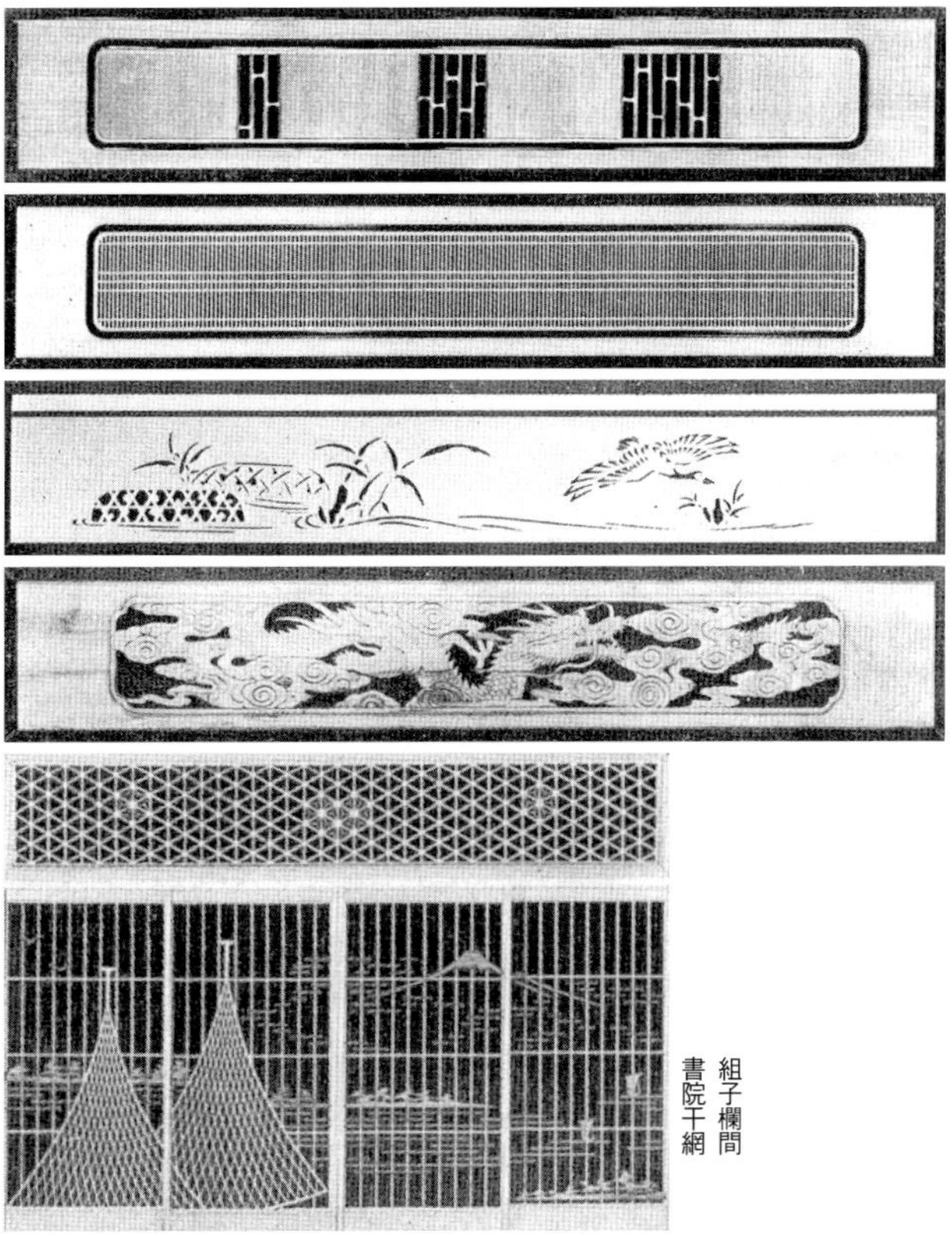

（『木竹工芸の辞典』）

た模様に組むもので多種多様な意匠がある）などがある（⑥）。

欄間も日本の室内意匠の重要な一つであり、彫刻欄間・筬《おさ》欄間・透彫《すかしぼり》欄間・節抜《ふしぬき》欄間・組子欄間があるが、組子欄間は江戸時代になって発達したものである。青海波《せいがいは》・七宝継《しっぽうつ》ぎ・麻の葉散し・紗綾形《さやがた》崩し・松皮菱《まつかわびし》・長組子《ながくみこ》・業平菱《なりひらびし》・子持菱《こもちびし》をはじめとして多種多様なデザインがある（⑦・⑧）。

（小泉）

帳台構《ちょうだいがまえ》

大名の居館など大規模で豪華な書院造に特徴的な室内意匠で、広間の上段の間に付書院と向かい合って設けられる装置である。正面には床の間と違棚、左右側に一方が付書院、一方が帳台構である（⑨）。

太い黒塗の縁が周囲を取り巻き、中央に左右に開く襖があり、引手には華麗な房飾りがついている。もとは平安時代の

⑧組子欄間の種類　（『木竹工芸の辞典』）

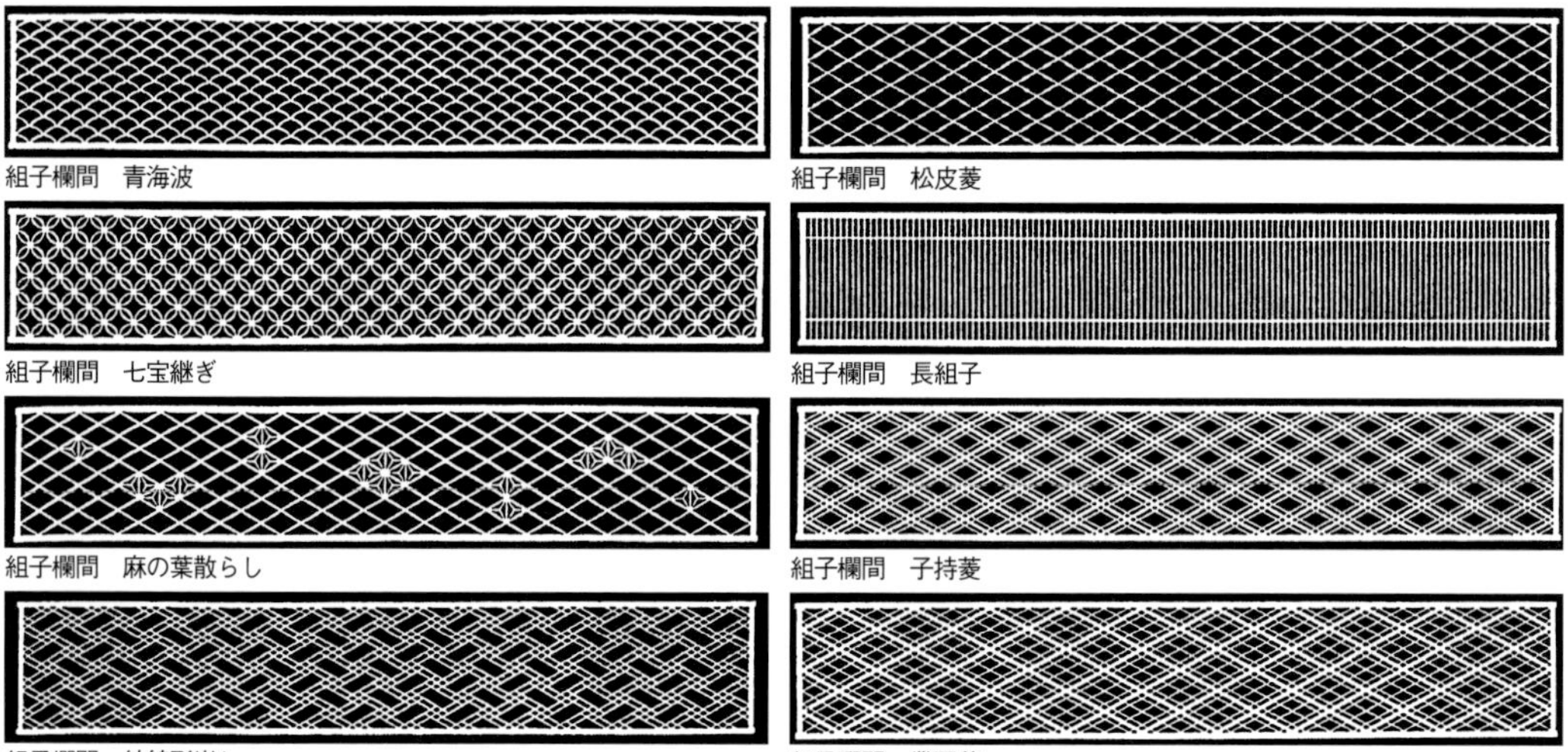

組子欄間　青海波

組子欄間　松皮菱

組子欄間　七宝継ぎ

組子欄間　長組子

組子欄間　麻の葉散らし

組子欄間　子持菱

組子欄間　紗綾形崩し

組子欄間　業平菱

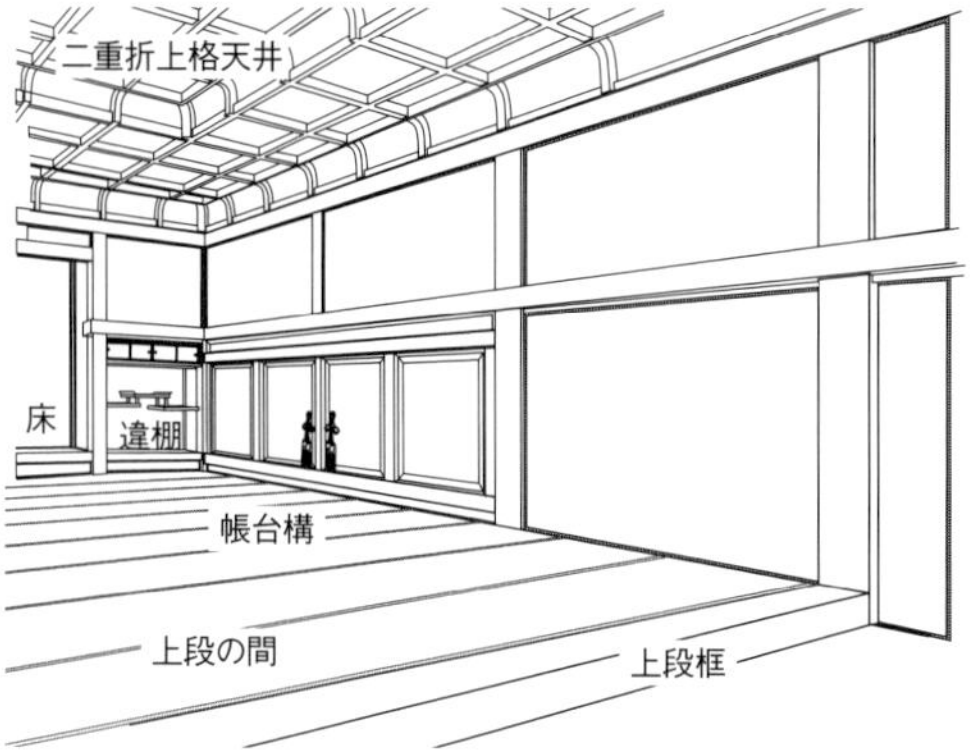

⑩上段のデザイン

⑨帳台構

障子帳構が中世にビルトインされて障子帳構（納戸構）となり、さらに近世に帳台構となったものであるが、この段階になると寝室の入口ではなくなり、完全に室内装飾化された。しかしデザインは障子帳の正面の形がそのまま残っている。

書院造の上段の、正面に床の間と違棚、左右側にそれぞれ書院と帳台構というデザインは、寝殿造で帳台（寝室）の前に畳を置き、厨子棚《ずしだな》を並べて貴人の御座とした形に、その後の押板《おしいた》や出文机《いだしふづくえ》が加わって建築化したものである（⑩）。（小泉）

2 屏障具《へいしょうぐ》

暖簾《のれん》

江戸時代には暖簾が発達した。暖簾は外暖簾《そとのれん》と内暖簾《うちのれん》に大別される。

外暖簾は商店などで店先に掛けるものだが、通りニワや帳場《ちょうば》と奥との境に掛けるものも入る。縦に何条かの布を縫いつなげ、下部を縫い外した長暖簾《ながのれん》・半暖簾《はんのれん》、軒下に横に張る水引暖簾《みずひきのれん》、幕を張ったような横暖簾《よこのれん》などがある。木綿が主で麻もあり、色は白・紺・茶・浅黄《あさぎ》などで、屋号や店名、あるいは店を象徴する図がつけてある。また台所口に掛けるものもあり、これは大風呂敷のような形で、紺木綿などが多い（⑪）。

⑬部屋暖簾

⑫寝室の入口の部屋暖簾
（「絵本女中風俗　艶鐘」）

⑪外暖簾・水引暖簾と長暖簾

内暖簾は寝室や納戸《なんど》の入口に掛けるもので絹・木綿、夏用には麻が使われた。部屋暖簾とも呼ぶ。絹には草花など絵画的な図柄を友禅染《ゆうぜんぞ》めにした優美なものが多く、木綿や麻は紺地に立涌《たてわく》や松皮菱《まつかわびし》などを白く染め抜いた明快な図柄が多い（⑫・⑬）。（小泉）

簾《すだれ》

簾は古くから使われてきたが江戸時代には上流住宅、庶民住居をとわず、なくてはならないものとなった。簾と御簾《みす》に分けられ、高級なものが御簾である（⑭）。御簾は古くから室内用とされてきており、江戸時代になっても変わらないが、この時代になって発展したのは簾である（⑮）。本来は軒先など室外用であるが、御簾に比べて造りが簡単で安価なため、さまざまに使われた。素材の種類も苦竹《くちく》・淡竹《はちく》・伊予竹《いよたけ》・晒竹《さらしたけ》・萩《はぎ》・葭《よし》など多様なものが使われ、編み方も竹の節によって波線《はせん》状、折線《せっせん》状など工夫され、縁もつけら

⑭御簾・簀戸　熊谷家住宅

⑮外簾　京都

⑯**毛氈**　熊谷家住宅

⑰**段通**　熊谷家住宅

絨毯の流行

近世初期にはエキゾティックで華やかな輸入品の絨毯が富裕な町人たちの間で大流行した。

戸をはずし、手すりに絨毯をかけて祭礼を見物（「祇園祭礼図屏風」八幡山保存会）

花見の絨毯（「花下遊楽図屏風」）

室内に敷かれた絨毯（「相応寺屏風」）

れた。御簾入り衝立《ついたて》・御簾入り衣桁《いこう》などの家具、簾戸《すど》・葭戸《よしど》などの建具にも応用され、夏の室内意匠にとって重要なアイテムとなった。（小泉）

3　敷物

毛氈《もうせん》・絨毯《じゅうたん》

毛氈、絨毯は日本では産しないため古代から、珍重されてきたが、戦国末から安土桃山《あづちももやま》にかけて南蛮《なんばん》からの輸入がさかんになり、鮮やかな色彩と文様に戦国武将たちが熱狂した。このうち毛氈は江戸時代になるとオランダから大量に輸入されるようになって価格も下がり、広く使われるようになった。とくに赤い毛氈は緋毛氈《ひもうせん》と呼んで、婚礼・節句・通過儀礼・慶事・宴席・物見遊山《ものみゆさん》など祝祭の場には不可欠なものとなって日本の室内デザインエレメントとして定着した（⑯）。

絨毯は祇園祭の山鉾《やまぼこ》の屋台に掛ける見送りに、キリストの事蹟などの絵画的な図柄で豪華なヨーロッパ製の絨毯が使われた。室内用の敷物としては中国からの輸入品である段通《だんつう》が使われた。地糸《じいと》に綿・麻・羊毛などを用いたパイル織りの厚い敷物で、種々の織込糸で蝙蝠《こうもり》や牡丹《ぼたん》などの模様をつける（⑰）。堺《さかい》・赤穂《あこう》・鍋島《なべしま》でも生産が開始された。段通は関西地方で多く使われ、とくに煎茶席では多用された。（小泉）

4 照明具

行灯《あんどん》

行灯は油をともす明かりで、もとは携帯用であった。室町時代中期に生まれたようであるが、江戸時代に蠟燭《ろうそく》が普及して提灯《ちょうちん》が出てくると携帯用は提灯になり、行灯は室内用となった。

さまざまな種類があるが主なものに角《かく》行灯《あんどん》・丸行灯《まるあんどん》・遠州行灯《えんしゅうあんどん》・有明行灯《ありあけあんどん》・瓦灯《がとう》がある。有明行灯・瓦灯以外はいずれも高さ三尺前後で火袋《ひぶくろ》には障子紙を貼る。

角行灯は火袋が方形または長方形で、一方が開き、ここから油皿の出し入れや差し油をする。油皿は火袋の中の棚か蜘《く》蛛手《もで》（棒を立て、上端に細い材を交叉させて作った受け台）に二枚重ねてのせる（⑱）。丸行灯は円筒形か球形の、提灯に似た火袋で、火袋を持ち上げて差し油をする（⑲）。遠州行灯は円筒形の火袋が二重になっていて、それぞれの円筒の一部を紙を貼らずにおき、差し油などの際には左右にスライドしてあける（⑳）。

有明行灯は紙貼りの角行灯の外側に木箱の覆いをかぶせるもので、木箱の側面には丸や三日月形がくりぬいてある。かぶせると暗くなり、明かりの調節ができる。明るいまま使うときには木箱が台になる（㉑）。瓦灯は土製で、釣鐘形《つりがねがた》の火袋の側面に窓を開けて、中に油皿を入れる。明るくしたいときには皿を上にのせ

⑱角行灯

⑲丸行灯（勝川春湖『絵本紅葉橋』）

⑳遠州行灯

㉑有明行灯

㉒瓦灯

㉓吊行灯

㉔掛行灯（『縦筒放唐噺』天明３年［1783］）

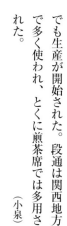

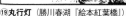

㉕雪洞（北尾重政『絵本世都之時』安永4年［1775］）

る。瓦と同じ製法のため、指物師《さしものし》や塗師《ぬし》が作る行灯類に比べて安価なことから、庶民用の明かりとして広く使われた（㉒）。
　このほか室内用の行灯には吊行灯・掛《かけ》行灯《あんどん》がある。吊行灯は天井や梁《はり》から吊る明かりで、湯屋《ゆや》とか遊郭《ゆうかく》、寄席《よせ》などで使われた。四角・六角・八角などの紙張りの笠の下に蜘蛛手を下げて、ここに油皿をのせる（㉓）。掛行灯は柱や壁などに掛ける明かりで、大きな建物の入口や廊下、台所、便所などで使われた。火袋の紙に店名や商品名を書いて看板としても使われた（㉔）。看板用には雨天用に桐《とう》油紙《ゆがみ》を用いたり、破れないように外側を銅の網で覆ったものもあった。（小泉）

雪洞《ぼんぼり》

　雪洞は蠟燭をともす明かりである（㉕）。灯台のように円形の台に一本柱が立ち、上端に蠟燭を立て、火袋で囲む。火袋には上が開いた六角形や、大きな平たい球形などさまざまな形がある。江戸時代は蠟燭が高価だったため、禁裏《きんり》や柳営《りゅうえい》、大名屋敷、高級遊郭・料亭など、一部でしか使われなかった。（小泉）

5 暖房具

火鉢《ひばち》

　江戸時代の暖房具の中心は火鉢である。火鉢は木製の指物《さしもの》・刳物《くりもの》・曲物《まげもの》、籐製、金属製、陶製と種類が多く、それぞれに長火鉢《ながひばち》・角《かく》火鉢・丸火鉢などがあり、大きさも大広間用の径一m以上もあるものから、一人用の小形のものまで幅広い。用途でも、御殿用の大名《だいみょう》火鉢、大勢が集まる場所に置かれる大火鉢、家庭用の長火鉢、来客用の客火鉢、夏火鉢など多様である。大名火鉢は方形で猫脚《ねこあし》が付いた漆塗りの枠台に金属の落としを入れ、上に釣鐘形の金網をかぶせるもの（㉖）、大火鉢はいろいろな形のものがあるが、長方形の箱形、刳物で平たい球形などが

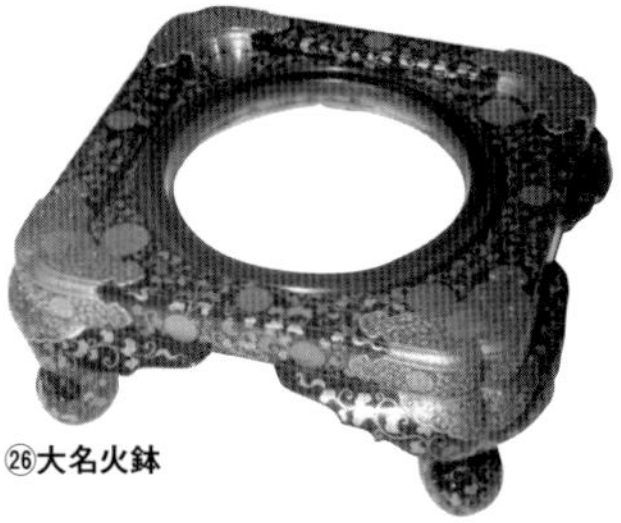
㉖大名火鉢

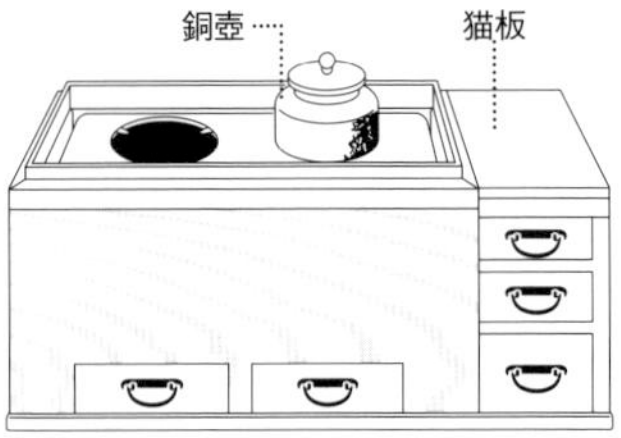

㉗長火鉢

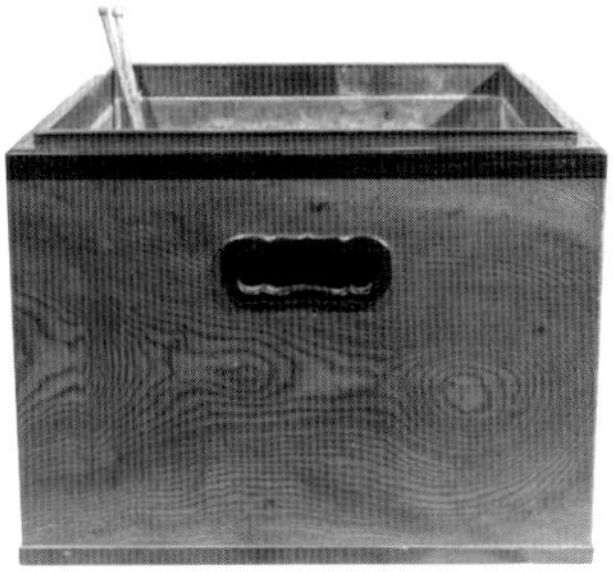
㉘指物角火鉢

㉙刳物丸火鉢

㉚籐火鉢

ある。長火鉢は長方形の箱火鉢で、銅《どう》壺《こ》・猫板《ねこいた》・抽斗《ひきだし》が備わっており、茶の間や居間に置かれる㉗。客火鉢には客間に置かれるものと㉘㉙、人寄せなどのときに一人一人に出す小形のものがある。夏火鉢は籐製などが多く㉚、煙草盆代わりに出された。（小泉）

炬燵《こたつ》

炬燵には掘炬燵《ほりごたつ》と置炬燵《おきごたつ》がある。掘炬燵は床を掘り下げて下に炉を設け、上に細い角材を格子に組んだやぐらを立て、布団をかぶせるもので、場所が固定する㉛。置炬燵は移動可能で、細い角材を格子に組んだ四角いやぐらの中に土火鉢を入れ、上に布団をかぶせるものである。炬燵は木綿の生産が進んで、側も中身の綿も多く出回るようになって広く使われるようになったものである㉜。ただし炬燵はあくまでも家族用で、置場所は居間や茶の間、寝室に限られ、客間には設けられない。（小泉）

囲炉裏《いろり》

囲炉裏は主に農家、あるいは地方の民家に設けられるもので、家の中心的存在であった。古くは土間に設けられたが、ゆかが張られるようになってからはゆかの上に設けられるようになった㉝。正方形のもの、長方形のもの、コの字形に土間に面した一辺が空いていて土足のままかけられるような踏込炉《ふみこみろ》などがある㉞。

㉛**掘炬燵**（『絵本和歌浦』享保19年［1734］）

㉞**踏込炉**
（『妬湯仇討話』文化5年［1808］）

㉜**置炬燵**（『好色一代男』天和2年［1682］）

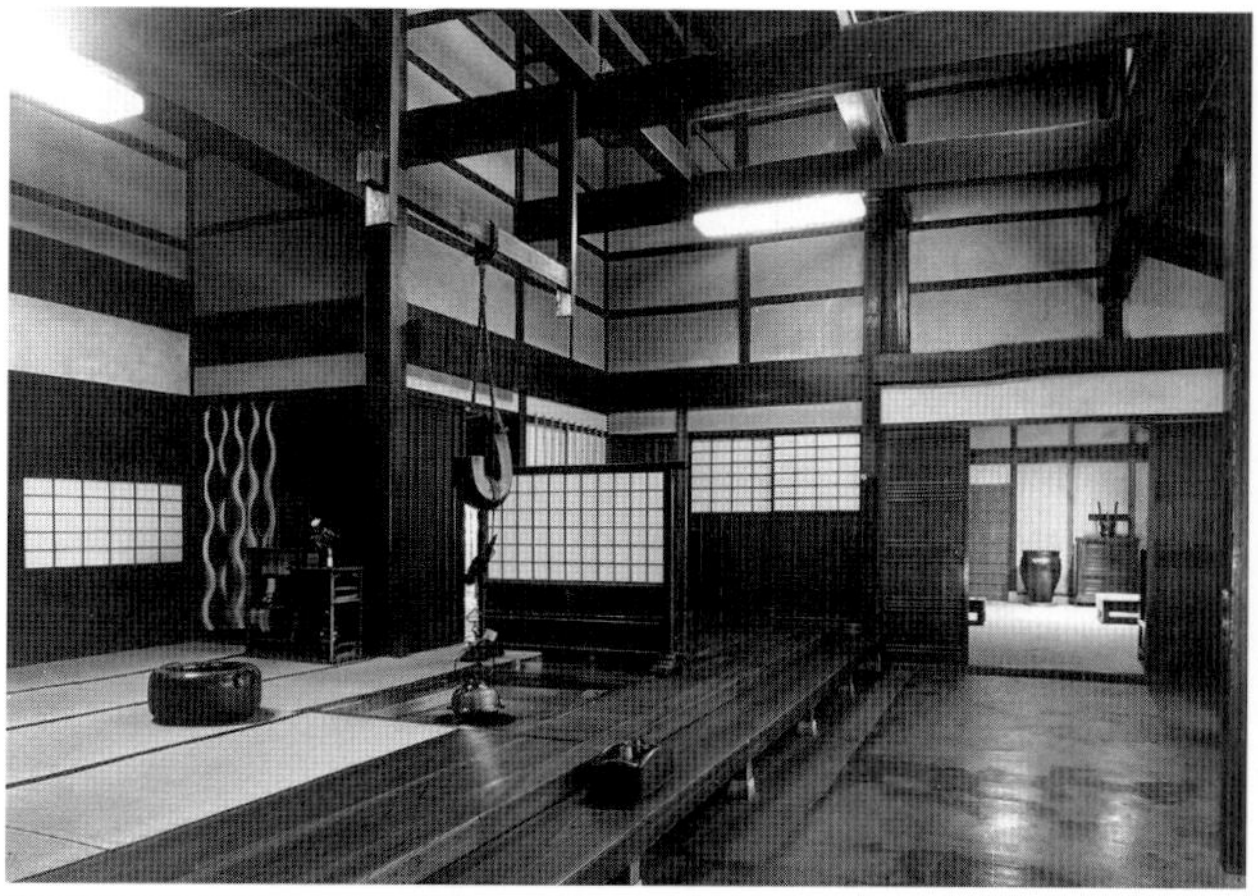

㉝**囲炉裏のある民家**　喜多村家住宅（撮影・玉井哲雄）

ゆかを掘り下げた周囲を石や土、漆喰《しっくい》などで固めて中に灰を入れ、ゆかに接するところには太い角材の炉縁《ろぶち》が嵌め込んである。金輪を置いて、ここに鍋や湯釜を掛けるものと、天井の梁から鉤《かぎ》を吊るして、ここに鍋などを掛けるものがある。

鉤には高さを調節できる自在鉤《じざいかぎ》もある。これは棒と綱を横木の孔《あな》に嵌めて、その摩擦で自在の場所に止まる仕掛けが一般的である（㉟）。人の目が集まる場所のため横木には魚や扇子をはじめ、さまざまな趣向を凝らしたものが多い（㊱）。鉤を梁から吊るため、恵比寿《えびす》・大黒《だいこく》などの鉤吊りを設けたものもある（㊲）。

炉の上方に火棚を吊る場合もある。木材や竹を格子に組んで、梁から綱や棒で吊り下げるため、鉤が火棚を貫通している。火棚は火除けであると同時に濡れた衣類を乾かしたり、食物などを乾燥させたりする乾燥場所でもあった。

囲炉裏には座る場所が決まっていて、土間から見て一番奥が横座《よこざ》といって主人の座である。これと鉤の手になった両側のうち、入口から遠い方が主婦の座、嬶《かか》座《ざ》で、その向かい側が客座、あるいは婿《むこ》座《ざ》、横座の向かい側で土間に近いところが雇い人などの下座《げざ》である。（小泉）

㉟囲炉裏　鉤の種類

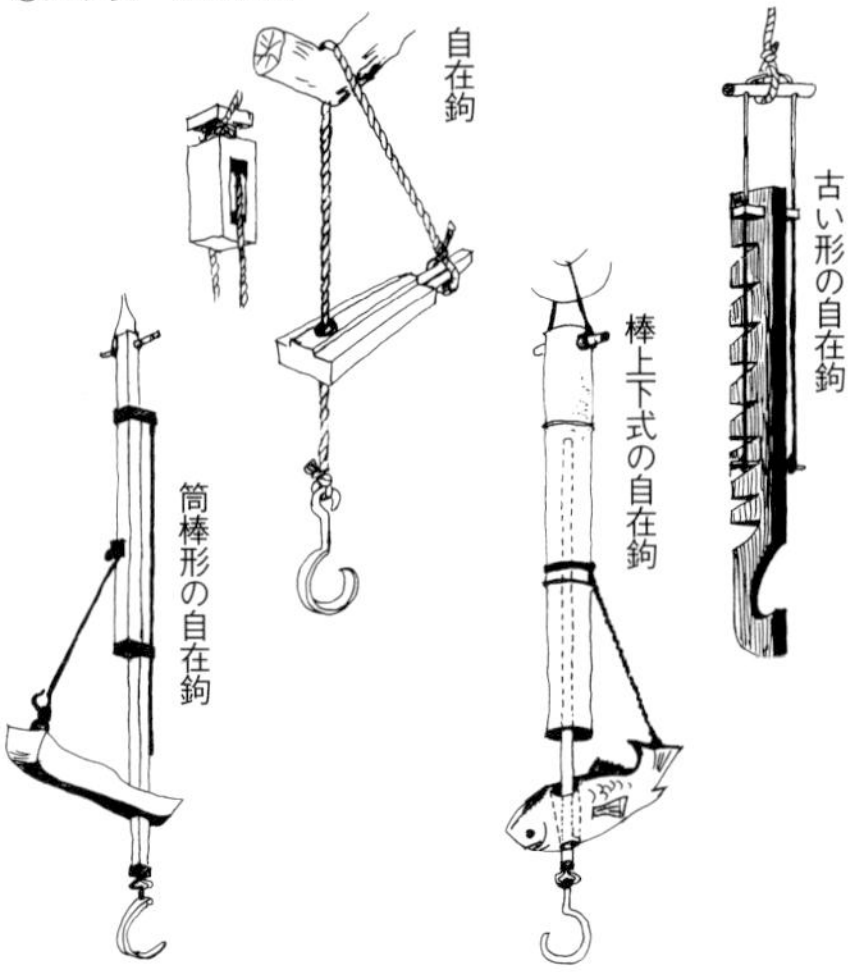

㊱自在鉤の横木

（佐渡国小木民俗博物館）

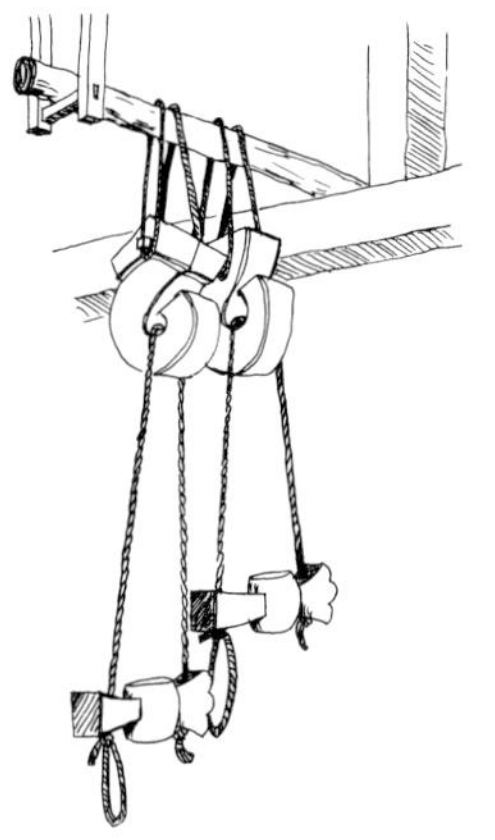

㊲恵比寿・大黒の鉤吊り

6 収納

箪笥《たんす》

箪笥は抽斗《ひきだし》形式の収納家具である。出現したのは一七世紀中頃である。抽斗は、それまでの収納具であった櫃《ひつ》や葛籠《つづらこ》に比べて出し入れに便利であり、分類・整理もできて合理的である。また箱を縦に積み重ねたものであるから場所もとらない。自分で衣服の出し入れをし、広い置き場所もない庶民がしまっておけるほどの衣服の余裕ができて生み出された家具である。

江戸時代の箪笥は衣装箪笥の場合、抽斗箪笥・閂《かんぬき》箪笥・上開《うえひら》き二つ重ね箪笥・侍型《さむらいがた》箪笥・大開《おおひら》き箪笥が代表的なものである（㊳）。抽斗箪笥は間口三尺に高さ四尺ほどで、抽斗が四杯か五杯あるだけのシンプルなもの、この前面に鍵の役目をする閂が付いたのが閂箪笥である。どちらも木地か漆を花塗《はなぬり》といって塗り立てただけか、春慶塗《しゅんけいぬり》が多い。上開き二つ重ねは二つ重ねで、下に抽斗が二杯、

㊳江戸時代の衣装箪笥

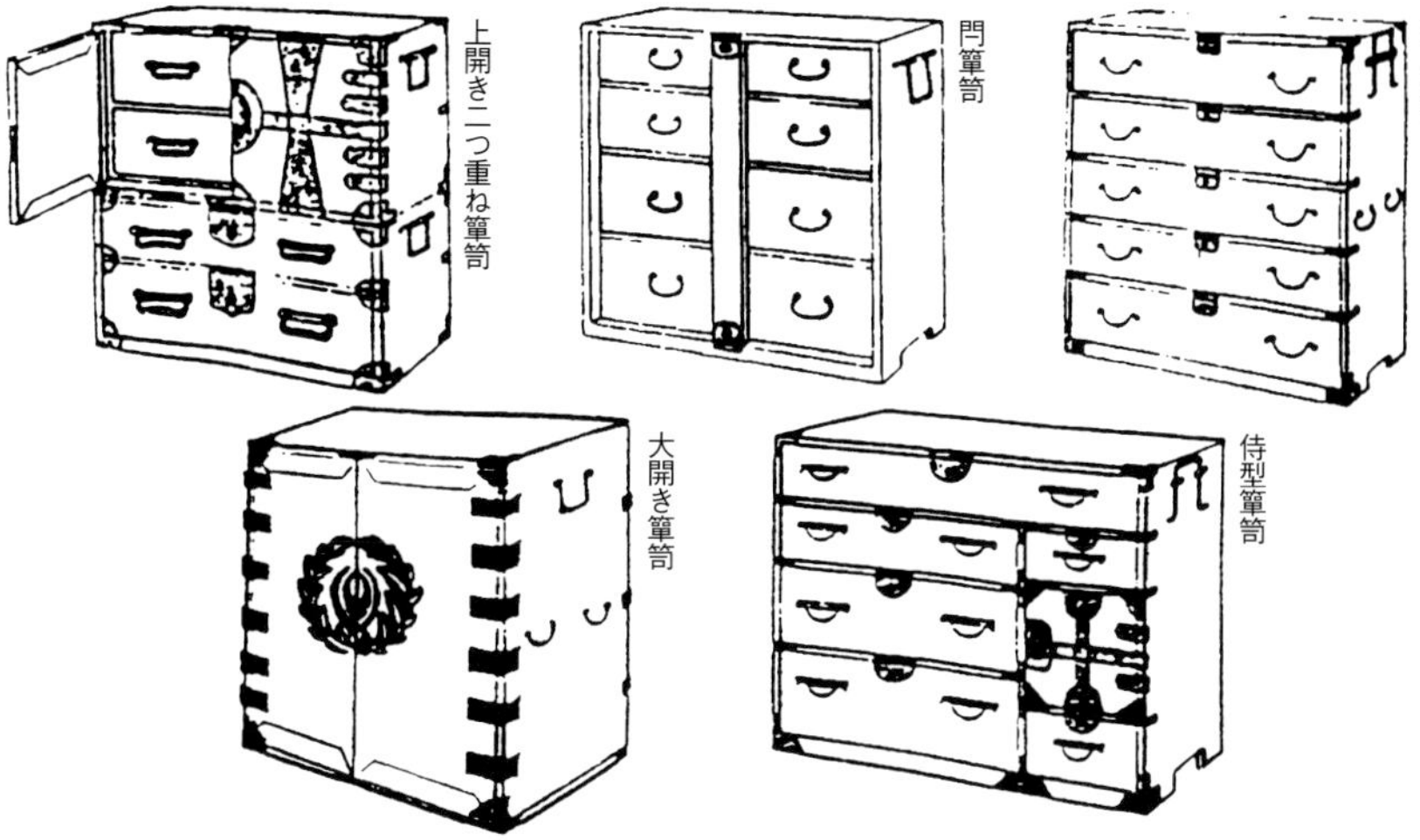

上が両開扉で中が抽斗二杯、扉の前面に鉄で大きく定紋《じょうもん》を象った金具がついている。

木地、春慶塗のほか、高級なものには漆蒔絵《うるしまきえ》もある。これはもともと吉原《よしわら》で発達したもので江戸を中心に広まっていった(㊴)。侍型箪笥は間口三尺八寸、高さ三尺ほどの横長の形で、上に間口いっぱいの大抽斗がつき、下が右に小抽斗と片開扉、左に中抽斗が三杯が定形で、拭《ふき》漆《うるし》、木地呂塗《きじろぬり》、春慶塗などで仕上げてある。大抽斗には刀が入れられるようになっていて、武士用の箪笥がもとになったものである。大開き箪笥だけは大名や公家などが使った箪笥で、前面が両開扉で、中は抽斗になっていて、全体を漆蒔絵などにし、銀金具などつけた豪華な箪笥である。

このほか箪笥には、用箪笥《ようだんす》・手元《てもと》箪笥・書物《しょもつ》箪笥・菓子《かし》箪笥など用途に応じた種々の箪笥がある。また職種に応じた武家用の刀《かたな》箪笥・鉄砲箪笥・玉薬《たまやく》箪笥、商店用の帳《ちょう》箪笥・商品箪笥、薬屋や医者用の薬箪笥、職人用の道具箪笥・材料箪笥などもあって箪笥は生活必需品であった。

（小泉）

㊴江戸吉原で発達した上開き二つ重ね箪笥

市場通笑・鳥居清長『其数々酒の癖』(安永8年［1779］)

吉原では箪笥が室内装飾（市場通笑・鳥居清長『金持曽我』天明2年［1782］）

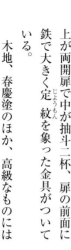

コラム

雛形本と室内意匠

「雛形《ひながた》」とは一般に見本、手本あるいは実物を模した模型をいい、雛形本とはそれらを書物にしたものである。とくに着物の模様を収録した「小袖雛形」は、江戸時代に数多く刊行され、着物デザインの見本帳として使用された。室内意匠の関連要素について書かれた雛形本をみると、畳敷様(畳の敷き方)雛形、棚雛形、トコ・書院雛形、建具雛形、天井雛形、道具(家具調度)雛形等があり、最後の可動の道具に関する雛形を「道具雛形」、それ以外の建築に造り付けとして常設される細部に関する雛形を総称して「座敷雛形」と呼ぶ。むろん建築の史料としては室内意匠そのものよりも堂宮《どうみや》・屋敷・数寄屋等、外観および機能を含む建築全体を記述し、その中で内部意匠を記述する場合もあるが、本稿ではそれをおいて室内意匠を主題としてまとめられた雛形について主に述べる。

座敷雛形の史料は室町末期から明治時代までに筆写あるいは公刊を合わせて八七点(注1)、道具雛形は平安時代後期から江戸時代までに九三点が確認されている。日本住宅の室内は固定の道具、現代でいうところの家具が少ない。そのため人の生活動作を支えるには目的に応じて道具や調度を取り合わせる「しつらい」が必要で、建築に固定された室内の意匠要素と、可動の道具の総合的な取り合わせによって室内空間が構成されていた。

道具雛形、畳敷様雛形、棚雛形は室内意匠関連の雛形本のなかでも古くからの成立がみとめられ、三雛形のうち古いものは接客儀礼の変化する時代の需要に対応するように大工の口伝《くでん》や、上流層の礼法を伝える秘伝書や礼法書の体で筆写本として成立した。これには住宅のゆかに畳が敷き詰めでない頃には高位の人物に可動の置畳を使用したことや、公式の場面で各人の座る位置が儀礼的に重要であったこと、押板や棚に法具や文房具などのさまざまな道具を飾り付けて行う接客や宗教催事など、儀礼にかかわる内容が古くから求められたという歴史的な背景があると考えられる。

畳が敷き詰めでなく、可動の道具を取り合わせて使っていた寝殿造の内部から、畳を敷き詰め、トコ、棚、付書院を備えた書院造の座敷へと公式の接客空間の形は変化していった。その過程では出文机《いだしふづくえ》が付書院に変化し、あるいは、可動の置棚であった厨子棚が違棚《ちがいだな》の形で建築に造り付けられるようになったと考えられる。足利義政《あしかがよしまさ》(永享八年〔一四三六〕~延徳二年〔一四九〇〕)の御殿である小川御所と東山殿の飾りを具体的に示す史料として知られる『君台観左右帳記』には、置押板やその上部の壁面、違棚に書画・当時流行の唐物の茶道具・文房具などが飾り付けられた様子が描かれ(①)、机・棚等の可動の道具が造り付けとなって建築に組み込まれるさまをうかがい知ることができる。また雛形の記述は図ばかりでなく、「棚を付けるから八、その錺方《かざりかた》をしらすして八有へからす」(『伊勢家諸礼書』明和八年〔一七七一〕)のように、棚の設置や道具の飾りについての心構

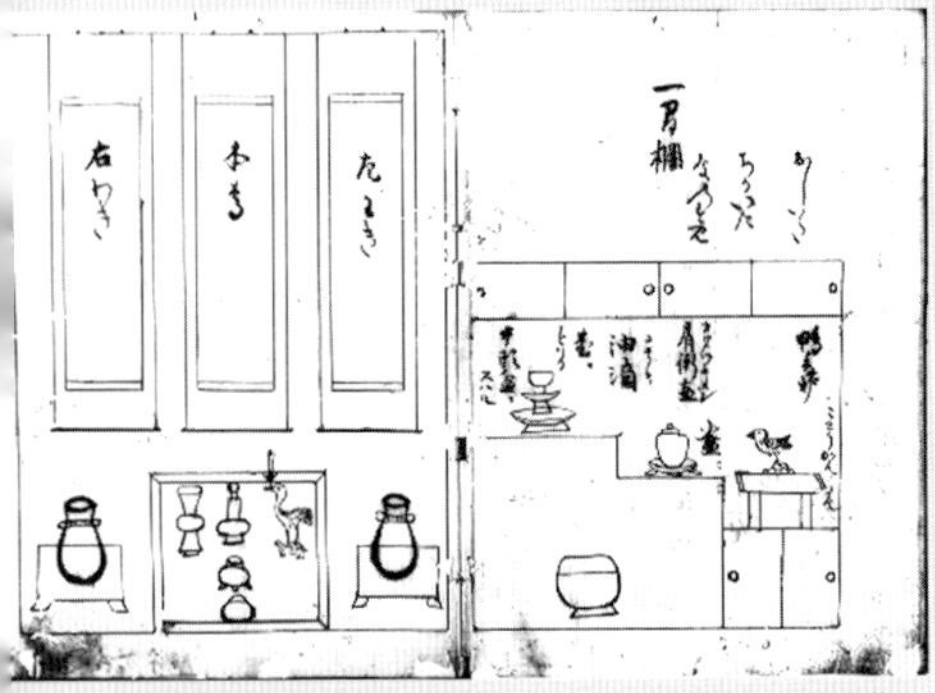

①『君台観左右帳記』文明8年(1476)頃記、江戸時代写本、東京国立博物館蔵

②『新選増補　大匠雛形大全』(全5冊、嘉永4年[1851]刊)、右端冊子「違棚数品小道具之部　五」

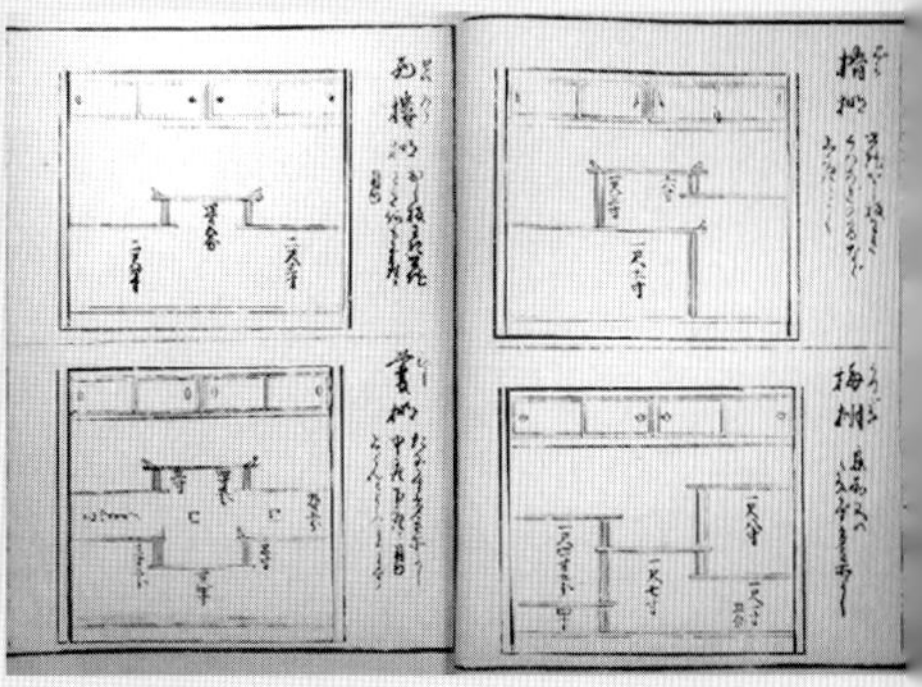

③棚図（『新選増補　大匠雛形大全「違棚数品小道具之部　五」』（嘉永四年［一八五一］刊）

えや方法を説くなど、接客の場のしつらいに心を配る人々の意図が記されている。

江戸時代に入り、寛文頃（一七世紀中頃）になると木版本の建築雛形の刊行が相次いだ。棚と道具についてまとめて冊子とした『新選増補　大匠雛形大全　違棚数品小道具之部　五』（嘉永四年［一八五一］）の例もあり、「室内意匠の雛形」に特化した編集意識もあらわれた（②）。棚雛形のなかには「四十八棚」「五十二棚」等として棚絵図を記載し多様な名称や意匠を伝えるものもみられる（③）。また徐々に高位武家の対面儀式に必要とされた基本を崩してトコ・棚・書院などのデザインを融合させる試みが雛形本に現れるようになり、財力をもつ商家や庶民住宅の座敷の細部意匠を検討する際の意匠見本、あるいは簡便なカタログとして利用されるようになったと考えられる。つまり雛形を参照することにより、町人層の住宅において武家ほどの規模や格式は備えていなくとも、トコ・棚・書院をコンパクトに融合させて座敷に取り入れることが可能となったのである。

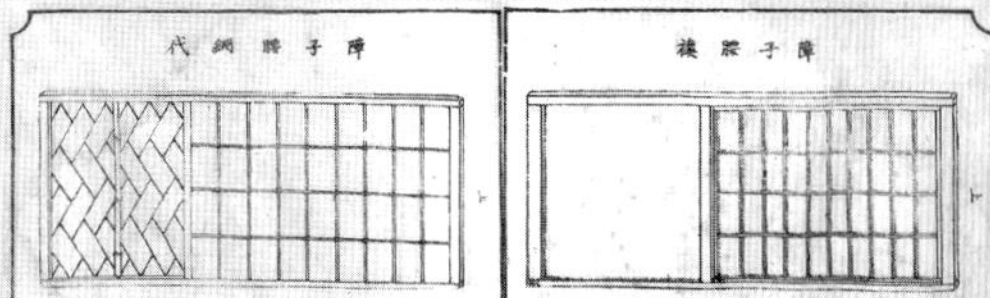

雛形本　障子

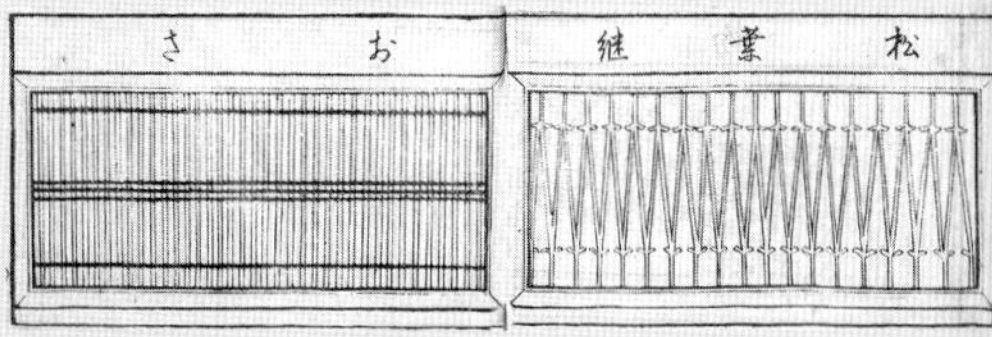

雛形本　欄間

雛形本　棚

もちろんその時代の背景には、施主の好みを反映した「座敷普請」が可能となる建築産業の存在、および雛形に記される多様な意匠から自分の好みを選択し座敷の細部に対してこだわる施主という、江戸後期の社会の成熟をうかがい知ることができる。まさにそれは主の好みやこだわりに重きを置き、柔軟に「狭さ」や「自然の要素」を空間に取り入れる「数寄《すき》」の精神が住まいに導入された時代でもあった。また江戸時代には家作《かさく》制限令により住まいの規模や意匠が規制されたが、言い換えれば規制を要するほどの豪奢《ごうしゃ》な家作が庶民層に広まっていたということであり、雛形本はその普及に役立てられていたと推測できる。

建具雛形や欄間雛形についてみると、木版の雛形本が江戸後期から明治を中心に刊行され、複雑な意匠や当世風のモチーフなど流行に応じたものとなっているという特色がある。たとえば「新編欄間雛形」（嘉永五年［一八五二］）の序文には「此書は当時流行の遠州方の模様を多く聚、且加レ之花鳥獣魚の遊像組子の新形を図して欄間雛形の一書となす……（後略）」とあり、最新流行の遠州形と新デザインを集めたと述べている。建具や欄間が専門職の指物大工《さしものだいく》に別注されるせいもあるのか、その雛形も初期の雛形のように秘伝書をうたうことなく、多種の意匠を集成し見本として利用しやすいカタログとして機能するようになった。これらの木版による建築関連の雛形本は、江戸中後期には江戸を中心に京都・大坂・名古屋・仙台などを拠点としてひろく流通していたものと考えられる。

このように伝統的な住宅の室内意匠要素の意匠についてさまざまな内容を伝えている雛形本であるが、成立や内容の充実の最盛期はおおよそ江戸の中後期頃といえ、明治時代にも家作制限令の廃止や茶道の流行等の影響もあり編纂が続いた。

（永田）

注1　岡本真理子、日本建築古典叢書第五巻『近世建築書——座敷雛形』大龍堂書店　昭和六〇年（一九八五）、七二八頁

第四章

近代（明治時代から昭和時代前期まで）

洋風インテリアの導入と近代化

明治維新《めいじいしん》に始まる近代の大きな特徴は西洋文明、西洋文化の導入による西洋化である。西洋館が建ち、椅子・テーブル・ベッドを使う椅子座が始まった。最初日本に入ってきた西洋の住宅・インテリアは欧米自体がまだ近代の様式の模索期《もさくき》で新しい様式がまだ確立されていなかったため様式的には過去の様式を用いた歴史主義であった。この時期の洋館は天皇と上層階級のための大邸宅で、その最後が赤坂離宮《あかさかりきゅう》である。

歴史主義は明治いっぱい続くが、一方で明治末以降になるとアール・ヌーヴォー、セセッション、アール・デコと欧米から新しい様式が入ってきて、やがて工業生産に基礎をおくバウハウスに至る。この時期には、洋館が中流住宅にも広がり、新しい様式による住宅やインテリアが展開された。

またこうした流れと並行して日本の伝統的な様式との折衷《せっちゅう》様式も作られ、これも書院造風《しょいんづくりふう》、数寄屋風《すきやふう》、近代日本調と変化していった。工業化により建築材料や建築技術が進歩したことも相まって、伝統的な和風住宅も近代化が進んだ。ガラス戸、電灯、電話、暖炉、ストーブなどが取り入れられ、ガス、水道、立流しが整備された台所にかわり、江戸時代までとは異なるデザインの近代的な和風住宅が発達した。（小泉）

1……住宅と室内

1 宮殿《きゅうでん》

明治期、日本に入ってきた西洋の住宅・インテリアの様式は歴史主義という過去の様式をその建築の用途に応じて使いわけるというもので、古典的な様式であった。これは西洋自体がまだ歴史主義の中にあったためである。西洋でも明治維新の頃にようやくデザイン近代化の先駆けであるアーツ・アンド・クラフト・ムーブメント（美術工芸運動）が始まったところであった。最初はお雇《やと》い外国人建築家によって、ついで彼らの指導を受けた日本人建築家によって西洋建築の導入が行われた。

明治宮殿と赤坂離宮

そこで問題になったのは宮殿である。明治新政府としては新時代を示す新しい

①明治宮殿　正殿外観

②明治宮殿　正殿（玉座）（『明治工業史建築編』より）

宮殿が必要であった。そこで、フランス人建築家によって煉瓦《れんが》造《づくり》のネオ・バロック様式の仮皇居の建築が開始されたが、明治一二年（一八七九）の地震によって、煉瓦壁に亀裂を生じたため、中止となった。また日本を代表する宮殿を西洋式にしては日本の面子《メンツ》が立たないということもあり、洋風、和風をめぐって長いこと様式論争が続き、ようやく明治一七年（一八八四）年になり勅許《ちょっきょ》によって和風木造に決定し、明治二一年（一八八八）完成をみた（①）。

建物はすべて伝統的な木造、外観は京都御《きょうとご》所《しょ》風の和風で、表には御車寄、受付の間、正殿《せいでん》、東西の溜《た》まりの間、宴会場である豊明殿《ほうめいでん》からなる儀礼の場が設けられ、その背後には天皇の住まいが設けられていた。内部は公的部分は椅子座、私的部分はゆか座という和洋折衷《わようせっちゅう》で、室内装飾も和洋折衷式であった。設計主任は木子清敬《きこきよよし》（弘化元年［一八四五］～明治四〇年［一九〇七］）、洋風室内意匠は片《かた》山東熊《やまとうくま》（嘉永六年［一八五四］～大正六年［一九一七］）が担当した。

天井は格天井《ごうてんじょう》、とくに主要室は黒漆《くろうるし》塗《ぬり》の二重折上《にじゅうおりあげ》格天井で、格間には極彩色の繧繝《うんげん》文様が描かれ、金鍍《きんと》金《きん》の飾り金具で飾られていた。壁は金泥《きんでい》、切金《きりがね》、金砂《きんすな》子《ご》の貼付壁や繻子張《しゅすばり》に緞帳《どんちょう》を掛け、ゆか面は唐木《からき》の寄木張《よせぎばり》、建具は金蒔絵《きんまきえ》の唐戸《からど》、黒漆、飾り金具つきの框《かまち》に腰板《こしいた》には花鳥の肉薄彫刻を施したガラス戸、室内には大鏡、西洋戸棚、マントルピース、燭台《しょくだい》、椅子、大卓子が並べられた。

正殿北壁中央の玉座は深紅の絨毯を張った壇の上にバロック風の椅子が二脚置かれ、頭上には紫赤色、金糸で飾ったビロードの天蓋《てんがい》が掛けられ、左右にも帳が下がっていた。天蓋は左右を金色の彫刻棒の持ち送りで支え、頂上には駝鳥《だちょう》の羽根飾りがつけられていた（②）。

明治宮殿はバロックの宮殿をモデルにしたといわれるが、書院造の二条城二の丸御殿を彷彿《ほうふつ》とさせるつくりである。この後、この明治宮殿式の和洋折衷は支配層に広まり、宮家や富豪の邸宅として明治いっぱい続いた。

明治宮殿に対し、皇太子の宮殿として、明治四二年（一九〇九）に成った東宮御《とうぐうご》所《しょ》（赤坂離宮、現・迎賓館赤坂離宮）は片山東熊の設計による石造および鉄骨煉瓦造二階建・地階付きで、暖房設備も整った完全な洋式建築である。外観はネオ・バロック様式、内部は部屋によって、フ

⑤アンリー二世様式

赤坂離宮　花鳥の間

花鳥の間・天井

③フランス一八世紀末様式

赤坂離宮　羽衣の間

赤坂離宮　旭日の間

旭日の間・天井

④アンピール様式　赤坂離宮　彩鸞の間

ランス一八世紀末様式（ルイ一六世様式・新古典主義様式　③・⑥）、アンピール様式（④）、アンリー二世様式（⑤）、ムーリッシュ様式（イスラム様式　⑦）などヴァラエティに富んでいたが、もっとも多く採用されているのは一八世紀末様式（新古典主義様式）である。玄関から始まって第一客室旭日《きょくじつ》の間《ま》、舞踏室羽衣《はごろも》の間《ま》、小食堂、春宮《しゅんきゅう》と妃殿下《ひでんか》御座所《ござしょ》などがそうである。新古典主義は軽やかで、典雅《てんが》

⑥フランス一八世紀末様式　赤坂離宮　階段の間

⑦ムーリッシュ様式　赤坂離宮　エジプトの間（喫煙室）

である。このため皇太子宮殿のインテリアとしてふさわしいとされたのであろう。

　たとえば最も格式の高い旭日の間は、ゆるやかなドーム形の天井、真っ白い壁には金色の装飾彫刻と淡紅色に彩られた大理石の飾柱、柱頭や柱間には金色の植物や花綱の装飾彫刻が施されている。そして、天井の中央楕円形の区画の中には、国運の隆昌《りゅうしょう》を意味する旭日の朝霞《あさがすみ》の中を玉馬に鞭打って、香車《こうしゃ》を駆る神女《しんにょ》の油絵、大型のシャンデリア、壁に沿って肘掛け椅子や長椅子が並び、部屋の中央には大理石の大テーブル、大小の椅子や脇卓子が置かれている。これらの家具はすべてフランス製であり、西洋の宮殿さながらの華麗なインテリアである。

　赤坂離宮はわずかに装飾的要素として和風デザインが見られるものの、明治宮殿のような伝統的な建築要素はほとんどなく、わが国でもようやく海外と比較しても遜色《そんしょく》のない建築ができるようになったことを示すものであった。

　赤坂離宮でもう一つ注目すべき点は主要室には自動温度調節装置付きの温風暖房装置が設置されていたことである。ボイラーは英国製、装置は米国製、構内には自家発電所を備えていた。衛生設備も完全な浄化槽を備えていた。当時にあっては最高級の設備である。

　赤坂離宮の建築は明治建築界の総力を結集した大事業であり、一一年間に及ぶ建築工事は日本の建築デザインの質を一段と向上させることとなった。

2 洋館

明治期——和洋館並列型住宅

　明治になって最初に出現した上流層の住宅形式は、「和洋館並列型住宅」であった。これは江戸時代以来の伝統的な和館の横に欧米住宅をモデルとした洋館を並置したものであった（⑧）。しかも和館は伝統的なゆか座の起居《ききょ》様式、洋館は椅子座の起居様式というように、外観だけではなく、内部のインテリアはもちろんのこと、内部で展開される生活様式もまったく異なったものであった。

　その最初期の例に明治七年（一八七四）竣工の元福岡藩主であった黒田侯爵邸がある（⑨）。写真をみると伝統的な木造二階建ての横に二階建ての洋館があり、典型的な和洋館並列型住宅である。洋館は土蔵造風にもみえるが、窓は上げ下げ

⑧和洋館並列型住宅外観（『建築世界』明治42年［1909］9月号）

⑨黒田邸

外観

内部（『建築雑誌』明治32年［1899］6月号）

⑩岩崎邸

暖炉

窓で、鎧戸《よろいど》が付き、軒回りには軒蛇腹《のきじゃばら》風の装飾があり、屋根には暖炉の煙突もある。内部写真をみると、テーブルと椅子が置かれ、暖炉があり、その上には大きな鏡が置かれている。天井には中心飾りがあり、シャンデリアはないものの、それを吊るすフックがみえる。窓にはゆか面までの長いカーテンがみえる。ゆか面には絨毯が敷かれているようだ。

　このようにわが国に最初期に建てられた洋館には、質素ながらも、明らかに和館にみる伝統的なインテリアとは異なる椅子座のインテリアが取り入れられていた。

　ここで改めて、インテリアの基本的構成である壁面・窓形式・天井・ゆか面・家具に注目し、洋館と和館の違いを確認したい。洋館の特徴としてまず暖炉があげられる。暖をとるための装置だが、「欧風家屋に於ける暖炉は丁度日本室の床の間と同じやうな関係を有つて居る」（近藤正一『室内装飾法』明治四三年［一九一〇］）とあるように和室の床《とこ》の間《ま》のような存在で、最も装飾的要素の加味される部分である。暖炉部分は、木材、大理石、煉瓦、タイル張りなどで、デザインは基本的には柱《はしら》と梁《はり》の構成をとることが多く、装飾的な暖炉は持ち送りを設けて暖炉上の棚を支えたり、暖炉上部にも棚や鏡などを組み込むものも見られる。暖炉の上部に大きな鏡を用いる形式は、ヨーロッパで

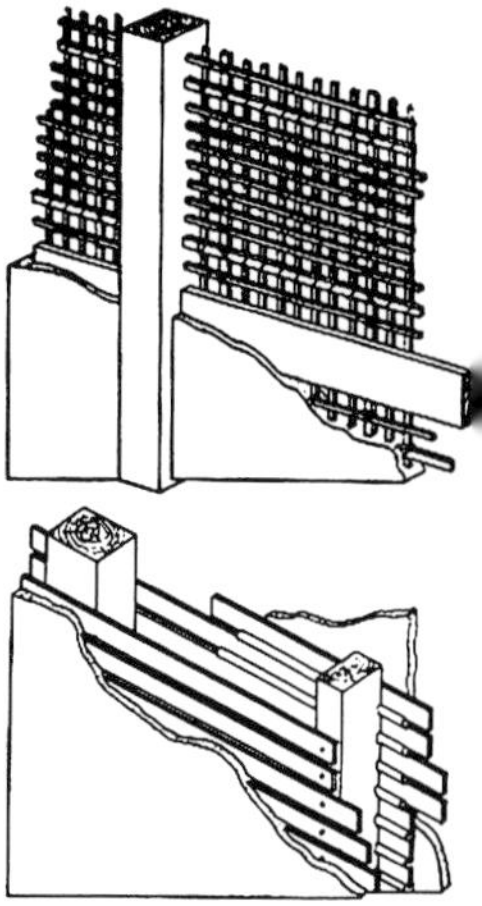
⑪真壁と大壁

⑫学習院官舎外観

は一九世紀以降に一般化した形式といわれ、室内を明るくするためにこうした鏡を置くことが一般化していた（⑩）。

壁は、黒田邸は全面が平らで均一に仕上げられていた。ただ、天井と壁の接する天井回りには、モールディングと呼ばれる大ぶりの装飾的な部材があり、あたかも天井を支えているかのようにみえる。

洋館は、基本的には壁面に柱などの部材は見られない大壁造《おおかべづくり》である（⑪）。ゆか面との境には幅木《はばき》がまわり、壁の下部には腰壁《こしかべ》が設けられ、また、壁の仕上げとして壁紙や木パネル、あるいは漆喰《しっくい》仕上げなど、さまざまなデザインが工夫された。

窓の形式は上げ下げ窓だが、洋館には開き窓も用いられる。窓の形の違いは、洋館と和館の違いを示す一つの特徴である（⑫）。窓の内側には、カーテンが掛けられ、カーテンレールやカーテンボックスが設けられる。

黒田邸洋館の天井は、壁面同様に平らなシンプルなもので、中央に鏝絵《こてえ》の中心飾りが見える。中心飾りは照明器具を吊るす場所でもあり、空間的な中心でもある。漆喰仕上げの天井でも浮彫《うきぼり》などの装飾が施されたり、また縁甲板《えんこういた》張り天井や大引き天井など手の込んだ装飾の豊かな天井もある。

ゆか面は、黒田邸洋館では絨毯が敷かれているが、絨毯の下はフローリングで、部屋の周囲に寄木《よせぎ》細工が施されることが多い。寄木の場合は、複数の種類の木材を組み合わせるなど手が込んだものも見られる。

家具は、黒田邸では丸テーブルと椅子が置かれている。写真から見る限り、小ぶりで背の低いもののように見える。一般にはこのほか周囲に花台《かだい》やライティングデスクといったものが置かれる。

以上黒田邸で見たように、最初期の洋館はきわめてシンプルなものだったが、それでも、そこには、あきらかに伝統的な和館には見られない欧米スタイルのインテリアが実現していた。この質素で様式的にはコロニアル風といえるインテリアは、やがてお雇い外国人によって本格的な様式のものへと移行し、さらに時代の変化の中で生み出された欧米の多様な

⑬有栖川宮邸洋館（本館）南立面図
（『明治洋風宮廷建築』）

デザインが次々ともたらされ、その姿を変えていくことになるのである。

本格的洋館の出現

明治期の本格的な洋館は、ジョサイア・コンドル（一八五二〜一九二〇）の作品から始まる。明治一七年（一八八四）竣工の有栖川宮《ありすがわのみや》邸と北白川宮《きたしらかわのみや》邸である。

有栖川宮邸（⑬）は、ルネサンス様式による二階建ての洋館で、本館とともに背後に若宮《わかみや》館と称される小洋館があった。室内装飾品は片山東熊が渡欧し注文したもので、家具はすべてフランス製といわれ、インテリアとしても豪華なものが出現した。北白川宮邸は、「軽快なるフレンチゴシック」様式の建物で、コンドルが洋館内部装飾や飾棚《かざりだな》の絵図を描いている。内部装飾費用として六万円の予算が定められていた。

現存するコンドルの作品には明治二九年（一八九六）竣工の岩崎久弥《いわさきひさや》邸（現・旧岩崎邸庭園）がある（⑭）。建築様式はイギリスの一七世紀初期のジャコビアン様式を基調とし、ルネサンス様式やイスラム様式のモチーフを併用している。一階の大階段の設けられたホールは、対となった円柱の双柱がアクセントとなった空間で、その円柱や階段回りはジャコビアン様式の装飾で統一されている（⑮）。

このホール突き当りの婦人客室は、イスラム風紋様の刺繡《ししゅう》の施されたシルク布による天井、馬蹄形《ばていけい》アーチのコーナー飾り、オジー・アーチの連なる暖炉のようにイスラム風の装飾でまとめられている（⑯）。一方、大食堂の腰回りは木パネル仕上げで、パネル上部にはジャコビアン様式の特徴であるストラップワーク風の装飾が施され、天井には大梁《おおばり》のむき出し風の伝統色の強いデザインが見られるなど、部屋の用途に応じて多様で質の高いデザインが展開されている（⑰）。また、内壁には金唐革紙《きんからかわかみ》が張られ、ベランダはイギリスのミントン社製のイスラム風のタイル、というように内外に高級建築材料が駆使されるなど、本格的な様式をも

⑭岩崎邸　外観

⑮岩崎邸　階段ホール

⑯岩崎邸　婦人客室・天井

⑰岩崎邸　食堂（『重要文化財旧岩崎家住宅保存修理工事報告書』）

⑱渡辺千秋邸　外観

⑲渡辺千秋邸　内部

とにしたインテリアである。

岩崎邸は、あくまでもジャコビアン様式をベースにインテリアも展開されていたが、明治後期になると、インテリアを部屋ごとにまったく異なる様式でまとめあげる洋館も出現する。

宮内省内匠寮技師の木子《きこ》清敬《きよよし》・幸三郎父子が設計した明治三八年（一九〇五）竣工の渡辺千秋邸は、ハーフティンバーを採用した洋館である（⑱）。インテリアで出色《しゅつしょく》なのが、一階の応接室と二階の書斎である。応接室は、フランスのルイ一六世様式風の金地《きんじ》を主体とした豪華絢爛なインテリアで、天井にはフランス留学を終えて帰国した和田英作《わだえいさく》の花鳥の絵が描かれている。一方、二階は木製による腰壁やスクリーンや木製の天井によるインテリアで、スクリーンにはヨーロッパで流行していた新様式のアール・ヌーヴォー風のデザインが見て取れる。また、室内の装飾金物もアール・ヌーヴォー風の装飾が見られるなど、歴史主義とともに新様式のインテリアが併存した事例である（⑲）。

アール・ヌーヴォーは、一九世紀末から欧米で展開されていた新様式である。その影響の見られるのが渡辺邸であり、本格的なアール・ヌーヴォー様式を取り入れたのは明治四四年（一九一一）竣工の辰野《たつの》金吾《きんご》・片岡安《かたおかやすし》設計の松本健次郎《まつもとけんじろう》邸である。内外観にアール・ヌーヴォー様式を駆使した秀作として知られる（⑳）。

⑳松本健次郎邸　外観

㉑松本健次郎邸　食堂内部

暖炉

㉒松本健次郎邸
暖炉のあるホール

㉓福島邸　外観

ホールはもちろんのことそれぞれの部屋がアール・ヌーヴォー様式で統一されており、食堂では造り付けの食器戸棚と一体となった壁面装飾が見られる（㉑）。また、暖炉も家具もアール・ヌーヴォー様式であり、まさに全体にわたって統一された質の高いデザインが見て取れる（㉒）。

明治四四年（一九一一）武田五一《たけだごいち》設計の福島邸も小ぶりの洋館だが、内外観に新しいデザインが用いられており、そのデザインは曲線を特徴とするアール・ヌーヴォー様式とともに直線や幾何学的形状を特徴とするセセッション様式が混在している（㉓）。セセッション様式はその後、大正期に入るとさかんに用いられるようになる。

大正期——高級中流住宅

大正三年（一九一四）に竣工した西村《にしむら》伊作《いさく》邸（現・西村記念館）もその一つである（㉔）。一階にはホールを挟んで南側にはイングルヌック（暖炉辺）のある居間と食堂が並ぶが、居間のデザインは、家具も含め、まさにセセッション様式である（㉕）。家具もキュービックさを感じさせるもので、椅子の脚も肘も直線材からなる構成を意図したデザインであり、モダンで明るさと明快さを感じさせる。

一方、食堂には装飾のない単純で素朴な家具が置かれている。これらは、セセッションというよりは、アメリカ系の無装飾な家具といえる（㉖）。

このように明治末期から大正期以降になると、洋館は中流層にも浸透する。そうした中で、中流層向けとして軽便《けいべん》でコスト的にも比較的安いアメリカのバンガロー様式の中小規模の住宅がもてはやされた。バンガロー様式の住宅の導入を積極的に展開したのが、わが国最初期の住宅専門会社あめりか屋である。

あめりか屋は、シアトルの日本人街で古着屋を開いていた橋口信助が帰国後の明治四二年（一九〇九）に興《おこ》した会社で、当時アメリカで流行していたメール・オーダー・ハウスと称する建築部材をパッケージした住宅や家具また建築材料などを輸入し、日本で販売した。橋口が持ち帰った住宅がバンガロー様式の住宅である。あめりか屋は、その後、大正期に入ると輸入住宅を原型とした中小規模のア

㉔西村伊作邸　外観

㉕西村伊作邸　居間

㉖西村伊作邸　食堂

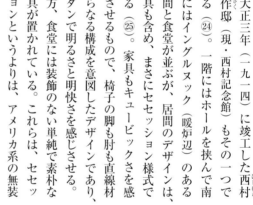

メリカ系の洋館を専門とする設計施工会社へと移行した。それに伴い建築を扱う建築部とともに家具を扱う家具部も設け、華美な装飾や無駄な装飾を排除したシンプルな家具の製作販売を展開した（㉗）。こうした家具は、中流層の住宅として出現した文化住宅の流行とともに中小規模の洋館に浸透していった。

　一方、大正期以降、欧米でさかんに展開されたモダニズム運動もわが国に影響

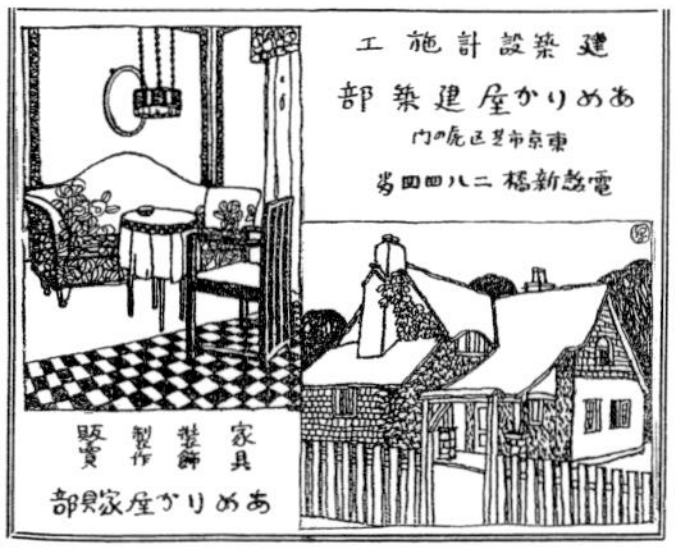

㉗あめりか屋家具部

㉘山邑邸

を及ぼした。その一つが、ライト風のデザインの出現である。大正六年（一九一七）、アメリカからフランク・ロイド・ライトが帝国ホテルの仕事で来日した。それを機に、ライト風と称される住宅とインテリアが大正後期から昭和初期にかけて流行することになる。ライト設計の山邑邸《やまむら》（大正一三年［一九二四］）はその代表例である（㉘）。ライトの弟子、遠《えん》藤新《どうあらた》もライト風の洋館を多数手掛けた。荻原邸（大正一三年）、近藤別邸（大正一四年）、加地《かち》別邸（昭和二年［一九二七］）（㉙）などに水平線を強調したデザインや室内の壁や天井に板の線材が展開する独特の

㉙加地別邸

インテリアをみることができる。家具も、背もたれ部分が六角形の椅子や天板が六角形のテーブルなど幾何学的な独特のデザインがみられる。

　また大正一四年（一九二五）竣工の堀《ほり》口捨己《ぐちすてみ》設計の小出邸《こいで》は、オランダで展開されていたデ・ステイルと呼ばれる新建

㉚小出邸　外観（『建築画報』昭和２年［1927］３月号）

㉛小出邸　客間（『建築画報』昭和２年［1927］３月号）

㉝聴竹居　居間

㉜聴竹居　外観

築運動の影響を強く受けたものである。伝統的な桟瓦葺《さんがわらぶ》きの方形の大屋根と水平な軒の対比を特徴とする外観の洋館で㉚、内部には和室とともに、洋風応接間が設けられている。この応接間のインテリアは、壁の線材がそのまま天井に展開し、格子状に細分された天井面や壁面には銀色が施されるなどきわめて抽象的なデザインが見てとれる㉛。

また昭和三年（一九二八）の藤井《ふじい》厚二《こうじ》設計による自邸聴竹居《ちょうちくきょ》には、ウィーンのセセッション様式に強い影響を与えたグラスゴーのマッキントッシュの幾何学的なモチーフが随所にみてとれる㉜。しかもその一方で、独自のテーマとしての椅子座の生活スタイルと伝統的なインテリアの融合を意図したきわめて質の高いインテリアが提示されている。マッキントッシュのデザインとよく似たモダンなデザインの時計のある居間は、一見、真壁造《しんかべづくり》で和風にも見えるものの、中央には家具が置かれ、また、食堂との境の壁には四分の一円状の開口部が取られるなど、壁面全体に柱の垂直線と鴨居《かもい》の水平線、それに円弧《えんこ》が組み合わされたモダンな構成となっている㉝。客間も正面の壁には床の間があり、竹の床柱《とこばしら》が配されている㉞。窓には障子が嵌《は》め込まれ、天井は和風の網代《あじろ》、ゆか面はフローリングで、テーブルと椅子が置かれている。床の間も椅子座に合わせた高さとなっており、造り付けのベンチがある。茶テーブルは、キュービックで線が細くセセッション風のものだが、天板は四隅が円弧状に切り取られた糸巻き形をしており、和風デザインともいえる。こうした住宅・インテリア・家具における伝統的な和風デザインと洋風デザインの融合化は明治以降、継続して試みられるもので、明治期は明治宮殿にみられるように書院造との融合化であったが、大正以降は数寄屋造との融合化がめざされた。聴竹居などはその好例である。

　大正期も明治期以降の様式主義の流れは続いていたがこの時期になると洋風化の波が中流層の住宅へと行きわたり、重厚感や華美な装飾性を排除した肩の凝ら

㉞聴竹居　客室内部

㉟旧小笠原伯爵邸　外観

㊱旧小笠原伯爵邸　食堂内部

㊲旧朝香宮邸　正面外観

ないデザインへと変わった。

昭和初期——スパニッシュとアール・デコ

大正後期から昭和初期にはスパニッシュ様式の住宅が流行をみせる。たとえば曾禰《そね》中條《ちゅうじょう》建築事務所設計、昭和二年（一九二七）竣工の旧小笠原《おがさわら》伯爵邸である（㉟）。中庭を持ち、外観は荒い塗り壁仕上げで、玄関脇の開口部の鉄製のグリルや屋根には円筒形を二つに切り取ったようなスパニッシュ瓦が葺《ふ》かれ、屋根の軒の出がほとんどないスパニッシュ様式である。内部は腰まで板パネルの壁で囲まれ、天井には大引天井、メロン・レッグと呼ばれる球体状の飾りのついた脚のあるテーブルなどの家具は、重厚感があり、スパニッシュ様式の典型的なインテリアである（㊱）。

ついでフランスからアール・デコ様式が入ってきた。一九二五年にパリで開かれた国際展「現代装飾・工業美術国際博覧会」のタイトルからとられたもので、工業化を背景にした幾何学性・立体性を強調した造形で、また、ガラスや金属を多用したメタリック感を重視した都会的なデザインが特徴である。

アール・デコの代表的建築とインテリアには昭和八年（一九三三）の旧朝香宮《あさかのみや》邸（現・東京都庭園美術館）がある（㊲）。主要室は内装・家具とも一九二五年の博覧会でも活躍したアンリ・ラパン（一八七三〜一九三九）がデザインし、フランスから舶載《はくさい》した。正面玄関ホールにはルネ・ラリック（一八六〇〜一九四五）による女性をモチーフとしたガラス・レリーフの扉、大食堂のシャンデリア、マッ

㊳旧朝香宮邸　大客室

クス・アングラン（一九〇八〜一九六九）による大客室のエッチング・ガラスの扉、ブランショによる銀灰色にペイントされた花柄模様の石膏レリーフ壁等々と、当時のフランス一流デザイナーを駆使して質の高いインテリアを生み出した。

　とりわけ、接客の中心の場となる大客間は、庭側には大きな矩形《くけい》、大広間側には暖炉を挟んでアーチ型開口部が対比的に配され、アーチ型開口部は、エッチング・ガラスの扉、上部は鉄製細工、渦巻き状のイオニア式柱頭を配した柱と格子状の板パネルは、ともにシコモール材、天井は白漆喰仕上げで、天井には二重線によるギザギザ状の装飾があり、ラリックのシャンデリアにみられるガラスも端のギザギザ状と対応している（㊳）。このようにさまざまな素材による各要素が統合されて一つの空間を生み出している。

㊴佐々木邸　応接室

　アール・デコ様式は、その軽やかさやエッジの利いた構成が好まれ、上流層の洋館だけではなく中小規模の洋館のインテリアとしても浸透していた（㊴）。

　もう一つ、この時期の大邸宅の洋館にみられる特徴として忘れることのできないものが、東洋趣味の登場である。昭和一一年（一九三六）の細川護立《ほそかわもりたつ》邸は、玄関部の廊下と大ホールの境には、二本の大きな円柱が立ち、また、廊下の境に設けられた手摺《てす》りや二階へと連なる大階段の手摺りの組子には卍《まんじ》崩《くず》しの装飾がみられる。卍崩しの起源は中国建築にあるように、日本的というよりも東洋趣味の雰囲気が感じられるインテリアといえる（㊵）。

　なお細川護立邸は鉄筋コンクリート建築である。関東大震災の経験をもとに昭和に入ると、住宅に鉄筋コンクリートを採用することも多くなった。

㊵細川護立邸　外観

モダニズム

　モダニズムの影響を強く受けた洋館も誕生している。昭和一〇年（一九三五）の土浦亀城《つちうらかめき》邸はその代表的存在の一つである。設計は土浦亀城自身である。構造は木造だが、外観からの印象はコンクリートの造りのように見える（㊶）。玄関のスチールドアを開けると、造り付けのベンチとともに青く塗った階段がある。建築の壁などの部位に彩色を施すのもモダニズムのインテリアの特徴で、これによって階段がオブジェのようにも見える（㊷）。また、玄関ホールから数えると居間、中二階の踊り場、二階というように二階まで吹き抜けで、ゆか面は四つの層（スキップフロア）からなる複雑な空間構成である。居間部分は吹き抜けの大きな空間で、ゆかはオーク材のフローリングで絨毯敷き、壁はボード張りの平らな白い面、天井も平らな面というきわめてシンプルな仕上げである（㊸）。

居間の横には食堂があり、その上には寝室が配されている。この寝室の居間側は一見壁のようにみえるが天井までの引違いの建具で、この建具部分は茶色の仕上げとなり、そのコントラストもバランスが良い。居間の玄関側には造り付けのベンチがあり、手摺りも階段手摺りもスチールパイプ製である。また、寝室には土浦のデザインによるスチールパイプ製の椅子、スツールとともに、化粧台などもみられる（㊹）。こうしたスチールパイプの家具は、モダニズム住宅の典型的なインテリアの特徴の一つであった。

また、土浦は台所の設計にも気を配り、モダンな台所を求め、流しには戦後普及するステンレスを用い、流し台の周囲に

㊶土浦亀城邸　外観

㊷土浦亀城邸　居間

㊸土浦亀城邸　居間

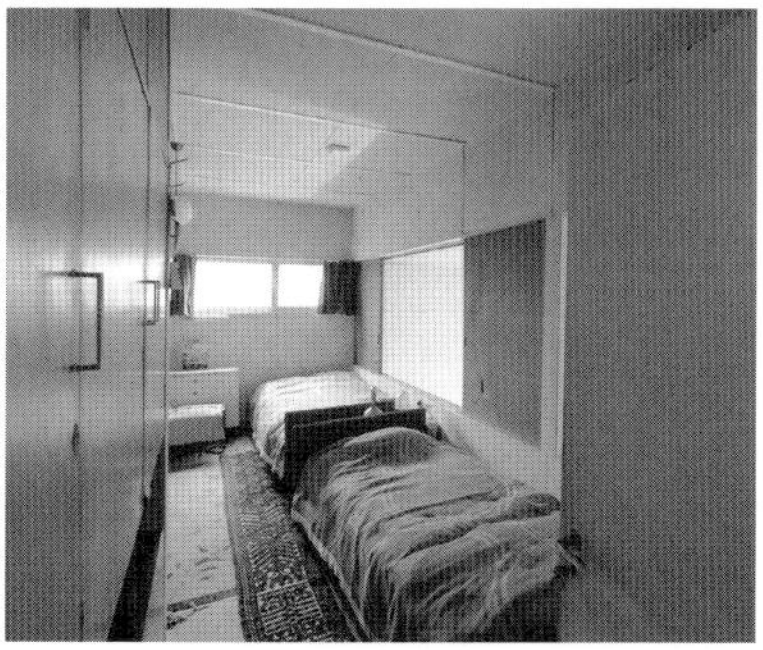

㊹土浦亀城邸　寝室

㊺土浦亀城邸　台所

は、ガスレンジ・調理台とともに食器台やハッチ付きの戸棚などきわめて機能的な台所とし、あわせて食器台や戸棚は戦後の改修であるが、黄色の彩色を施すなど、働く場もデザインの対象とした(45)。こうしたインテリアの広がりもモダニズム住宅の特徴であった。

　以上見てきたように明治以降、洋館の建設を通して家具を中心とした新しいインテリアの導入が行われてきた。それは、西洋建築の導入と並行して行われ、その流れを整理すれば、明治期にはその基本となる歴史主義の考え方からなる建築とインテリアの導入の開始、明治末期から大正期には欧米で歴史主義的なものの否定から出現した新しい建築とインテリアの導入、そして、昭和初期には近代建築としての完成されたモダニズム建築の導入、というように見てとれる。（内田）

3 近代和風住宅

　明治期以降の住まいに「近代和風《きんだいわふう》」と呼ばれるものがある。しかし、具体的にどのような住宅を「近代和風」と呼ぶのか、その定義が定着しているわけではない。むしろ、わが国の近代住宅に多大な影響を与えた「洋風」との関係からとらえた方がわかりやすい。すなわち洋風に相対する様式として、明治期以降に意識化された様式が「和風」である。そのため、和風住宅そのものを特徴づける確たるデザインがあるわけではなく、そのデザインは多彩な実態をもつ。だが大まかにみれば、次の二つの系譜をたどることができる。

　一つは、前近代以来の伝統的な住宅デザインを継承しながら、それまでとは異なる展開を遂げた住宅である。この動きを担った代表として、茶の湯の素養をもつ財界人や文化人たちの存在がある。いわば、施主《せしゅ》による近代和風の系譜である。

　もう一つは、欧米のデザインに影響を受けて、自覚的・意識的な和風表現が追求された住宅である。この流れを担ったのは、建築家たちであった。欧米のデザイン理論を学んだ彼らは、ひるがえって自国のデザインを見つめ直した。そして、国際的な視野に立って「和風とは何か」を問い、住宅のデザインにその表現を投入した。

近代数寄者《きんだいすきしゃ》たちの住まい

　数寄者とは茶の湯の素養をもつ人物たちのことである。明治時代以降、財界人や文化人の間で、茶の湯を介した交流がさかんになっていた。明治から昭和にかけての財界人・文化人の多くが、日本文化に深い関心を抱いた数寄者の一面をもっていた。

　益田鈍翁《ますだどんおう》、高橋箒庵《たかはしそうあん》、原三溪《はらさんけい》、松永耳庵《まつながじあん》などが知られている。こうした人々を「近代数寄者」と呼ぶ。彼らは大きな財力を背景として、広大な屋敷に数寄屋のデザインを基調とした邸宅を築いた。その邸宅の一部に茶室を設けて、多くの茶の湯道具や美術工芸品を蒐集《しゅうしゅう》し、こぞって茶会を開き、幅広い交流を行っていた。さらに、本邸とは別に、複数の別宅を構えることもあり、まさに「普請道楽《ふしんどうらく》」と呼びうる人々であった。

　こうした数寄者たちの住まいの姿を今に伝える代表例として、実業家の三溪《さんけい》・原富太郎《はらとみたろう》が作りあげた横浜の三溪園《さんけいえん》がある。明治末期から大正時代にかけて造営されたこの邸宅には、各地から収集された古建築が、広大な庭園に配置されていた。庭園では、数寄者たちの交流の場としての園遊会・茶会が繰り返し催されていた。

　この三溪園でみられるように、近代数

古建築を取り入れた豪壮な数寄屋——三溪園《さんけいえん》蓮華院《れんげいん》

三溪園　蓮華院外観

三溪園　蓮華院内部（土間）

　三溪園は東京湾を望む横浜の広大な敷地に、明治35年（1902）頃に造成に着手し、大正３年（1914）に外苑、大正11年（1922）に内苑が完成した。建築にあたり、京都燈《とう》明寺《みょうじ》の三重塔や旧天瑞寺《てんずいじ》寿塔覆堂などの寺社建築や、臨春閣、聴秋閣などの数寄屋建築を移築し、広大な庭園に配置した。著名な寺社や近世の数寄者の伝承が伴う建築を移築し、古色を帯びた素材としての価値にとどまらず、それらの由緒が織りなす物語性も重視されている。

　そうした物語性の造形を示す好例が、大正６年（1917）に建てられた蓮華院の室内意匠である。その平面は二畳中板の小間《こま》の茶室、六畳の広間、そして土間から構成される。ひときわ目を引くのが土間の中央に立つ、一本の太い円柱。宇治《うじ》の平等院鳳《びょうどういんほう》凰堂《おうどう》の古材と伝えられるものである。圧倒的な存在感を伴う柱が、室内意匠の印象を決定づける。また蓮華院という名は、三溪が茶会を催した際に広間の琵琶床に奈良東大寺三月堂《さんがつどう》の不空羂索観音《ふくうけんじゃくかんのん》が手に持っていた蓮華を飾ったことに由来する。室内飾りにおいても、従来の数寄屋の感覚とは異質な、重厚な仏教美術がしつらえられていた。茶室をもつ数寄屋建築のなかに、寺院建築の素材を大胆に導入し、まったく新しい意匠を実現させたもので、既存のジャンルや枠組みを超えたこうした豪快さは、原三溪にとどまらず、近代和風住宅を牽引した実業家たちに共通する特徴でもあった。

（中村）

寄者たちの邸宅に共通する特色の一つは、著名な神社仏閣の古材や古建築といった、古びて重厚な由緒を帯びた材を多用する点である。

　広大な庭園へ、奈良や京都の古建築を移築し、茶の湯の場として、あるいは庭園美を構成する要素として、各所へ配置した。神社仏閣を構成する建物を、機能が異なる住宅へと転用したのである。そのため近代数寄者たちの邸宅には、従来の住宅デザインとは異なる重厚さをもつものが多い。たとえば、室内の一角に堂《どう》塔《とう》の太い古材を入れたり、寺院の豪華な襖や障子を室内に取り入れるなど、伝統的な造形感覚とは異なる室内意匠をみることができる。伝統的な造形的感覚や全体としての調和よりも、古建築や古材に伴う由緒、物語性、あるいは豪快さを重視していることがうかがえる。

　もう一つの特徴として、農家風のデザインが好まれたことがあげられよう。「田舎家《いなかや》」と呼ばれる主屋《おもや》、ないし東屋《あずまや》的な建築が広大な屋敷に構えていたのである。そうした「田舎家」の室内意匠は、重厚な梁組《はりぐみ》、煤《すす》けた囲炉裏《いろり》など、まさに民家のデザイン要素からなる。

　豪快な梁組の農家風の建物を建てたこ

とは、神社仏閣の由緒ある古建築の移築と同じ志向性によるものだろう。彼らにとって農家風の田舎家は、決して庶民的な、「和《なご》み」を求めてたどりついたデザインとはいえない。むしろ、その豪快さや重厚さを好むデザインが垣間《かいま》みられるからである。

ところで、こうした数寄者は、あたかも建築家のような手腕を発揮していた。それはもちろん、図面を引くような設計行為とは異なるものであった。けれども、大工棟梁《とうりょう》や諸職に仕事を差配《さはい》し、大工と構想を練り、広大な近代和風住宅を具現化させていったのである。すなわち諸職を束ねる存在として、こうした数寄者が建築家的な役割を握っていたのである。

近代和風住宅の最も華やかで、壮大な和風住宅群は、この近代数寄者たちが作った住まいに花開いたのである。

建築家による和風住宅

明治時代の大規模な邸宅建築の多くは、洋館と和館が敷地内に併置《へいち》される構成をもった。その和館と洋館はお互いに独立し、それぞれの建物で生活や接客が完結されていた。

近代建築学の教育を受けた建築家たちは、欧米の建築様式を学んでおり、主に洋館でその設計の手腕が発揮されていたが、大正から昭和初期になると、こうした和洋の並列的な関係とは異なる動向として日本の伝統的なデザインを自覚するようになった。そうした建築家のなかから、意識的な和風住宅が生みだされていった。そういった動きの初期の代表として、建築家・藤井厚二《ふじいこうじ》が挙げられる。京都山崎に現存する彼の自邸聴竹居《ちょうちくきょ》（昭

古材を用いた茶室——柳瀬山荘《やなせさんそう》の斜月亭《しゃげってい》

柳瀬山荘　黄林閣（松永耳庵邸）

耳庵《じあん》・松永安左衛門《まつながやすざえもん》は数多くの邸宅を建て、膨大《ぼうだい》な古美術コレクションを蒐集し、そこでさまざまな茶会を催した。その邸宅の様相を最もよく伝えるものに、武蔵野の森に建てられた別邸・柳瀬山荘がある。中心は母屋・黄林閣で、天保15年（1844）に建てられた大規模な名主住宅を、昭和５年（1930）に長屋門《ながやもん》とともに移築、茶室を増築した結果、農家と数寄屋建築が融合する独自な環境が作られた。外観は農家の姿をとどめるが、室内は移築に際して部屋境に扇面《せんめん》が描かれた鮮やかな襖を設け、引手《ひきて》や釘隠《くぎかくし》を取り付けるといった耳庵の創意が加えられた。既存の農家風の室内意匠に、華やかな意匠を挿入したのである。この母屋に渡り廊下で結ばれて斜月亭、さらに二畳台目の茶室・久木庵が建てられた。

斜月亭は昭和14年（1939）に建てられた数寄屋で、八畳の広間に六畳の次の間などからなる。外観は切妻屋根で、簡素な姿をみせる。一方で、主室の室内は独自な意匠を凝らす。床柱や書院棚に奈良の東大寺と当麻寺《たいまでら》から入手したという古色を帯びて風化した古材を用い、襖には金箔押しに緑青《ろくしょう》の萩が描かれる。こうした手法は現代的な文化財保存とは異なる。古材も古美術も、まったく創作の対象として扱われているが、実業家たちによるこうした古美術・古建築の再利用が、廃棄寸前の文化財を救済し、今に伝えることにもなった。（中村）

和三年［一九二八］）には、欧米の建築デザインを学んだ建築家による和風表現をみることができる。

その室内意匠は、従来からの伝統的大工技術にもとづきながら、同時代の欧米のモダンデザインに通じたものをもつ。たとえば柱や梁が作りだす構成、網代による天井、ガラス戸の桟。いずれも伝統的な要素ながら、線と面が作りだす幾何学的な近代的構成美が達成されている。また、椅子・テーブルの生活スタイルを主としながら、高く段差を設けて畳敷きのコーナーを設けるなど、和と洋を積極的に融合させた住まい方の追求もうかがえる。

堀口捨己《ほりぐちすてみ》もまた、欧米の文化潮流を学びながら、和風住宅を追求した建築家である。たとえば代表作の小出邸（大正一四年［一九二五］）や茅葺屋根《かやぶきやね》の紫烟荘《しえんそう》（大正一五年［一九二六］）は、農家風の外観意匠をまとう。これは、茅葺《かやぶき》屋根の農村

田舎家の先駆け——白雲洞《はくうんどう》

田舎家　箱根強羅公園白雲洞　外観

近代和風住宅の一つの流れとして、近代数寄者と呼ばれる実業家たちの間で好まれた、田舎家がある。囲炉《いろ》裏《り》や大黒柱、茅《かや》や竹、煤けた材といった農家の意匠的な要素を積極的に室内に取り込んだ住宅である。この動きは、柳宗悦《やなぎむねよし》の民芸運動、民俗学・建築学による各地の民家調査より先行しており、農家建築が評価・創作の対象となった点で先駆的といえよう。

田舎家の意匠を取り入れた早期のものに、大正３年（1914）頃から益田鈍翁《ますだどんおう》が手掛けた箱根強羅《ごうら》公園に現存する茶室「白雲洞」がある。茅葺屋根の農家風の外観で、室内意匠は箱根近辺の農家の古材を組み合わせたものといわれる。

七畳の間と四畳の次の間を中心に、仏間や水屋《みずや》が備わる。周囲に濡縁《ぬれえん》を廻し、囲炉裏を茶室の炉に見立て、屋根裏天井は竹の垂木《たるき》の間を土で塗りこめ、壁床形式としながら、古材を床柱風に設ける。一見ひなびた農家風の素材や意匠を用いながら、これらの組み合わせは独創的で、洗練化された農家風建物をまったく新しく作りあげたといってよい。（中村）

箱根強羅公園白雲洞　茶室

建築に近代性をもたせたオランダ表現主義の影響によるものといわれる。

藤井厚二も堀口捨己も、伝統的な技術による住宅を基調としながら、新しい造形感覚で欧米のモダンデザインに同調しうる近代住宅を作りあげた。その室内意匠の特色は、幾何学的《きかがくてき》な装飾性を帯びている点であろう。網代《あじろ》が作りだす文様のように、パターン化されたデザイン要素が連続し、幾何学的な面と線による端正《たんせい》な室内意匠を作りだしたのである。

モダンデザインと共通する要素を日本の伝統的な住宅に見いだし、和風表現を試みた建築家に谷口吉郎《たにぐちよしろう》がいる。昭和戦前から戦後に活躍した谷口による住宅は、装飾を削《そ》ぎ落としたような、研《と》ぎ澄《す》まされた意匠をもつ。木を組み立てることで壁・柱・建具の単純な構成美をみせる日本建築によって、装飾性を排した欧米の近代建築運動に同調しうるデザインを具現化させていった。

昭和の戦前・戦後と活躍した和風建築家、吉田《よしだ》五十八《いそや》は、こうした建築家による和風住宅の表現を突き詰めた人物といえよう。吉田のデザインした室内意匠の特徴の一つに「大壁《おおかべ》」の表現がある。それまでの伝統住宅では、柱梁《ちゅうりょう》という架構《かこう》を室内からみることのできる「真壁《しんかべ》」であった。日本建築のもつ簡素さを追求した吉田は、この柱の存在を廃し、大壁で室内を作った。床の間においても、トコ框《がまち》による段差を解消した踏込板を用いて、簡素化された意匠を好んだ。さらに、部材の見えがかりの細

数寄屋師のデザイン――不染庵《ふせんあん》

箱根強羅公園　不染庵

不染庵は魯堂《ろどう》・仰木《おおぎ》敬一郎の作品である。彼は建築事務所を営んでいたが、設計図を描く近代的な建築家とは異なり、施主の意見を受け、邸宅の構想を作り、現場で細やかな寸法や意匠の指示を出し、諸職《しよしよく》を束ねた「数寄屋師」である。

益田鈍翁、原三溪などと活発な茶会等の交流をもち、美術や建築のブレーン的な役割を担っていた。数寄者たちも、魯堂の見識を深く信頼し、その邸宅づくりを魯堂にまかせた。

箱根強羅公園に現存する不染庵は、大正５年（1916）頃、益田鈍翁のもとで作られた数寄屋であるが、のちに原三溪、松永耳庵とその所有者が移り変わっていく。二畳台目の小間の茶室に四畳半の寄付、水屋などからなる。煤けた皮付き丸太の組み合わせ、壁床、化粧屋根裏や深い土《つち》庇《びさし》など、意匠的には田舎家を基調とする。こうした個々の様相が、高度な施工技術のもとで、室内意匠全体として破綻《はたん》なくまとまっている点が特徴である。結果、農家とも数寄屋ともいいがたい、まさに独自な「田舎家」の洗練化された室内意匠が実現した。

行き過ぎた田舎趣味の強調は、民芸調などと揶揄《やゆ》され、批判の対象となってしまうこともある。だが、この不染庵に代表されるように、仰木魯堂の手掛けた住宅の多くは、独特な要素を用いながら奇抜さはなく、質素で抑制された室内意匠が特徴である。

（中村）

さや繊細を追求し、ときに見えない箇所に積極的に鉄を挿入させながら、細い部材の組み立てを可能とさせている。

　こうして吉田五十八が進めた表現は、戦後の和風住宅の一つのスタンダードとして浸透していった。

職人技術の精緻《せいち》化《か》と優れた素材の使用

　近代和風を支えた背景として、明治後期から大正、昭和初期に至る職人の技術力の向上がある。具体的には、木材加工や仕上げの精緻化、優れた伝統材料の幅広い使用という動きである。実はこの時期こそ、長い日本建築の歴史のなかでも、伝統技術の最盛期と目されるのである。実際に手仕事で住まいを作りあげてきた大工や諸職たちもまた、多彩な近代和風

建築家による近代和風住宅の試み——聴竹居

聴竹居（藤井厚二）

　明治から大正にかけて活躍した近代建築学を学んだ建築家たちは、和風とは距離をもつ存在であった。彼らが学んだ学問に日本の伝統的木造技術は希薄で、もっぱら西洋建築の受容に力が注がれていたからである。

　そうしたなか、日本的な住宅とは何かを追求した建築家に藤井厚二がいる。

　藤井は自らの住宅を実験台として、科学的な思考にもとづく和風住宅の設計を試みた。京都大山崎《おおやまざき》に現存する「聴竹居」は、昭和３年（1928）に建てられた藤井の５番目の実験住宅であり、彼の住宅に対する考えが結実した作品といえよう。

　平面の特徴は、家族が集う居間を住宅の中心に据えたことで、中心となる居間のまわりに客室、食事室、読書室などが囲む間取りが作られている。居間の室内意匠は、襖や障子、欄間、床の間といった和室的な要素を保ちながら、ほぼ椅子式としている。畳敷きとした部分はゆか面を上げて、椅子に座った人と畳に座った人の目線を合わせて、和風と洋風の調和を図っている。客室も、椅子に腰掛けた状態から床の間の鑑賞が行えるよう、地板《じいた》を上げた位置に設けている。室内意匠は、客室の天井は網代を編み、竹を多用するなど数寄屋建築の要素が住宅全体にちりばめられるが、室内全体や、照明、椅子などの意匠は幾何学的パターンによって、モダンなデザインにまとめられる。当時の欧米におけるモダンデザインの影響をみることができる。

　一方、この聴竹居では科学的な室内環境の工夫が重視され、換気や通風といった環境工学の知見にもとづき、風土と調和する工夫が随所に施されている。換気には伝統的な無双《むそう》の仕組みを用い、さらに幾何学模様も伝統的な網代や組子を用いてデザイン的に再構築した。モダンデザインの影響、近代的な環境工学の具現化という二つの方向ともに、伝統的な木造建築を扱う職人技術や材料で成し遂げている点も、この聴竹居の特徴といえる。

（中村）

モダンデザインと和風の融合——堀口捨己の小出邸

堀口捨己《ほりぐちすてみ》は大正９年（1920）、「過去建築圏」からの分離と再生をめざした分離派建築会を担った建築家のひとりである。様式建築の否定を含むこの動きの後、ひるがえるように、堀口の興味は日本の歴史的な茶室へと向かっていく。これはオランダを旅した際、茅葺屋根で農村を理想としたアムステルダム派の建築に影響を受けたためである。

大正14年（1925）に小出邸、大正15年に紫烟荘《しえんそう》と、堀口は茅葺屋根をモチーフとした住宅を次々と設計していった。東京都西片《にしかた》に建てられた小出邸（江戸東京たてもの園へ移築）は、木造二階建て、外観は急勾配の瓦葺屋根が、茅葺農家のシルエットを印象づける。大壁造りで水平に張り出した深い庇と相まって、和風とも洋風ともみなしがたい、独自な外観を呈する。

１階は玄関ホールを中心に、食堂、茶の間、寝室、応接間が配置され、２階は伝統的な続き間となっている。このうち、食堂、応接間は板敷、ドア、大壁造りの洋間で畳敷き、ガラス障子を組み合わせた和風の部屋と隣り合う。応接間の室内意匠は独自なもので、円机と椅子を配置し、暖炉をもつ洋間。だが、壁面は柱を露出した真壁造《しんかべづく》りとし、その柱間には伝統技法による揉紙《もみがみ》が張られる。違棚風の吊り棚とあわせて、和風の要素である。また玄関の円窓《えんそう》、水平に張り出した庇、宝形《ほうぎよう》型の屋根などの幾何学的な構成は、モダンデザインの影響をみることもできる。世界的な近代建築運動に呼応しながら、その理想を日本の歴史に見いだし、実作に投影する。堀口のこのような軌跡は、谷口吉郎、吉田五十八といったその後の建築家たちにも受け継がれていく。（中村）

小出邸（堀口捨己）

小出邸（堀口捨己）

紫烟荘（堀口捨己）『紫烟荘図集』より

紫烟荘　内部

住宅の展開を担っていたのである。

明治時代以降の住宅の近代化の特徴は、職人の仕事や伝統技術が根強く継承されたことである。たとえ洋風化であれ、それまで住宅づくりを担った職人や伝統的技術を駆逐《くちく》したわけではない。かえって、近代化の進展が、伝統的技術や素材の発展に寄与した面がある。

たとえばインテリアの個々の要素にも、そういった展開をみることができる。幕末以降に輸入されたガラスを用いて、スライド式のガラス戸が登場するが、それは畳式の和風インテリアとしても普及し

吉田五十八の開拓した和室——旧猪俣邸

猪俣邸　居間（吉田五十八）

猪俣邸　玄関

猪俣邸　床脇

建築家吉田五十八《いそや》は近代数寄屋と呼ばれる昭和の和風住宅を牽引《けんいん》した人物であるが、そのなかでも異彩を放つ。

他の建築家は、和風表現のイメージの手がかりを茶室・数寄屋に求めた。もちろん、吉田も数寄屋を基調とするが、寝殿造の貴族的で壮大なイメージも受け入れ、鉄筋コンクリート造の大規模なホテルや美術館などでも、積極的に和風表現を試みている。和風というよりも、むしろ「日本的」な意匠と呼ぶのがふさわしい。

さらに、吉田は室内の見え方の美的洗練化に取り組んだ。たとえば吉田流として知られる室内意匠に、二間持ち放しの鴨居や大壁造《おおかべづくり》、壁に完全に引き込まれる建具などがある。柱の存在を室内の見えがかりから消し、開口がさえぎられることのない室内意匠をめざしたものである。このため、構造と意匠の表現を別個のものとして扱い、見えない箇所での金物の補強など、現代的工法をも用いた。こうした伝統工法と近代的な構造手法を組み合わせているのが吉田の特徴であった。

昭和42年（1967）に建った東京都世田谷の旧猪俣邸には、大壁造や蹴込板《けこみいた》、荒組み障子、引き込み戸などの吉田流の手法が随所にみられる。また、住宅の中心に中庭を設けることで、部屋の採光を取り入れるなど合理的な間取りの設計も試みられている。さらに中庭が部屋を細分化し、低い屋根が連続する抑制された外観も実現させている。

吉田五十八は時代を代表する文化人の邸宅、料亭、美術館など数々の名作を手掛けた。柱を見せない大壁、荒組み障子、畳面とゆか面を一致させた蹴込板の多様など、吉田流が開拓した意匠は、現代の和室にも影響を及ぼしている。（中村）

ていく。あるいは、ガラスを伝統的な障子と組み合わせた雪見障子《ゆきみしょうじ》や猫間障子《ねこましょうじ》が登場する。畳敷きの和室が、板敷き・椅子式と融合を遂げていく。このように伝統的な要素を駆逐することなく、和風を継承しながら洋風ないし新しいデザインが発達したのである。

伝統技術の精緻化《せいちか》も、近代の大きな特徴である。欧米からの技術伝播《でんぱ》や鉄鋼素材の輸入によって、伝統的な木工具が明治期以降、改良されたことも背景としてあった。木材の複雑な加工や精緻な仕上げを可能とする切れ味鋭い木工具は、近代において普及したのである。

もう一つは明治期以降、全国に整備された鉄道交通網により、優れた産地の建築材料が全国から現場へと調達できるようになったことも、大きいファクターである。材料面から近代和風の展開を促進させていった。

加えて意匠的な面では、士農工商《しのうこうしょう》という江戸時代の身分制からの解放も重要であった。それまでの住宅デザインは身分制の格式によって、その使用が決められていた。たとえば格式の高い床の間や式台玄関といった要素は、身分の高い武士でなければ用いることが許されなかった。

それが明治期以降、撤廃されたことにより、住宅のデザインの自由度が増した。それにより、武士階級でしか認められていなかった格式あるデザインが、さまざまな住宅で自在に用いることが可能となったのである。

近代以降の住宅の展開をみるとき、とかく新規性が注目されがちであろう。けれども、こうした伝統的な職人や技術力の興隆《こうりゅう》が、近代和風住宅を支え続けたのである。（中村）

2……インテリアエレメント

近代に入り、洋風文化が導入され、工業化が進んだことでインテリアに大きな影響を与えたものに照明器具の石油ランプ・ガス灯・電灯、建具のガラス障子・ステンドグラス、壁装材料の壁《かべ》紙《がみ》・壁布《かべぬの》、内装用品の窓掛《まどかけ》・戸《と》帳《ちょう》・壁掛《かべかけ》などの織物類、絨毯《じゅうたん》・リノリウム・寄木《よせぎ》張《ばり》といった敷物やゆか仕上げ、暖房器具の暖炉やストーブなどがある。これらは最初はほとんどが輸入品として導入されたが、やがて国産が始まると、和風住宅にも導入されて広く普及し、日本のインテリアを大きく変えていった。（小泉）

1 照明具

石油《せきゆ》ランプ

明治に入るとガス灯が出現するが、その前に石油ランプの時代があり、家庭用の照明器具は大正いっぱいまで石油ランプであった。石油ランプは幕末から若干使われており、最初は輸入品であったが、明治に入ると早々に国産が始まった。しかしガラス製造の技術が未熟だったため壊れやすく、生産が軌道に乗って、全国に普及するのは明治二〇年代からである。

屋内用のランプには釣りランプ、置きランプ、台ランプ、豆ランプがあった。釣りランプは居間や台所など広い場所を照らすものである。美しい色ガラスの笠や、油壺《あぶらつぼ》、釣り金具も鋳物《いもの》で装飾的に作られた華やかなものもあったが、一般大衆が使ったのはごく簡素なものであった（①）。置きランプ（②）は机の上などに、台ランプ（③）は座敷やゆかの上に置いて使うもので、鉄の鋳物の台や陶器製、ガラス製、金属とガラスを組み合わせたものなどデザインはヴァラエティに富んでいた。台に竹を使ったり、蒔絵《まきえ》にしたりと和風デザインのものも作られた。豆ランプは寝室や湯殿《ゆどの》などで使われたごく小型の置きランプである。

日清戦争後から一九三〇年代までがランプの全盛期であったが、ホヤの掃除に手間がかかることと火事を起こしやすいという欠点があった。（小泉）

ガス灯《とう》

照明用としてのガス灯は明治七年（一八七四）に銀座《ぎんざ》煉瓦《れんが》街《がい》に設置された八五基の街灯が最初であるが、屋内用が実用化されるのは明治三〇年代からであった。

①一般的に普及した釣りランプ

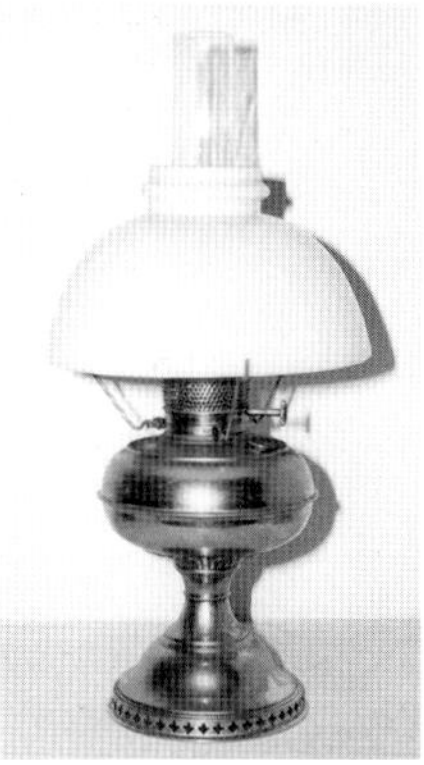
②置きランプ

③台ランプ

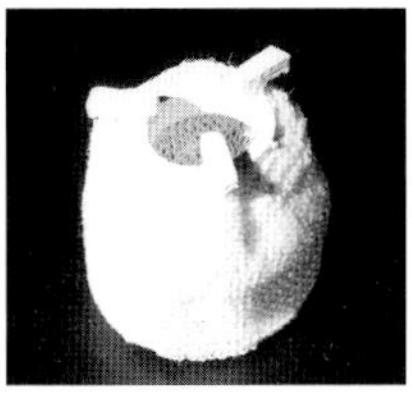
④ガス灯マントル

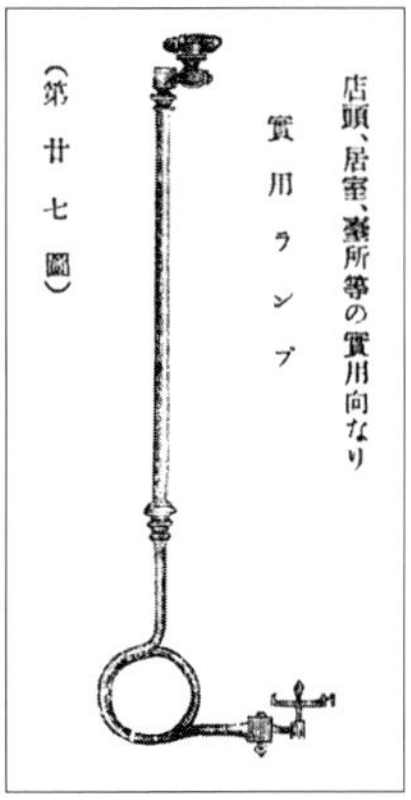

⑤釣り式ペンダント

⑥多灯式ペンダント

⑦華やかな多灯式ペンダント

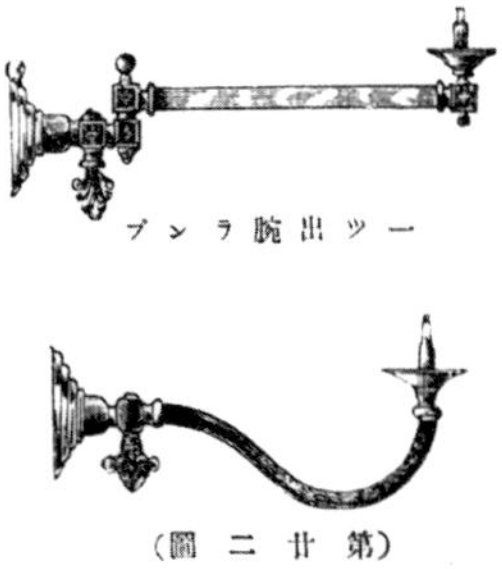

⑧壁付ブラケット

ガス灯の場合、管の敷設が必要なうえ、最初は平焰灯《へいえんとう》でガスコンロと同じ裸火《はだかび》だったため、火事の危険もあり、青白く陰気な明かりで、しかも石油ランプより暗かったため普及しなかった。普及するのは火焰《かえん》を覆うマントルが出現してからである（④）。マントルとは硝酸トリウムをしみ込ませた小さな布袋で、これで火焰を覆うと焼けて焼殻が硬化して火光を発する。これによって明るさが増し、青白かった光の色も白くなった。国産のマントルが出てくるのが明治三二年（一八九九）で、以後しだいにガス灯も普及しはじめた。

屋内用ガス灯の器具は釣り式ペンダント・壁付ブラケット・スタンドの三種類で、それぞれに一灯式と多灯式があった。家庭用として普及したのは天井裏に配管できる釣り式ペンダントの一灯式（⑤）であったが、洋館や商店では華やかな多灯式ペンダント（⑥・⑦）やブラケット（⑧）、スタンドなども使われた。自由に曲げられるパイプは、おりしもヨーロッパで大流行のアール・ヌーヴォーにうってつけで優美な曲線を用いた華麗なガス灯が作られ、これが日本にも入ってきた。まっさきにガス灯にした鹿鳴館《ろくめいかん》のシャンデリアはその一つである。（小泉）

電灯《でんとう》

石油ランプとガス灯の時代は大正で終わり、昭和に入ると電灯にかわる。電気が電灯として実用化したのはエジソンの炭素電球からで、日本へは明治一八年（一八八五）に入ってきた（⑨）。同二〇年には東京電灯会社が営業を開始したが、当時はまだ設備のいらない石油ランプが中心であった。明治四四年（一九一一）にはタングステンの国産化が始まり、また電気事業法が制定されて政府による電気事業に対する監督が強化されると同時に保護助成が行われるようになって、電気代も安くなった。

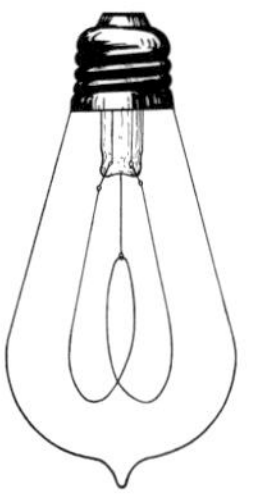

⑨電灯　炭素電球

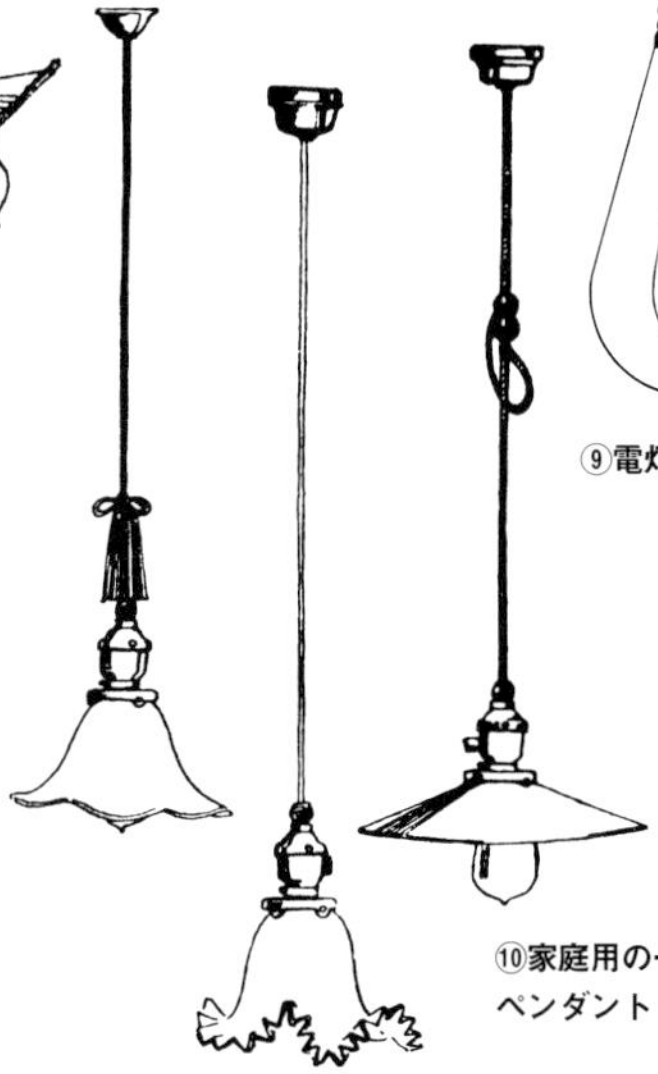

⑩家庭用の一灯式ペンダント

⑪ブラケット 電灯

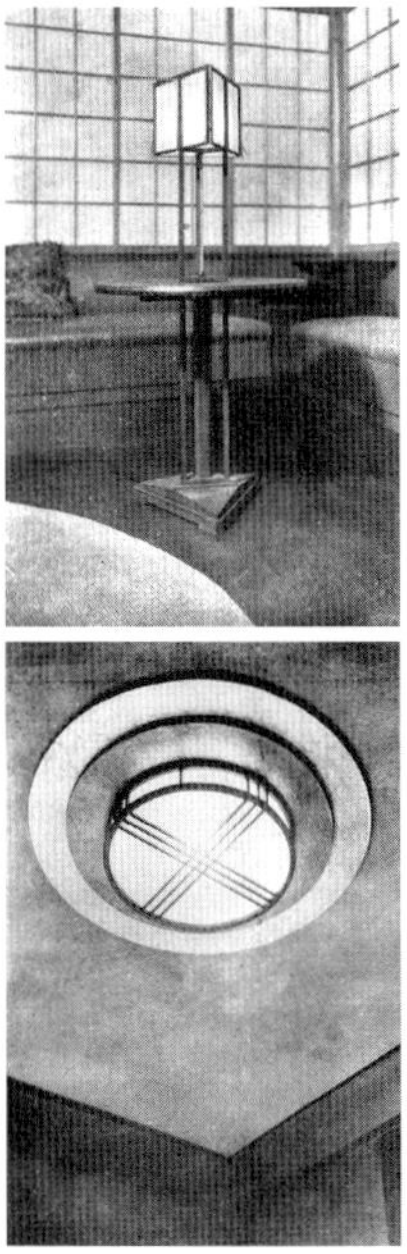

⑬和風デザインの電灯（藤井厚二　聴竹居）

⑫お座敷用の電灯

電灯は明るく、汚れず、火災の心配もなく、便利なため、しだいに石油ランプやガス灯を駆逐してゆき、大正の初めになると電灯が優位を占めるようになった。この頃には電灯会社も四〇〇社ほどになっている。その後昭和に入る頃にはガス入り電球、艶《つや》消《け》し電球とつぎつぎに技術改良が進んでいき、昭和一六年（一九四二）には住宅用電灯の普及率は九三％に達した。

電灯の器具も最初はガス灯を真似て釣り式ペンダント（⑩）・壁付ブラケット（⑪）・スタンドであったが、やがて直付《じかづ》けのシーリングライトが出てきたり、間接照明もさかんになるなどインテリアの構成要素として重要な一つになっていった。だがこうしたものはほとんどが商業施設用で、住宅用は戦前までは天井から釣り下げる一灯式ペンダントが圧倒的に多かった。

しかし住宅用でも、お座敷用として漆塗の棹《さお》に飾り房を下げるといった和風デザインの器具も作られた（⑫）。また建築家の中でも電灯のデザインをする人が出てきた（⑬）。

（小泉）

2 建具

ガラス障子《しょうじ》

ガラス窓やガラス戸に使う板ガラスの国産が本格化するのは明治四〇年代である。それまではもっぱらベルギー、イギリスなどからの輸入品が使われていた。たびたび国産も試みられたが、板ガラス

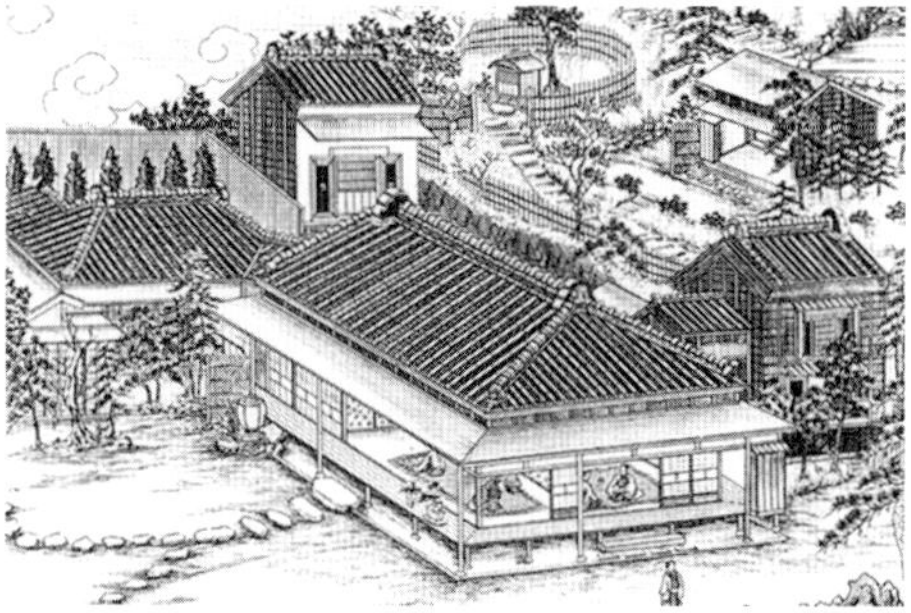

⑮住宅用のガラス障子（『横浜諸会社諸商店の図』）

⑭理髪店のガラス障子（『東京商工博覧絵』明治18年［1885］）

製造は莫大《ばくだい》な投資と優秀な技術および人材が必要であるため成功しなかった。成功したのはようやく明治三六年（一九〇三）である。大阪の島田孫市《しまだまごいち》が成功し、明治三九年岩崎俊弥《いわさきとしや》と共同で大阪島田硝子製造合資会社設立した。さらに明治四〇年（一九〇七）岩崎俊弥により板ガラス専用工場として旭硝子《あさひガラス》株式会社が設立されて、板ガラス製造は軌道にのった。したがってそれまで板ガラスは貴重品であった。

　ガラスはそれまでの紙障子《かみしょうじ》と違い、光を通して明るく、外からも中からもよく見え、風雨をまったく通さない。驚異的であった。さっそくに住宅に取り入れるところが出てきた。明治五、六年（一八七二、一八七三）には早くも出回りはじめたようで、『武江年表《ぶこうねんぴょう》』や『珍奇競《ちんきくらべ》』には「近頃世に玻璃《はり》障子が出回る」とか「西洋家の硝子せうじ、近年追々出る」とある。

　とくに早かったのが寒冷地の北海道である。明治五年（一八七二）に札幌に建った開拓使《かいたくし》の和風官舎は縁側に面した一四枚の障子にガラスが入れられた。これは防寒住宅を推進する開拓使のモデル住宅として落成時には市民に縦覧《じゅうらん》を許したという。明治一二年（一八七九）に篠津太に建てられた屯田《とんでん》兵屋も窓が両開きのガラス扉である。民間でも明治一〇年に水原虎蔵《すいばらとらぞう》という開拓使御用請負人が南一条通りに面して二階建てで正面が全面ガラス戸の家を建てている。これには見物人が押しかけたという。

　これに対し温暖な西南日本の場合、一般家庭に入るのはかなり遅かったようで、和歌山・三重・岡山・熊本などは大正に入ってからだという。

　明治一〇年代（一八七七〜）になると学校や官公署をはじめとして、医者や商店、料理屋、裕福な家などが少しずつガラス戸を取り入れはじめる。とくに積極的に取り入れたのは理髪店（⑭）や写真館であった。職種自体が文明開化のシンボルだったことと、店内が外から見えることが宣伝になったためである。

　ついで明治二〇年代に入ると一般家庭でもガラスを使いだす。といっても裕福な家に限られていたが、座ったまま外が見えるように庭に面した縁側と座敷の境の障子の一部にガラスを嵌《は》めることが流《は》行《や》りだした（⑮）。一方洋風建築も急速に増えていって板ガラスの需要は増す一方で輸入量はうなぎ登りに増大した。こ

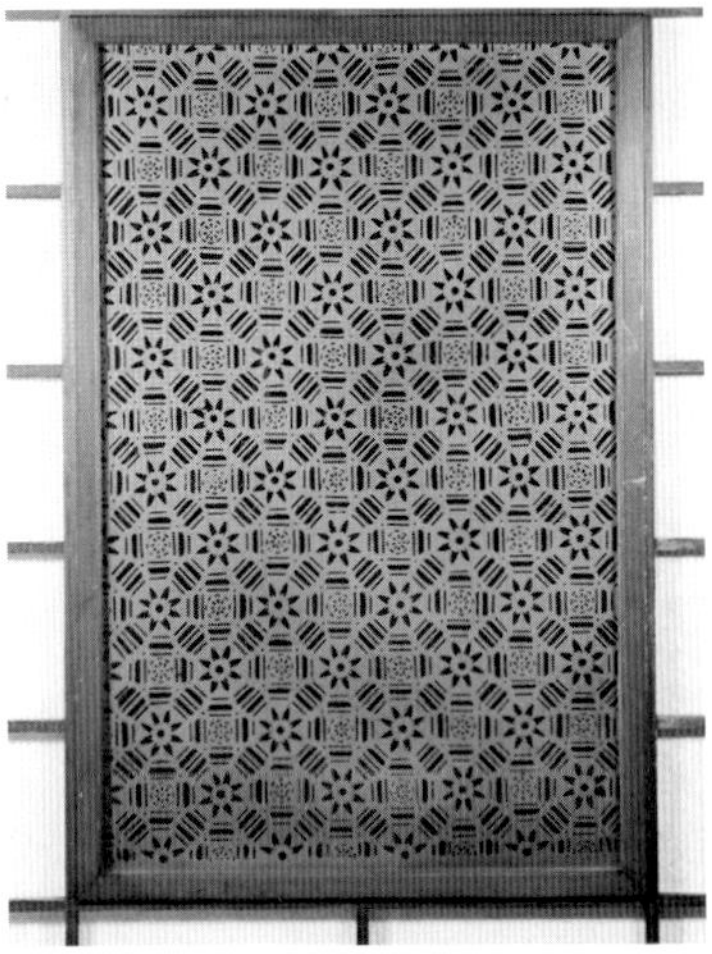

⑯絵入り砂摺りガラスの障子（旧林家住宅　長野県岡谷市）

⑰川添商店『電信暗号簿』に掲載された絵入り砂摺りガラスの図柄見本

れを金額で見ると明治一〇年頃には一〇万円前後だったものが明治三四、五年（一九〇一、一九〇二）には一〇〇万円を超え、輸入品目中の上位を占めている。

このため明治三四年の第十六帝国議会には「窓硝子製造業保護奨励に関する建議書」が提出され、政府に板ガラス工業の振興をせまっている。そうした中で三〇年代の末にようやく板ガラスの国産が可能となったのである。

⑱前面ガラス障子にした商店（青森県弘前市）

⑳家具店のショーウインドウに（東京芝三田　昭和初期）

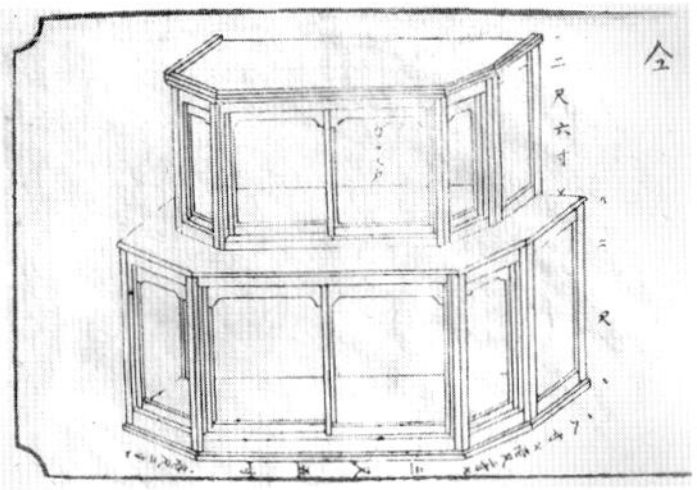

⑲板ガラス入りショーケース（『流行新形新撰家具雛形』明治34年［1901］）

㉑旧内田定槌《さだつち》邸サンルーム（現・外交官の家　横浜市）

㉒板ガラス入りの茶簞笥（『江戸指物考』）

㉓壁紙が張られたベッドルーム（占勝閣　長崎）

ちょうどこの頃、長崎のガラス輸入商川添甚兵衛によって「絵入り砂摺りガラス」というものが開発された。透明ガラスの表面に金剛砂《こんごうしゃ》を吹き付けて文様をつけたもので、伊勢型紙を使った連続文様と山水画などの絵画的な模様がある（⑯・⑰）。

当時の板ガラスは透明ガラスだったため、中が丸見えになり、商店などはいいが住宅では困る。そこで模様をつけることを工夫したのである。これなら中から外は模様の隙間から見えるが、外から中はほとんど見えない。もちろん装飾にもなるため、障子の中に嵌めるガラスやガラス障子などに多く用いられた。これも最初は手作業だったが明治三九年（一九〇六）に甚兵衛が機械を開発し、大正三年（一九一四）には特許を取っている。絵入り砂摺りガラスは大正期が全盛期で昭和初めまで製造されていた。

板ガラスはその後も順調に生産をのばしていったが、飛躍的に発展するのは第一次世界大戦のときである。これはガラスの主要生産国であるベルギーやドイツなどが戦争により生産不能に陥ったため、チャンスとみた日本が市場拡大をめざして急遽《きゅうきょ》生産力を上げていったためである。

昭和板硝子、川南工業、九州曹達《ソーダ》など新会社も相次いで設立され、競って設備投資を行い生産量増加と品質向上を計った結果、それまでの輸入国から一転して輸出国となり、大正末にはベルギー、米国についでドイツと第三位を争うまでに発展した。昭和九年（一九三四）には世界第二位の生産量となり、同一二年には戦前の最高生産量を記録し、生産過剰をきたすほどとなった。これに伴ってガラスの種類も増え、磨《みが》き板《いた》ガラス、薄型板《うすがたいた》ガラス（ダイヤ・梨地《なしじ》・斜子《ななこ》）、網入《あみい》り板《いた》ガラスなどが出てきた。価格も下がってようやく板ガラスは一般に手の届くものとなった。

その結果、まず建具にガラスがさかんに使われるようになった。全面を大きくガラスにした窓や戸が一般に普及し、出入口や窓がガラスになったことで室内が明るくなった（⑱）。縁側の外側にもガラス障子が立てられ、縁側が暖かくなり、室内化した。都市では台所に天窓をつけることも多くなって台所が明るくなった。商店にはショーケース（⑲）、ショーウインドウ（⑳）が出現し、デパートなどは巨大なショーウインドウを設けるようになり、新しい商店風景となった。富裕層ではサンルームや温室が流行した（㉑）。本箱や食器戸棚、茶箪笥など家具にも板ガラスが使われるようになって、家具のデザインも変わっていった（㉒）。（小泉）

3　壁装材

壁紙《かべがみ》

壁紙は壁・天井面などの装飾に表面化

㉔金雲砂子の壁紙を張った赤坂仮皇居別殿（現明治記念館本館）（「枢密院憲法会議」『明治神宮聖徳記念絵画館壁画』昭和56年［1981］）

㉕伊藤博邦邸（『建築工芸叢誌』第２冊）

粧材として用いられる材料である（㉓）。

和風住宅の場合、壁紙は茶室の腰張紙《こしばり》くらいしか必要なかったが、洋館が建設されるようになって壁紙が必要になった。最初は横浜や神戸の貿易商を通してオランダやフランス、スイスなどから輸入した壁紙が使われていたが、紙の製造では長い伝統と高い技術のある日本である。早速に壁紙の製造が始まったが、これには襖紙《ふすまがみ》からの発展と擬革紙《ぎかくし》からの発展があった。

襖紙は西内《にしのうち》紙（楮《こうぞ》）や鳥《とり》の子《こ》紙（三《みつ》椏《また》）など丈夫な和紙に木版、あるいは型紙を開いて手作業で模様をプリントするものである。襖紙を転用したため初期の壁紙は荒磯《ありそ》、源氏雲《げんじぐも》、花兎《はなうさぎ》、遠山松《とおやままつ》、月《つき》影《かげ》などといった和風の文様か、あるいは茶、鼠、浅葱《あさぎ》、柿、藍鼠《あいねずみ》、吹砂子《ふきすなご》といった単純な染色加工をしただけのものであった。紙の大きさも襖紙と同様に一〇枚とか一二枚で襖一枚を張るものだった。だが輸入の壁紙は横幅が広い。このためやがて壁紙用の襖紙も長尺ものや、縦三尺、横六尺、襖一枚張りなども作られるようになった。

とくに明治宮殿が二条城二の丸御殿とベルサイユ宮殿をミックスしたような和洋折衷様式で建てられると、宮家《みやけ》や貴顕《きけん》邸にこの様式が流行となり、鳥の子紙に金雲砂子《きんうんすなご》や鳳凰、色霞《いろがすみ》や箔押《はくお》しなどといった書院造以来の伝統的で高級な壁紙が復活した（㉔・㉕）。

機械漉《す》きの洋紙製紙も、東京で明治六年（一八七三）には渋沢栄一《しぶさわえいいち》らの抄紙《しょうし》会社（王子製紙の前身）がイギリスから抄紙機を買い入れて創業したのを皮切りに、京都では梅津製紙所、神戸では神戸製紙所、大阪でも真島製紙所が創業するなどつぎつぎに創業されて始まった。

明治一〇年（一八七七）の第一回内国勧業博覧会に出品された襖紙（壁紙）の中には洋紙を用い、銅版印刷機で文様を印刷してあるものがある。明治一一年建築の擬洋風の洋館、群馬県衛生所兼医学校（現・重要文化財桐生明治館）は、内装は天井、壁とも紙張りで、壁紙は洋紙に和風の花菱《はなびし》を型押ししたものであったが、大判の紙をわざわざ小判に裁断して袋貼りとしていたことが改修工事の際判明した。明治一四年（一八八一）の第二回内国勧業博覧会には、洋紙に輸入壁紙を真似た西洋の花や唐草、金平糖《こんぺいとう》などの洋風デザインを石版で印刷したものが出品されている。この時期には種々の方法が試みられたのであろう。

大蔵省記録局編『貿易備考』によると、明治一六年（一八八三）の東京府の産紙量は、更紗《さらさ》紙《がみ》五八七万枚、襖紙六三万八〇〇〇枚、壁紙一七万七〇〇〇枚、煙草《たばこ》入紙《いれし》一二万六〇〇〇枚となっている。このうち煙草紙は後述する擬《ぎ》革紙《かくし》であり、更紗紙も壁紙として使えるものであるから壁紙の生産が急成長していることがわかる。

大正に入ると洋紙の産額が和紙をしのぐようになる。和紙業界も手《て》漉《す》きから機械漉きに転換、原料も楮から木材パルプに変わる。一方、機械漉きの紙で美術印刷方式の量産加工する壁紙が台頭し、壁紙専門工場が生まれた。

とはいえ大正一四年（一九二五）の建材店壁紙部の広告によると、製作の技術が困難であることと、型その他を作るのに多大の費用を要するため高価になること、国内の需要が少ないため「とても室内美を出すほどの製品が出来ていないのは誠に遺憾」だとある。したがって戦前まではもっぱら英米独仏からの輸入品で、多く輸入されていたのは英国製だったという（『建築資材共同型録』建築資料協会）。昭和に入ると三菱製紙がアート紙を発展させた高級壁紙を製造する。しかし需要が少なかったこともあり、戦前までは壁紙の国産化は進展しなかった。

外国製では英国製が質も良く、印刷も良く、柄も上品とされ（㉖）、アメリカ製がこれについだ。その他、フランス製は精巧で華麗、ドイツ製は値段が安く、奇抜な模様のものもあるとされていた。

壁紙が日本において産業として本格化するのは内需が主となる第二次世界大戦後からである。ただし日本は欧米のように壁紙をインテリアを構成する装飾的な要素としての方向へは行かず、下地の乾《かん》式工法《しきこうほう》の普及に伴う壁面の仕上材としての建築的要素を主とする方向に発展した。この結果、丈夫で長持ちするものが求められ、紙より織物やビニールで、柄も無地か飽きの来ない縞《しま》などが好まれている。

（小泉）

㉖輸入品の壁紙

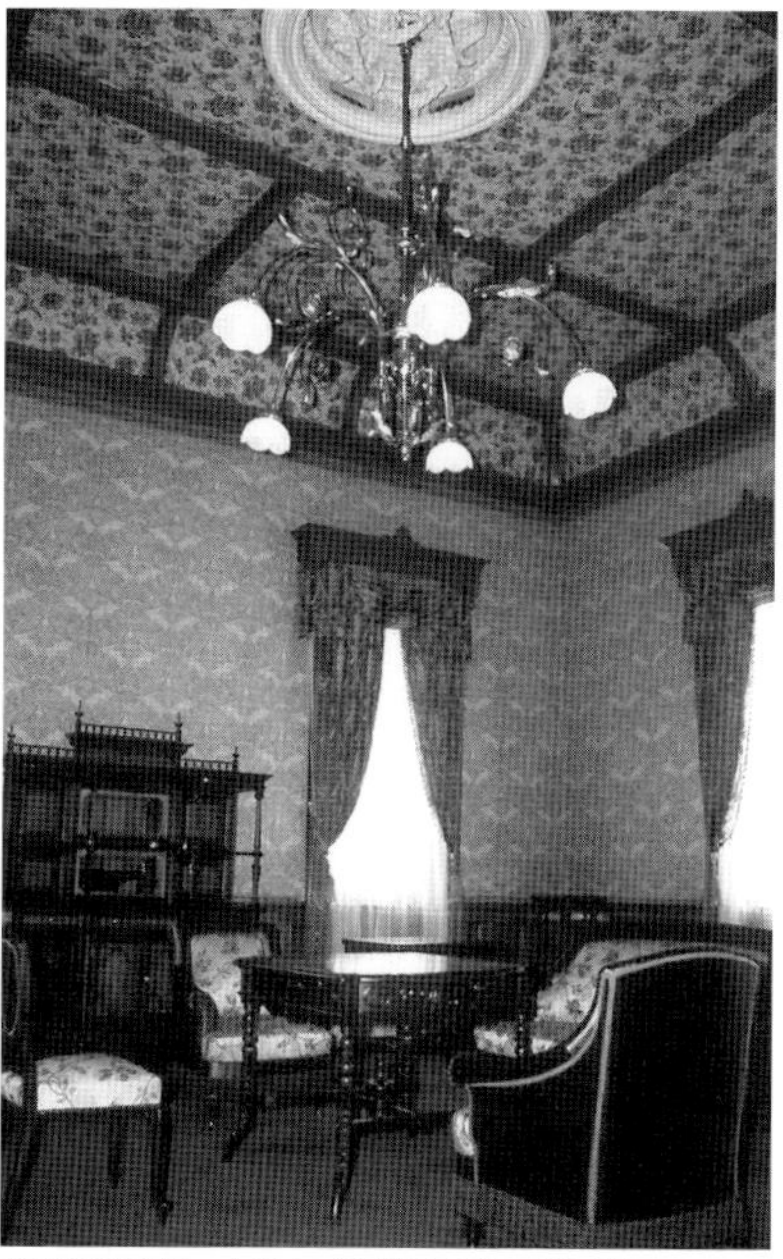
輸入壁紙を張った室内（函館公会堂　北海道）

金唐革紙《きんからかわかみ》

擬《ぎ》革紙《かくし》から発展したのは金唐革紙（金《きん》

唐紙《からかみ》とも）である。擬革紙とは紙で皮を模したものである。西内紙、奉書紙《ほうしょがみ》、十文字紙など強靱《きょうじん》な手漉き和紙に桐油《きりあぶら》や荏油《えのあぶら》あるいは漆を塗って強化し、揉皺《もみしわ》をつけたり、木版で文様を圧出し、漆《うるし》その他を塗布《とふ》したりするものである。製造元の名を冠して壺屋《つぼや》紙とか羊肝《ようかん》紙、竹屋紙と呼ばれて、江戸時代から煙草袋など袋物に用いられていた。この技術で皮革工芸品の金唐革《きんからかわ》を真似て作ったのが金唐革紙である（㉗）。

金唐革は革に型押しで天使や百合、菊、鸚鵡《おうむ》、鷲などの文様をつけ、金属箔を貼り、その上に琥珀色の塗料を塗って金貼りの革のようにし、油性絵の具で彩色した非常に華麗なものである。ルネサンス期のイタリアで始まったもので、ヨーロッパでは宮殿や教会など大規模な建物の

㉗金唐革紙

壁面装飾や椅子の背張に用いられていた。これが日蘭貿易によって日本に入ってきたが、日本には張るべき壁面がないのと、高価なことから、裁断して手箱、屏風、刀の鞘《さや》、鞍《くら》、薬籠《やくろう》、煙草入れなどに作られ珍重されていた。

これを紙で模造しようとしたのは和紙が非常に強靱なためである。貿易商や製紙家が輸出用の壁紙や敷物を作ることを考えた。すでに日本の紙は文久二年（一八六二）の第二回ロンドン万国博覧会以来、欧米で注目されるようになっていた。ロンドン万博にイギリスの初代駐日公使オルコックが六七種の和紙と多数の擬革紙「模造皮革」を出品したところ好評を博したことがきっかけである。「模造皮革」はブロンズ色、黄金色など種々の色彩が施された和紙であったという。これを改良したのが金唐革紙である。

金唐革紙を始めたのは竹屋である。明治四年（一八七一）に着任したイギリス人の鉄道寮お雇い外国人オルドリッチの勧告を受け、早速五年に製造を開始し、翌六年のウイーン万国博には金唐革紙一六一枚を出品している。これがヨーロッパ人の関心を呼んで輸出が進み、製造業者も増加していった。明治一一年（一八七八）の第三回パリ万博では銀賞を含めて五つの賞を獲得している。

増加する輸出に日本政府は輸出産業としての金唐革紙の可能性を確信し、世界に通用する商品に育てるために明治一二年（一八七九）に大蔵省印刷局が金唐革紙の製造に着手した。製造開始にあたってはヨーロッパから資料を輸入したり、お雇い外国人の意見を聞いたり、海外市場の調査をしたりする一方、ドイツから印刷機械を輸入し、技術者を招いて印刷インキの研究をしたりした。ロール棒の彫刻はキヨソーネ（一八三二～一八九八）が指導した。キヨソーネはイタリア人で、明治八年（一八七五）に来日して大蔵省紙幣寮で紙幣・切手などの原版を作成、銅版技術を指導していた。

明治一三年（一八八〇）には試作第一号が完成、海外で好評を博し、注文が殺到した。同一五年にはドイツから壁紙製造機械を輸入、生産体制が整った。輸出は好調で明治一七年には横浜ワットマン商会と毎月一〇〇〇本の壁紙を六か年継続して購入する長期契約を結んだ。同一八年（一八八五）の大蔵省記録局編『貿易備考』には「洋紙に銅版摺、大蔵省印刷局が製造する壁紙は幅広大にして長さ

丈余に至る。皆種々の彩色を以て花鳥その他の形を印し、極めて美麗にして、多く海外に輸出す」とある。

金唐革紙は粘り強い厚手の和紙、桜材の彫刻ロール、耐水性にすぐれた漆、精巧な手仕事によって芸術的調和を醸《かも》すところに特徴があった。このためその後も外国からの注文は年々増加した。明治一九年（一八八六）には皇居や箱根離宮にも使用され、国内でも使われるようになった。国内での使用にはジョサイア・コンドル（一八五二～一九二〇）が積極的で、明治二九年（一八九六）の岩崎久弥邸では金唐革紙を各室に使用しており、同三〇年に鹿鳴館《ろくめいかん》を改修した際も使用している。

しかし大蔵省の製造は官業が民業を圧迫するということで、明治二三年（一八九〇）、設備一切を製造主任山路《やまじ》良三《りょうぞう》に払い下げ、山路壁紙製作所となった。山路壁紙製造所は明治三一年（一八九八）には従業員八八人となり、製品がロンドンのバッキンガム宮殿にも使用された。英国を象徴する獅子《しし》の浮彫《うきぼり》だったという。この頃が金唐革紙の最盛期であって東京市内に一五もの工場が存在した。しかし明治三四年（一九〇一）をピークに衰退の方向をたどりはじめる。

㉘岩崎久弥邸（東京都台東区）

㉙旧呉鎮守府司令長官官舎客室（呉市入船山記念館所蔵）（14頁参照）

これはそれまでは手漉き和紙を使っていたが、明治四〇年頃から機械漉きの和紙製造が本格化し、原料も楮《こうぞ》だけでなく木材パルプも混入して紙質が低下したためである。その中でも山路は機械漉きの新鳥の子紙を素材に手作業を続け、明治四三年（一九一〇）のロンドン日英博、大正四年（一九一五）のサンフランシスコ万国博で受賞し、英・米・独・カナダ・ロシア・中国に輸出していたが、大正に入ると同業者は相次いで休廃業し、大正八年（一九一九）には輸出壁紙は山路一社のみとなり、その山路も昭和一二年（一九三七）には幕をとじた。

しかしその後、第二次世界大戦後の、昭和六〇年（一九八五）、重要文化財日本郵船小樽支店の壁紙の復元を機に上田《うえだ》尚《ひさし》によって久しく途絶えていた技術が復活された。上田は復活後の製品を「金唐紙」と呼んでいる。

金唐革紙が現存する建物として、長崎リンガー邸（明治初期）、東京岩崎久弥邸㉘（明治二九年［一八九六］）、西宮本家辰馬酒造洋館（明治三〇年［一八九七］）、高岡旧高岡貯蓄銀行（明治三五年［一九

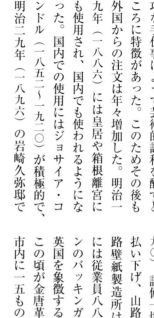

〇二〕）、弘前旧五十九銀行（明治三七年〔一九〇四〕）、北海道花田家番屋（明治三五年〔一九〇二〕）、呉海軍鎮守府司令長官官舎㉙ 明治三五年）、日本郵船小樽支店（明治三九年〔一九〇六〕）、林国蔵邸㉚ 明治三九年）、富山旧中越銀行（明治四二年〔一九〇九〕）、神戸移情閣（現・孫文記念館）（大正四年〔一九一五〕）、国会議事堂（昭和一一年〔一九三六〕）等がある。洋館が多いが花田家番屋や林国蔵邸のように和風住宅にも使われている。（小泉）

㉚金唐紙の座敷　旧林家住宅（長野県岡谷市）
壁・天井・建具に金唐紙が張られている（14頁参照）

壁布《かべぬの》

壁布には葛布《くずふ》から発展したものと、紗《しゃ》織《おり》と、つづれ織などの高級壁布がある。

　葛布㉛はもともとは袴地《はかまじ》で静岡県の掛川《かけがわ》が江戸時代からの特産地であった。明治初期、葛布問屋の内田米蔵が、葛布を襖用にして東京に送って販売したところ好評だった。このため東京の岡本壁紙製造所が葛布を染色し、紙で裏貼りをして壁装用に開発し、アメリカやイギリスへの輸出を試みた。このとき輸出を取り扱ったのは東京日本橋の川島庄之助である。雅致《がち》ある装飾と光沢が東洋的な壁紙として歓迎され、「グラスクロス」の名で評判となり、続々と注文が舞い込んだという。これが明治三〇年（一八九七）頃である。

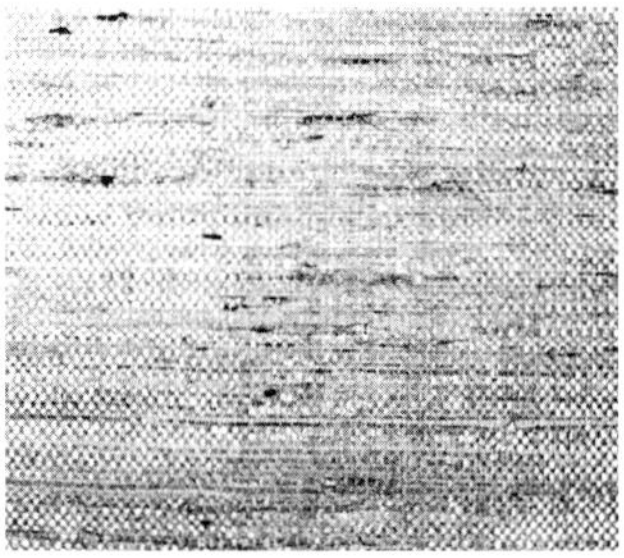

㉛葛布

　掛川の業者たちは明治三七年（一九〇四）、同業組合を組織し、製品を改良し、本格的な輸出品に育て上げていった。この頃掛川には壁布業者が十数軒あったという。大正二年（一九一三）の『静岡県之産業』（静岡県）によると、明治三五年（一九〇二）以降の生産状況は三五年が数量六万四〇〇〇反、価格一〇万二〇〇〇円だったのが四三年（一九一〇）には一二万八〇〇〇反、二一万円となっている。

　製品の種類には二間四枚物・九尺四枚物・二間半四枚物・三間四枚物などがあり、東京・名古屋・京阪地方と国外に移出している。壁張や天井張に用いられたという。岡本壁紙製造所は関東大震災後、掛川に移って岡本葛布製造所を設立した。

　同じ頃、京都、奈良では壁張用として紗織が始まった。紗織というのは経糸《たていと》が綿糸、緯糸《ぬきいと》がマニラ麻糸の実用的な織物である。明治末から大正にかけて発展し、昭和に入ると相良郡加茂町から山城町（現・木津川市）にかけて集団産地が形成された。しかし壁張用の生産が本格的になるのは戦後の昭和二七年（一九五二）頃からである。

　これらに対し京都では高級壁装材が開発された。主導したのは西陣の織元、川島織物の二代目川島甚兵衛《かわしまじんべえ》である。甚兵衛は、維新後、衰退する衣装用の需要に代えて、高級絹織物を室内装飾用に転換しようと考え、明治一九年（一八八六）、ヨーロッパを視察、帰国後、実験用の西洋館を建てて、日本式室内装飾の研究、試作を行った。織物の種類はカーテン、緞帳《どんちょう》・壁掛《かべかけ》・壁張裂《かべはりきれ》・柱隠《はしらかくし》・敷物・椅子裂地《きれじ》などで、伝統の意匠と西陣織の高い技術を用いた豪華華麗な美術工芸的な装飾織物であった。

たとえば明治宮殿に使われた壁張裂は、

㉜壁布が張られていた明治宮殿豊明殿

繻子《しゅす》地に牡丹唐草《ぼたんからくさ》模様や龍紋《りゅうもん》模様とか緞子《どんす》地に桐蜀紅《きりしょっこう》模様とか鳥鉄仙唐草《とりてつせんからくさ》模様、セントルイス万国博に出品した「若冲《じゃくちゅう》の間」は宮内省御物「動植綵絵《どうしょくさいえ》」を綴織《つづれおり》で製織した壁面とするなど徹底して日本の伝統意匠を活《い》かした（㉜）。

このほか岡沢・龍村美術織物・内外織物なども明治期に創業している。大正に入るとさらに発展し、大正三年（一九一四）の東京大正博覧会では紋壁絽・壁《かべ》絽《ろ》・壁紗《かべしゃ》・壁絣《かべかすり》・壁縞《かべしま》・壁上布・輸出縞壁織・仏蘭西壁地機械刺繡などが金牌銀牌を受賞しており、種類も増え、輸出も行われるようになるが、高級美術織物の壁張布は戦前までであった。戦後になると壁張布専用で生産されるようになるが、室内装飾用というより壁仕上げ材としての役割へと変わった。

（小泉）

4 織物類

窓掛《まどかけ》・戸帳《とちょう》

窓の内側に掛けるのが窓掛、部屋の出入口の扉の内側に掛けるのが戸帳である。一般にはカーテンと総称している。明治時代には緞帳《どんちょう》と呼んでいた。窓掛は外側から日除《ひよけ》（ブラインド）、レース・カーテン・上飾《うわかざり》（バランス）の順で掛ける。開閉方法には片開き・両開き・中央交差・全体交差・ローマンシェード（生地を上下に開閉する）・マーキューズブラインド（ちりちりカーテン・細かい襞が横に並ぶ）などがある。カーテンの裂地には緞子《どんす》・ビロード・琥珀織《こはくおり》・通風織・繻子《しゅす》・クレトン・ポプリン・キャラコなどが使われる。取り付け方にはレールあるいは棒に釣る方式と釣元をボックスや上飾り、カーテンを使う懸崖《けんがい》飾り（カスケード）などで隠す釣り方がある。付属具として括《くく》房《ぶさ》（タッセル）と括房掛金具、釣り金具が必要である。

戸帳は宮殿とか大邸宅といった広くて豪華な建物で用いられ、形式はカーテンと共通するが、重みのある布、たとえば花氈《かせん》や剪絨《せんじゅう》などが用いられる。明治宮殿では繻子《しゅす》地に正倉院《しょうそういん》文様などの和風のデザインの戸帳が各室に掛けられていた。また赤坂離宮では書斎の入口にネオクラシシズムの戸帳が掛けられていた。

日本で最初にカーテンが使われたのは長崎の出島の商館だといわれる。西洋館ではカーテンは必需品であるから、本国から持ってきたのであろう。居留地《きょりゅうち》に建

カーテンの種類・名称

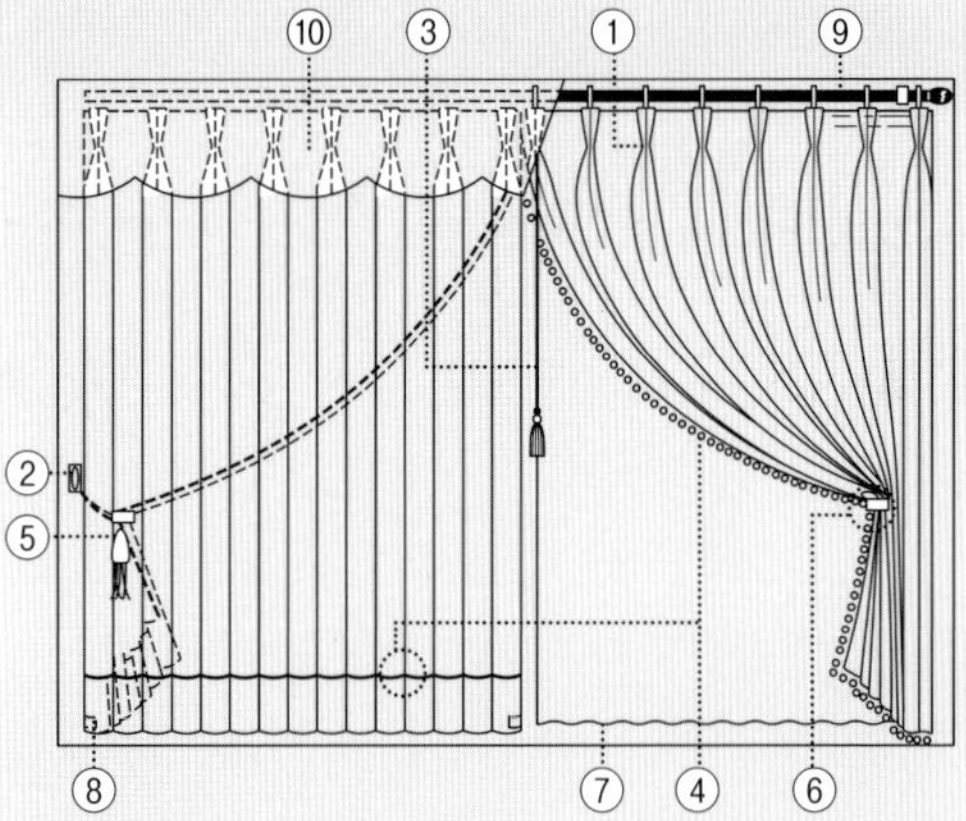

①フック　②ふさかけ　③カーテンバトン
④トリム　⑤タッセル　⑥カーテンホルダー
⑦ウエイトテープ　⑧カーテンウエイト　⑨装飾カーテンレール
⑩バランス

カーテンの開閉方法

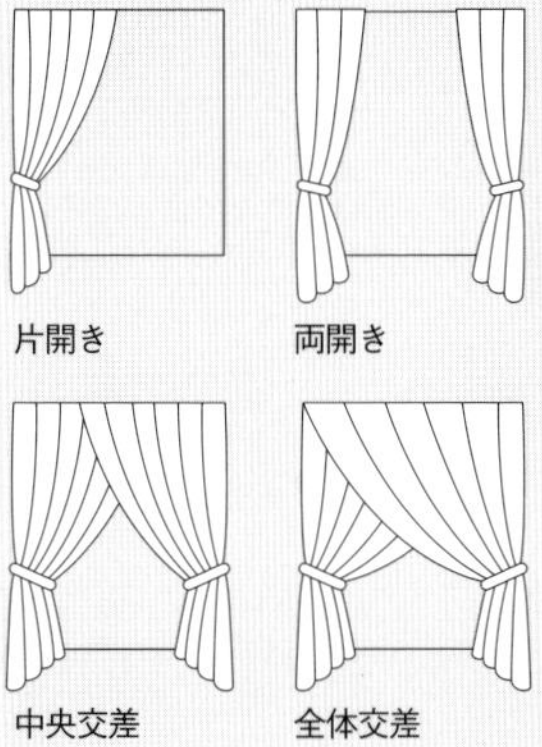

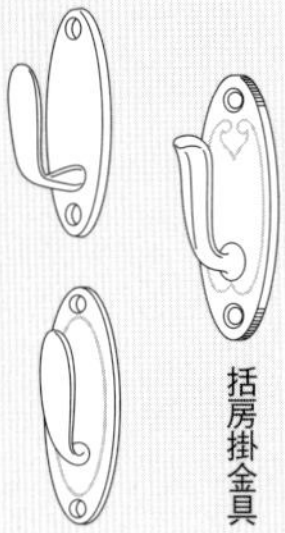

括房掛金具

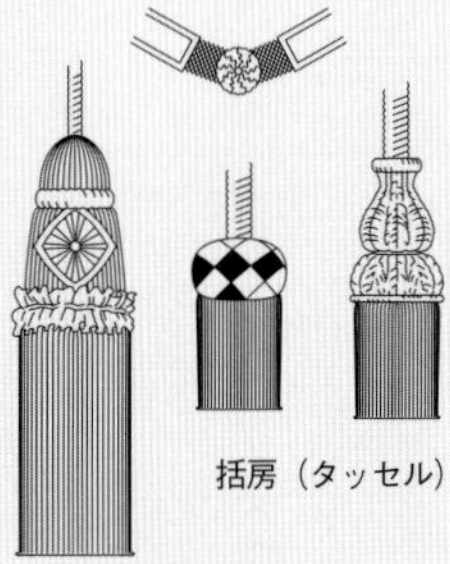

括房（タッセル）

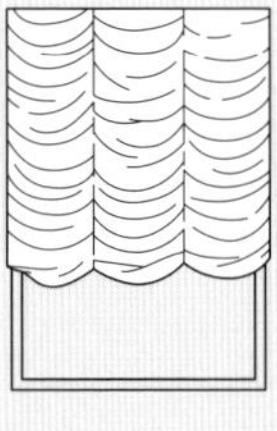

マーキューズブラインド

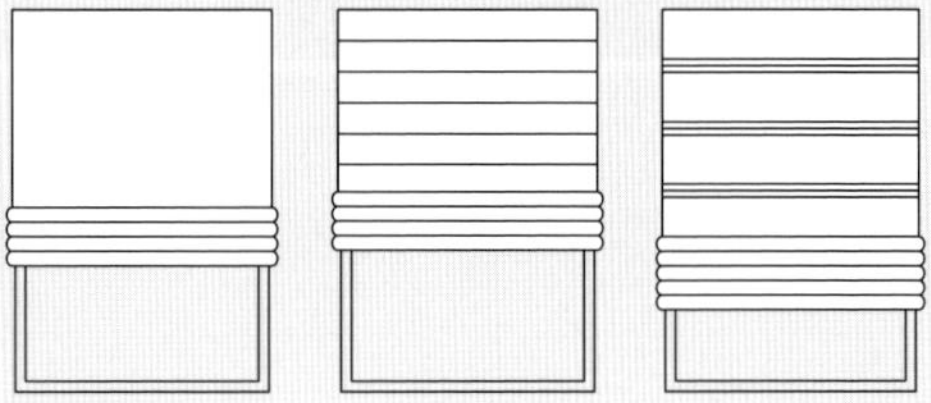

ローマンシェード

カーテンの取り付け方

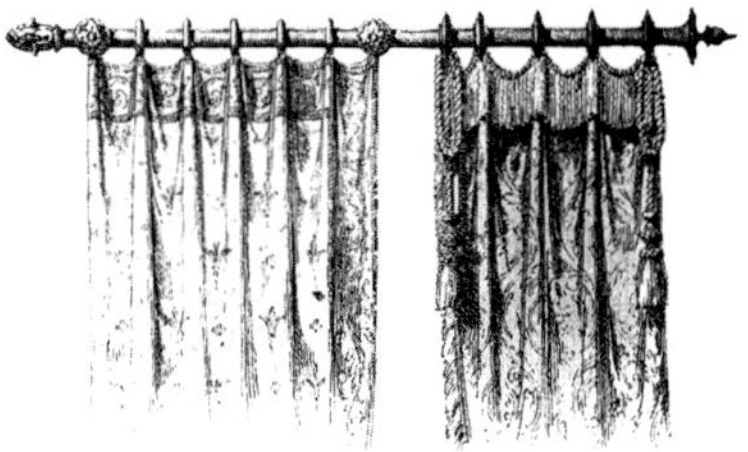

カーテンレールに吊る（『建築工芸叢誌』第弐拾四冊）

カーテンボックスで隠す

懸崖飾り（カスケード）で隠す

った洋館でも写真や銅版画をみると、多くにカーテンが掛けられているが、花模様やレースのようなものも描かれていて、外国製とわかる。

これを真似て居留地に日本人が建てた西洋風建物でもカーテンを掛けたようだ。築地ホテル館の錦絵には鳳凰に唐草といった和風の柄のカーテンが描かれている㉝。皇室関係の事象を描いた錦絵にも同様な絵柄のカーテン類が描かれている。雷紋《らいもん》や鳳凰、菊牡丹などを織りだした錦や緞子が残存することから推すと、明治の早い時期には日本人の建てた洋館や皇室関係では和風の織物を流用したカーテンが用いられていたようである。

この系統は明治二〇年代（一八八七〜）以降、前述の通り、川島甚兵衛によって本格的な美術織物として発展し、明治宮殿をはじめ皇族、宮家《みやけ》、貴顕《きけん》邸などで使われた。大正七年（一九一八）にはハーグ平和宮殿会議所など外国にも進出、昭和に入っても満州国宮殿（未完）・帝国議会議事堂・旧最高裁判所など国家的な建物の内装として使われ続けていた。

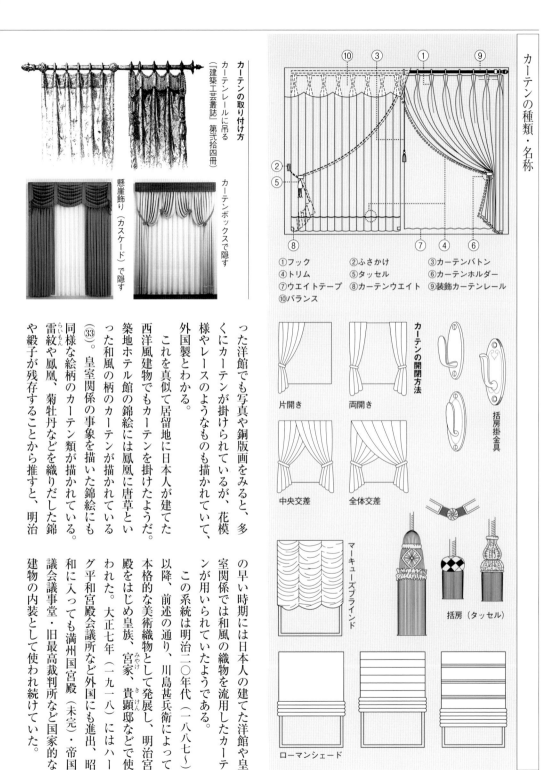

戸帳

クラシック様式の戸帳（『建築工芸叢誌』第弐拾四冊）

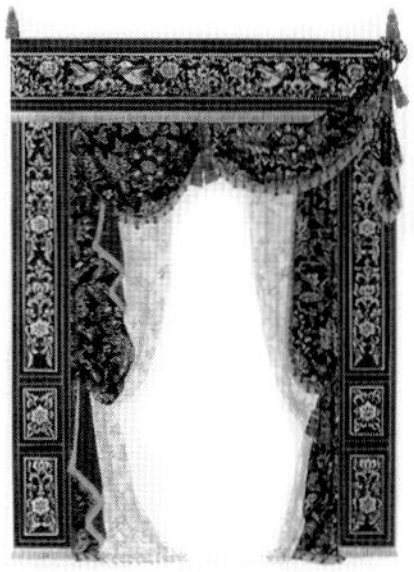

明治宮殿小食堂の戸帳

クラシック様式のカーテンボックス

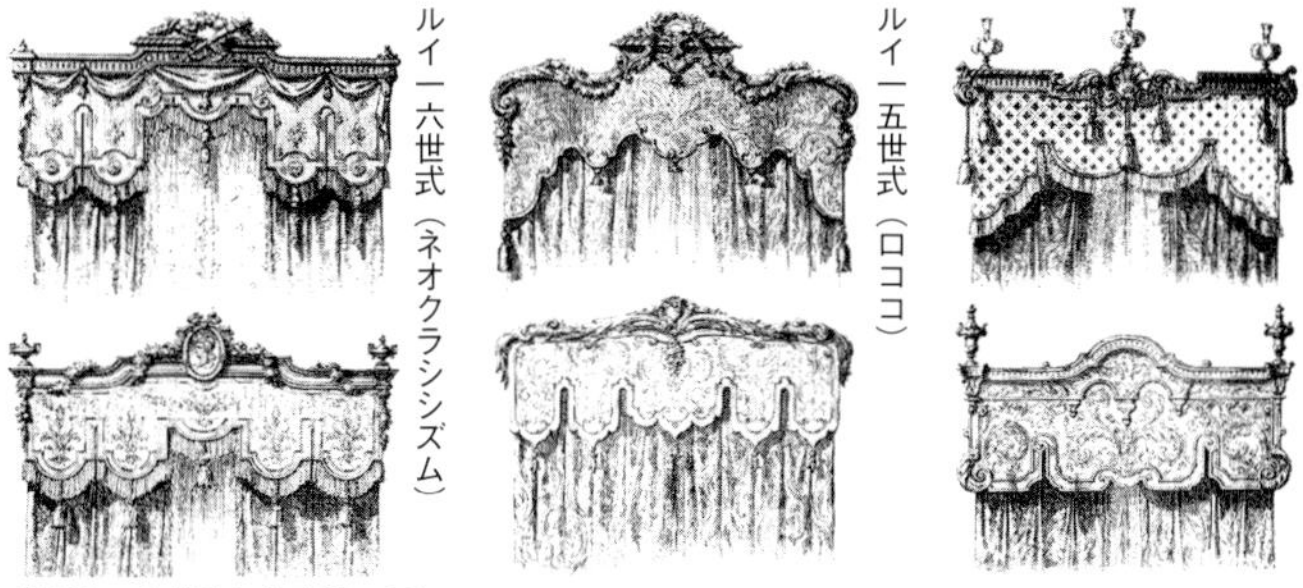

ルイ一四世式（バロック）

ルイ一五世式（ロココ）

ルイ一六世式（ネオクラシシズム）

（『建築工芸叢誌』第弐拾四冊）

㉝築地ホテル館の錦絵に描かれた和風のカーテン

クラシック様式のカーテン

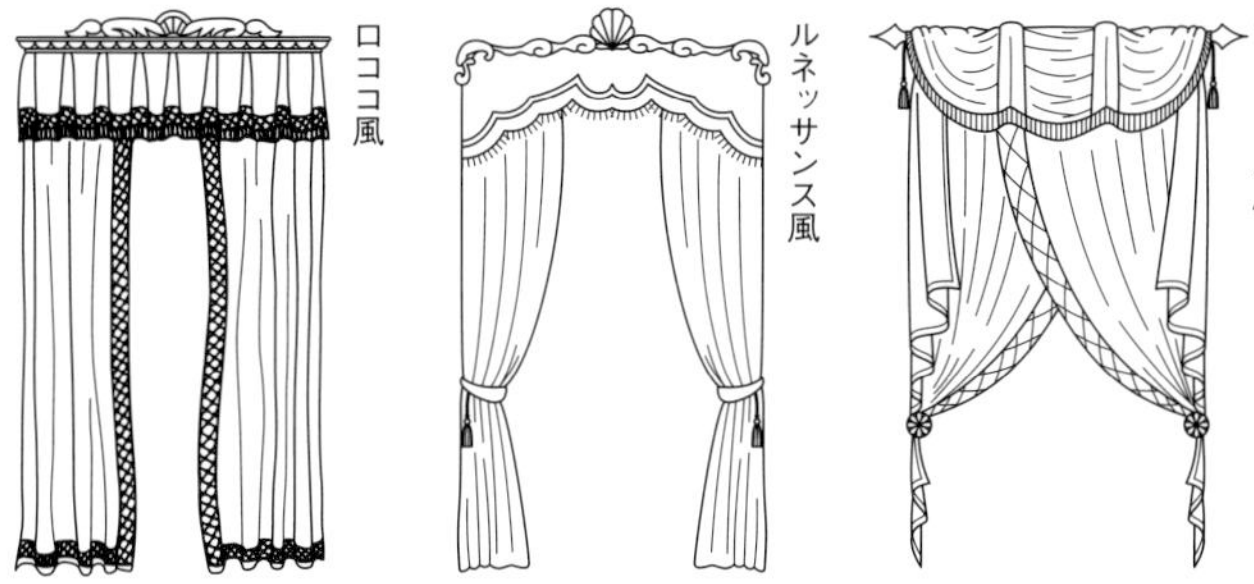

アンピール風

ルネッサンス風

ロココ風

一方明治に入り本格的な洋風建築が建てられるようになると、当時は様式建築であったため、窓掛・戸帳類もクラシック様式のルイ一三世式、一四世式、一五世式、一六世式といった豪華なものが用いられた。浮彫彫刻のあるカーテンボックス、花輪や花綱《はなづな》彫刻に飾られたカーテンロッド、懸崖状の垂れ飾り、華麗なギャザープリーツ、絞り方、飾り房、フリンジと目もくらむばかりで、生地もゴブラン・ダマスク・タフタ・ジョーゼット・シャンタン・更紗《さらさ》・ブロケード・ベルベット等々、多種多様な美しい織物がふんだんに用いられていた。これらは当初「外国商館」と呼ばれたイギリスやオランダの貿易商から購入していた。

メーカーとしては川島甚兵衛と同じ頃、髙島屋の飯田《いいだ》新七《しんしち》もフランスを視察して帰り、明治二四年（一八九一）に住江織《すみのえおり》物《もの》の前身、飯田新七織物工場を創立、カーペットの生産を始めるが、明治四四年（一九一一）にはカーテン地として毛絨子の製作も始めた。ただしこれは鉄道車輌用が主だった。

明治後半から大正にかけて、カーテンや敷物、椅子裂地などを専門に扱う業者が台頭してくる。東京では新橋の芝田村町から愛宕下にかけて集中していた。この頃になると官公庁や銀行、オフィスビル、大邸宅などだけでなく、中流階級の小規模な洋館が多くなり、カーテンの需要が増してきたためである。

大正三年（一九一四）に始まった第一次世界大戦により輸入がストップしたのを機に国産化が進み、日本のメーカーが急成長した。初期には陸海軍省、鉄道省、官公庁、銀行、会社などの大量な需要が中心であったが、大正末の大震災後には、洋間付きの文化住宅が流行となり、中流の一般家庭でも洋風を取り入れた暮らしが増えたことで、カーテンも普及しはじめた。

この時期の住宅について今和次郎《こんわじろう》は「生活改善住宅として標本的に建てられた実例を手本として、赤瓦の屋根でカーテンを垂れた硝子窓の、畳なしでいす式のこじんまりした建て方のものが造られたのです」（『住居論』）と書いている。（小泉）

壁掛《かべかけ》

室内の壁面に掛ける染織品を総称して壁掛《かべかけ》という。室内の保温や断熱の温度調整や防音などの機能を担うとともに、季節や行事、雰囲気に応じて掛けかえられる利点があり、室内装飾用・観賞用としても用いられてきた。このため、絵画的要素を表現できる芸術性の高い、重厚な染織品が発達している。

国内生産が始まったのは明治に入ってからで、軌道に乗るのは明治中期からである。しかし、手染・手刺繍・手織という最高級の技術が用いられるため製作には手間がかかり、大量生産できる商品ではなかった。このため、京都の西村總左衛門（千總《ちそう》）・飯田新七（高島屋）・川島甚《かわしまじん》兵衛《べえ》（川島織物）などの各メーカーや京都府などが尽力し、多くの技術者を育て生産の拡大を図った結果、生産量が増え、国内外で高い評価を得た。とくに外国での評価が高く、大半が輸出商品となり、明治政府が推進をはかる殖産興業《しょくさんこうぎょう》施策において、国内産の生糸を用いた絹製品の輸出拡大に多大なる貢献を果たした。

壁掛は日本式にいえば掛軸の延長であり、明治初期の掛軸本紙には絵画が友禅や刺繍で表現され、大型の掛軸（掛幅《かけふく》）も生産されていた。しかし、洋室のしつらえには違和感があったが、万国博覧会の出展や諸外国への視察を機会に欧米での壁掛の様式に対する知識が入ってきたことで洋室用の壁掛がどういうものか理解できるようになった。とくに織物では明治一九年（一八八六）、二代川島甚兵衛が渡欧し、西洋の織物を用いた壁掛の様式を日本にもたらしたことで壁掛の生産が本格的に発展した。

壁掛の形式と仕立ては、ゴブラン織壁掛がもととなっている。表面は本紙部分と本紙の周囲を取り囲むボーダー（具留《ぐる》利裂《りぎれ》・縁裂）と呼ばれる額縁からなっている。裏面は、裏布を縫製する場合としない場合がある。仕立て方法には、壁に掛けるための加工として（一三九頁図参照）、㋑上部に筒状のバー袋（吊棒を固定する袋）を縫製《ほうせい》する方法、㋺吊棒を直接縫い付けて錺《かざり》金具を取り付ける方法、㋩金属のリングを壁掛に縫製する方法、㋥乳輪《ちちわ》（乳《ち》）を縫製し吊棒を通す方法などがある。また下部にも重しとなる棒状の物を設置する方法もあるが、これらの棒は、掛ける目的だけのものと、棒に漆や彫金など豪華な装飾を施し、壁掛と一体の意匠で製作されるものがある。他にも壁掛の下に飾り房を装飾するなど、壁掛の見せ方の工夫はさまざまである。寸法は大小あり、大きいものは幅約七m、丈約四mにもなるが、何より壁面装飾にふさわしい寸法が選択される。

製作の技法には、染色・刺繍・織物の三種がある。このうち、絵画表現の優れた染色（友禅染《ゆうぜんぞめ》）は、明治一一年（一八七八）に十二代西村總左衛門が開発した白地のビロードに友禅染を施す特殊技法「天鵞絨友禅《びろうどゆうぜん》」が重厚感をもたせることに成功し、主に用いられるようになった。ついで明治一五年（一八八二）には三代飯田新七が参入し、生産の拡大を図った。

　刺繍については、明治一〇年（一八七七）より二代飯田新七が美術刺繍の生産を開始、日本の伝統的な刺繍技術の高さを活かし、丹念に色糸を刺して繊細な色の暈《ぼか》しや図様の立体感を画面全体に施した総刺繍を手掛けた。その他、塩瀬地に伝統的な色挿し技法を用いたり、新しい写し友禅の技法に部分刺繍を施すなど、西村總左衛門と飯田新七の新商品が次々と生み出された。中でも四代飯田新七の活躍は目覚ましく、明治後期には屏風や壁掛の大型作品を多く世に生み出した。また、ボーダーには本紙を守り、引き立てる意匠の紋織物を縫製し壁掛の様式に適応させた。

　織物について、初期には絵画的表現が乏しいとされていたが、二代川島甚兵衛が織表現を工夫し、美しい暈し技法を考案した。またゴブラン織の竪機《たてばた》（垂直織機）に対し、大型の綴織《つづれおり》水平機（水平織機）を設計し、大人数による効率のよい生産と、良質な商品を織り出す織技法を開発し、明治二〇年（一八八七）に美術織物の製織と生産を確立した。

　織物には紋織《もんおり》と綴織の技法がある。紋織は高度な織設計が可能な高機で製織《せいしょく》を行うが、複雑な織機の構造から改良が難しく最大でも織幅約一九七cmであり、絵画に対抗できる表現には及ばなかった。一方、古来より日本に伝わる綴織は、ゴブラン織と織技法が類似すること、平織の織組織で織機の構造が複雑ではないため、従来から用いられてきた小幅の織機を大機に改良することで発展させることができた。明治二〇年（一八八七）頃は最大織幅約四mであったが、数年後には織幅約七mの製織を実現した。これは宮殿様式の巨大な壁面にも装飾が可能であることを示し、明治宮殿（西溜）への謹製や万国博覧会などにも相次いで出展した。さらに明治三八年（一九〇五）には世界一と謳《うた》われた約一八m（織幅一六・

壁掛の各部名称及び仕立て方法

㋑上部に筒状のバー袋（吊棒を固定する袋）を縫製する

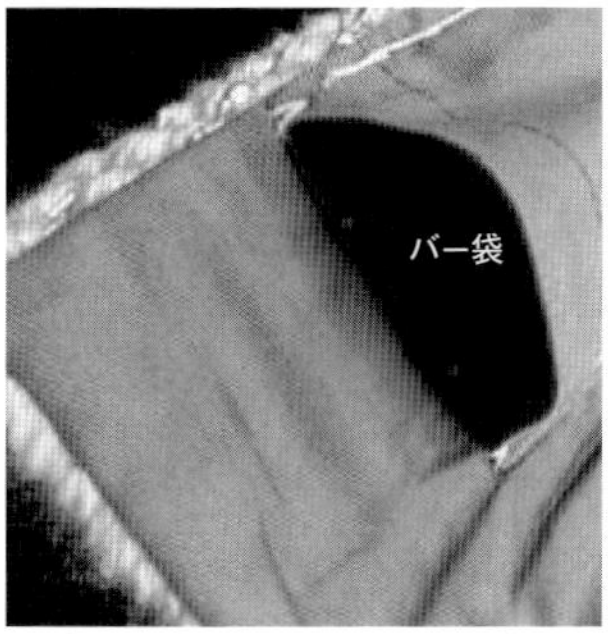

裏（壁掛に裏布を縫製している状態）

㋺釣棒を直接縫い付けて錺金具を取り付ける

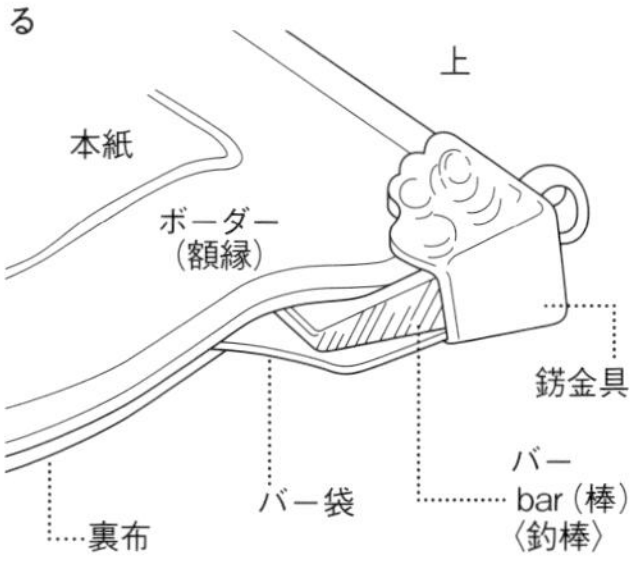

㋩金属のリングを壁掛に縫製する

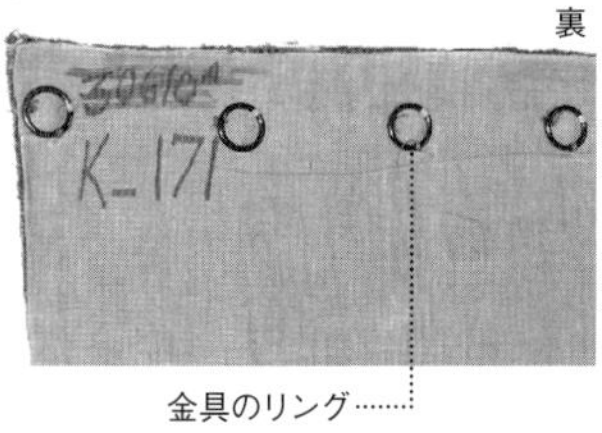

㋥乳輪（乳）を縫製し吊棒を通す

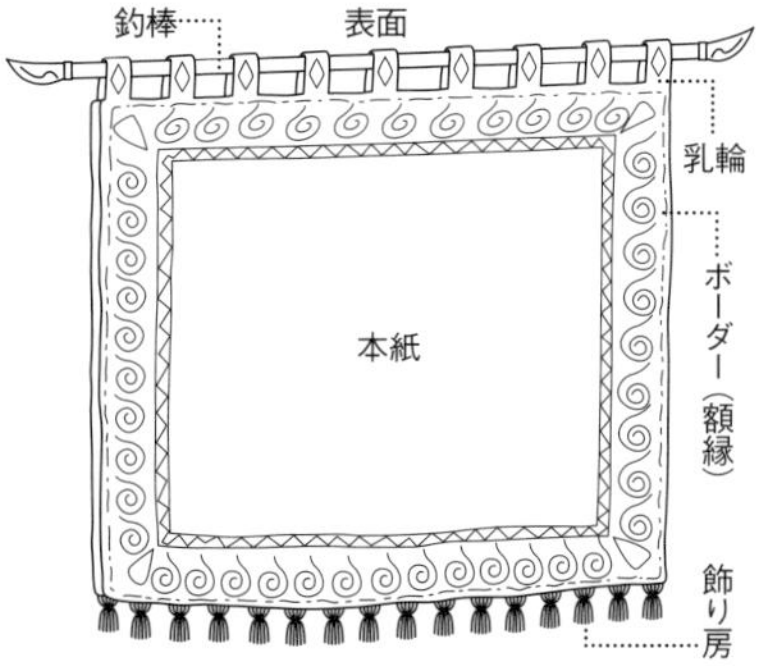

三m）の大機を導入し、どの染織品よりも巨大な壁掛の製織が可能となった。また、ボーダーについても、当初は同じ綴織技法で別織して縫製する方法を用いていたが、明治後期からは大半の壁掛がボーダーまでも本紙とともに織り出されるようになった。

㉞綴織壁掛「富士巻狩之図」（川島織物製織）

意匠についても、二代川島甚兵衛は西洋における壁掛の意匠の嗜好傾向を調査して、1．戦争画　2．歴史画　3．風俗画　4．花鳥画の順であることを明確にとらえた。これを国内で応用し、戦争画には巻狩《まきがり》の様子を、歴史画には曝涼《ばくりょう》図《ず》、風俗画には祭礼図などに日本の文化を取り入れた意匠を絵巻さながらに表現した（㉞）。しかし、日本人の場合、最も好まれ、多く生産されたのは花鳥画であった。

以上のような綴織壁掛の生産状況は大正まで続いた。昭和に入ると、それまで主に絹糸だけであった原料にも羊毛糸や化学繊維の糸が用いられるようになる。さらにリング糸や金銀糸などの加工糸が使われはじめ、絵画表現の手法が豊かになり、戦前まで生産が続けられた。戦後は洋風建築が日本国中の一般庶民にまで広く普及したものの、建築様式の変化で、高価な壁掛は需要が伸び悩んだ。また高級建築までも壁掛を掛ける文化が廃れて、ホールなどの公共施設やホテルなどの宿泊施設の注文も激減、あるいは小型化した。昭和後期から平成にかけ綴織壁掛の意匠にも如実《にょじつ》に変化が現れる。それまで、生産されていたほぼすべての壁掛の意匠は、壁掛用として描き下ろされた原画であったが、それ以後はボーダーという様式の固定観念が消え、著名画家の絵画を忠実に織り出すようになり、壁掛の定義も壁に掛けるために仕立てたもの全般を壁掛というようになる。また建築技術や空調設備などの進歩から、壁掛の機能性も求められなくなり、現在ではわずかな生産となっている。これは織物の分野だけではなく壁掛の文化自体が瀕死《ひんし》の状態であることを示している。

（小柳）

5　敷物とゆか仕上げ

絨毯《じゅうたん》

絨毯はゆか敷用の厚地の敷物であるが、大形をカーペット、小形をラッグと呼ぶ（㉟）。絨毯類の種類は非常に多く、織物・不織物・刺物・編物・縫物などがあるが、日本で古くから使われてきたのは織物の段通《だんつう》と不織物の毛氈《もうせん》で、段通は羊毛を平織りにしたもの、毛氈は羊毛をフェルト状にしたものである。

毛氈は江戸時代までは国産できなかったが、段通は江戸時代から鍋島《なべしま》、堺《さかい》、赤《あ》穂《こう》で製造されており、最大産地は堺だった。明治一〇年（一八七七）天皇の大和行幸の際に堺段通を天覧《てんらん》している。明治初期には大阪・住吉地区を中心に織物メーカー数社が創業しており、明治一〇年の内国博覧会に多数の段通が出品されるなど、国内生産も進んできた。明治二〇年代には堺は各家に数台の織機を据え付けて、全市をあげて、老若男女が手織りで段通生産に従事したという。当時の主な納入先は政府官公庁だったが、明治一一年（一八七八）にはアメリカ、フランスへも輸出されている。明治二八年（一八九五）には堺では業者三一四三戸、職人二万三七六六名で、この年には段通職工教育部簡易学校が開設している。輸出が中心で主な輸出先はアメリカであった。

絨毯はパイル織りで、輪奈《わな》のものとこれを切開して立毛《りつもう》としたものがある。明治二〇年（一八八七）頃まではほとんどが輸入物で、多かったのは英国のアキスミンスターカーペットかウイルトンカーペットであった。小幅物（約六〇cm）のため、広い場所に敷き込む場合は手縫いで幅継ぎをして敷き込んでいた。支那絨毯といって中国からの輸入も多かった。

絨毯の国産が始まるのは明治二三年（一八九〇）である。飯田新七が同二三年にフランスからカーペット・ビロード・モケットの見本を収集して帰国、二四年には「飯田新七織物工場」（大正二年［一九一三］から住江織物）を創立し、パイル糸に捺染《なっせん》して織るタペスリーカーペットを作ったことからである。「倭織《やまとおり》」と名づけて特許を取得し、帝国議事堂では玉《ぎょく》座《ざ》用と議場用の敷物を納入した。

㉟絨毯が敷かれた室内（鶴崎邸　神戸市）

アキスミンスターカーペット

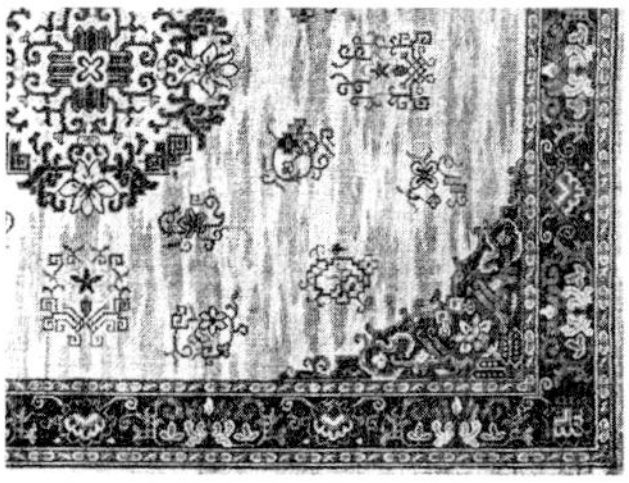
毛切絨毯

支那絨毯

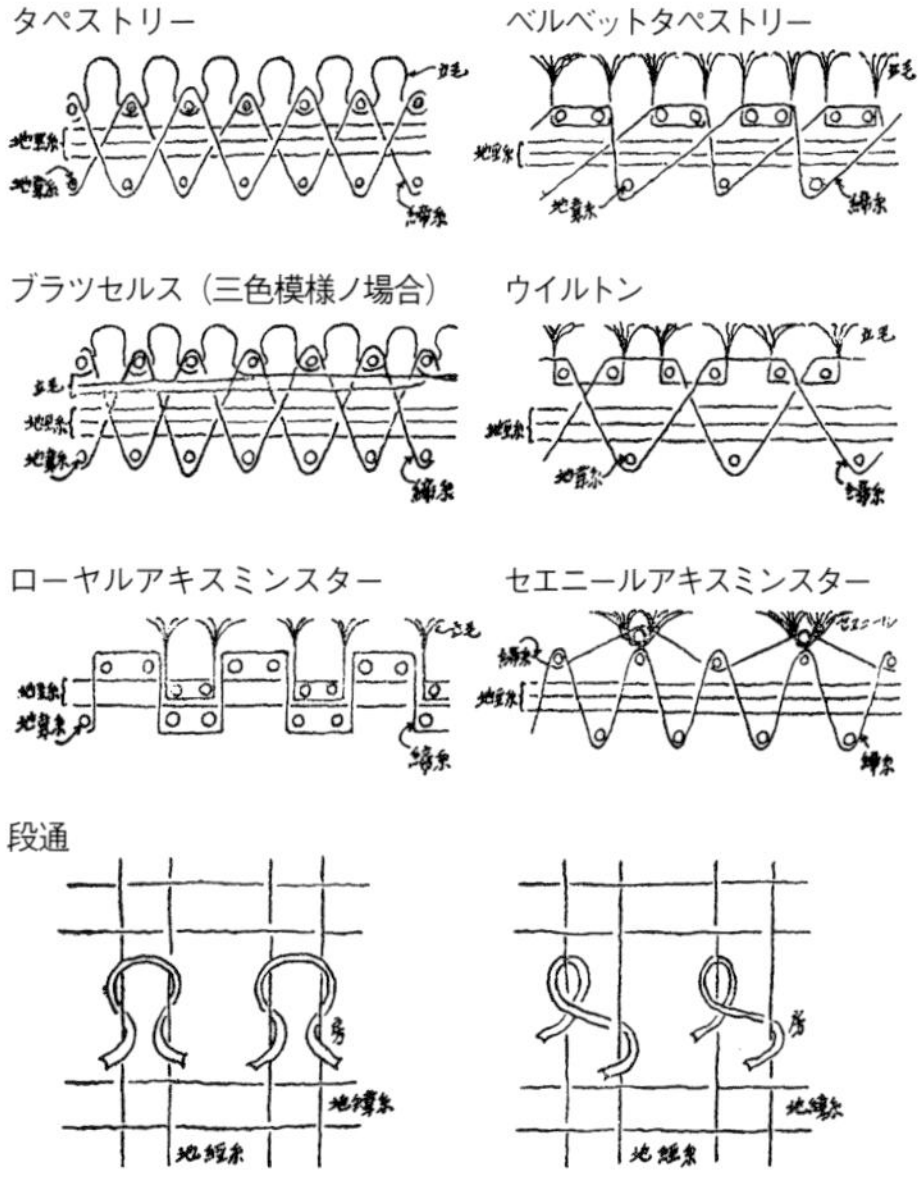

カーペットの組成
（『木材工芸叢書』）

カーペットの敷き方

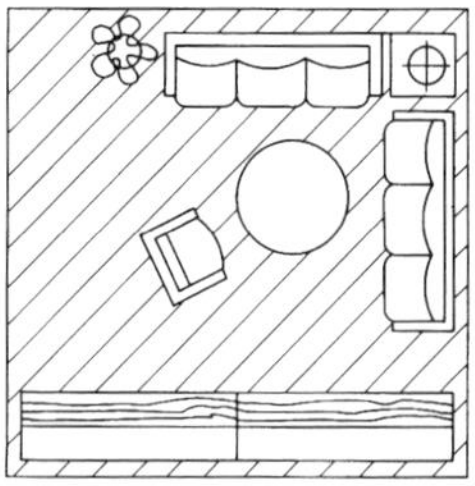

敷詰め

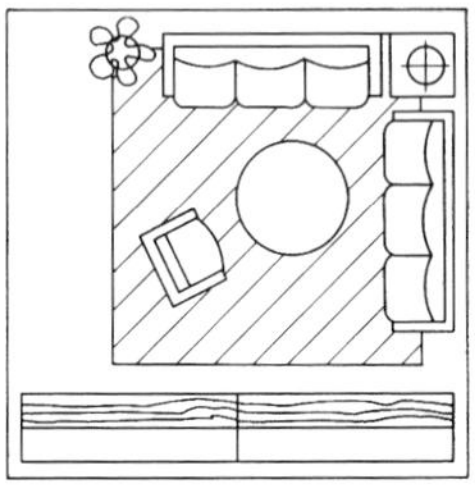

中敷き

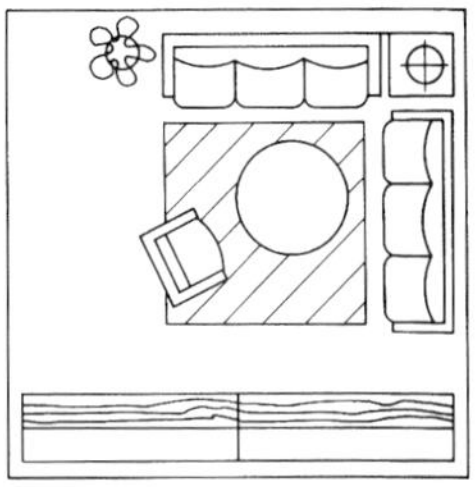

部分敷き

大正に入るとそれまでの手織りから機械織が始まる。住江織物ではドイツ製の織機を七台と毛刈《けがり》機、管巻《くだまき》機、撚糸《ねんし》機など一式を輸入、その後昭和にかけて英国、ドイツ、フランスから各種の織機を輸入した結果、すべての種類の絨毯、モケット、テレンプが製織できるようになった。川島織物でも五〇インチ幅の織機を導入、力織機による装飾織物の本格的な生産を開始した。その他関西では多くの段通メーカーが機械織に変え、絨毯メーカーへと転換した。

絨毯の需要が中産階級にまで拡がるのは関東大震災後である。洋間付きの文化住宅が流行すると、板の間である洋間には絨毯が敷かれるようになった。(小泉)

リノリウム

大正から昭和にかけてはゆか材が多様化した時期であり、リノリウム、寄木《よせぎ》張《ばり》のフローリング、塗りゆか、カバーリウム、コルクなどの床材が使用されるようになり、さらに昭和に入るとゴムタイルの生産が始まった。

リノリウム(linoleum)とは、亜麻仁《あまに》油《ゆ》などの乾性油を加熱酸化させたもの(酸化物リノキシン)に、樹脂・ゴム質物質・コルク屑や顔料などを混入し、麻布などに塗抹《とまつ》して圧着し薄板布状にのばして作る建材の一種で、鉄骨や鉄筋コンクリートの建築に適している。堅牢《けんろう》、安全、実用性に富み、とくにすぐれた抗菌作用があることから、病院や学校など公共の建物に多く使用されるが、住宅では多くトイレや水まわりに使われる。

一八六〇年代にイギリス人のウォルトン(Frederick Walton)によって発明されたものである。西洋建築では、それまでの長い間、石張や板張のゆかに絨毯《じゅうたん》やその安価な代用品であったゆか敷を敷いて断熱や見た目の美麗さを求めたが、耐久性に乏しかった。これに対し、リノリウムは、耐久性・抗菌性に優れ、歩行性が良いなどのゆか材に適した特徴をもつため、世界中に広まっていった。アメリカでも、一八七二年、ジョセフ・ワイルド商会がウォルトンを招聘し、American Linoleum Manufacturing Company(アメリカンリノリウム社)を設立、翌一八七三年にニューヨーク市近郊のスタテン・アイランド(Staten Island)に工場を建設したことから始まった。

住宅用として、裕福な家の場合は、水まわりやサービス用の部屋にリノリウムを敷いたが、一般の家では、居室に絨毯や堅木《かたぎ》、色つきタイル、モザイクなど高価なゆか仕上げに似せた柄のリノリウムを用いた。このため、高価なゆか仕上げに似せた多種多様な柄が考案された㊱。

㊱ハンプトン・アンド・サンズ社のタイルを模したリノリウム
(『図解百科　様式の要素――英米住宅デザイン事典』)

日本にリノリウムが輸入されはじめたのは明治二〇年代（一八八七〜）である。当時、柄物のリノリウムが人力車のゆかに用いられ、大変流行していたという。

明治、大正を通じてリノリウムの輸入販売、施工をほぼ独占していたのは、明治八年（一八七五）創業の室内装飾品販売、施工業者の睦屋《むつみや》であった。西洋敷物、家具用織物、窓掛、壁紙などを扱い、鹿鳴館、明治新宮殿、赤坂離宮などの室内装飾工事を行った業者である。

第一次世界大戦が激化すると、欧米からリノリウムが輸入できなくなった。そこで、当時、洋間の敷物「由多加織」を輸出していた由多加織合資会社の寺西福吉が、サンマス貿易会社とジョセフ・ワイルド社の協力を得て、大量生産のための機械設備や技術をアメリカから導入、大正八年（一九一九）に兵庫県川辺郡伊丹村（現・伊丹市）で「東洋リノリユーム（東リ）」を創業、大正一〇年（一九二一）から製造販売を開始した。日本初の国産リノリウム（ゆか材）である。以後、日本の需要の八、九割をまかなうことになった。

㊲寄木張（『図解百科　様式の要素――英米住宅デザイン事典』）

リノリウムが大きく発展するのは大正一二年（一九二三）九月の関東大震災以降である。最初は震災直後のバラック建築が粗雑な板ゆかのため、靴音や土埃を避けるための必需品として用いられたが、震災を契機に、建築物の多くが木造から耐火耐震の鉄骨鉄筋コンクリート造りの建築へと転換したことで、官庁、学校、病院、会館、劇場、百貨店、事務所など当時の近代洋風建築に広く採用されるようになった。

またゆか材としての有用性だけでなく、摩耗《まもう》を防ぎ、海水による腐食《ふしょく》にも強いことから大型客船や軍艦などの甲板《かんぱん》などにも利用された。「戦争中は、軍需中心のリノリウムと暗幕の仕事ばかりだった」という睦屋の記録にあるように、建物だけでなく、船や軍施設にも広く使われたため、ゆか材市場では終戦までリノリウムが独占状態にあったという。

戦後は、占領軍として駐留した米軍の施設や家族住宅用の資材としての需要が高くなり、原料の供給や電力の特別配電を受けるなどして、早い時期から生産体制が整った。そのため、昭和二〇年代前半頃のゆか材市場ではリノリウムが圧倒的なシェアを占めていた。

その後、アスファルトタイルや「塩化ビニル樹脂製プラスタイル」、さらに改良を加えた鮮やかな色彩の「プラスタイルｐ」とつぎつぎに新製品が生まれ、ゆか材は多様化した。しかし、リノリウムは、亜麻仁油由来の抗菌性や、シックハウス症候群対策などで再び注目されるようになり、医療・教育施設から住宅まで幅広く世界中で利用されている。（前潟）

寄木《よせぎ》張《ばり》

寄木ゆかとは、木造ゆかでは最も上等な仕上げ方で、ゆかの表面にさまざまな色の堅木の小片を幾何学的に配置したものである（㊲）。模様は多種多様であるが、中央部と周囲にめぐらすボーダーとで異なる模様にするのが一般的である。中央部に絨毯を敷き、周囲だけを寄木ゆかにする場合もある。

ヨーロッパでは古来より、玄関階のゆかには石材を敷き、とくにホールや主要室は多色の石や大理石で幻想的なモザイ

㊳開拓使物産売捌所本館　ゆかフローリング詳細図（『ジョサイア・コンドル建築図面集Ⅰ』）

寄木ゆかの室内（旧松本家住宅）

ク模様のゆかにした。上階のゆかは構造上、板張りにするため、主要な部屋には寄木ゆかを用いた。寄木の模様は石ゆかのモザイク模様に由来し、より緻密《ちみつ》で複雑な模様で、より上質の木材ほど上等とされ、財力を示す役割を果たした。

一七世紀には、寄木ゆかに似せて板ゆかの上に図案を描く「彩色木造ゆか」という装飾法が広く用いられたり、一九世紀には、アメリカで、木片を幾何学模様に布地に貼り付けてロール状に作った寄木ゆかが考案されて長さ単位で販売されたり、寄木柄のリノリウムが流行するなど、寄木ゆかへの憧れは大変強いものであった。

日本では、開国前後から各地で外国人による洋館が建設されていたが、本格的には、お雇い外国人が設計した公官庁や諸侯邸に寄木ゆかが使われたのが始まりである。

明治一四年（一八八一）に完成した開拓使物産売捌所は、イギリス人建築家、ジョサイア・コンドルの設計である。ベネチアンゴシック様式の外観で、一階は北海道産の品々の陳列・販売施設、二階は客室、食堂、玉突室《たまつき》、寝室が設けられ、接待所として使われた。この建物の一階ホールと二階ホール、階段踊り場のゆか詳細図をみると（㊳）、ボーダーの部分の精密な寄木模様が三種類描かれている。工事書類によれば、この寄木張の材料は、開拓使工業局工作所（札幌）から、槐《えんじゅ》、ニカキ、楓《かえで》、シコロ（道産の黄蘗《おうばく》）、柏《かしわ》材を小片にカットしたものが取り寄せられたという。

同じく、コンドルによる、明治一六年（一八八三）の鹿鳴館《ろくめいかん》で、有名な舞踏会が開催された二階大広間の床は中央部が磨き板張りで、周囲が寄木ゆかであった。

こうして、最初は外国人が設計した建物に用いられたが、明治初年に宮中儀礼の洋装化が義務づけられると、宮中の建物でゆかを畳から板ゆかや絨毯へ改修する工事が行われた。明治一九年（一八八六）には赤坂仮皇居御会食所の会食所、謁見所《えっけん》、玄関、廊下のゆかが寄木張に改修されたという記録がある。それまで日本では格式を表現する板ゆかの装飾法がなかったため、ヨーロッパにおいて上等なゆかの装飾とされていた寄木張が採用されたのであろう。

明治二一年（一八八八）完成の明治宮殿では、正殿をはじめ各主要広間のゆかが寄木張で仕上げられた。以降、宮中、諸侯邸、公共施設など、外国人や洋装した客人が靴のままゆかにあがる主要な洋室には寄木ゆかが用いられるようになった。

さらに、明治末期から大正時代になると、中流住宅でも用いられるようになる。「寄木ゆかとは普通板張りゆかの表面へ厚さ四、五分以上の小片を配列するもの

寄木ゆか

西本願寺伝道院

で、西洋流各室、殊に食堂ゆか面等へは近来このゆかを好んで用いる風がある」（武田五一・松本儀八『最新和洋住宅別荘建築法』大正九〜［一九二〇〜］）とあり、大正中頃（関東大震災前）には中流住宅にもかなり普及していた様子がうかがえる。ただし、洋風に作られた部屋に限られているため、全体からみればごく一部であり、寄木ゆかは日本でも特別なゆか仕上げであった。

それを裏づけるように、日本でも、寄木ゆかの模造品として、「張木《はりぎ》床《ゆか》」という仕上げが考案された。地ゆかに色木の薄片を張り付け、寄木ゆかのようにみせるもので、たいてい、中央分は普通板ゆか張にして絨毯を敷き、靴擦《くつず》れの少ない周囲の縁模様（ボーダー）のみを張木ゆかにした。品位も、実用上からも寄木ゆかには及ばなかったというが、このような模造品が考案されるほど、日本でも、寄木ゆかは上等のゆか仕上げとして広く認識されていた。

寄木用として普通使用する各種色木は上記の本によると次のとおりである。

［黒色］黒檀《こくたん》、黒柿《くろがき》、神代欅《じんだいけやき》、桂《かつら》 神代《じんだい》、各種堅木
［褐色］欅《けやき》、チーク、ケンポナシ、玉樟《たまぐす》、樟《くす》、栴檀《せんだん》
［赤色］椿《つばき》、香椿《チャンチン》、木斛《もっこく》、マホガニー、花梨《かりん》、あららぎ、赤木
［赤黒色］紫檀《したん》
［青黒色］神代欅、神代栗、モンテン
［緑色］朴《ほお》
［黄色］桑、漆、黄櫨《はぜ》、苦木《にがき》、黄楊《つげ》
［白色］栃《とち》、楓《かえで》、白楊《はくよう》、柊《ひいらぎ》

張り方は、まず室の性質に応じて色木配列図案を作成をする（ただし木材は他の材料と異なりその繊維が縦直になるため、その模様はなるべく幾何学的の直線式によるのが構成および経済上よいとされる）。ついで図案にもとづいて色木を選定し木作りする（模様の大小は自由だが模様が一単位一尺以下を普通とする）。寄木を張る地ゆかを十分に鉋《かんな》で削って均《なら》し、図案の原寸によって骨線（スケルトンライン）を引く。用意した色木をゆか面中央分より骨線にしたがって、膠《にかわ》および釘を使って張りはじめる（もし一方より張りはじめるときはわずかの接目《つぎめ》の違いがあっても最後になると著しく不揃いとなる。まず中央部から始めて周囲に逃げを取ることができるように、縁模様［ボルダー］をめぐらすのが安全である）。張り上げた面を荒仕上げから漸次《ぜんじ》仕上げ削りをし、最後に光沢を出すために艶出《つやだし》クリーム、リノリウムワックス、フロアーワックスなどの光沢剤を塗る。（前潟）

6 暖房

暖炉《だんろ》

暖炉《だんろ》は緯度が比較的高い西欧で発達し

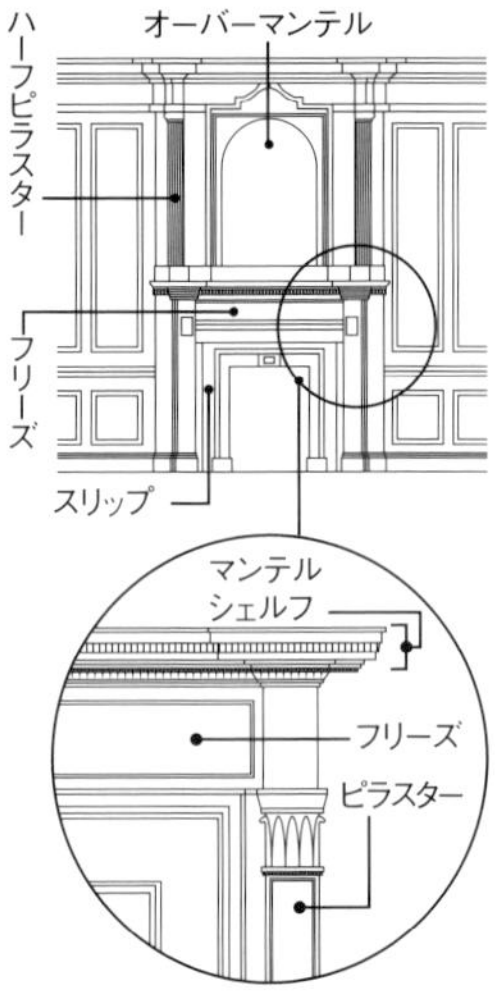

㊴マントルピースの構成

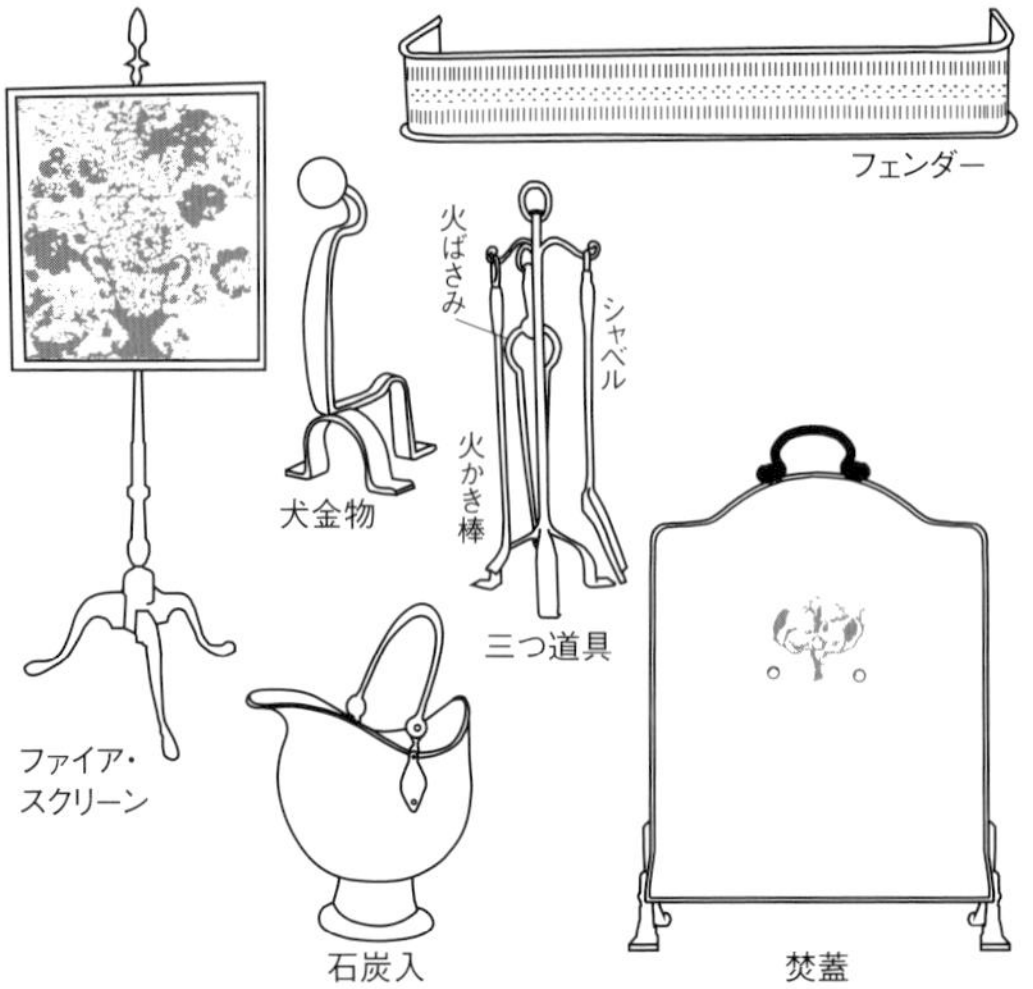

㊵暖炉の付属品

た。はじめは、住宅の中央に簡素な石板や粘土で造られた炉があるのみで、煙突はなく窓から排煙していた。イギリスでは、一一世紀のノルマン朝になると炉が壁面へと移動し、ファイアプレイス（fireplace：壁付き暖炉）となる。現在我々が暖炉として思い浮かべる一般的な形態である。

煙突は、イギリスの邸宅で一二世紀頃から使われるようになり、一三世紀になってから一般化した。一四世紀頃からは暖房燃料として石炭が使われるようになり、以前の木炭や薪に比べて排煙の必然性が増したため、小規模な住宅にも煙突がつけられるようになり大衆化した。

暖炉は、暖房だけでなく調理や燻製《くんせい》作りに利用されてきていた。また、暖炉の周囲ですごす時間が増えることで部屋の中心となり、室内の格式を表現する要素として装飾されるようになった。

暖炉は、火を焚く「火箱《ひばこ》」の部分と「煙突」から成る。火箱は壁面についており、壁内の煙道《えんどう》を通して煙突から排煙と換気を行う。火箱の周囲にはマントルピースと呼ばれる装飾枠がある。

マントルピースを構成するのはピラスター、フリーズ、スリップ、マンテルシェルフ、オーバーマンテルと呼ばれる部分で、それらに様式の特徴が現れている（㊴）。オーバーマンテルの大きな鏡は視覚的に部屋の奥行きを広げ、シャンデリアを映して華やかに装飾し、部屋の格式を高める働きをする。

暖炉の付属品として、ファイア・スクリーン、薪・石炭入、三つ道具（火かき棒、シャベル、火ばさみ）、フェンダー、焚蓋、犬金物などの金物類がある（㊵）。ファイア・スクリーンは暖炉の前に置く衝立《ついたて》で、火花の飛散防止、暖炉を使わないときの目隠しとして利用する。付属品の金物類なども暖炉を装飾する重要な要素である。

現在はストーブやセントラルヒーティ

㊶旧グラバー邸の暖炉（文久三年［一八六三］）
（上から客用寝室、応接室、食堂）

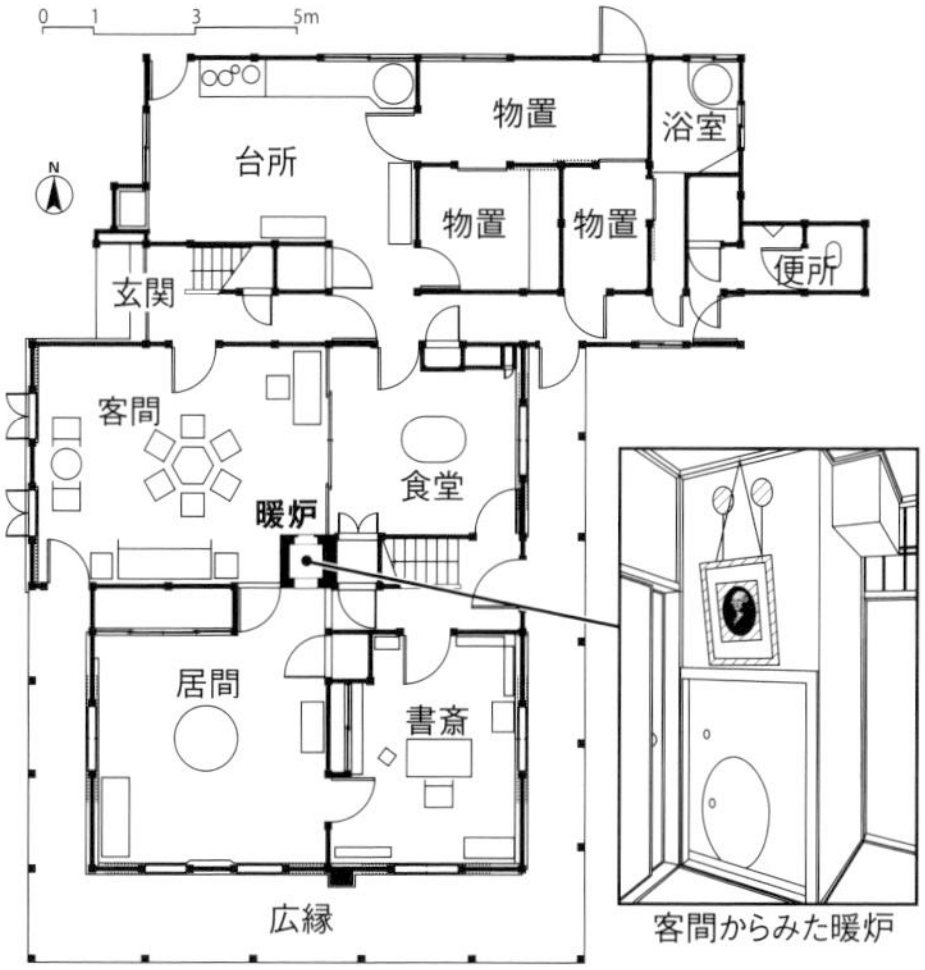

㊸旧新島襄邸　一階平面図と暖炉（明治11年［1878］）
（『家具調査報告書（新島襄旧邸）』より作成）

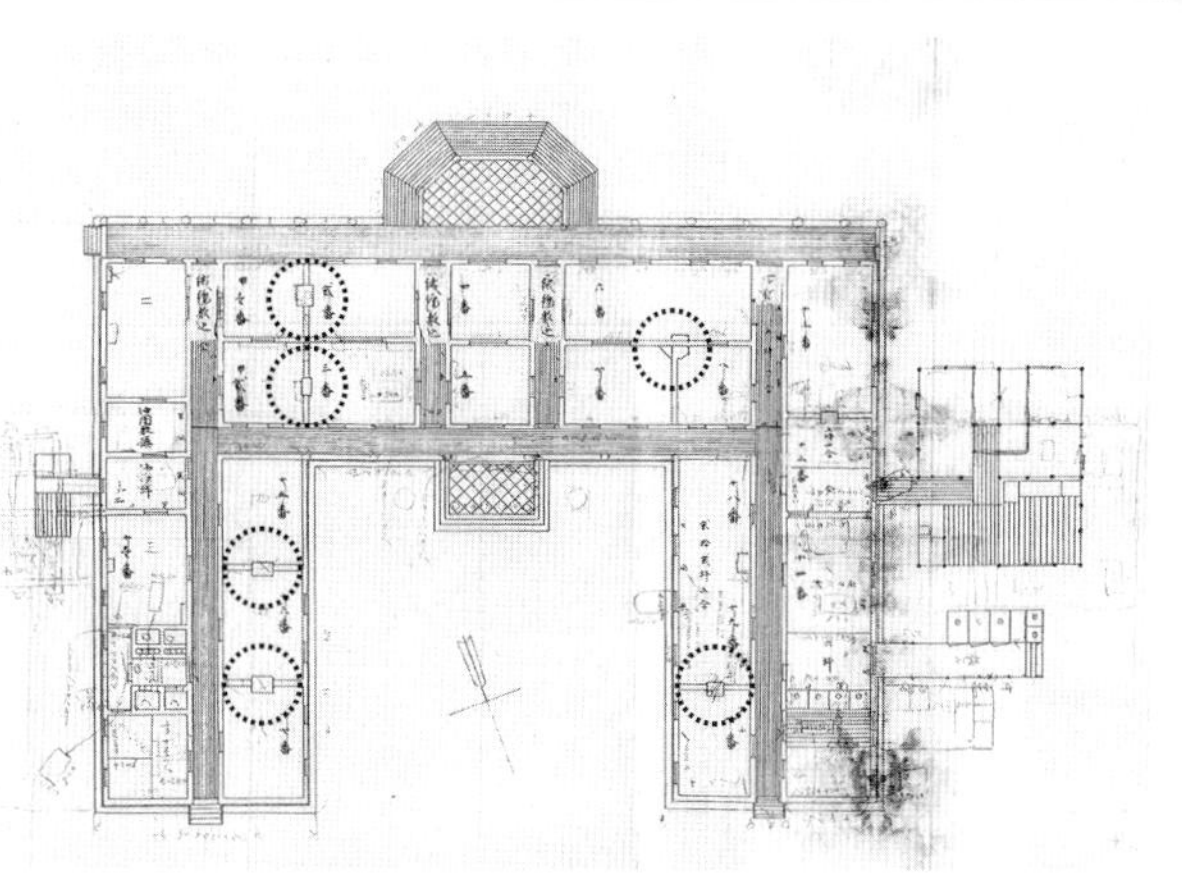
㊷延遼館　平面図（明治2年［1869］）
（『延遼館地絵図』東京都立図書館特別文庫「木子文庫」蔵）
主要室間の壁中央部にある方形の設備（丸印）が暖炉

ングなど、他の暖房器具の発展で暖炉の暖房としての役割は少なくなったが、それでも室内装飾として暖炉を設ける場合もある。

暖炉がわが国に導入されたのは明治期である。その経緯には大きく二つの流れがある。

一つは西洋建築の導入に伴うものである。幕末の開国に伴い、神戸や長崎、横浜等の特定の開港場に外国人居留地が造成された。そこに建てられた外国人住宅に設けられた暖炉である。たとえば文久三年（一八六三）に建設された長崎の旧グラバー邸には、客用寝室や応接室、食堂などに暖炉が設けられている（㊶）。その後、明治に入ると、日本人も洋館を建てるようになって、暖炉が取り入れられるようになる。

最も早く建設された洋風建築は、明治二年（一八六九）に建てられた迎賓館の延遼館《えんりようかん》（明治二三年［一八九〇］解体）である。和風の外観と洋風の構造・内装をあわせもつ折衷様式であるが、主要室には壁付きの暖炉が設けられていた（㊷）。同じく早い例として旧新島襄《にいじまじよう》邸（明治一一年［一八七八］）があげられる。外国人宣教師の助言と自身のアメリカ滞在経験をもとに新島が設計したとされる暖炉が、和洋折衷住宅である客間に設けられている。装飾はないが、暖炉の余熱を一、二階の居室へとダクトで送風して暖房するセントラルヒーティングで、実用的なものである（㊸）。暖炉を実際に使う生活をしてきた新島ならではである。

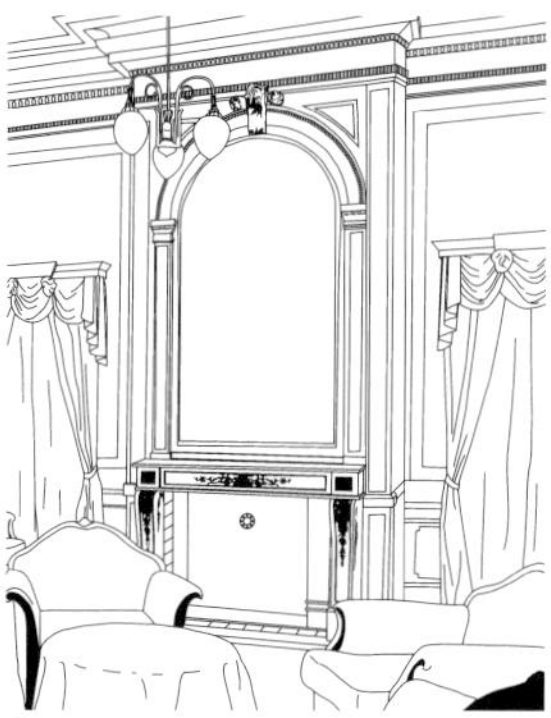
㊹旧渡辺千秋邸　洋館一階客室暖炉
（明治38年［1905］）

明治中期頃になると本格的に西洋館が建てられるようになり、上流階級や富裕層が洋風邸宅を建設した。その中で暖炉はステイタスシンボルとして室内装飾の重要なものとなった。それにも純洋風様式のものと和洋折衷様式のものがあり、前者の例が旧渡辺《わたなべ》千《ち》秋《あき》邸（明治三八年［一九〇五］）洋館一階客室（㊹）の暖炉である。オーバーマンテルに巨大な鏡を配した典型的な洋風の暖炉である。

一方、後者のものには岡本鑒太郎が明治三一年（一八九八）に発表した中流住宅の一提案、「和洋折衷住家の地絵図に就いて」があげられる。そこには従来の和風住宅の畳の部屋の床の間と並んで暖炉が設けられている（㊺）。

実際の例としては、旧高取伊好《たかとりこれよし》邸（明治二〇年代末）の一階書斎（㊻）のようなオーバーマンテルに落掛《おとしがけ》と掛物用の金具を配して床の間風に仕上げたもの、旧松本《まつもと》健次《けんじ》郎《ろう》邸（明治四三年［一九一〇］）二階和室（㊼）のようなフリーズなどに襖絵を配したものがある。

さらに、明治後期、大正時代になると、資本主義の成長に伴い増大してきた中流階級の住宅にも、接客や社交を目的とした洋室、応接室が設けられるようになって、暖炉が部屋の格式を高めるものとして応接室などに積極的に取り入れられていった（㊽）。

暖炉導入の今一つの流れは、北海道開拓使の住宅改良に伴うものである。明治二年（一八六九）には開拓使が創設され、北辺警備の強化および人口空白地域の解消をめざして明治七年（一八七四）に屯《とん》田兵《でんぺい》制が制定された。屯田兵とは土地開墾《かいこん》と治安維持を担う土着兵である。道内主要地点に家族を伴って集団的に居住した。

北海道における居住上の主な課題は、厳しい寒さの克服にあった。実験的・試作的段階を経て、明治九年（一八七六）年からは、当時の開拓使長官黒田《くろだ》清隆《きよたか》が屯田兵の住宅を対象に実際的な家屋改良

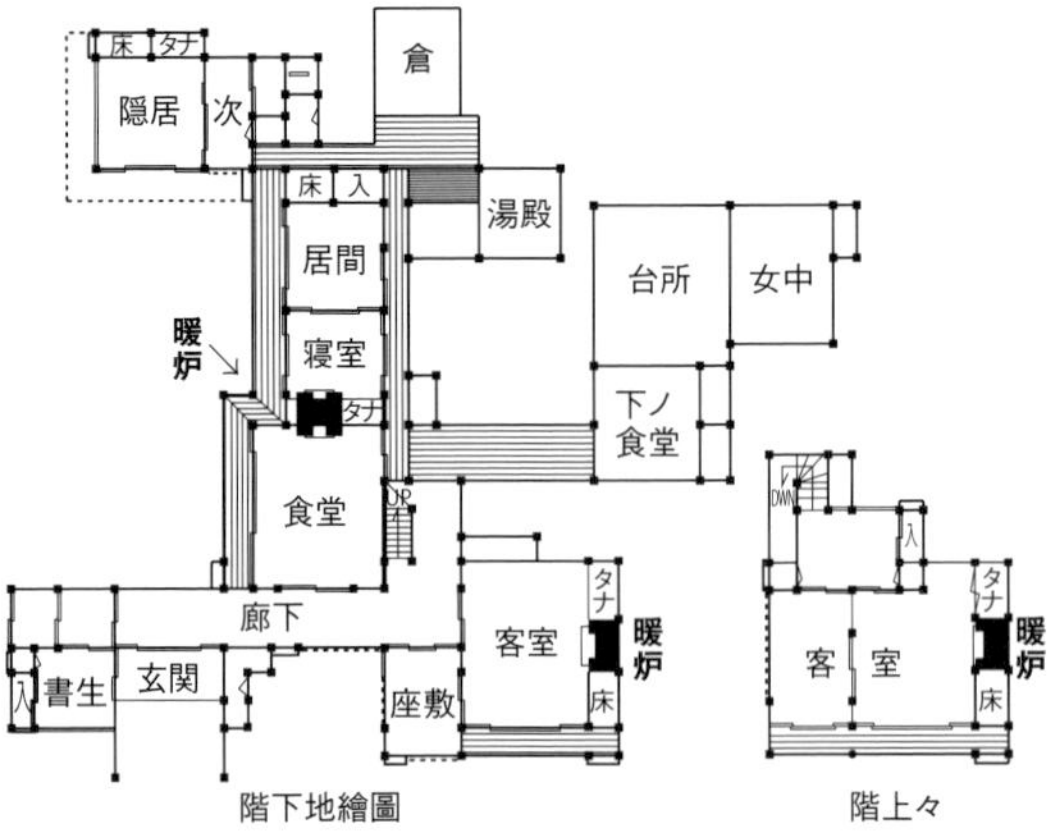

㊺岡本鋻太郎が提案した和洋折衷住宅（明治31年［1898］）
（『建築雑誌第142号』［縮尺不明］より作成）

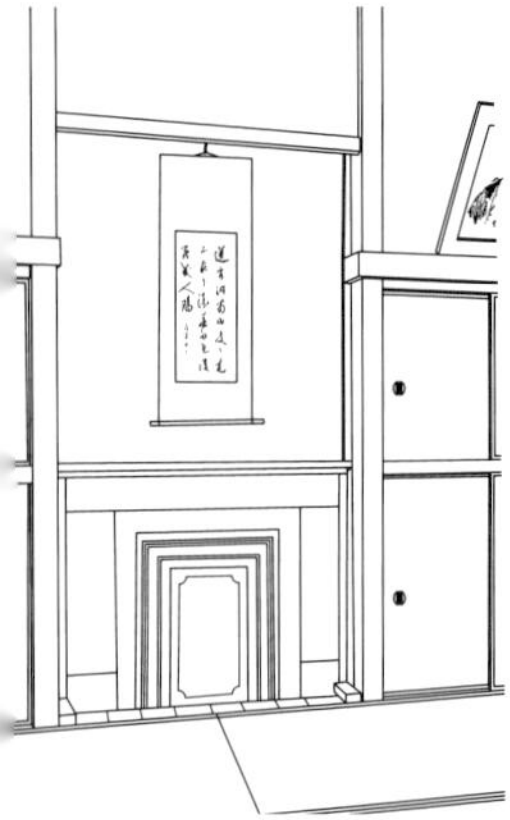

㊻旧高取伊好邸　一階書斎暖炉（明治20年代末［1890年代中期］）

㊼旧松本健次郎邸　二階和室暖炉（明治43年［1910］）

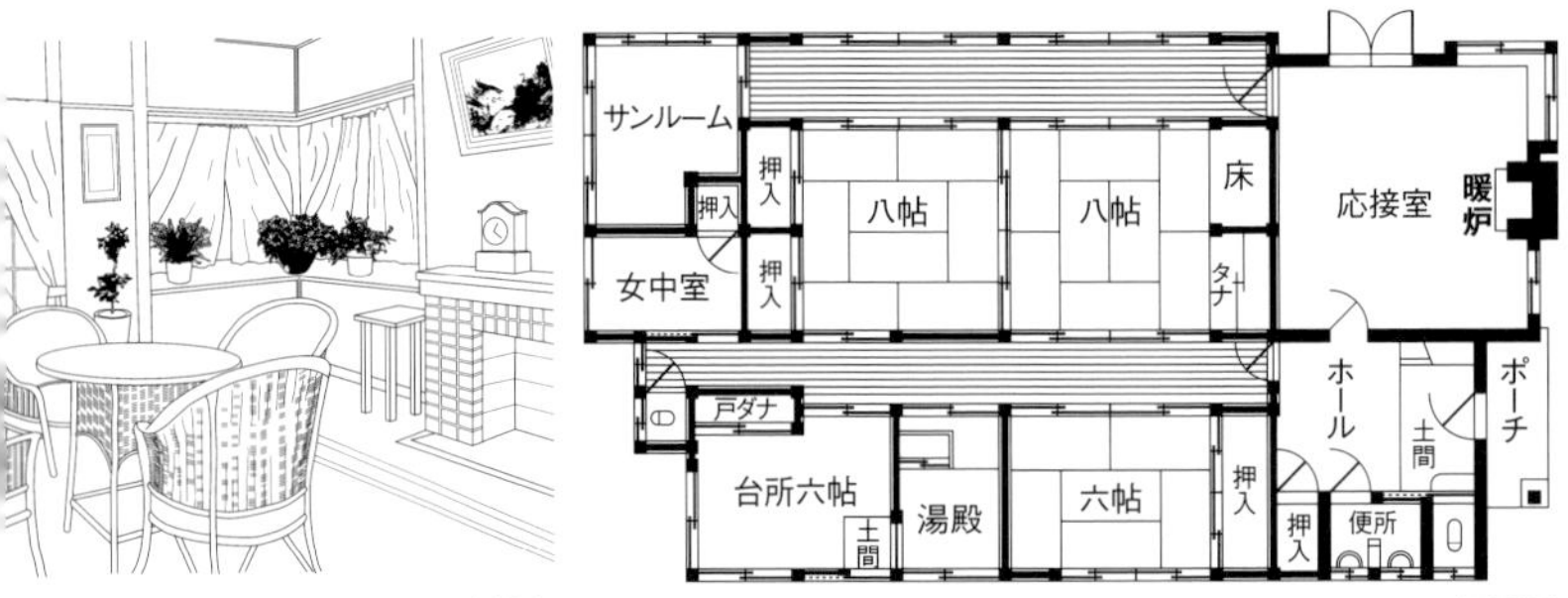

㊽大正期の中流住宅　三軒茶屋星野佐紀氏邸（42坪1合）（設計：あめりか屋）
（雑誌『住宅』九月號　大正12年［1923］所載の原図より作成）

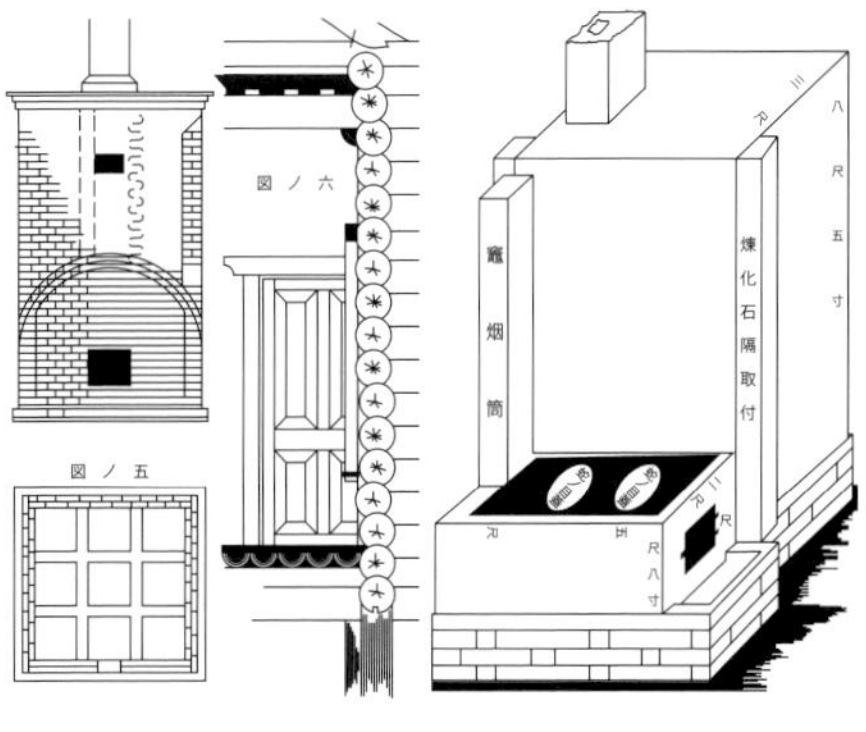

㊾ロシア式丸太組校倉造（左）とロシア式暖炉（左・右）
（両図とも『開拓使事業報告』所載の原図より作成）

事業を進め、その主軸として暖房器具の改良に力を注いだ。黒田が寒冷地における暖房として参考にしたのが、ロシア式暖炉（㊾）であった。同明治九年に「箱製ノ火鉢ヲ撤シ煖炉ヲ用フヘキ論達」が出され、明治一一年（一八七八）に建設された屯田兵屋、江別太洋造兵屋の内部には炊事兼用のロシア式「焼物カーヘル」（暖炉）が設置された。また、明治一三年（一八八〇）、明治一四年に建設された江別篠津太屯田兵屋内部にもロシア式の丸太積建築や炊事兼用のロシア式暖炉が設置された。

しかし、気候条件などを深慮《しんりよ》せず性急に取り入れられたロシア式の住宅は、暖炉も含めて、結局は定着しなかった。その理由は北海道がロシアよりも湿潤《しつじゆん》であり、地中から直接丸太を積み上げるロシア式の構法では地面近くの建材が腐朽《ふきゆう》すること（気候と構法の不適合）、居住する屯田兵とその家族は農業を中心とした生活習慣を持っており、生業《せいぎよう》や行事のため和風住宅のような可変性のある空間が求められていたにもかかわらず、ロシア式の住宅計画ではその要求を満たすことができないこと（住要求と住宅計画の不適合）、雑木の使用、暖炉などの設備の完成度が低く、狙いとする性能が得られないこと（建築技術の未熟さ）によるものであった。こうした理由から、寒冷地の居住性を高めるという実質的な目的で、政府が導入を試みた西欧式の住宅計画および暖炉は、庶民には受容されず普及しなかった。明治一五年（一八八二）に開拓使が廃止されると家屋改良事業も中止された。その後、北海道ではストーブが庶民の生活様式や住要求にあわせて改良され、定着していくことになった。（関川）

ストーブ

日本で使われた主なストーブには、燃料によって薪《まき》ストーブ・石炭《せきたん》ストーブ・ガスストーブ・コークスストーブ・石油《せきゆ》ストーブ・電気《でんき》ストーブ・練炭《れんたん》ストーブ・大鋸屑《おがくず》ストーブなどがある。

ストーブの導入と普及が最も早かったのは寒冷地の北海道である。幕府が蝦夷《えぞ》地《ち》を経営していた安政三年（一八五六）に函館奉行《はこだてぶぎよう》の要請で、函館港に入港していた英国船のストーブを真似て、函館の職人に鋳鉄《ちゆうてつ》製の薪ストーブを作らせている（㊿）。当初はオランダ語でカーヘルと呼ばれていた。その後、明治に入り開拓使による積極的なストーブ化推進によって明治一〇年代（一八七七〜）には開拓使関係の建物ではストーブが定着していたという。

当時のストーブは小判形《こばんがた》といって正面

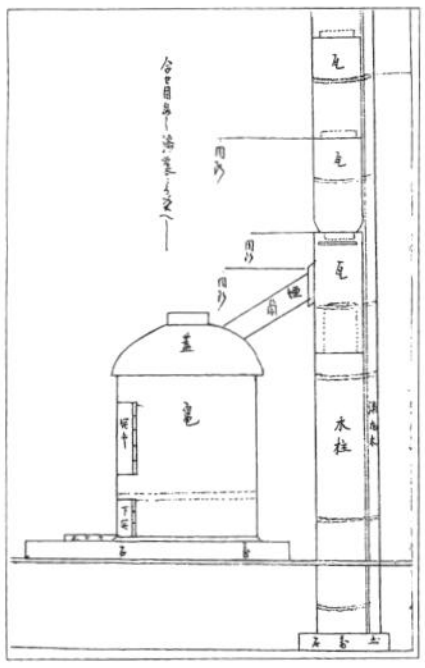

㊿「北蝦夷地御用留」に描かれた日本最初のストーブ

(51)小判形（薪ストーブ）
（「各支庁各分署文移録用度課」明治11年［1878］）

に焚口扉とその下に小さな空気孔をつけ、反対側に煙突をつけた鉄板製の薪ストーブで北海道各地でブリキ職人が手作りしていた（51）。明治二〇年代以降になると一般家庭にも普及し、ローランド型など改良型も作られる（52）。この結果、薪炭《しんたん》不足を生じ、大正に入ると都市部では石炭への転換が始まった。

石炭ストーブには投込式《なげこみ》と貯炭式《ちょたん》がある。どちらも鋳鉄製だが、前者は燃えるに応じて石炭を入れる方式で、煤煙《ばいえん》がひどいため学校や駅、商店が主で、家庭では台所や土間で使われた。後者はドイツから輸入されたユンケルストーブ（53）で、貯炭胴に石炭を一杯詰めておけば長時間補給する必要もなく、灰埃《はいぼこり》も少ないため座敷でも使えた。大正一四年（一九二五）にはこれを真似た国産第一号のフクロクストーブ（54）、ついでカマダストーブが完成した。これらは札幌で開発されたが、製造は鋳物産地の埼玉県の川口で行われたため、川口はその後、ストーブの一大産地となって全国的な販売網を確立した。貯炭式ストーブの改良はその後も進められた結果、昭和四年（一九二九）、同五年には改良の余地がないまでに完成し、そのまま昭和三〇年（一九五五）頃まで使いつづけられた。

一方投込式ストーブにも順次改良が加えられ、安価な石炭や薪、紙などが使えるズンドウストーブ（55）やルンペンストーブ（56）が作られ、農家や工場などで広く使われた。

ガスストーブの場合は、ガスの敷設が前提であるため、時期的にも薪や石炭より遅く、地域的にも大都市に限られていた。またガス事業自体は明治早々から始まっていたが、最初は灯火に主力を置いていたため、灯火以外に用途を広げはじめるのは明治三〇年代（一八九七〜）から同四〇年にかけてである。

東京ガスでも丸形の鋳鉄製緑色琺瑯引の菊形ストーブなど製作販売していたが、圧倒的に多かったのは輸入品である。東京ガスの明治三七年（一九〇四）の型録には、英国製のバルカン置暖炉（57）・サイホン暖炉・石綿暖炉（58）・熱水暖炉・耐火石暖炉（59）・射熱暖炉（60）・薪状暖炉が載っている。安いもので六円、高いものは一一三円、平均三三円である。公務員、小学校教員の初任給がそれぞれ五〇円、一五円、家賃が二円七〇〜八〇銭の時代、高価なため使用者は限られていた。大正四年（一九一五）の型録でも載っている一八種のうち国産は一種だけであとはすべて英国製である。

ガスストーブが中流家庭に普及しはじめるのは大正の末からである。大正一四年（一九二五）に東京ガスが開発に成功した一六号ストーブ（61）は、「我国ガスストーブ界に画期的影響を与え、……一般家庭に驚くべき普及を達成し、……ガスストーブを現在の盛況にまで至らしめ

52 ローランド形式薪ストーブ

53 ユンケルストーブ
（貯炭式・ドイツ製）

54 フクロクストーブ
大正14年（1925）
（貯炭式・道産第1号）

55 ズンドウストーブ
昭和初期

56 ルンペンストーブ　昭和初期

57バルカン置暖炉

60射熱暖炉

58石綿瓦斯暖炉

61一六号ストーブ

59耐火石暖炉

62アメリカ式バルカンストーブ

た」（金指甚平「ガスストーブの今昔物語」『ガス資料資料館年報』No.9　東京ガス　昭和五七年［一九八二］）という。これは壁際に置くタイプであるが、このほかアメリカ式バルカンストーブ（62）という円筒形のものもあった。

　国産が始まったことで昭和に入ると一般家庭にも普及しはじめた。昭和一二年（一九三七）の『愛文百科辞典』には「石炭ストーブが燃費の点から見て最も安いが汚れやすい。電気ストーブは電熱料が高くつく。石油ストーブは、ガスストーブより少し高くつくが、どこでも使える点が便利。練炭ストーブは安くて長時間保つが、小座敷では少々臭い」「瓦斯ストーブは簡便、清潔で六畳間用なら、一時間約三銭で済むから、近来益々広く用いられるようになったが、瓦斯のないところでは使用出来ないという不便がある」とある。

　また大正一三年（一九二四）の『最近住宅読本』（日本電建出版部）には「練炭ストーブ・石油ストーブ・ガスストーブ・電気ストーブ・温水ストーブ」が載っているので、すでに各種のストーブが使われていたことはわかる。

　しかし当時、ストーブを使ったのは都市の中流以上で、しかも応接間で使用され、日常生活は火鉢《ひばち》であった。ガスストーブが一般にまで普及するのは昭和三〇年以降である。それでもガス敷設率は東京都で五一％程度であったから、戦後、最初に普及したのは石油ストーブである。

　昭和三五年（一九六〇）前後に始まる石炭から石油へというエネルギー革命に伴って、石油ストーブが躍進してきた。石炭に比べて取り扱いが簡単で、煤煙《ばいえん》による汚れもない、煙突掃除の手間がかからないということで一気に一般家庭に広まった。ストーブは火鉢と違い、室内全体を温めるものであるため、以後、日本の一般家庭の暖房はガスストーブ、電気ストーブとストーブが中心となったが、経済成長期以降はさらに代わってエアコン、床暖房が大きな比重を占めるようになった。（小泉）

7 家具

洋家具《ようかぐ》

　洋家具は幕末から明治初めにかけて洋風建築とともに入ってきて、ほぼ一世紀をかけて定着した。

　導入の過程を住宅用の洋家具についてみると、明治時代は洋館を建てることができる宮中・宮家・政府高官・貴紳《きしん》など上流階級のための高級家具が中心であった。これらは最初はヨーロッパからの輸入品であった。明治三〇年代（一八九七〜）になると国産も進歩したため、国産品が需要に応えるようになったが、それでも高級品は輸入品が用いられた。

これが大正から昭和にかけて中流住宅にも応接間や書斎などの洋間が設けられるようになると、洋家具業界もこれに応じて中級品の製造がさかんになり、普及していったが、それでもまだ洋家具を使う家庭は限られていた。

それが第二次世界大戦後、とくに経済成長期以降になると、圧倒的に洋風住宅が多くなり、椅子・テーブル・ベッドといった洋家具がほとんどの家庭で使われるようになった。

これを可能化したのが家具の量産化、工業生産化である。安価に洋家具が手に入るようになったことと、外国からの輸

⑥③擬洋風　床屋の椅子（岡本紀『江湖桟関西洋鑑』）

⑥⑤赤坂離宮　妃殿下寝室（新古典様式）

⑥⑦三井男爵邸　書院（『建築工芸業誌第16冊』）

⑥⑧和洋折衷　浅野総一郎邸　大広間

⑥④古典様式

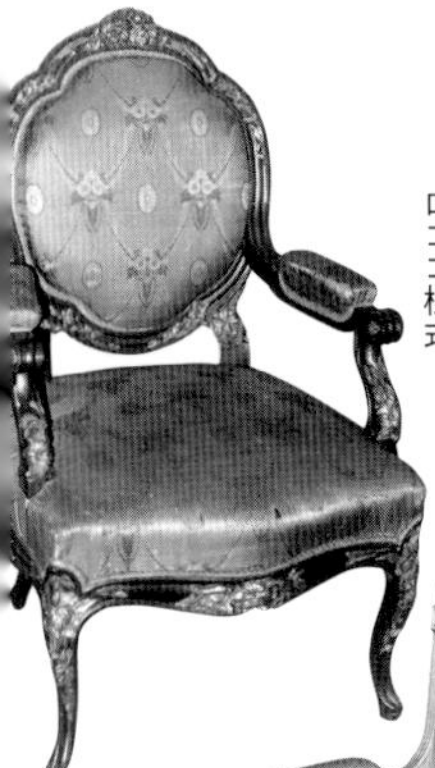

ロココ様式

ネオクラシシズム

ジャコビアン様式

⑥⑥伝統技法による和洋折衷　木部は蒔絵、裂地は西陣織

入も多くなったことで、洋家具は日本に定着し、日本住宅のインテリアはすっかり変わった。

様式的には明治のごく初期には洋風家具についての知識がなかったため、国産品は洋風まがいのいわゆる擬洋風様式(63)であった。しかし、一方では輸入品も含めて、本格的な様式家具も明治の早い時期から始まっている。これには洋風建築の場合と同様、ルネサンス・ロココ・バロック・ネオクラシシズムとさまざまな古典様式(64)が導入され、明治末の赤坂離宮(65)で頂点に達した。クラシック家具はその後もしだいに簡略されながら昭和前期まで続いた。

クラシックに並行して存在したのが和洋折衷様式である。これは日本の伝統技法によって作られる洋家具だが、様式的には時期によって異なり、明治時代は漆塗に西陣織《にしじんおり》の裂地《きれじ》の椅子といった御殿風《ごてんふう》、書院造風《しょいんづくりふう》の和洋折衷《わようせっちゅう》だった(66)。宮中《きゅうちゅう》や宮家《みやけ》が中心で、明治宮殿を頂点として、その後も明治末まで大流行した(67・68)。昭和に入ると数寄屋造風《すきやづくりふう》の和洋折衷が出現する。数寄屋造と同様、木地《きじ》を活かした直線的でシンプルなデザインである(69)。近代デザインに通じるところがあることから、これは戦後の近代日本調というモダンデザインにつながった(70)。また日中戦争が始まった昭和一二年(一九三七)当初、国策に従った形の国風家具といった和洋折衷がデパートを中心に流行した(71)。そのほか数は少ないが民芸調の和洋折衷も生まれ、これはその後戦後になって大きく発展した(72)。

(69) 数寄屋風　藤井厚二

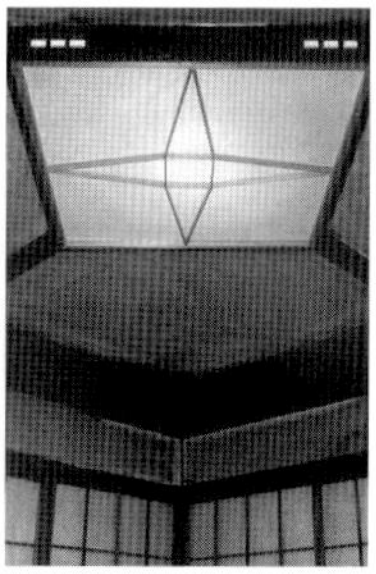

照明器具

茶卓子

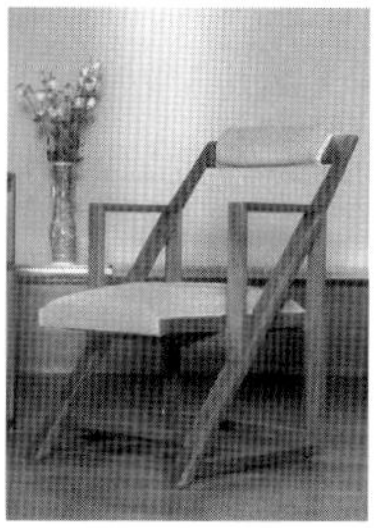

椅子

(70) 近代日本調の食堂と解体式舟形卓子　昭和29年(1954)(工芸指導所)

(71) 国風家具(和洋折衷)

(72) 民芸調の和洋折衷

一方、明治末になると、ヨーロッパからモダンデザインの先駆けであるアール・ヌーヴォー（73）が入ってきた。ついで大正時代にはセセッション（74）、表現派（75）、昭和に入るとアール・デコ（76・77）、さらにはバウハウスの影響とつぎつぎに新しいデザインが入ってきて、日本の洋家具のデザインも大きく変わっていった。その中で最も大きな影響を与えたのは、工業生産に基礎を置く合理的、機能的でヒューマニスティックなバウハウスの理念は、きたるべき工業化社会を先導するもので、世界的にも多大な影響を及ぼした。日本では形而工房《けいじこうぼう》が実験的活動を行ったが（78）、戦後は工業化の進展によって、バウハウス流の近代デザインが主流を占めるようになった。

洋家具の使われ方については、洋館の場合、部屋によって必要な家具が決まっている。標準的な家具配置は次の通りである。

[玄関]帽子掛け兼傘立て
[玄関ホール]腰掛け・花台《かだい》
[応接室]茶卓子《ティーテーブル》・小椅子などの簡単な応接セット
[客室]テーブル・茶卓子・臨時用卓子《オケージョナルテーブル》・

(73)アール・ヌーヴォー　旧鴻池組本店

(75)表現派　森谷延雄

(74)セセッションの衝立（名古屋高等裁判所）

(78)形而工房の椅子

(76)アール・デコの家具　三越

(77)朝香宮邸　殿下居間

洋家具が配置された洋館（旧・内田定槌邸　平成九年［一九九七］復元）横浜市

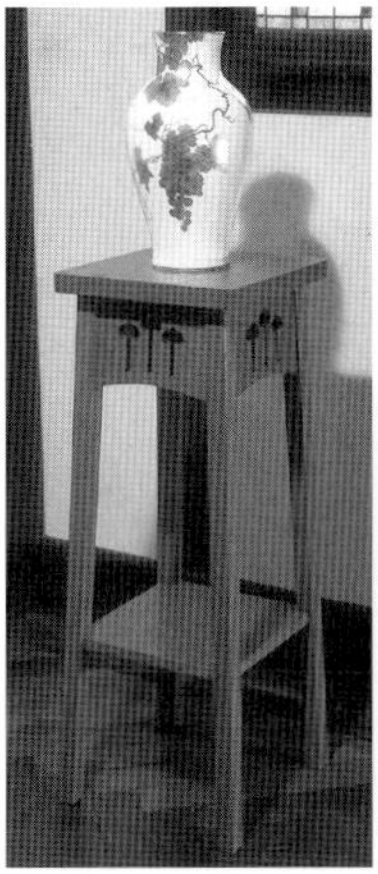

玄関ホール　花台

帽子掛け兼傘立て

玄関

客室

デイベッド

暖炉・小椅子

居間

長椅子《ソファ》・肘掛椅子《アームチェアー》・安楽椅子《イージーチェアー》・小椅子・飾棚《キャビネット》・衝立・暖炉前衝立《ファイアースクリーン》・花台

［居間］茶卓子・読書卓子《ライブラリテーブル》・揺り椅子《ロッキングチェアー》・小椅子・肘掛椅子・安楽椅子・長椅子・ピアノ・ピアノ椅子・雑誌書架・昼寝台《デイベッド》・飾り棚・花台・屛風

［食堂］食卓子《ダイニングテーブル》・食堂椅子《ダイニングチェアー》・サイドボード・給仕卓子・陶器飾棚《チャイナキャビネット》・衝立・食車《ワゴン》・組卓子《ネストテーブル》

［寝室］寝台・衣服簞笥・枕卓子《ナイトテーブル》・洗面《ドレッシング》卓子《テーブル》・書記卓子《ライティングテーブル》・小椅子・肘掛け椅子・安楽椅子・長椅子・臨時用卓子・屛風・鏡・小簞笥・高簞笥

［書斎］書棚・書机《ライティングデスク》・書斎卓子《ライブラリーテーブル》・側卓子《サイドテーブル》・側書架《サイドブックケース》・椅子

戦前までの中上流階級では洋間にはこうした家具を配置していた。

このほか和室に洋家具を設置する和洋折衷のスタイルがあった。中上流住宅の客間に設けられることが多かったが、この場合は畳の上に絨毯を敷き、ソファや安楽椅子、茶卓子など並べ、壁際に飾棚を据え、花台を置くという方法が一般的であった。この場合、照明器具や暖房器具のデザインも和洋折衷が採用された。

（小泉）

和家具《わかぐ》

近代和風住宅に対応して和風家具にお

サイドボード

食堂

衝立

寝室

書斎

寝室

茶箪笥

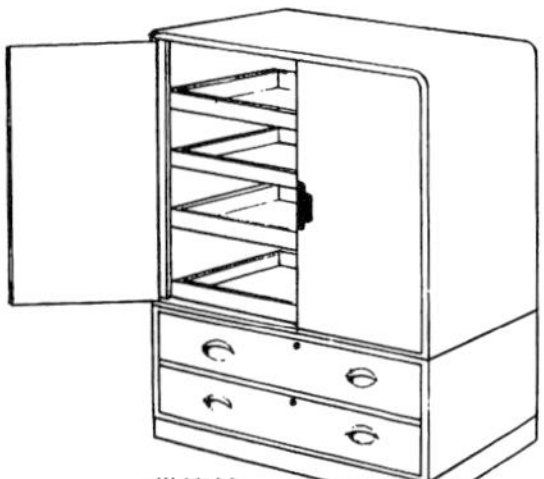
帯箪笥

手元箪笥

三つ重ね桐箪笥

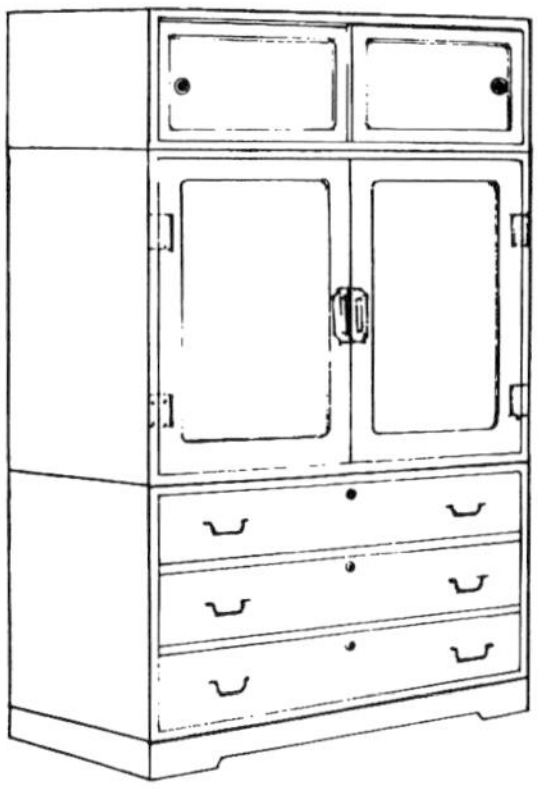
大戸三つ重ね
桐箪笥

桐書棚　前田南斉作

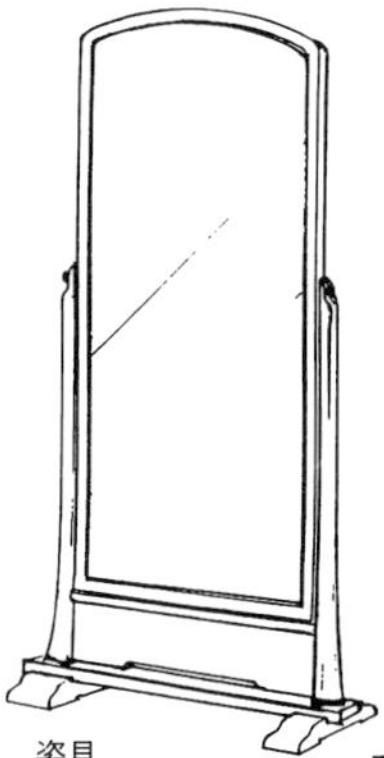
姿見

鏡台

鏡台（三面鏡）

ちゃぶ台

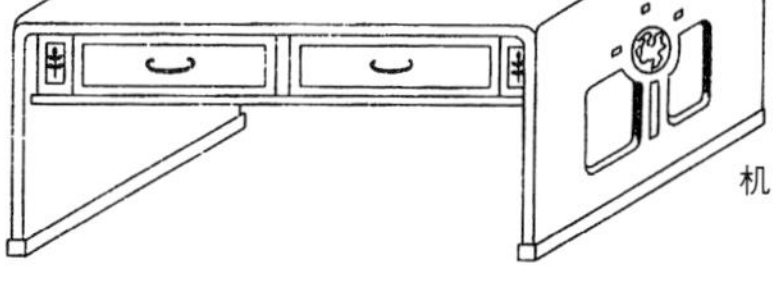
机

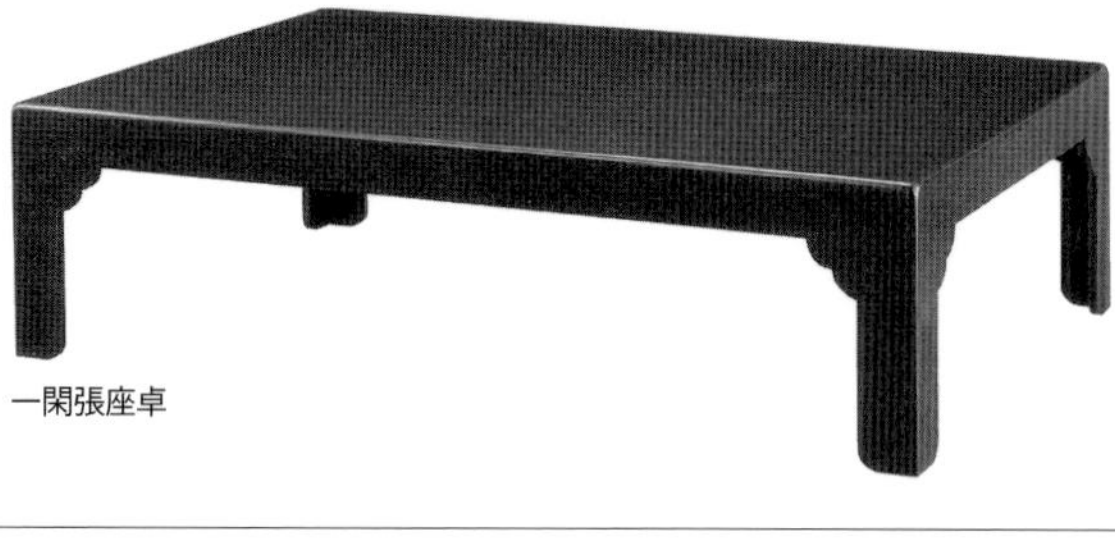
一閑張座卓

いても、新しい感覚を取り入れたモダンデザインの家具が生まれた。特徴は都会風で、粋《いき》ですっきりしていることである。たとえば箪笥などでも、東京風の白い桐箪笥が主流となり、隅金具《すみかなぐ》や大きな錠前はなくなって、引手も華奢《きゃしゃ》になり、金具の材質も銀や銅地金《どうじがね》(素銅《すあか》色仕上げ・緋《ひ》色《いろ》仕上げ・黒燻《くろいぶ》し)、煮黒《にぐろの》地金、赤銅、真鍮地金(茶色・宣得色《せんとくいろ》)、洋白地金からメッキ(新黒味・黒ニッケル色・古美《ふるび》)などに代わった。また茶箪笥や水屋《みずや》にガラス戸が用いられるようになった。

和風家具の種類は箪笥(衣装箪笥《いしょうだんす》・小箪笥・手元箪笥・帯箪笥)、棚(飾棚・小棚・書棚・隅棚《すみだな》)・茶箪笥・水屋・鏡台(両山形鏡台・平台鏡台・姿見・三面鏡・丸鏡台・姫鏡台)・座卓・ちゃぶ台・机・火鉢(角火鉢・丸火鉢・長火鉢・手あぶり)・小箱類・盆類(衣装盆・通い盆《かよいぼん》・乱れ箱《みだればこ》)・衣桁《いこう》・衝立・屏風・手拭掛・炉縁《ろぶち》・文台《ぶんだい》・花台・針箱などである。また和風のデザインで椅子やテーブルなども作られた。照明器具にも和風デザインが多い。

素材は桑・桐・黄蘗《きはだ》・けんぽ梨・杉・檜・欅・しおじなどである。様式的には漆塗《うるしぬり》と指物《さしもの》があるが、塗装や加飾をあまりせず、木肌の味と卓越した工作技術を特色とする指物が圧倒的に多くなった。

指物は江戸時代から発達していたが、明治から昭和前期にかけて、需要層の拡大、製造条件の整備、流通・販売方法の発達によって都市を中心に大きく発展した。

そのほか紫檀や花梨などを素材とする座卓・机・飾棚・茶棚・花台・卓・衝立などの唐木家具も関西を中心にさかんになった。

(小泉)

衝立

火鉢(手あぶり)

衣桁

長火鉢

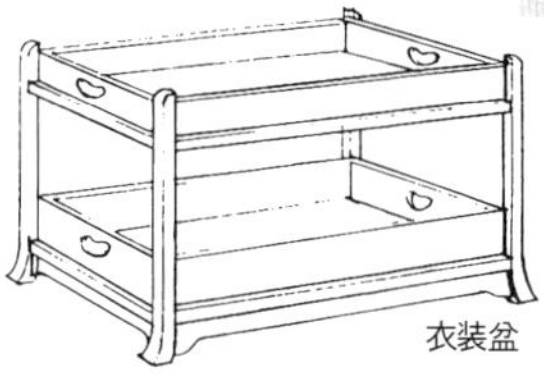
衣装盆

屏風

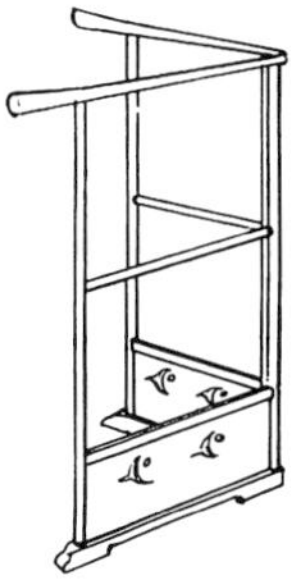
手拭掛

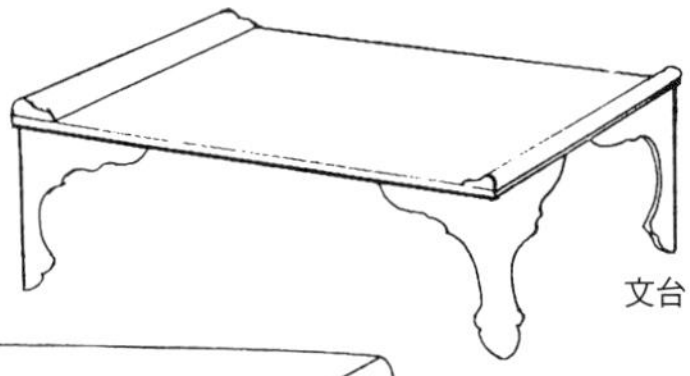
文台

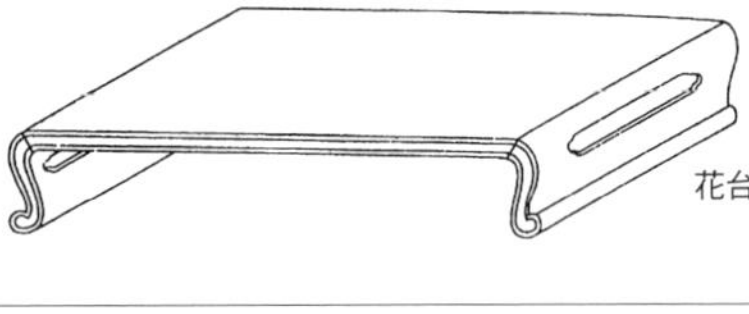
花台

コラム ステンドグラス

ステンドグラスは色ガラスや素通しガラスを切り取り、模様や絵を表して鉛の紐で寄せ集めてつなぎ、窓を装飾するものをいう。日本の代表的な流派および様式は、欧州派（モザイク式とエナメル式）と米国派（ラ・ファージ式とティファニー式）がある。

欧米諸国のステンドグラスは、ゴシック建築とキリスト教を背景に教会の窓を飾る形で表現され発展してきた。日本のステンドグラスは、開国によってあらゆるものが押し寄せた明治初期に、国の明確な意図により独自の道を歩んだ。海を越えてもたらされたステンドグラスの技法は、草創《そうそう》期、揺籃《ようらん》期、成熟期を経て太平洋戦争により中断を余儀なくされたが、敗戦（昭和二〇年［一九四五］）に至るまでの間に優れた作品を生み出した。

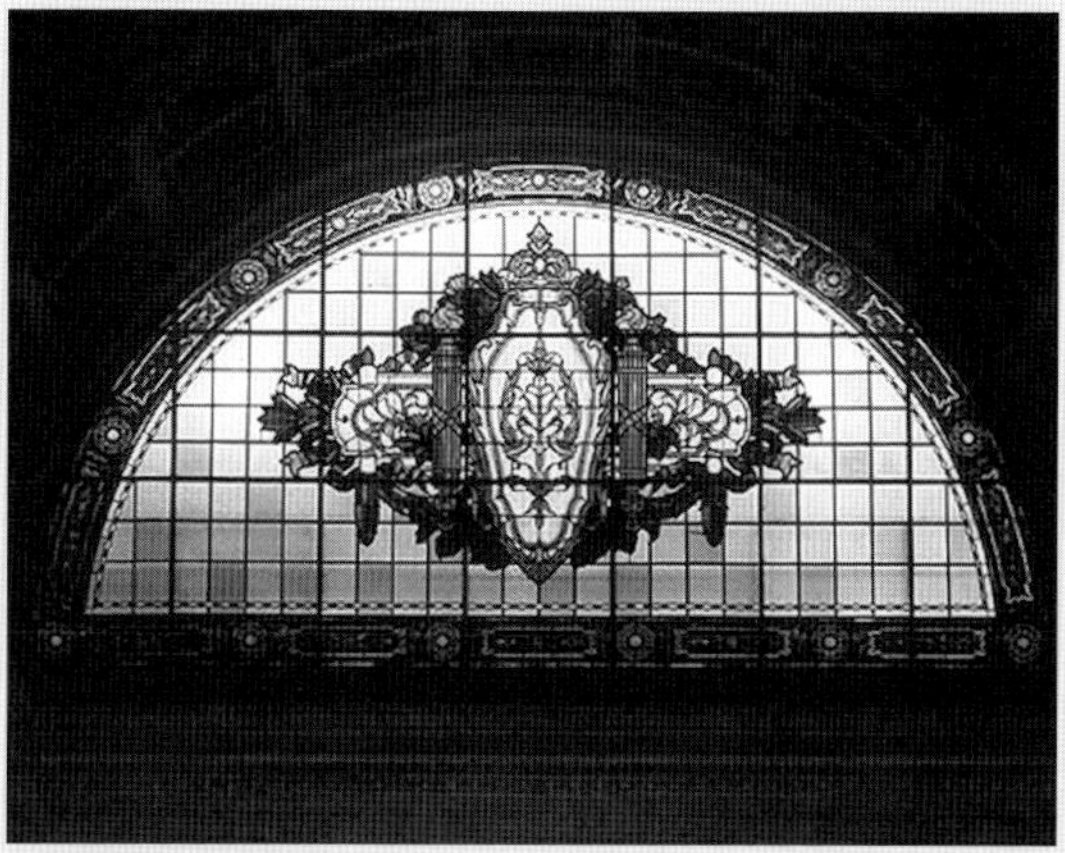

国会議事堂中央広間

先駆者山本辰雄（宇野澤辰雄）

明治一九年（一八八六）、政府は近代洋風建築様式による帝国議会議事堂建設に向けて「内閣臨時建築局」を組織、二人のドイツ人建築家ヘルマン・エンデと、ヴィルヘルム・ベックマンを招聘《しょうへい》した。臨時建築局の顧問になったベックマンは、日本人の手で本格的な洋式建築を造るには、建築家や職工をドイツで教育するのが早道と考え、「ベックマン貸費留学生」制度を発案、人選を行った。選ばれた中のひとりが、当時、東京職工学校（現・東京工業大学）機械科在学中の山本辰雄（宇野澤辰雄）であった。

日本のステンドグラスの歴史は帝国議会議事堂の窓を飾ることから始まった。三年間のドイツ留学を終えて、明治二一年（一八八八）帰国した辰雄が、最初に手がけた仕事が東京府庁舎（設計・妻木頼黄《つまきよりなか》 明治二七年［一八九四］）である。次いで、海軍省（設計・コンドル 同二七年）、司法省（設計・エンデ&ベックマン 明治二八年［一八九五］）、大審院（設計・エンデ&ベックマン、ハルトゥング 明治二九年［一八九六］）等の窓に入れられたが、図案などの詳細は不明である。

作品の現存例は、新宿御苑大温室（設計・福羽《ふくば》逸人《はやと》 明治二七年［一八九四］頃）の入口欄間に入れられた薔薇とリースの素朴な作品が初期の代表例である。旧呉鎮守府司令長官官舎（設計・桜井《さくらい》小太郎《こたろう》 明治三八年［一九〇五］）はエッチングによる桜と錨《いかり》で表され、玄関両開き扉に型ガラスに丸と三角を配した地味な作品は欄間に入った。大阪府立中之島図書館（設計・野口孫市《のぐちまごいち》 明治三七年［一九〇四］）のドーム天井には、淡いブルーのガラスが使われた。シンプルなステンドグラスゆえに多くの人は気がつかない。以上のように、ほとんどが官による建物である。が、やがて洋風建築、擬洋風建築、洋館付き和館建築等の普及により、徐々に民間の建物にも、取り入れられていった。

島津創業記念館（設計者不明・明治二七年［一八九四］）、旧福島行信邸（設計・武田五一《たけだごいち》 明治四〇年［一九〇七］）、旧鶴崎平三郎邸（設計・野口孫市 明治四一年［一九〇八］）、帝国ホテル食堂（明治四三年［一九一〇］）。このほかに浅野総一郎《あさのそういちろう》邸、渋沢栄一邸、福沢桃介邸などが草創期の作品である。なかでも、記念碑的な作品が、旧渡辺千秋《わたなべちあき》伯爵邸（設計・木子幸三郎 明治三八年［一九〇五］）である。同邸に入れられた岩城瀧治郎と宇野澤辰雄の合作によるステンドグラスには、一部に国産板ガラスが使われ、日本のガラス産業史およびステンドグラス史にとって貴重な作品である。

ステンドグラスの芸術家、小川三知

ステンドグラスの技法を飛躍的に高めたのは小《お》川《がわ》三知《さんち》である。三知は東京美術学校（現・東京芸術大学）日本画科を卒業後、山梨県立甲府第一中学校（現・山梨県立甲府第一高等学校）、兵庫県御影師範学校（現・神戸大学）で教職に就きながら、新しい絵画の道を模索していた。

明治三三年（一九〇〇）、隣接する頌栄保姆伝習所（現・頌栄短期大学）の創設者・アニー・ライオン・ハウ女史の紹介により、シカゴ美術院の日本画教師として大きな夢を抱いてアメリカに渡ったが、渡米してすぐに厳しい現実に直面する。シカゴ美術院のダニエル・チェスター・フレンチ学長（アメリカ第一六代大統領エイブラハム・リンカーンの坐像製作者として知られる）は、「日本画も悪くはないが一度ステンドグラスの全工程を学ぶように」と暗示を与えた。三知にとってシカゴ美術院時代は、最も辛い日々であった。

窮状を救ったのは一九〇四年に開催されたセントルイス大博覧会である。このとき、視察に訪れた東京美術学校助教授・桜岡三四郎《さくらおかさんしろう》とシンシナチーのルックウッド製陶所に在籍中の白山谷喜太郎により、再びステンドグラスへの道が指し示された。

農商務省海外実業練習生の推薦を受けた三知は、工業、ことにガラス工業の改良および製造技術の進歩が目覚ましい北アメリカの、イリノイ、オハイオ、ニューヨーク、マサチューセッツ、ニュージャージー、ペンシルベニア、ミズーリ、インディアナ各地を精力的に歩きまわった。アメリカのガラス工業はフルコール法から、ラバース法、コルバーン法に発展し、各地の産業は目覚ましいものであった。三知は、レポートを提出しながら、有名無名のステンドグラス工場、工房に入ってアメリカン系ステンドグラスの技法を習得していった。ティファニーやラファージの作品もじかにふれ各地の教会の窓の精密な模写も怠らなかった。

近代建築の父辰野金吾《たつのきんご》をはじめ、曾禰達蔵、野口孫市、中條精一郎、岡田信一郎《おかだしんいちろう》等々、多くの建築家が待ち望んだ小川三知が、一一年にわたるアメリカ遊学を修めて明治四四年（一九一一）帰国した。

日本画で鍛えた線、水を含んだような日本の色を底流に秘めた三知の眼は、色彩豊かなアメリカのオパルセントグラスを自在に切り取り、日本独自のステンドグラス作品を結実させてゆくことになる。三知が帰国した頃、日本では部屋の障子に腰ガラスが使われはじめていた。彼の目は、腰ガラス、雪見障子、欄間に向けられる。

「今日の日本の障子には（中略）殊に客室、座敷などの比較的重きをなす部屋の障子には大抵腰硝子が嵌めてある。そしてそれが左程不調和ではなくなっている。それから推すと、更に一歩進めてその硝子を色硝子にかえても、勿論《もちろん》初めは不調和の感を免れないであろうけれど、幾年かの後には恰《あたか》も今日の腰硝子の様に左程不調和と認めなくなるという想像も許されようと思う。（中略）最後にかえすがえすも注意するのは、このステインドグラスを新しく日本の家屋に応用するには周囲との調和という点に深甚《しんじん》の注意を払わねば失敗におわるであろうということである」（『中央美術』大正五年［一九一六］六月　三知論文抜粋）

障子の存在はステンドグラスにとって幸いなことであった、長い歴史が育んだ日本独自の文化の上に、ガラスという素材が花開いていった。三知がアメリカから持ち帰った技法は、後に続く別府七郎、木内真太郎、三崎彌三郎、鶴丸梅太郎らに大きな刺激を与えて活気を呈してゆく。

三知作品の現存例の代表作品に、北（青森）の宮越正治邸（設計地元の大工・佐藤棟梁　大正九年［一九二〇］）と、南（鹿児島）の、岩元信兵衛《いわもとしんべえ》邸（設計・斎藤久隆　大正後期）がある。和風建築の宮越邸には、涼み座敷の書院窓に紫陽花《あじさい》、辛夷《こぶし》、欅を配し、廊下の円窓には十三湖の風景を、檜造りの風呂場には川柳《かわやなぎ》に翡翠《かわせみ》をとまらせた。和館付き洋風建築の岩元邸には、洋館部分の作品もさることながら、和館の居室に、左右一対で入れられた大きな円窓の四君子《しくんし》が秀逸である。向かって左には竹と菊、右の窓には蘭と白梅が意匠された。両邸に使われたガラスも最高級のオパルセントグラスで、竣工されてから一度も手が加えられていないオリジナルの貴重な作品である。

二つの源流

宇野澤ステインド硝子工場および宇野澤組ステインド硝子製作所がかかわった作品は、旧鴻池《こうのいけ》本店、旧岩崎彌之助《いわさきやのすけ》高輪邸、旧三井家綱町別邸、旧島津忠重《しまづただしげ》邸、日光真光教会、旧京都都ホテル、旧村井吉兵衛《むらいきちべえ》邸、青淵文庫、誠之堂、旧久松定謨《ひさまつさだこと》邸、旧谷口房蔵《たにぐちふさぞう》邸等々があり富裕層のステイタスシンボルになった。

大正一二年（一九二三）の関東大震災は建築様式を変え、中流階級の出現によって応接間の窓や玄関、欄間だけでなく洗面所、風呂場などにタイルとともに使われるようになってゆく。デザインもやわらかな線からシャープに変化し色板ガラス、

宮越邸　涼み座敷（紫陽花）

型板ガラスも多用されるようになっていった。ステンドグラスは、公会堂や学校、百貨店、邸宅だけでなく、室内家具、客船、汽車、電車あらゆるところに使われた。また、大正後期から昭和中期にかけて多用された場所にビリヤード、ダンスホール、キャバレー、遊廓がある。これ等の場に入れられた作品は、弁《わきま》えの文化を宿して意匠も色も一線を隔していた。残念ながら作品はほとんど現存しない。

昭和六年（一九三一）に起こった満州事変のあ

旧岩元邸　円窓の四君子（竹と菊）

たりから、世上に物憂い空気が漂いはじめ、ステンドグラスの受難の時代が始まった。が、ステンドグラスの受注が途切れたわけではなかった。中断に向かう時期の圧巻は帝国議会議事堂の大ステンドグラスに尽きる。国の威信をかけて臨んだ帝国議会議事堂が四半世紀の時を経て昭和一一年（一九三六）一一月竣工した。議事堂内のステンドグラス意匠は吉武東里《よしたけとうり》を筆頭に行われた。中央広間の東西南北に入れられた半楕円形のガラス切りは、熟練の職人でなければ太刀打ちできないほど難しい仕事として語り継がれている。宇野澤辰雄が果たせなかった仕事は、宇野澤ステインド硝子工場、別府ステインド硝子製作所、東京玲光社の三工房および東京中のガラス商店が力を合わせ、議事堂のステンドグラスの仕事をやり遂げた。日本一の規模を誇る現・国会議事堂のステンドグラスは、新しく作り直すと一〇年以上の歳月と数十億円以上かかるといわれる。

日本のステンドグラスは、宇野澤辰雄のヨーロピアン（European）技法と、小川三知によるアメリカン（American）系に分かれたが、二つの流れは交じり合いながら新しい流れを作り、人を育て作品を生み出してきた。建築に寄り添う形で歩んだゆえに、正当な評価も受けず、調査もされず長い間放置され、生き残った建物に現存する作品も傷みがきているものも多い。敗戦後、二つの源流を受け継ぐ人々によって、ステンドグラス制作が現在も続けられていることはいうまでもない。

（田辺）

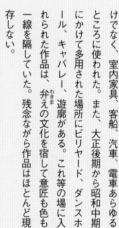

付録①——『日本家具図案と製作法』（小室信蔵・宮本忠平　丸善　明治四五年［一九一二］）

これは書名どおり、和家具のデザインと製作法を示した本である。概言《がいげん》によると、家具は全般にわたり古代から現代の製品に至るまで、ほぼ時代順に配列して、変遷がわかるようにし、古来、秘法とされてきた茶道具などについても、できる限りはっきりと記述した。支那建築・建具装飾については、清国で実地調査をしてきたとある。

発行時の明治四五年（一九一二）という時期を考えると、家具などほとんど公開されていなかった時期であるから、これだけの類例を集めるのは、さぞや大変だったと思う。挿図数一五七五図、しかも、すべてを線画によって描き起こし、寸法まで入れてあるものもある。

内容は家具の沿革・家具図案法・木竹材着色法・家具図案と製作法で、対象とされているものは棚物・箪笥・本箱・鏡台・針箱・台・火《ひ》櫃《びつ》・灯火・小箱・飲食器財・衝立・屏風・額縁・欄間・障子・襖・戸・垣である。家具什器《じゅうき》が中心だったが欄間・障子・襖・戸などインテリアを構成する項目もある。加え

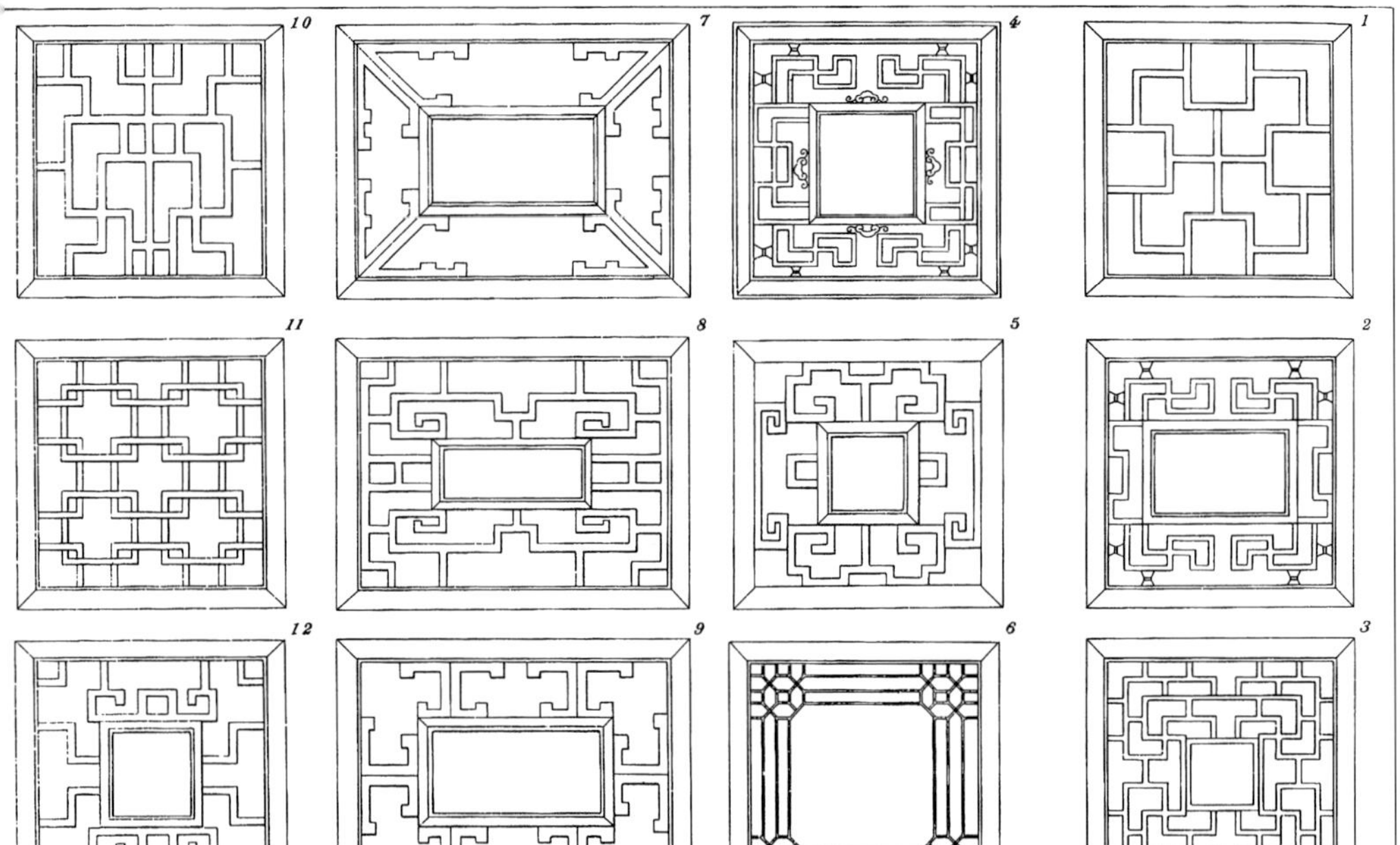

①窓［連子《れんじ》］

て付録として建築装飾図と家具用彫刻模様がある。建築装飾図には蟇股《かえるまた》や虹梁鼻《こうりょうばな》、柱、束、懸《け》魚《ぎょ》などとともに、違棚・床飾・火《か》燈《とう》窓《まど》・高欄《こうらん》といったインテリアエレメントがあり、また家具用彫刻模様の中にも住宅の欄間や建具などによく使われる透かし彫りなどがある。

　中国建築・建具装飾についてはこれらのデザインが煎茶《せんちゃ》の建築に影響を与えていたことがわかる。この中からインテリアに関するものとして、次のものを掲げる。①窓［連子《れんじ》］［火燈窓］、②障子（ガラス入り）、③障子・襖、④唐戸、⑤戸・垣、⑥欄間［透し］［欄間］、⑦中国趣味の欄干組子、⑧中国趣味の欄干唐戸（平安大吉祥を示す図柄）、⑨中国趣味の欄干唐戸・窓（富貴栄華を示す図柄）、⑩違棚、⑪建築装飾、⑫障子組子、⑬欄間・帯桟の透し、⑭⑮香狭間。

①窓［連子］

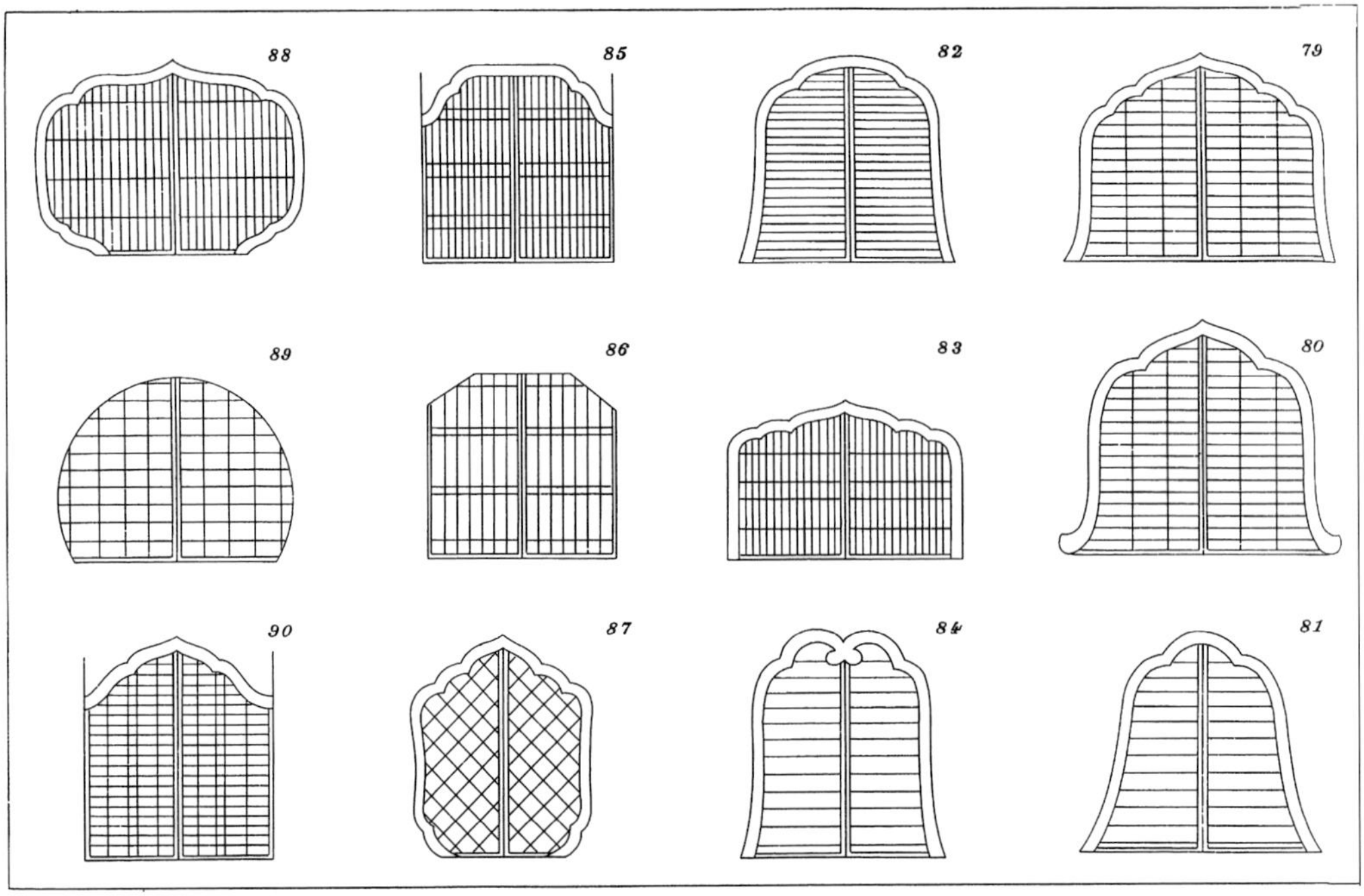

①窓［火燈窓］

79 狭間火燈／80 狭間火燈金閣寺／81 富士火燈／82 琴柱火燈／83 切狭間火燈／84 蕨火燈／85 山路火燈
86 隅切洞火燈／87 狭間火燈飛雲閣／88 狭間火燈日光廟／89 丸火燈利休堂／90 狭間切火燈

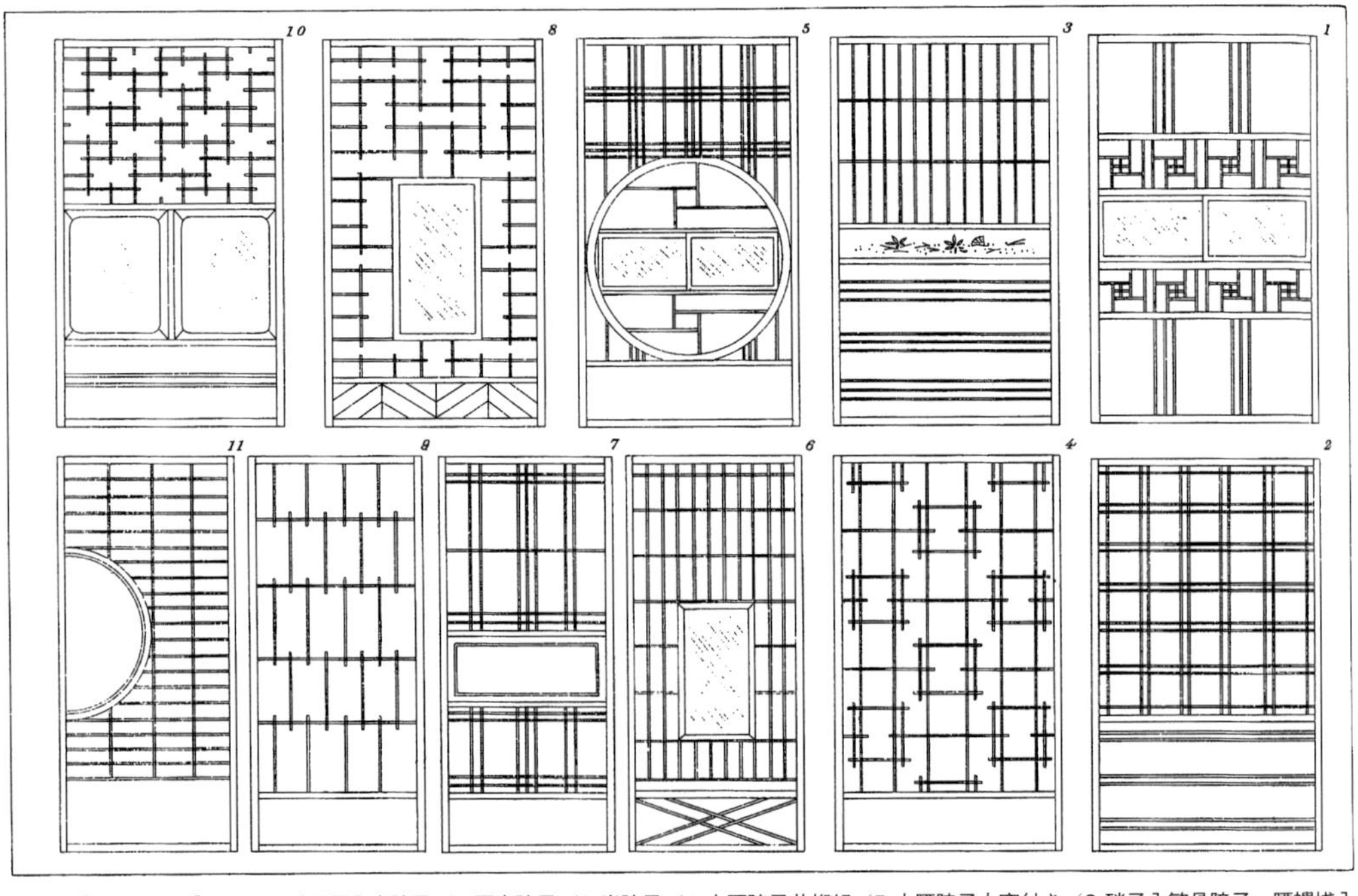

②障子［ガラス入り］

1 硝子戸入中障子／2 腰高障子／3 半障子／4 水腰障子井桁組／5 水腰障子丸窓付き／6 硝子入繁骨障子・腰襷桟入
7 中硝子障子／8 中硝子障子／9 水腰障子／10 井桁組硝子入障子／11 丸硝子入障子

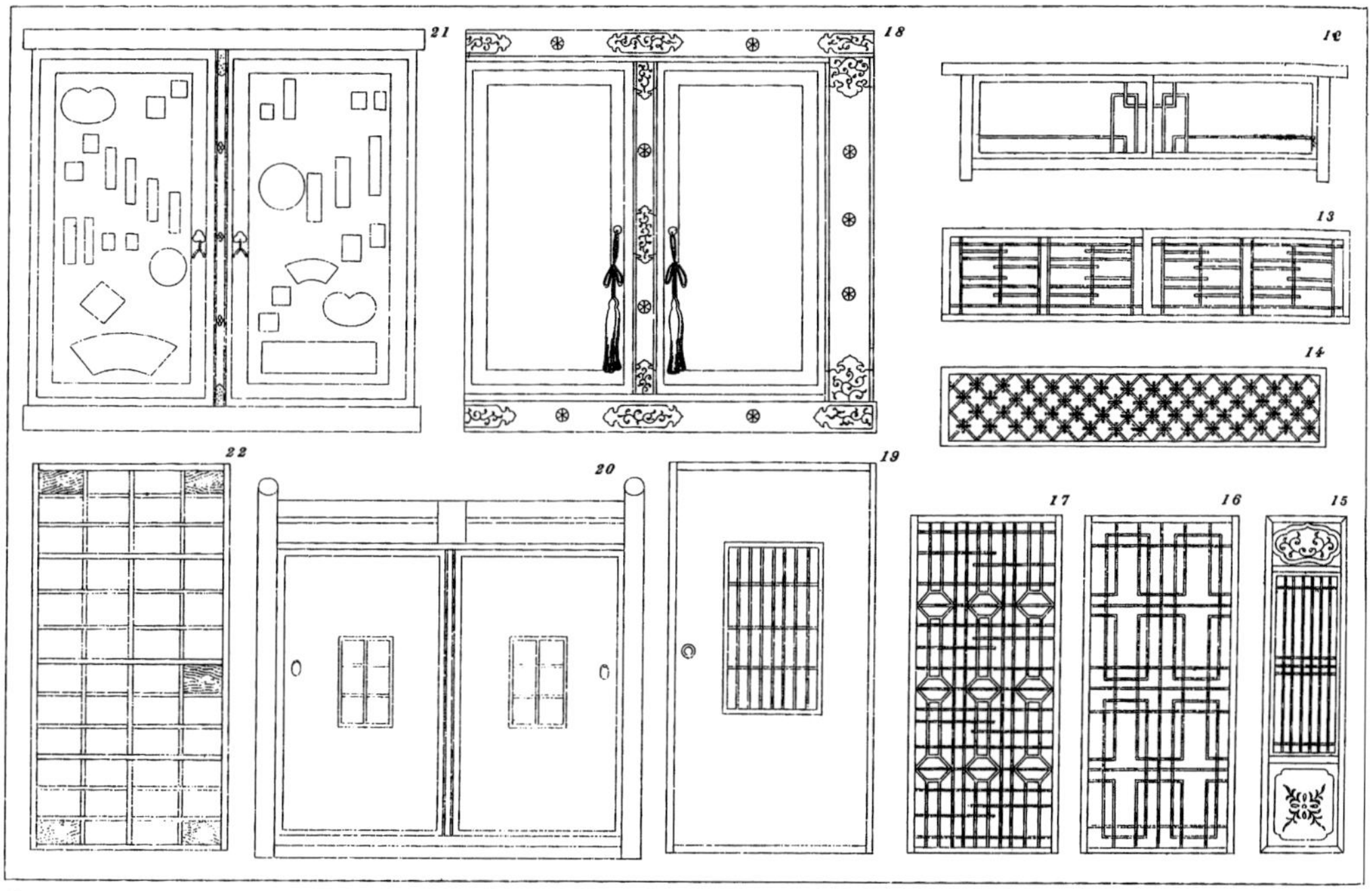

③障子・襖

12 角柄窓障子遠州好月字形／13 霞組欄間障子／14 附書院欄間障子菱蜻蛉組／15 仏壇障子／16 書院障子
17 書院障子／18 上段の間唐紙襖／19 中障子襖／20 柱離宮月汲楼襖／21 清涼殿組襖／22 襖骨組

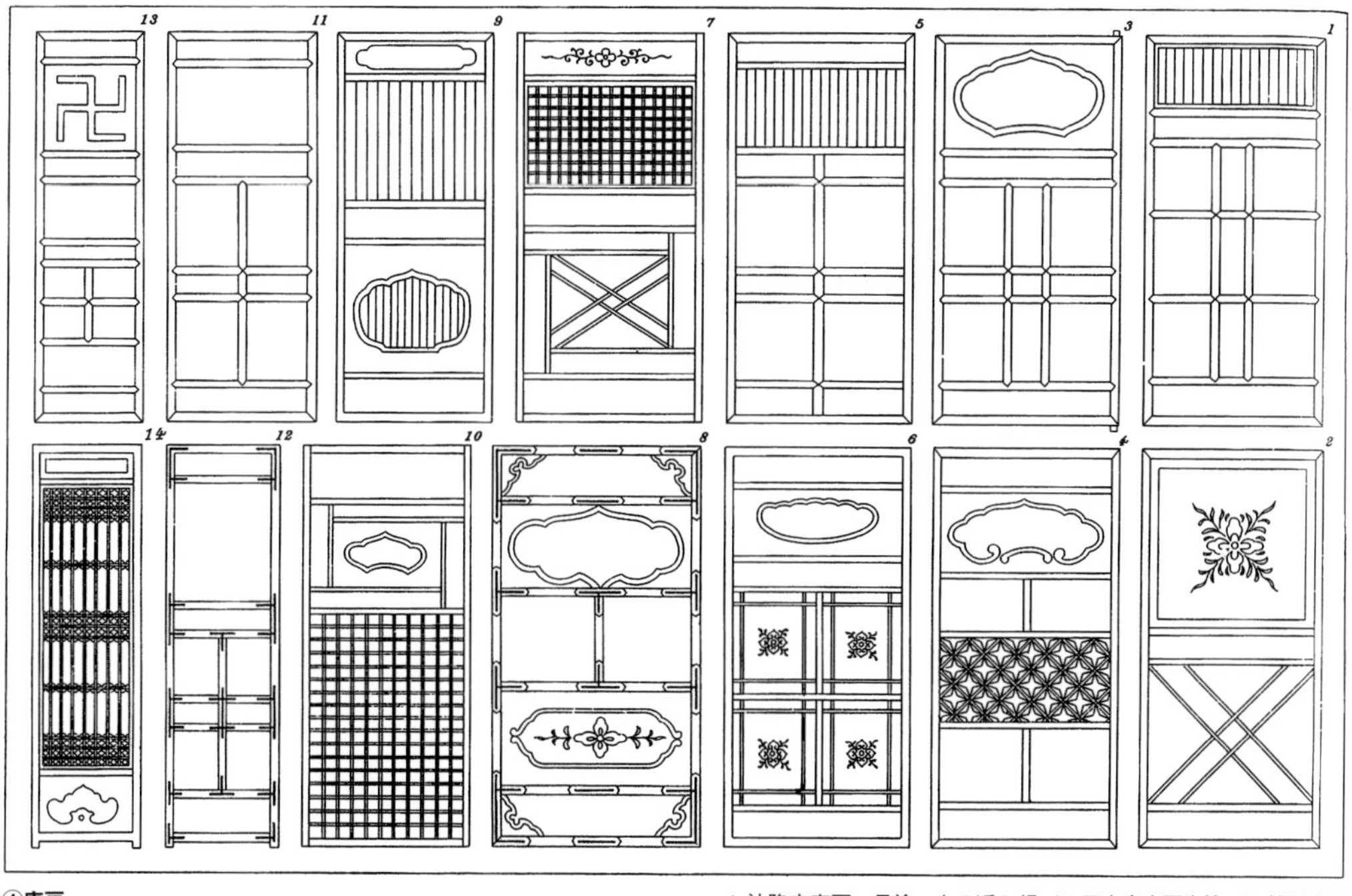

④唐戸

1 法隆寺唐戸・丹塗・上の透し緑／2 日光廟唐戸朱塗／3 普通唐戸
4 日光廟唐戸／5 観光時唐戸

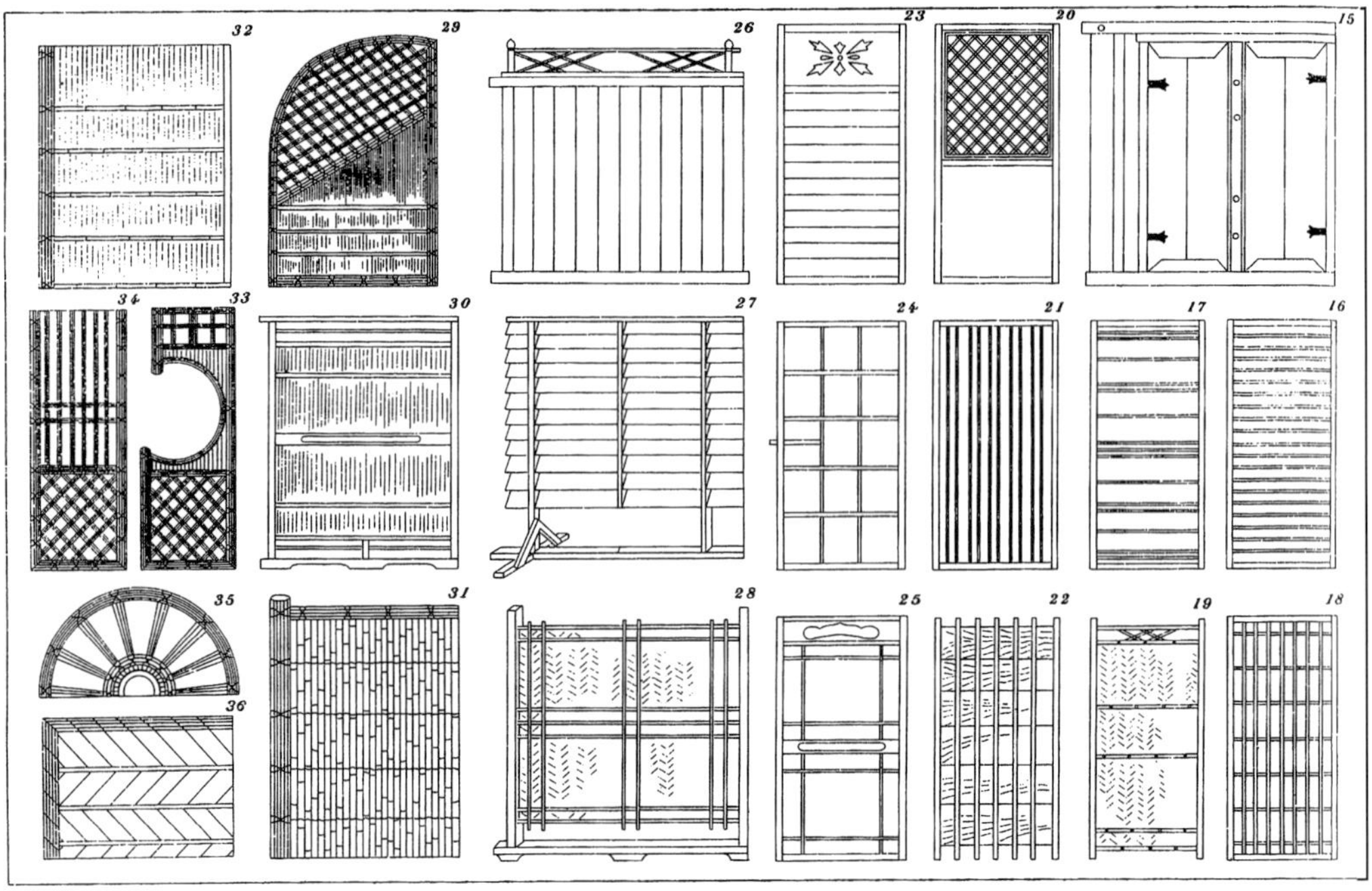

⑤戸・垣

15 板唐戸／16 玄関舞良戸／17 玄関略式／18 格子戸／19 四つ目戸／20 菱戸神社用／21 竪舞良戸／22 立猿戸
23 鎧戸／24 雨戸／25 塀重門戸／26 立蔀／27 切掛／28 切掛／29 高麗形菱（袖垣）／30 柴塀垣／31 源氏垣
32 建仁寺垣／33 沼津垣／34 八重垣の袖垣／35 車垣／36 襖垣

⑥欄間［透し］

1 櫛形羽目板欄間「象嵌」または焼絵応用／2 組子欄間／3 源氏透し組子欄間／4 櫛形欄間
5 遠州透し欄間／6 唐花透し欄間／7 木象嵌欄間／8 遠州透し欄間

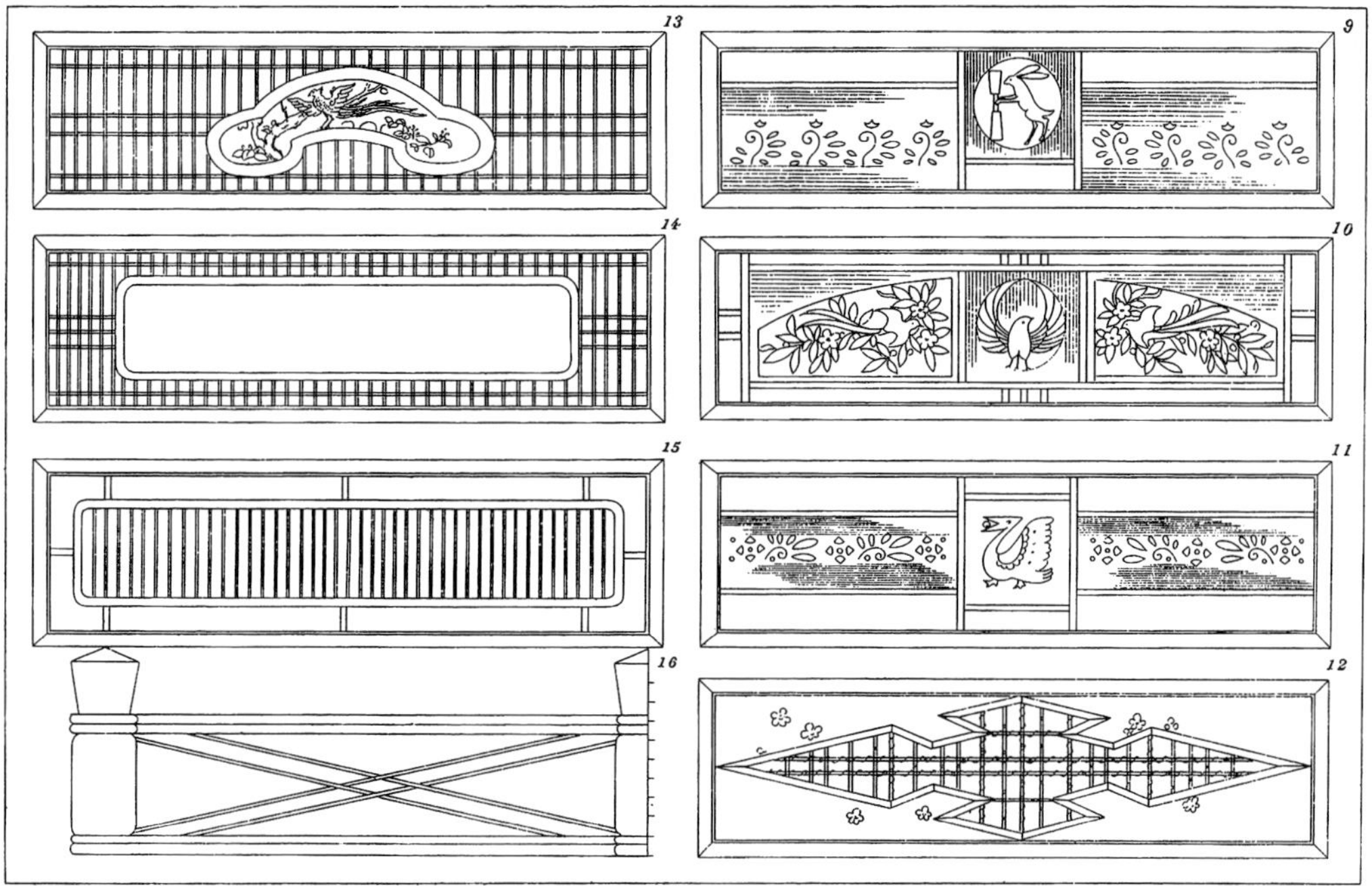

⑥**欄間［欄間］**

9 兎木象嵌欄間／10 鳥木象嵌および花喰鳥透し欄間／11 ペリカン木象嵌欄間
12 松および菱欄間／13 繁組欄間／14 繁組欄間／15 筏欄間／16 竹の節欄間

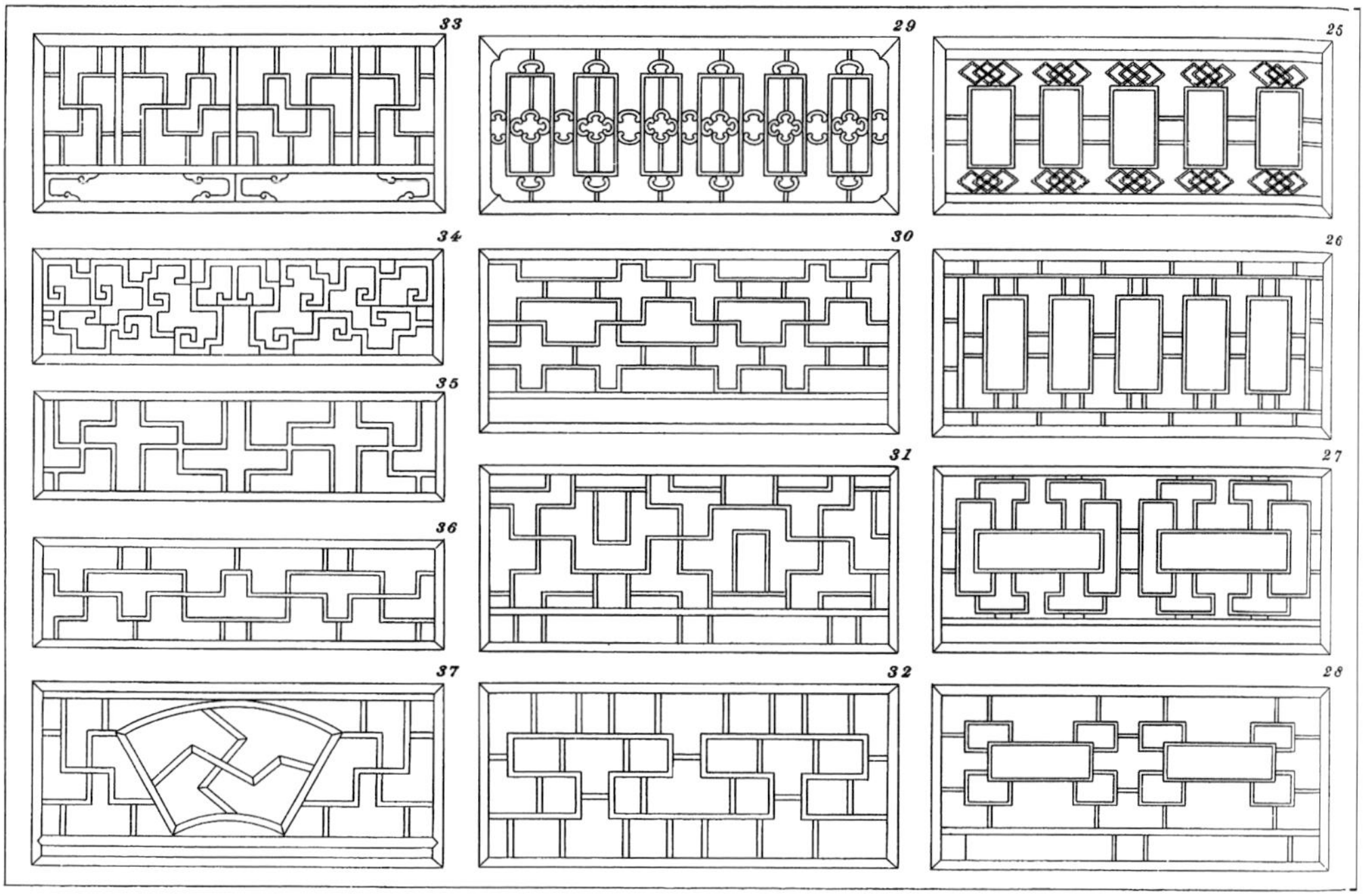

⑦**中國趣味の欄干組子**

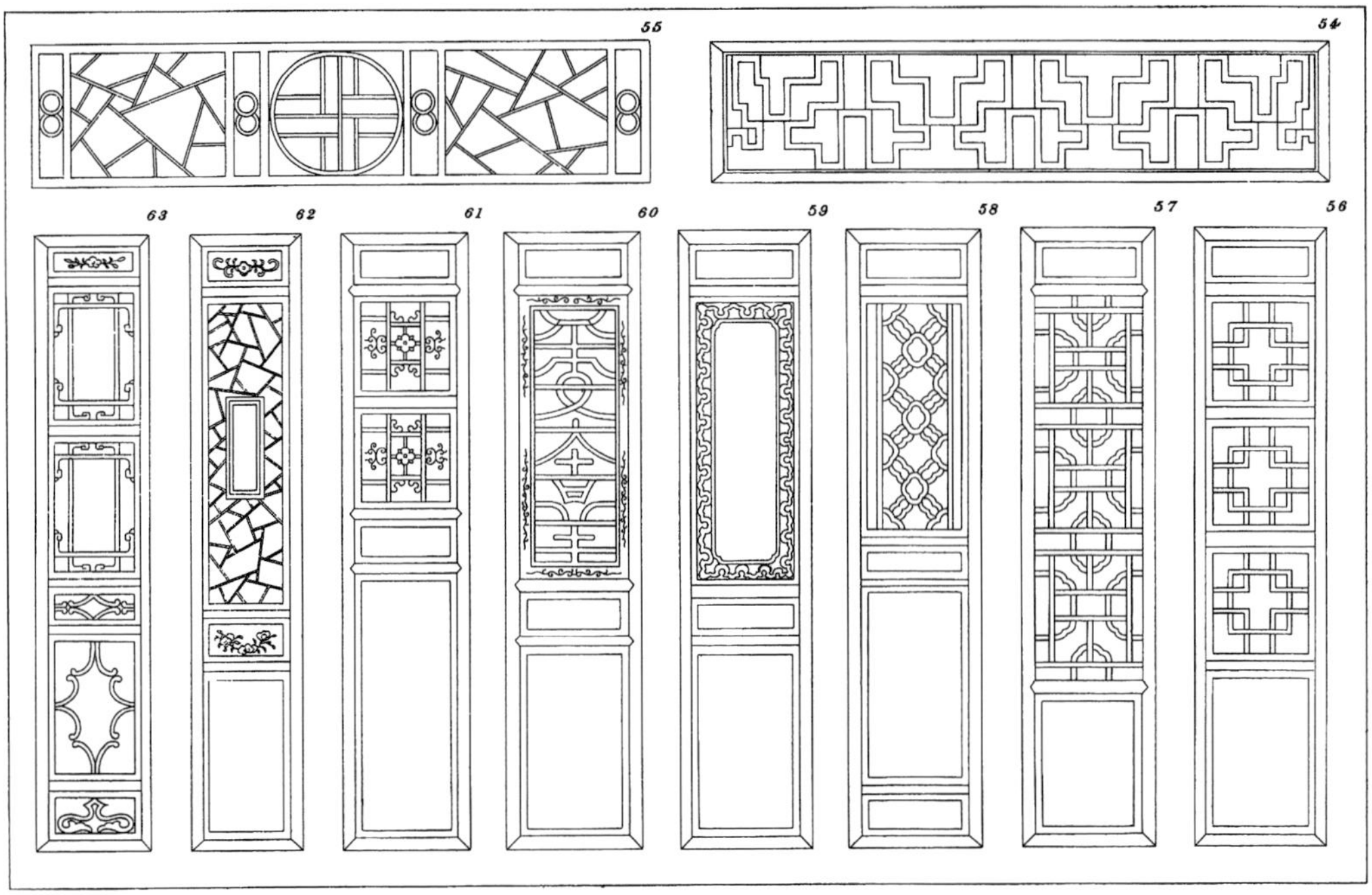

⑧中國趣味の欄干唐戸［平安大吉祥を示す図柄］

54・55 欄干
56〜63 唐戸

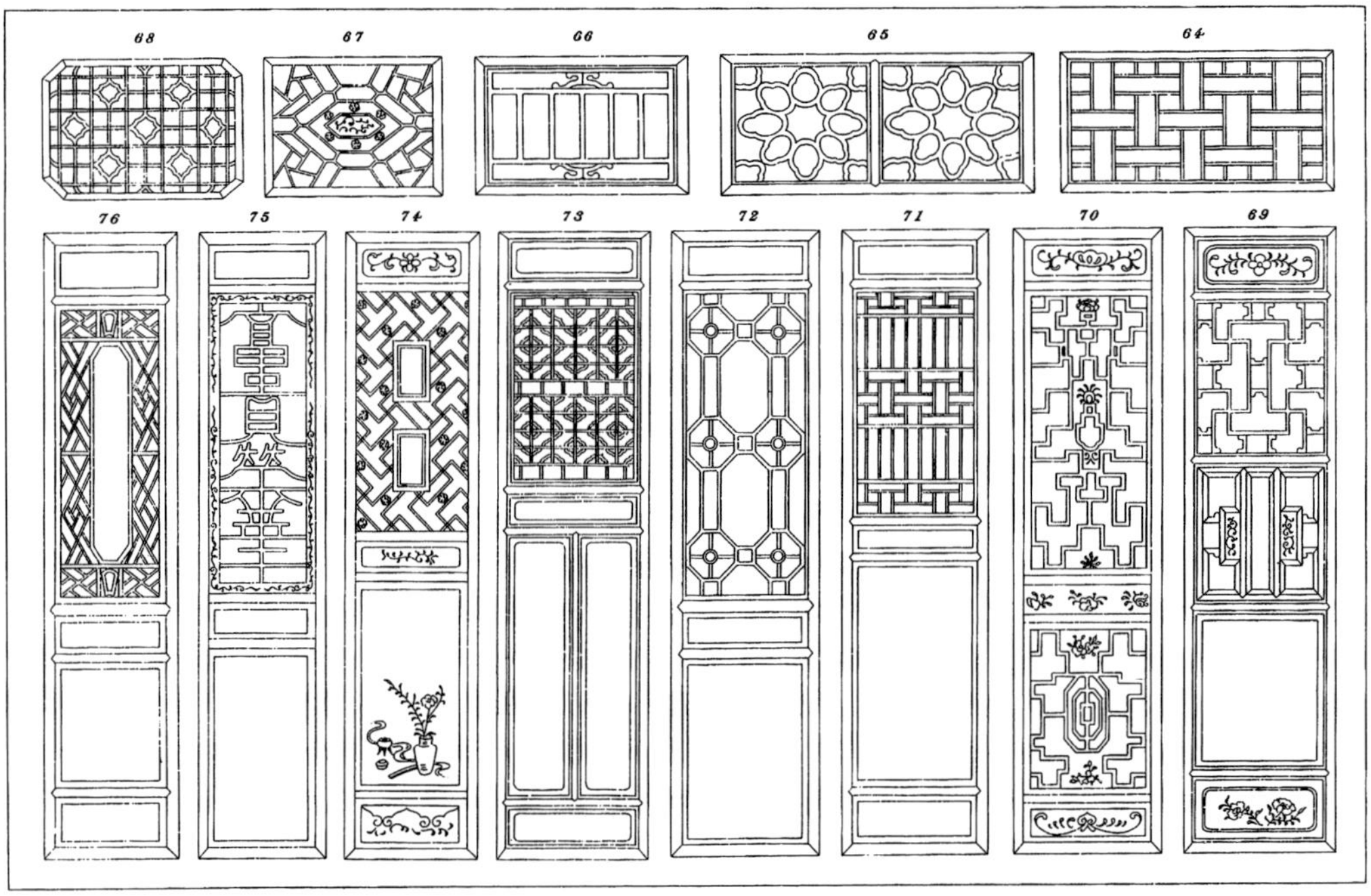

⑨中國趣味の欄干唐戸・窓［富貴栄華を示す図柄］

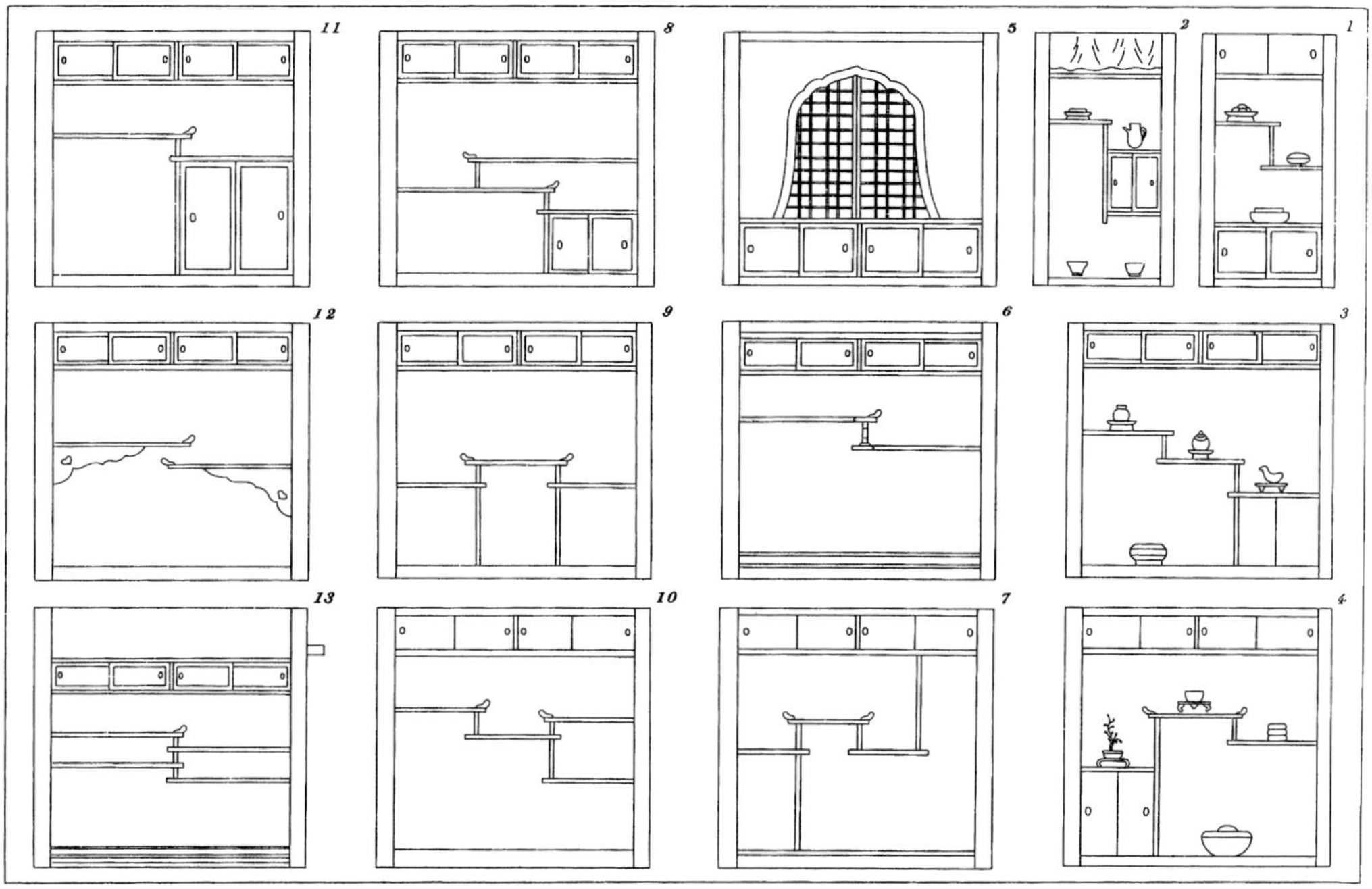

⑩違棚

1・2 三尺違棚における飾付／3 雁木棚／4 千鳥棚／5 仏棚／6 違棚（真の棚）
7 柳棚／8 松棚／9 鳥居棚／10 化粧棚／11 袋棚／12 上下棚／13 仕切違棚

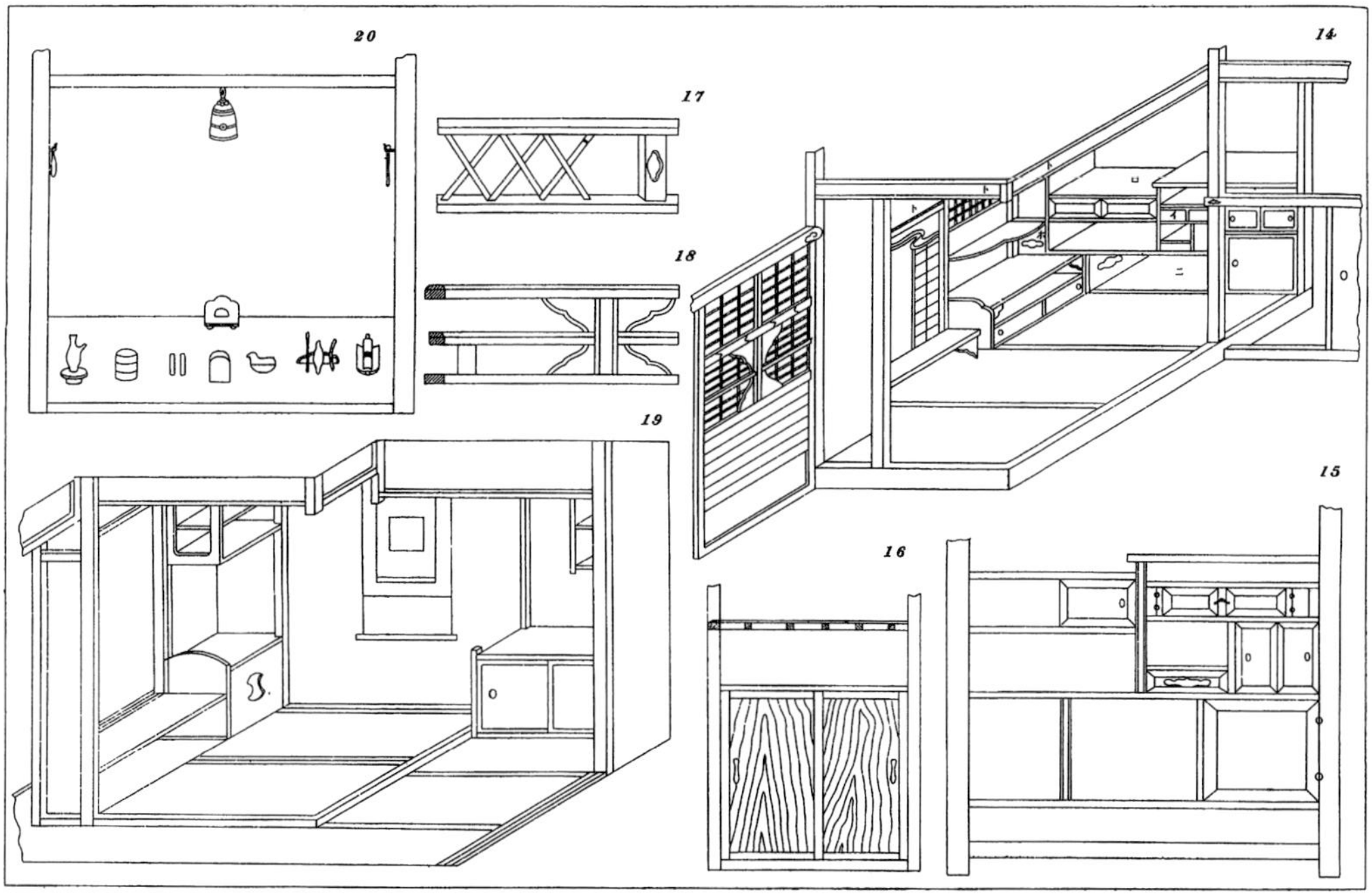

⑪建築装飾

14 桂離宮上段の間真の棚遠州好／15 桂離宮正面図／16 桂離宮縁側杉戸
17 桂離宮縁側手摺／18 桂離宮縁側手摺／19 上段二畳床脇棚／20 書院飾

⑫障子組子

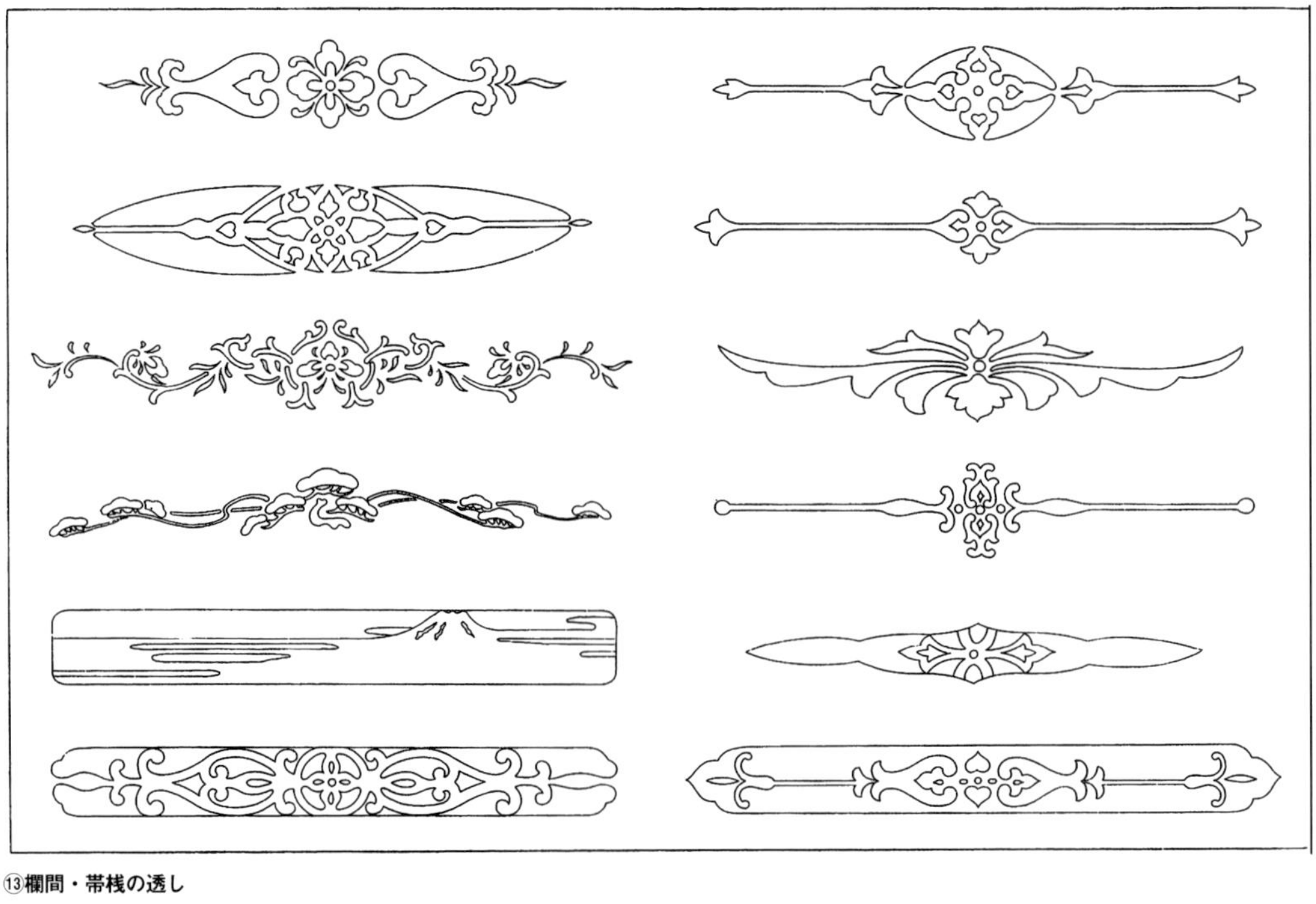

⑬欄間・帯桟の透し

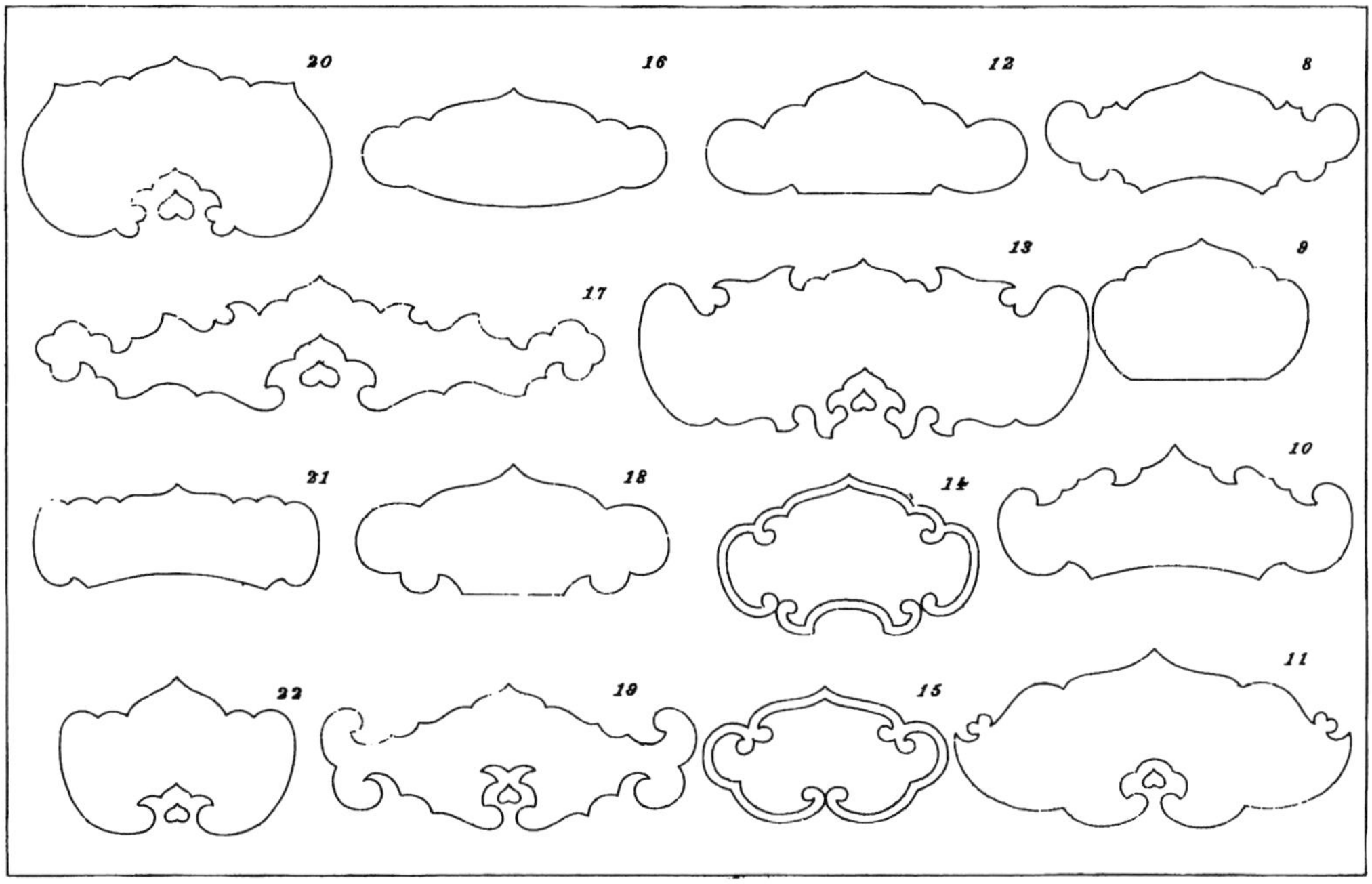

⑭香狭間

8・9 天平式／10・11・12・13 中古の式／14・15・16 徳川式
17・18・19・20・21・22 中古の式

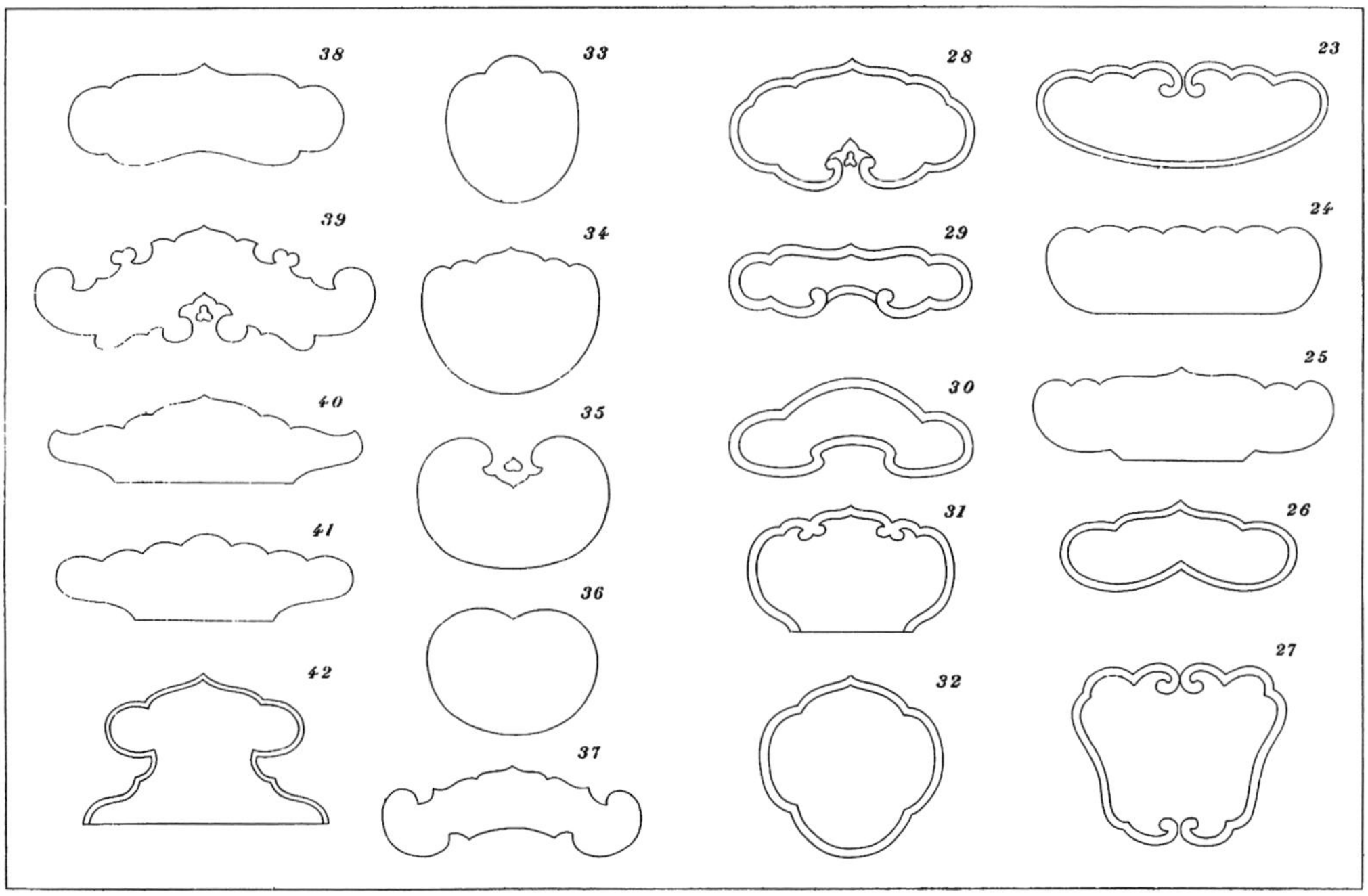

⑭香狭間

23・24・25・26・27・28・29・30・31 徳川式
32・33・34 三宝透し

著者森田洪は長崎三菱造船所装飾部をへて、家具室内意匠のデザイナーとして活躍していた人物である。自序によると西洋家具室内意匠の「直写若しくは模倣」ではなく、和洋、さらには漢の三様式を折衷して、新しい日本の様式を創出しようとして、本書を著したという。掲載されている図は全部で五〇図（一図に複数のものもある）で、内容は家屋造作《ぞうさく》、すなわち天井・壁面・壁・扉・柱・欄間・障子・階段手摺・ストーブなどインテリアを構成するエレメントである。

ただし実際の例ではなく、和漢洋を折衷して、創作した図案であるが、和洋折衷ということは西洋建築・室内意匠、西洋家具が導入されて以来、さまざまな形で試みられてきていた問題である。とくにこの本が出された明治末は、洋風建築や洋風家具が、かなり日本にも定着して、洋風住宅を建てる人の層も広がってきた。そうした場合、完全に洋風の様式ということはなく、ほとんどの場合、何らかの形で和洋折衷が行われた。そうした要望、需要に応えるべく出された図案集であろう。

したがって実例ではなく図案ではあるが、当時の人々の嗜好《しこう》、要望に即したデザインだったことは間違いない。実際にも当時の住宅にはよく似たデザインが見受けられるので、そうしたものを選んで紹介する。

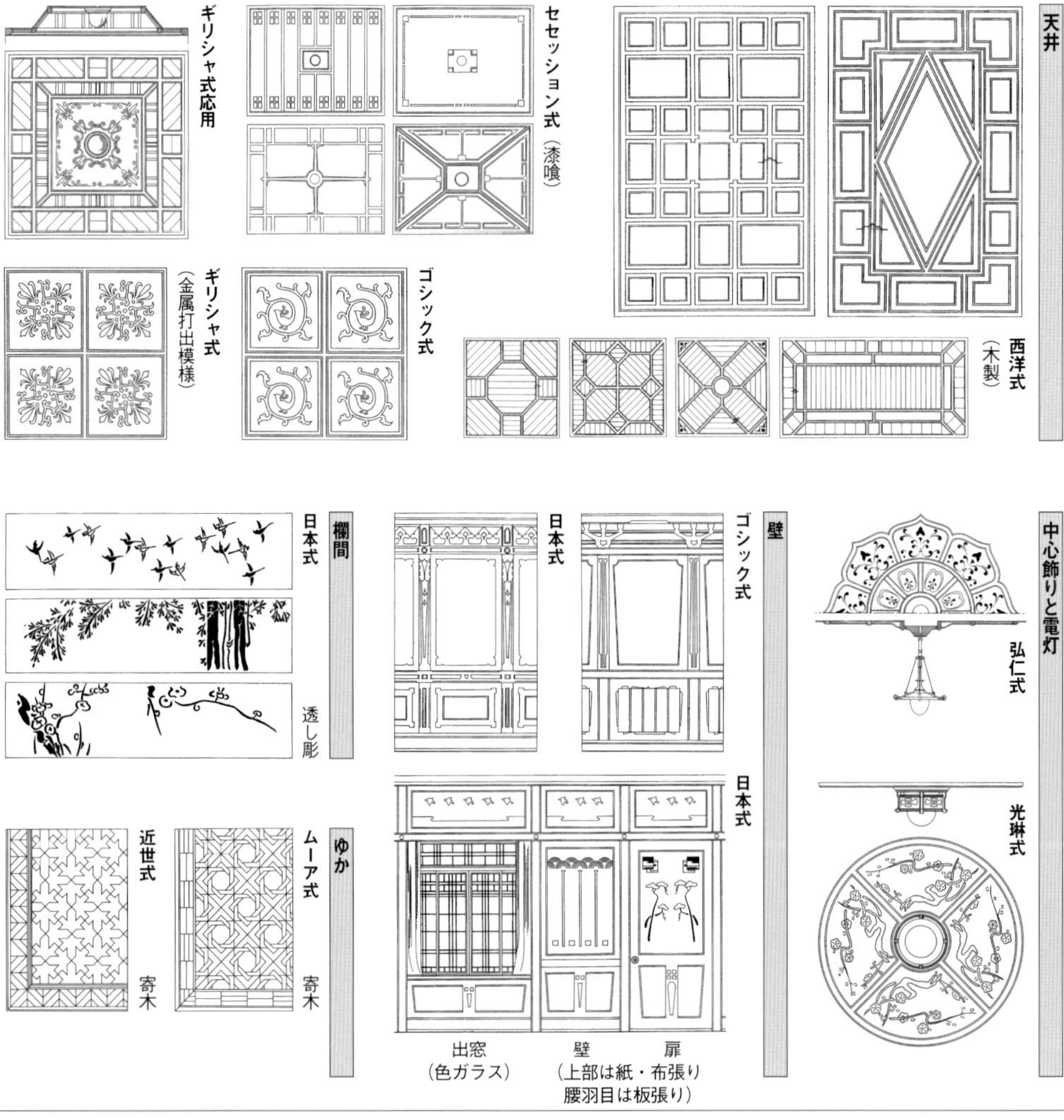

カーテンとカーテンボックス

ルイ式
壁は漆喰塗

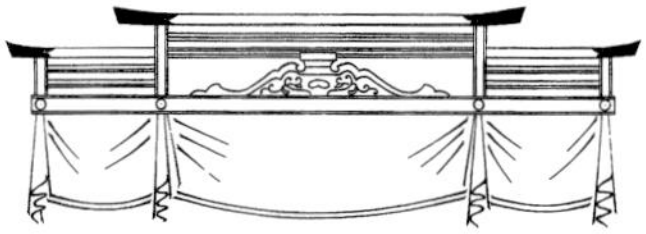
弘仁式

飛鳥式

鎌倉式

ルイ式

セセッション式

玄関

和洋折衷式
持送り法隆寺金堂斗組雲肘木
扉上部飾り物玉虫厨子

入口扉鎌倉式金物ゴシック

窓

エジプト式

西洋式

ステンドグラス
玉虫厨子の意匠応用

日本式
ガラス障子

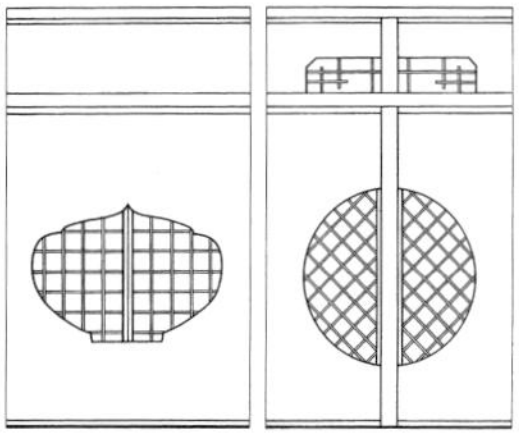
日本式
窓は明障子

建具

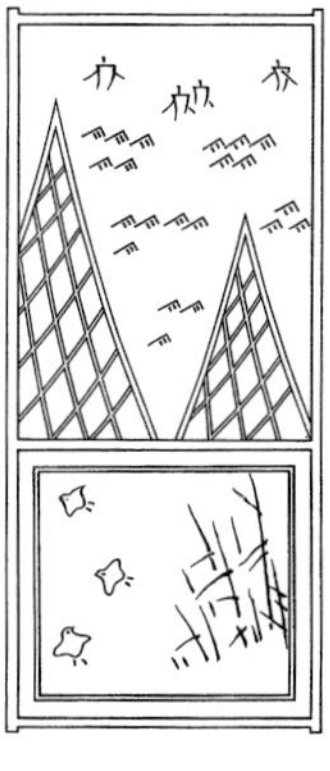
襖
網代障子

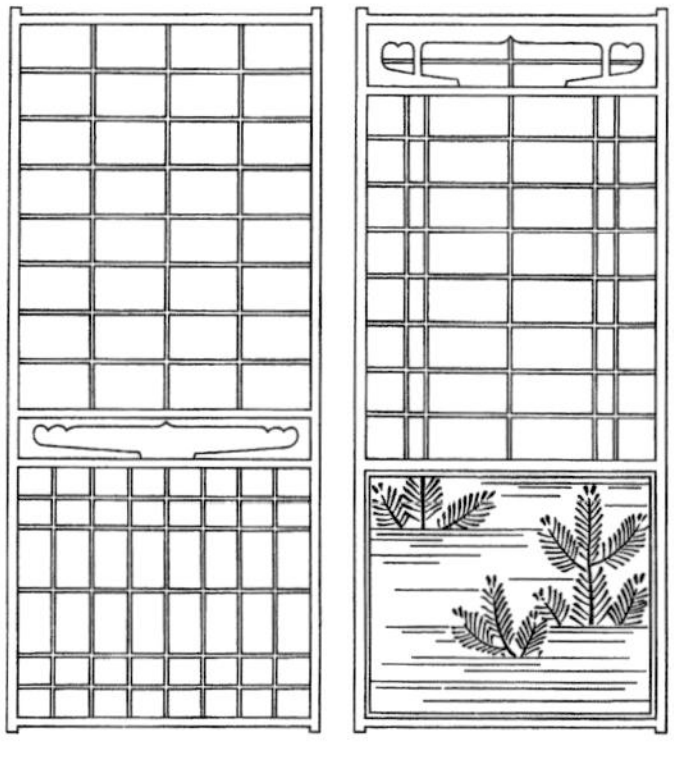
障子
腰襖

扉

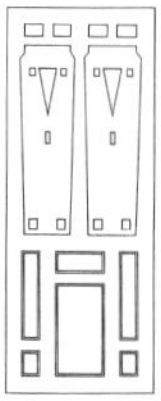
セセッション式

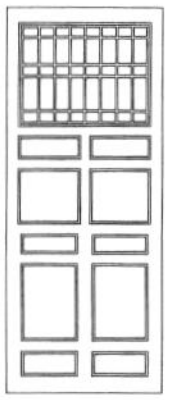
上ガラス　金閣寺扉式

上ガラス　推古式

ルイ一五世式

日本式唐戸応用

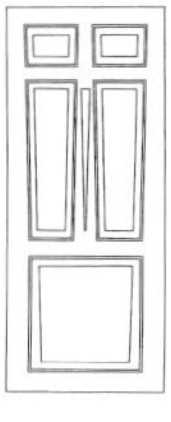
セセッション式

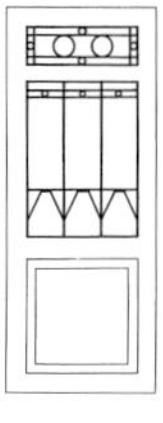
セセッション式
上部ガラスに金属製飾り

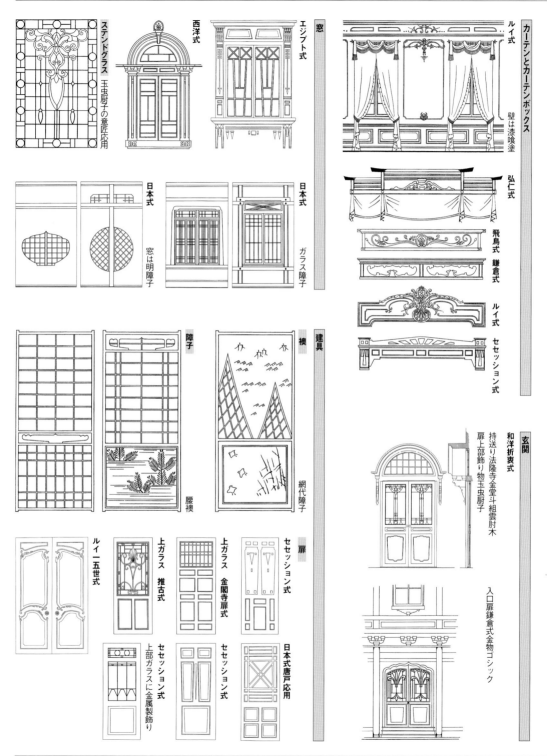

手摺

小堀遠州式

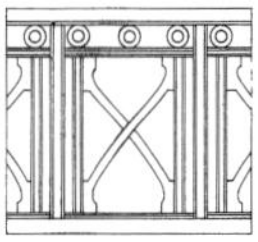

セセッション式

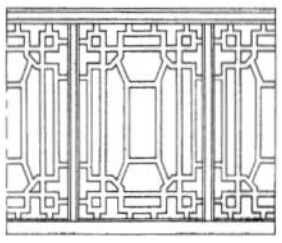

中国式

セセッション式

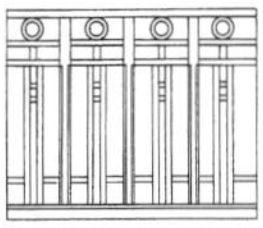

セセッション式

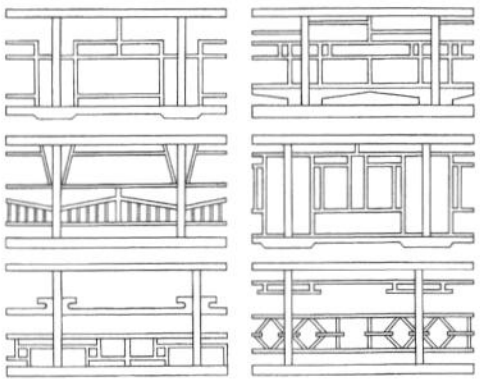

和洋折衷式

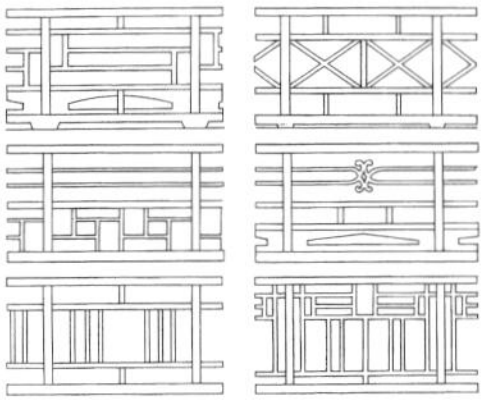

日本式

階段手摺と帽子掛

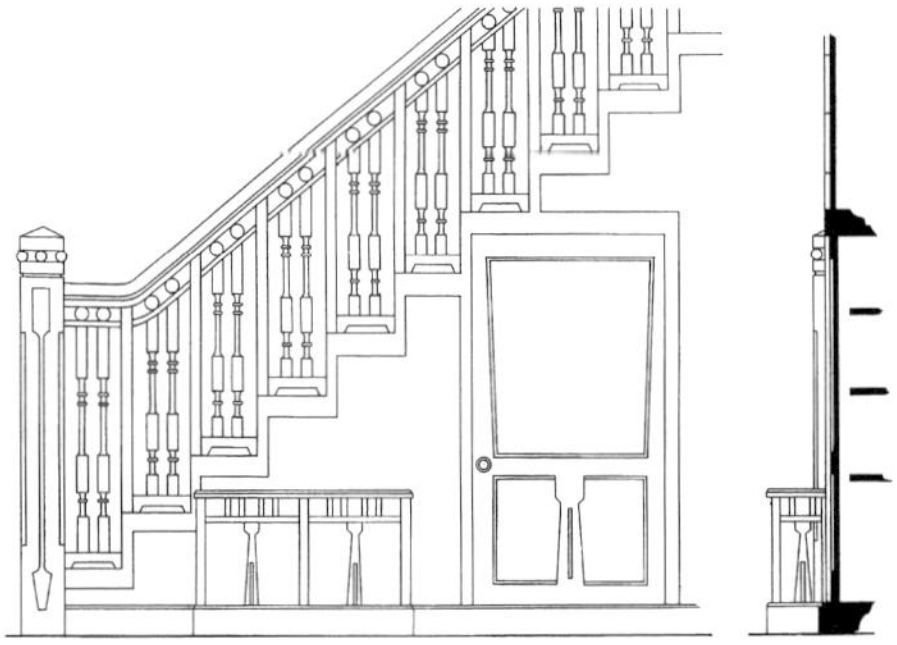

セセッション式

セセッション式

日本式

ストーブ

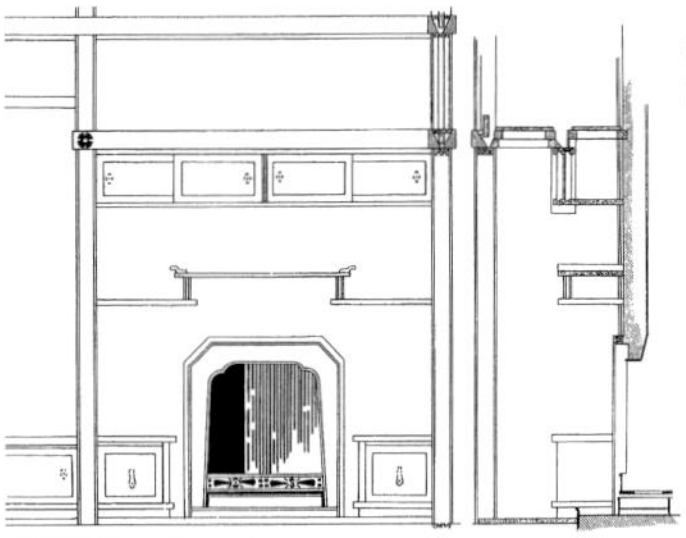

日本式

床脇棚にストーブ

日本式

床の間のガスストーブ

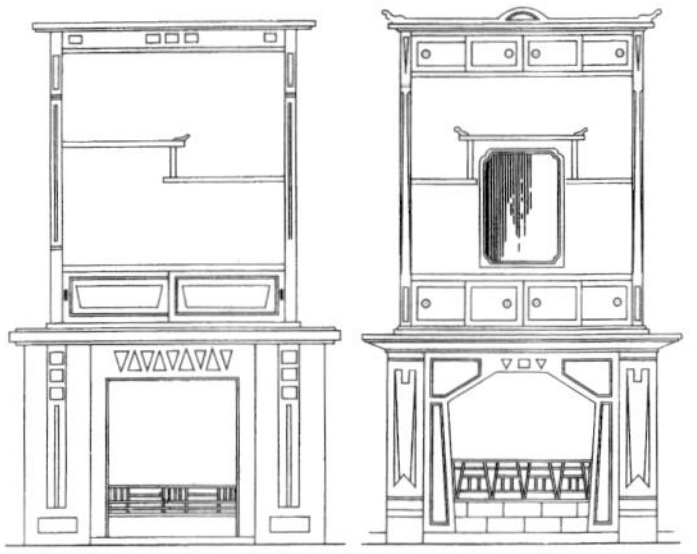

上部／日本式、下部／セセッション式

ルイ式

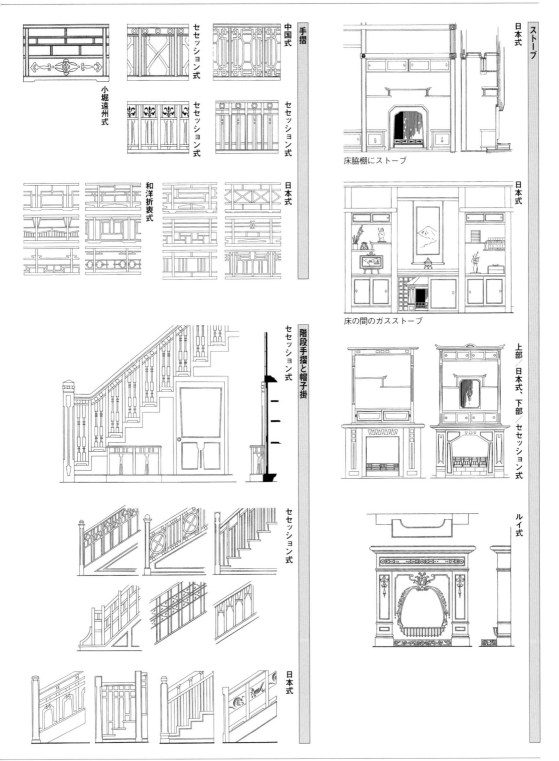

おわりに

家具や室内意匠史に関心のある有志とともに平成二〇年（二〇〇八）一〇月に「家具道具室内史学会」を立ち上げた。

冒頭にも書いたように家具・室内意匠についての歴史研究は従来、ほとんど行われてこなかった。

これは日本では家具に対する関心が低いためであるが、しかし、それでは家具がなかったかというとそんなことはなく、時代ごとに、それぞれの時代の文化を反映した家具が発達している。とくにビルトイン以前の古代にあっては、家具はなくてはならないものであったから、政治的にも、社会的にも重要なものであった。

またビルトインが進んでからは、たしかに独立した家具は少なくなっていったが、それだけに室内意匠の方は発展していって、日本独特の室内空間を生み出していった。室内意匠は家具と密接不可分なのである。したがって家具・室内意匠の視点から住宅史を見直すことは、住宅史に新しい発見や情報をもたらすことになるはずであって、新しい住宅史を構築することにもなると考える。

そのための一助として室内意匠の歴史をまとめたものであるが、最初にも書いたようにまだ研究の進んでない分野であるため、欠落部分が多く、不完全である。このためそれぞれの執筆者には難しい課題をお願いすることになった。

本書が家具・室内意匠史研究の上で、また家具・室内意匠史を必要とする人にとって、お役に立てばと願っている。

小泉和子
（家具道具室内史学会会長）

執筆分担

◎小泉和子
第一章古代・第二章中世・第三章近世・第四章近代（リード文）
第一章古代　1 古墳時代から奈良時代の支配層住宅／インテリアエレメント［屛障具・敷物・座臥具・几案・照明具］
第二章中世　2 草庵と婆娑羅／インテリアエレメント［装置・建具・屛障具・座臥具］／コラム『君台観左右帳記』と『御飾記』
近世　インテリアエレメント［装置〈障子・欄間／帳台構〉・屛障具・敷物・照明具・暖房具・収納具］
近代　インテリアエレメント［照明具・建具・壁装材・織物類〈窓掛・戸帳〉・敷物とゆか仕上げ〈絨毯〉・暖房具〈ストーブ〉・家具］
◎箱崎和久
第一章古代　2 宮殿　藤原宮から平安宮
◎川本重雄
第一章古代　3 寝殿造　開放的住宅／コラム『類聚雑要抄』・『満佐須計装束抄』・『禁秘抄』
◎中村琢巳
第二章中世　1 寝殿造から書院造へ
第三章近世　1 書院造と民家／インテリアエレメント［装置〈柱〉］
第四章近代　3 近代和風住宅
◎矢ヶ崎善太郎
第三章近世　2 茶室
◎永田恵子
第三章近世　インテリアエレメント［装置〈床・棚・欄間・天井・建具〉／コラム　雛形本と室内意匠
◎内田青蔵
第四章近代　1 宮殿　2 洋館
◎小柳正美
第四章近代　インテリアエレメント［織物類〈壁掛〉］
◎前潟由美子
第四章近代　インテリアエレメント［敷物とゆか仕上げ〈リノリウム・寄木張〉］
◎関川華
第四章近代　インテリアエレメント［暖房具〈暖炉〉］
◎田辺千代
第四章近代　コラム　ステンドグラス
大田省一　原稿整理
木下真理　構成・絵巻物／図版リライト
小野寺美恵　トレース
＊口絵キャプション
川本重雄（寝殿造）・小泉和子（座敷飾り・草庵・婆娑羅・煎茶席・町家・洋館・金唐紙）・中村琢巳（書院造・侘数寄茶室・数寄屋風書院造・農家・近代和風住宅）

執筆者略歴

箱崎和久（はこざき・かずひさ）
一九七〇年生まれ。横浜国立大学大学院工学研究科計画建設学専攻修了。現在、独立行政法人国立文化財機構奈良文化財研究所都城発掘調査部遺構研究室室長。

川本重雄（かわもと・しげお）
一九五三年生まれ。北海道工業大学教授・京都女子大学教授・同学長を経て、現在近畿大学建築学部特任教授、家具道具室内史学会副会長。

中村琢巳（なかむら・たくみ）
一九七七年生まれ。東京大学大学院工学系研究科建築学専攻博士課程修了、博士（工学）。現在、公益財団法人竹中大工道具館研究員。

永田恵子（ながた・けいこ）
一九七一年生まれ。博士(工学)。元名古屋工業大学若手研究イノベータ養成センター特任教員。

矢ヶ崎善太郎（やがさき・ぜんたろう）
一九五八年生まれ。現在、京都工芸繊維大学大学院工芸科学研究科准教授・博士（学術）。専門：日本建築史、庭園史、伝統建築生産技術

内田青蔵（うちだ・せいぞう）
一九五三年生まれ。東京工業大学大学院理工学研究科建築学専攻博士課程中退。文化女子大学造形学部教授、埼玉大学教育学部教授を経て、現在、神奈川大学工学部教授。

小柳正美（こやなぎ・まさみ）
一九六九年生まれ。京都精華大学美術学部デザイン学科テキスタイルデザイン科卒業。現在、川島織物セルコン織物文化館学芸員。

前潟由美子（まえがた・ゆみこ）
一九八〇年生まれ。千葉大学大学院自然科学研究科環境デザイン学専攻修了。博士（工学）。現在、生活史研究所所員、大妻女子大学非常勤講師。

関川華（せきかわ・はな）
一九七九年生まれ。京都大学大学院工学研究科都市環境工学専攻修了。博士（工学）。現在、岡山大学大学院教育学研究科専任講師。

田辺千代（たなべ・ちよ）
一九四二年生まれ。日本海事新聞横浜支局勤務のかたわら、神奈川県「ぽぷり」欄のリポーターを務める。取材のなかでステンドグラスに興味をもち、独力で調べ始める。論文に「日本のステンドグラス——宇野澤辰雄と小川三知」（「民族芸術」）など。

No.47　2008年
『美術染織の精華――織・染・繍による明治の室内装飾』三の丸尚蔵館企画展図録No.54　2011年

◎前潟担当分
東洋リノリューム株式会社総務部社史編纂室編　『人、生活、空間　東リ70年のあゆみ』　東洋リノリューム株式会社　1990年
武田五一・松本儀八『最新和洋住宅別荘建築法』積善館　1920年
スティーヴン・キャロウェー 編　桐敷真次郎監訳『図解百科　様式の要素――英米住宅デザイン事典』同朋舎出版　1994年
河東義之 編『ジョサイヤ・コンドル建築図面集Ⅰ』中央公論美術出版　1980年

◎関川担当分
スティーヴン・キャロウェー編　桐敷真次郎監訳『図解百科　様式の要素――英米住宅デザイン事典』同朋舎出版　1994年
John Prizeman : *Houses of Britain the outside view,* Quiller Press, 2007
建築研究協会『新島襄旧邸建造物調査報告書』京都市文化財保護課　1984年
小野木重勝『明治洋風宮廷建築』相模書房　1983年
小泉和子生活研究所『家具調査報告書（新島襄旧邸・長楽館・大丸ヴィラ）』京都市文化財保護課　1985年
西山夘三『日本のすまい（弐）』勁草書房　1976年
岡本鑒太郎「和洋折衷住家の地繪圖に就て」『建築雑誌』142号　日本建築学会　1898年
遠藤明久『住まいの学大系061北海道住宅史話（上）』住まいの図書館出版局　1994年
社団法人北方圏センター『国際交流が地域文化に与えるインパクト――北海道における北方圏交流について』NRS-81-3　総合研究開発機構助成研究　1983年

◎田辺担当
開港記念横浜開館『開港記念横浜開館　建築構造大要』1917年
大倉土木株式会社『開港記念横浜開館』1927年
松村貞治郎『お雇い外国人　建築・土木編』鹿島出版会　1976年
松村貞治郎『日本建築家山脈』鹿島出版会　1965年
光藤俊夫『明治大正建築覚え書』学芸出版社　1984年
初田亨『職人たちの西洋建築』講談社　1997年
伊藤ていじ『谷間の花が見えなかった時』彰国社　1982年
日本建築学会編『日本近代建築総覧』技法堂出版　1980年
『日本の建築家（新築12月号）　臨時増刊号』新建築　1981年
『建築工芸叢誌』1912～1916年
『明治大正図誌』筑摩書房　1978年
『建築図誌』建築会館図書館　1912～1923年
杉浦非水『世界植物図案資料集成』技法堂出版　1952年
『横浜商工会議所100年史』1981年
『日本郵船100年史』日本郵船資料室　1988年
『市民グラフヨコハマ　No.19』横浜市市民局広報課　1976年
柴田三千雄・井出文子『箙梅日記』東京学芸出版会　1984年
『雑誌アトリエ（6の1）』1929年
硝子工業界『日本近世窯業史（第四編）』1917年
『写真類聚（ステンドグラス）』柳々堂書店　1917年
日本ガラス製品工業界『日本ガラス製品工業史』1983年
『琉球紅型』京都書院　1980年
河東義之『明治の西洋館』毎日新聞社　1991年
河村錠一郎『西洋末の美学』研究社出版　1986年
ロバート・ケールマン『20世紀のステンドグラス――その新しい定義』京都書院　1992年
工房通信編集部『日本のステンドグラス』ステンドグラス材料センター　1985年
久富貢・桑原住雄訳『画家東遊録』中央公論美術出版　1981年
百年史編さん委員会『成美学園100年史』1980年
神代雄一郎『近代建築の黎明』1984年
『失われた帝都東京　写真集』柏書房　1991年
『北の建物』北海道新聞社　1984年
『中国地方の西洋館』中国新聞社　1991年
芸術研究振興財団、東京芸術大学百年史編集委員会『東京芸術大学百年史　美術学部篇』ぎょうせい　2003年
『日本の美術』161～188　至文堂
荒川正明『板谷波山』小学館　2001年
『美術園（別冊）1号』1989年
テレサ・ピアス・ウィルソン／小川三知『JAPANESE FAIRY TALES』1904年
小田原市文化室『小田原地方新聞記事目録』1871～1985年
『都新聞』1919年
鹿島建設社史編纂委員会『鹿島建設百三十年史』鹿島研究所出版会　1971年
人文社編集部地図センター『明治・大正・昭和東京近代地図集成復刻』1982年
山本節子『西武王国鎌倉』三一書房　1997年
森護『西洋の紋章とデザイン』ダヴィット社　1982年
神奈川県教育委員会社会教育部『神奈川県近代洋風建築調査報告書』1988年
神奈川県教育委員会社会教育部『神奈川県近代洋風建築調査報告書（和風）』2000年
吉田鋼市『ヨコハマ建築慕情』鹿島出版会　1991年
藤森照信・増田彰久『日本のステンドグラス』朝日新聞社　2003年
小川その『父のあるばむ』1985年
小川三保子訳『小川三知日記』1920～1923年、1925年、1926年
吉田鋼市『ヨコハマ建築案内』鹿島出版会　1994年

◎口絵
6頁『方丈記』の草庵――『週刊朝日百科日本の歴史5　中世：平家物語と愚管抄』朝日新聞社　1986年
7頁『喫茶往来』の唐物茶席――『週刊朝日百科日本の歴史16　中世Ⅱ：金閣と銀閣』朝日新聞社　1986年
6～7頁上『週刊朝日百科5　新訂増補中世Ⅰ：平家物語と愚管抄』朝日新聞社　2002年

参考文献

◎小泉担当分
小泉和子『家具と室内意匠の文化史』法政大学出版局　1979年
小泉和子『室内と家具の歴史』中央公論社　1995年（中公文庫 2005年）
小泉和子『家具』（日本史小百科）東京堂出版　1980年
川本重雄・小泉和子編『類従雑要抄指図巻』中央公論美術出版 1998年
福山敏男他『神宮』小学館　1975年
稲垣栄三『神社と霊廟』（『原色日本の美術』16）小学館　1968年
浅野清『奈良時代建築の研究』中央公論美術出版　1969年
小林行雄『続古代の技術』塙選書　1962年
小泉和子「出土腰掛けの研究」（『家具道具室内史』4号　家具道具室内史学会　2012）
『中国古代建築史』中国建築工業出版社　1978年
小泉和子『箪笥』（ものと人間の文化史46）法政大学出版局　1982年
川上貢『日本中世住宅の研究』墨水書房　1968年
宮上茂隆「会所から茶湯座敷へ」『茶道聚錦』7座敷と露地（一）茶座敷の歴史　小学館　1984年
武田恒夫「屏風絵における一双形式の成立」『日本屏風絵集成』一　講談社　1978年
太田英蔵「『恩輝軒主人小伝』を注して」謄写
郷土の文化財24『シルクと金唐紙の館／旧分林家住宅調査報告書』岡谷市教育委員会　2001年
矢島睿「明治の開拓と北方への対応」『OUTPUT』　総合研究開発機 1983年
壁紙百年史編纂委員会『壁紙百年史』壁装材料協会　1982年
角幸博「北の板硝子あれこれ」『光を装飾するガラスと建築』INAX BOOKLET　1990年
木村法光責任編集『正倉院にみる家具・調度』図書出版　紫紅社 1992年
宮内庁『正倉院の木工』日本経済新聞社　1978年
岡田譲編『日本の美術』調度　第三号　至光社　1966年

◎箱崎担当分
吉江崇「律令天皇制儀礼の基礎的構造――高御座に関する考察から」『史学雑誌』第112編第3号　史学会　2003年
古尾谷知浩・箱崎和久「高御座の考証と復元」『奈良国立文化財研究所年報』1997-Ⅰ　奈良国立文化財研究所　1997年
小野健吉・加藤真二・箱崎和久「高御座の『外観をイメージできる実物大模型』」『奈良文化財研究所紀要』2010　奈良文化財研究所 2010年
大隅清陽「座具から見た朝礼の変遷――養老儀制令12庁座上条の史的意義」『日中律令制の諸相』東方書店　2002年　257〜281頁
橋本義則『平安宮成立史の研究』塙書房　1995年
裏松固禅『大内裏図考証』故實叢書第19巻　吉川弘文館　1929年
村井康彦編『よみがえる平安京』淡交社　1995年

◎川本担当分
川本重雄・小泉和子編『類聚雑要抄指図巻』中央公論美術出版 1998年
川本重雄『寝殿造の空間と儀式』中央公論美術出版　2005年
小泉和子編『新体系日本史14　生活文化史』山川出版社　2014年

◎中村担当分
小泉和子『室内と家具の歴史』中央公論社　1995年
藤井恵介・玉井哲雄『建築の歴史』中央公論社　1995年
平井聖『日本住宅の歴史』日本放送出版協会　1974年
太田博太郎『床の間』岩波新書　1978年
鈴木亘『書院造と数寄屋』中央公論美術出版　2014年
伊藤ていじ『民家は生きてきた』美術出版社　1963年
大河直躬『日本の民家』山と渓谷社　1979年
村松貞次郎『日本近代建築の歴史』日本放送出版協会　1977年
桐浴邦夫『近代の茶室と数寄屋』淡交社　2004年

◎永田担当分
岡本真理子『日本古典建築叢書　第五巻　近世建築書　座敷雛形』大龍堂書店　1985年
斎藤英俊「近世宮廷の美術：桂／修学院と京都御所」『日本美術全集 第19巻』学習研究社　1999年
平井聖『日本住宅の歴史』日本放送出版協会　1974年

◎矢ヶ崎担当分
中村昌生『茶室の研究』墨水書房　1971年
船越徹、熊倉功夫、中村利則、西和夫『茶室空間入門』彰国社 1992年
飯島照人『ここから学ぶ　茶室と露地』淡交社　2011年
中村昌生『数寄屋古典集成 1』小学館　1987年

◎内田担当分
内田青蔵『日本の近代住宅』鹿島出版会　1994年
内田青藏・大川三雄・藤谷陽悦『新版　図説・近代日本住宅史』鹿島出版会　2008年
日本建築学会編『近代建築史図集　新訂版』彰国社　1976年
スティーヴン・キャロウェー編　桐敷真次郎監訳『図解百科　様式の要素――英米住宅デザイン事典』同朋舎出版　1994年
田嶋恭子『写真でたどるヨーロッパ建築インテリア大事典』柏書房 2007年
小泉和子『家具と室内意匠の文化史』法政大学出版局　1979年
中村幸夫『図でみる洋家具の歴史と様式』理工学社　1999年
小野木重勝『明治洋風宮廷建築』相模書房　1983年
鈴木博之監修『皇室建築　内匠寮の人と作品』建築画報社　2005年
初田・大川・藤谷『近代和風建築』建築知識　1992年
山口宏『近代建築再見』建築知識　1988年

◎小柳担当分
橋本五雄『恩輝軒主人小傳　川島甚兵衞』1913年
杉本正年『川島織物一四五年史　錬技抄』株式会社川島織物　1989 年
『明治の宮中デザイン――和中洋の融和の美を求めて』三の丸尚蔵館企画展図録No.32　2003年
『帝室技芸員と一九〇〇年パリ万国博覧会』三の丸尚蔵館企画展図録

◉編著者略歴

小泉和子（こいずみ・かずこ）

一九三三年、東京生まれ。登録文化財昭和のくらし博物館館長・重要文化財熊谷家住宅館長。家具道具室内史学会会長・工学博士。家具室内意匠史及び生活史研究家。

文化財建造物の家具インテリアの修復復元、吉野ヶ里・根城その他の復元建物の内部復元、江戸東京博物館・三国町龍翔館ほか博物館や資料館の展示企画および製作などを行う。二〇一〇年には記録映画「昭和の家事」を製作。二〇〇七年まで京都女子大学教授。

近著『「日本の住宅」という実験——風土をデザインした藤井厚二』（農文協　二〇〇八年）、『昭和の家事——母たちのくらし』（河出書房新社　二〇一〇年）、『TRADITIONAL JAPANESE CHESTS』（講談社インターナショナル　二〇一〇年）、『船簞笥の研究』（思文閣出版　二〇一一年）、『女中がいた昭和』（編著　河出書房新社　二〇一二年）、『少女たちの昭和』（編著　河出書房新社　二〇一三年）、『新体系日本史14生活文化史』（編著　山川出版社　二〇一四年）、『昭和の結婚』（編著　河出書房新社　二〇一四年）など。

ふくろうの本

図説 日本インテリアの歴史

室内でみる日本住宅
古代から近代まで

二〇一五年　五　月二〇日初版印刷
二〇一五年　五　月三〇日初版発行

編著者……………………小泉和子
装幀・デザイン…………ヒロ工房
発行者……………………小野寺優
発行………………………河出書房新社
東京都渋谷区千駄ヶ谷二−三二−二
電話　〇三−三四〇四−一二〇一（営業）
〇三−三四〇四−八六一一（編集）
http://www.kawade.co.jp/
印刷………………………大日本印刷株式会社
製本………………………加藤製本株式会社

Printed in Japan
ISBN978-4-309-76231-9
落丁・乱丁本はお取替えいたします。

本書のコピー、スキャン、デジタル化等の無断複製は著作権法上での例外を除き禁じられています。本書を代行業者等の第三者に依頼してスキャンやデジタル化することは、いかなる場合も著作権法違反となります。